KB073268

기업스토리 005

니토리 경영 분투기

-저성장 시대 30년 연속 성장의 비결은 무엇인가-

오시타 에이지 지음 | 김진희 옮김

목차

점포 수와 고객 수 추이

사회 공헌의 척도

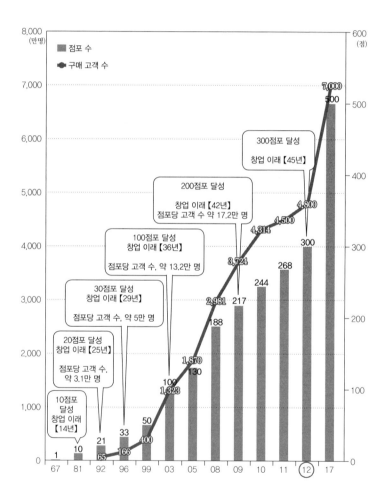

업적 추이

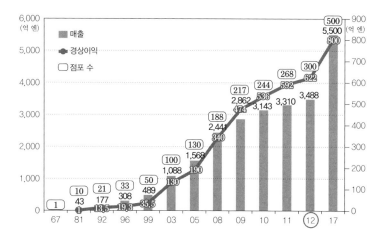

니토리의 성장 기록

항목	점포 수	매출 (억 엔)	경상이익 (억 엔)	이익률 (%)	노동생산성 (만 엔)	수비 범위 (회사 전체·평)	점포 연령	사원 연령
목표치	매년 15% 이상	매년 15% 이상	매년 15% 이상	10% 이상	1천만 엔	60평 이상	6년까지	30~35세
1967년 창립	1	0.1	–	–	–	–	–	–
1972년 설립	2	1.6	0.1	4.3	800	18.3	4.6	26.0
1982년	10	54	2.5	5.1	1,200	23.4	4.5	28.0
1992년	21	177	13.5	5.7	1,244	26.2	6.5	29.0
2002년	82	882	89	9.4	1,460	36.4	4.0	30.1
2011년	268	3,310	592	17.9	1,715	36.1	5.8	31.5
2012년	300	3,488	622	17.8	1,691	35.9	6.4	32.0

일러두기

1. 이 책의 일본어 표기는 국립국어원 외래어 표기법을 따르되, 최대한 본래 발음에 가깝게 표기하였다.

2. 일본 인명, 지명, 상호명은 본문 중 처음 등장할 시에 한자를 병기하였다.
   *인명
     아쓰미 슌이치渥美俊一, 오무라 사치오大村倖生
   *지명
     예) 삿포로札幌, 교토京都
   *상호명
     예) 이토요카도イトーヨーカ堂, 도시바東芝

3. 어려운 용어는 독자의 이해를 돕기 위해 주석을 달았다. 역자 주, 편집자 주로 구분 표시하였으며, 나머지는 저자의 주석이다.
   *용어
     예) 가라후토(樺太, 사할린 섬을 부르는 일본식 명칭–역자 주)
        VOCs(Volatile Organic Compounds, 휘발성 유기 화합물. '새집 증후군'의 원인으로도 지적되고 있다–편집자 주)

4. 서적 제목은 겹낫표(『』)로 표시하였으며, 그 외 인용, 강조, 생각 등은 따옴표를 사용하였다.
   *서적 제목
     예) 『태합기太閤記』,
        『체인스토어를 위한 필수 단어집1001チェーンストアのための必須単語集1001』

서장

니토리 아키오 인터뷰,
'애교와 배짱'

내가 사원에게 곧잘 하는 말이 있다.

"인생을 걷는 방식에는 두 가지가 있다. '포기주의'와 '로망주의'이다."

나는 줄곧 포기주의자였다. 학교 성적이 나쁜 이른바 '열등생'이었다. 뭔가를 할 수 있는 자본도 없었다. 게다가 운도 없었다. 즉 아무것도 없었다. 그게 내게 주어진 운명이라고 생각했다.

게다가 난 노력이 정말로 싫었다. 어떻게 게으름을 피우고 어떻게 속일지만을 생각했다. 그야말로 그 분야의 달인이었다.

"일하는 게 즐거워."

그렇게 말하는 동료를 내심 깔봤다.

반면, 포기주의의 정반대에 있는 것이 로망주의이고 이상주의이다. '세상을 위해! 모두를 위해!'란 비전을 가슴에 품고 있다.

내 인생을 되돌아보면 니토리Nitori를 창업하기 전인 '제1 인생'에는 애당초 비전이라는 게 전혀 없었다. 공부도 전혀 하지 않았다. 어떻게 하면 남의 눈을 속여 좋은 점수를 딸 수 있을까 하고 잔머리만 굴렸다. 고등학교 입학도 뒷구멍으로 했다. 원래 금방 질리는 성격이라서 중학교 때는 유도, 고등학교 때는 배드민턴과 탁구를 한끝에 복싱 체육관까지 다녔다. 하지만 오래 지속한 것은 아무것도 없었다.

홋카이가쿠엔대학北海学園大学을 졸업하고 사회인이 돼서도 성격은 바뀌지 않았다. 아버지가 경영하시는 토목 회사에 들어갔지만 거기서도 도망쳤다. 회사도 진득하게 다니지 못했다. 가구점을 개업했지만 대형 가구점의 진출로 망할 위기에 처하자 진지하게 자살을 고민하기도 했다.

인생관이 바뀐 것은 28살 때였다. 지푸라기라도 잡는 심정으로 가구 연수 세미나에 참가해 미국을 시찰하러 갔을 때의 일이었다. 나는 미국 가구점에 진열된 가구의 가격을 보고 충격을 받았다. 모든 가구점의 가격이 일본의 3분의 1수준이었는데 품질도 훨씬 좋았다. 스스로 중산층이라고 생각하는 일본인의 생활수준이 아직 빈곤하다는 사실을 알게 됐다.

'최소한 일본인의 생활수준을 유럽과 미국 수준으로까지 올리고 싶다.'

이 생각이 내가 강조하는 로망의 싹이 됐다. 나아가야 할 방향성이 정해진 것이다.

하지만 이것만으로는 아마도 전 세계에 3,000점포를 세우겠다는 목표를 지닌 기업이 되지 못했을 것이다.

거기에는 한 인물과의 만남이 있다. 인생의 스승이자, 페가수스 클럽을 주재하는 경영 컨설턴트 고故 아쓰미 슌이치渥美俊一 선생님과의 만남이다. 내나이 33살 때의 일이다.

아쓰미 선생님의 가르침은 참신했다.

"할 수 있는 건 하지 마!"

반드시 해야 하는 일이 여러 개 있을 때 일반적인 사람은 제일 어려운 일과 두 번째로 어려운 일을 포기하고 건너뛰려고 한다. 그래서는 성과를 낼 수가 없다.

나도 이것은 정말이지 불가능한 일이라며 아쓰미 슌이치 선생님 곁을 떠났던 적도 있다. 그리고 2년간 자력으로 장사를 이끌어나갔다. 하지만 전혀 호전되지 않았다.

그래서 각오를 다졌다. 선생님이 아무리 심한 말을 하더라도 이를 꽉 깨물자고 다짐했다. 견디는 것에는 어머니 덕분에 어릴 때부터 단련되어 있었고, 학교에서 아이들에게 왕따를 당하면서도 단련이 되어 있었다. 웬만한 일에는 견딜 수 있다. 그것만큼은 자신이 있었다.

덕분에 아쓰미 선생님에게 "20년 후 목표에 초점을 맞추는 게 비전을 갖는다는 것이다"라는 가르침을 받을 수 있었다.

미국에서 배운 로망에, 아쓰미 선생님에게 배운 비전, 거기에 실현될지 어떨지 모르지만 그럼에도 불구하는 도전하는 '의욕', 즉 항상 리스크를 감수하는 자세가 더해졌다. 리스크가 없는 일에서는 아무것도 얻을 수 없다. 실패를 두려워해서는 안 된다. 현상 부정=늘 제로베이스로 생각했다. 변화가 기회다. 목표를 달성할 때까지 포기하지 않는 '집념', 즉 해내기 위해 어떻게 할 것인가. 긍정적인 철학으로 계속 생각하고 방법을 바꾸며 계속 실행한다. 또 항시 새로운 것을 발견하고자 하는 '호기심', 즉 행동이다. 해 보고, 솔직하게 배우고, '왜, 왜, 왜!' 하고 끝까지 생각하는 것이다. 이 세 가지가 합쳐져 니토리 발전의 원동력이 됐다.

내가 나만의 방식으로 밀고 나갔더라면 이만큼 니토리를 발전시킬 수 있었을까. 여전히 홋카이도北海道의 일개 유통 기업인 채로, 혼슈(本州. 일본을 구성하는 네 개의 섬 가운데 일본의 수도인 도쿄가 위치한 가장 면적이 넓은 섬—역자 주)로는 건너오지도 못했을 것이다. 현재 니토리 전체 매출에서 홋카이도가 점유하는 비율은 겨우 6%에 불과하다. 규모면에서도 현재의 10분의 1 규모까지라도 성장시킬 수 있었을는지 조차 의심스럽다.

사실 나도 창업 초기에는 도산을 두려워했다. 실패를 두려워했다. 하지만 두려워도 공격적인 자세로 나아감으로써 규모를 확장할 수 있었다. 오히려 웬만큼 규모가 커지자 한 가지 다짐을 하게 됐다.

'도산만 안 하면 돼.'

슌이치 선생님은 늘 내게 말했다.

"경쟁업체와 5년의 거리를 유지하도록!"

너무 앞서가서도 안 되고 그보다 뒤처져서도 안 된다. 10년 앞을 내다보며 5년을 앞서 나가야 한다. 그럴 때 고객이 가장 좋아한다. 나는 그 가르침을 계속 지켜왔다.

지금까지 성장을 뒷받침해준 니토리의 기업 문화는 다음의 5대 슬로건으로 정리할 수 있다.

'최고주의.'

'집중주의.'

'선제주의.'

'경험주의.'

'비전주의.'

'최고주의'는 내가 항상 목표하는 가치이다. 창업 당시에는 '삿포로札幌에서 최고!'가 되는 것을 목표로 삼았고, 이것이 달성된 후에는 '홋카이도에서 최고!'가 되는 것을 목표로 삼았다. 이것이 '일본에서 최고!'로 확대됐고, 지금은 '세계 최고가 되겠다!'고 당당하게 말하고 다닌다.

목표는 그것을 향해 나아가면 반드시 달성된다. 그런 믿음으로 나는 사원 한 명 한 명을 격려하고 용기를 북돋는다.

"뭐든 좋으니까 최고가 돼라!"

점포 최고에서부터 시작해, 7~10점포를 단위로 하는 이른바 에어리어에서의 최고, 나아가서는 50~60점포를 단위로 하는 이른바 존에서의 최고를 목표로 한다. 니토리가 그렇게 발전한 것과 같이 니토리 사원 한 명 한 명이 최고를 목표로 하는 것이다. 어느 부문에서든 상관없다. 프라이팬 부문이어도 좋고, 가구 부문이어도 좋다. 어쨌든 최고를 추구하는 것이다. 사실 한 영역에서 최고가 되면 최고가 되는 노하우라고 해야 할까, 방정식이라고 해야 할까, 하여튼 그것을 습득할 수 있다.

두 번째 '집중주의'도 니토리가 걸어온 방식 그 자체이다. 나는 가구 인테리어에 집중해왔다. 아무리 규모가 커지더라도 식품에 손을 대거나 보험을 판매할 생각은 없다. 애써 모은 인재가 분산되기 때문이다.

세 번째 '선제주의'는 일본 국내에서는 그 누구보다도 먼저 하겠다는 의미이다. 두 번째가 되지 말라는 말이다.

네 번째 '경험주의'는 백문이 불여일견, 경험이 모든 것을 말해준다는 뜻이다. 니토리는 발명하고 있을 시간이 없다.

그리고 마지막으로 내가 가장 강조하는 것은 다섯 번째 '비전주의'이다.

오늘날 대기업으로 불리고 있는 많은 기업이 일그러져 있다. 분명 모든 기업이 첫걸음을 내딛기 시작했을 때는 대중과 소비자를 위해 고객 중심 경영을 했을 것이다. 그러나 지금은 처음의 목적이 희미해져 있다. 이익 창출을 제일 중시하는 조직이 되어가고 있다. 나는 방향성이 잘못되면 아무리 좋은 일을 해도 성과가 나지 않는 법이라고 생각한다. 많은 일본 기업은 잘못된 방향성을 갖고 있다. 미래에 대한 비전을 그리지 못하고 있다.

그래서는 사원이 하나가 되어 미래로 나아갈 수 없다.

나는 스스로 경영자로서의 뛰어난 재능을 갖고 있다고 생각하지 않는다. 하지만 니토리가 나아가야 할 방향성은 확실하게 알고 있고, 이를 모두가 볼 수 있도록 제시하는 능력은 갖추고 있다. 꿈과 로망을 갖고 있는 것이다. 방법과 절차는 니토리의 꿈과 희망에 공감한 사원들이 강구해낸다.

졸업을 앞둔 구직희망자들 앞에서 내가 꼭 하는 말이 있다.

"남자든 여자든 애교와 배짱만 있으면, 그리고 자신이 없더라도 파트너만 잘 두면 성공할 수 있다!"

이렇게 말하면 질의응답 시간에 반드시 내 아내에 대해 묻는다. 나는 먼저 아내에 대해 말한다. 처음으로 가게를 열었을 때의 이야기다. 나는 아내와 교대로 가게를 봤다. 내가 가게에 있을 때 물건을 사는 사람이 세 명 중에 한 명꼴이었다. 지금의 나로서는 생각할 수 없는 일이지만, 손님 상대를 잘 못 했고 결코 친절하지도 못했다. 그에 반해 아내는 손님에게 선뜻 말을 잘 걸었다. 손님은 아내와 이런저런 이야기를 나누다가 무언가를 사 갔다. 애교 있는 아내는 인기가 좋았다. 남편이 있다는 사실을 알면서도 접근하는 남자가 있을 정도였다.

나는 걱정에 애가 탔다. 배달이 끝나면 딴 길로 새지 않고 곧장 가게로 돌아갈 정도였다. 그 정도로 애교도 많고 배짱도 있는 아내가 있어 준 덕분에 나도 여기까지 올 수 있었다고 생각한다. 항상 그렇게 결론을 내린다.

애교와 배짱은 인생이라는 전쟁에서 가장 필요한 것이다.

2013년 3월 29일에 니토리 홀딩스는 2013년 2월기 통기 연결결산을 발표했다. 매출은 전 기간 대비 5.4% 증가한 3,499억 엔, 영업이익은 6.2% 증가한 616억 엔, 최종 이익은 6.7% 증가한 358억 엔을 기록했다. 나아가 증수증익 기록은 1년 치가 누적되어 26기 연속을 달성했다.

신규로 39점을 출점함으로써 목표했던 300점포를 달성했다. 2013년 6월 말 기준으로 전국 점포수가 306점포를 기록했다. 2012년 10월에는 삿포로 시 기타 구北区에 위치한 아사부점麻生店 개축과 동반하여 삿포로 교외에 있던 본사 사무실도 아사부점 4~6층으로 옮겼다. 2012년 12월에는 서일본의 거점이 될 오사카 본부를 도요나카점豊中店에 설치했다.

2011년 10월에 제1호점으로 오픈한 니토리의 첫 쇼핑몰 '니토리몰 히가시오사카東大阪'를 시작으로 2013년도에는 가나가와 현神奈川県 사가미하라 시相模原市에 2만 4,690제곱미터의 '니토리몰 사가미하라'를, 그 후에는 오사카부大阪府 히라카타 시枚方市에 5만 8,787제곱미터의 '니토리몰 히라카타'를 개업했다.

내게 점포수는 사회 공헌 척도의 하나이다. 점포수가 많으면 많을수록, 점포에서 구매한 고객 수가 많으면 많을수록, 지역 구석구석에 사는 사람까지 풍요롭게 하고 있다는 표시이다. 2012년도 구매 고객 수의 누계는 4,800만 명이었다. 내점객 수가 1억 2,000만 명이므로 2.5명당 1명이 제품을 구매한 셈이다.

하지만 저렴한 제품을 선호하는 소비자 경향은 아직도 뿌리 깊다. 장기

디플레이션과 전기 요금 인상, 소비 증세에 따른 장래에 대한 불안은 소비를 저하시켰다. 손님 수도 줄었다. 니토리는 약 2년 만에 '가격 인하 선언'을 했다. 주요 867품목을 10%에서 최대 40%까지 가격 인하했다.

일본은 세계 굴지의 경제 대국이 됐고 소득 수준도 톱클래스라고 하지만, 생활 체감이라는 면에서는 '풍요로움'을 느끼지 못하는 사람이 더 많다. 이는 여러 선진국 중에서도 유난히 물가가 높기 때문이다. 미국과 비교했을 때 생활필수품을 비롯한 각종 서비스의 가격은 일본이 2배에서 3배까지 비싸다.

이러한 '빈곤함'을 상징하는 것이 바로 '주거'이다. 외관은 훌륭해졌지만 가구와 인테리어는 컬러도, 디자인도, 형태도, 기법도 그야말로 뒤죽박죽이다. 가구와 인테리어를 코디네이트 할 수 있는 가게가 전혀 없다.

니토리는 로망을 표방하고 있다.

'미국 및 유럽 수준의 주거의 풍요로움을 전 세계 사람에게 제공한다!'

니토리는 체인스토어 경영에 따른 유통 혁명을 일으킬 것이다. 일부의 사람밖에 누리지 못 하고 있는 풍요로운 소비 생활을 대다수 사람이 매일 즐길 수 있도록 할 것이다. 그러한 구조를 만들어나갈 것이다. 유통뿐 아니라 제품제조업의 구조까지 국민의 삶에 도움이 되도록 개혁할 것이다. 그 수단으로 체인스토어가 직접 리스크를 감수하며 '매스 머천다이징 시스템'을 구축하고 경영한다. 상품 기획 및 원재료의 조달과 집하, 제품 가공, 운반, 보관부터 최종 소비자의 손에 도달하기까지의 모든 과정을 체인스토어가 설계하고 통제한다. 니토리 전 상품의 80% 이상이 자사에서 직접 개발한 수입품이다. 유통업의 모든 '세계'가 여기에 응축되어 있다. 이것이 니토리가 실천하는 '제품 물류 소매업'이라는 비즈니스 모델이다.

나는 아쓰미 선생님의 말을 떠올린다.

"일단은 저렴한 가격이야. 그다음이 품질과 기능이고, 마지막에 코디네이션에 손을 대야 해."

그리고 코디네이션이 가장 어렵다고 강조했다.

니토리는 이제야 '와우! 가격 그 이상, 니토리!'에서 '토탈 코디네이트, 니토리!'로 도약하고 있다.

단 주변의 시선은 엄격하다.

"아무리 그래도 27기 연속 증수증익은 어려울걸?"

그런 목소리도 들린다.

소비세가 내년도에는 8%로 인상되고 내후년도에는 10%로까지 인상된다. 영향을 얼마나 받을지 예측하기 어렵다. 게다가 자민당 정권복귀가 확실시되면서 급격하게 엔저 현상이 나타나기 시작했다. 2012년 11월에 1달러=78엔이던 엔은 2013년 5월 11일에 100엔을 돌파했다. 이렇게까지 변동하리라고 누가 예상했겠는가. 중국과 베트남, 인도네시아 등 해외에서 제품을 생산하고 조달하는 니토리에게 이런 역풍은 또 없다. 1엔이 엔저로 돌아설 때마다 11억 엔의 손실이 발생한다. 20엔이면 무려 220억 엔의 손실이 발생하는 셈이 된다. 그저 넣 놓고 보고만 있다가는 '저렴한 가격으로 사회에 공헌하겠다.'는 니토리의 존재의의가 흔들릴 수 있는 위기이다.

그래서 내가 상품본부장으로 취임해 최근 3년간 떠나있던 현장으로 복귀한 것이다. 지금은 한 달에 두 번 해외 공장을 돌고 싱품구조가 어떤지도 체크한다.

3년 전에 내가 현장 일선에서 물러나며 니토리의 방향키를 맡긴 집행 임원을 포함한 28명의 임원은, 틀림없이 리스크가 큰 사업에도 진출하며 새로운 니토리를 만들어줄 거라고 자신 있게 모신 사람들이었다. 실무 영역에서도 나로서는 당해 내지 못할 훌륭한 인재들이 성장하고 있다. 하지만 한 번 맡기면 중심이 되어 이끌어 나가줄 리더가 없었다. 결단 하나하나는 조사를 바탕으로 신중하게 진행했지만, 속도감 있는 경영은 하지 못했다. 그래도 니토리는 계속 증수증익을 했기 때문에 더욱 리스크를 무릅쓰려고 하지 않았다. 이는 안심감을 낳았고, 니토리를 수세로 돌아서게 했다. 조직의 경직화와 관료화로도 이어질 수 있었다. 나는 그러한 위기감을 느꼈다. 게다가 현상태는 과거 경험과 실적의 연장선상에서 궤도를 수정하는 정도로는 도저히 극복할 수 없었다.

소형 가전과 리폼 등의 신규 사업에 손을 댄 것도 기폭제가 되길 바라서였다. 위기의식을 높이기 위해 일부러 적자가 날 만한 사업에도 손을 댔다. 그리고 지금까지 계속해오던 배치 전환 인사로 자극을 주었다. 5년이면 회사 방향성은 물론 고객의 기호도 변한다. 상품 구성도 확 바뀐다. 전에는 취급하지 않던 여성용 미용 가전제품 등도 추가됐다. 전에는 전표에 기재하던 점포 시스템도 모두 컴퓨터 입력으로 바뀌었고, 손안의 단말기로 쉽게 재고 조사도 할 수 있게 됐다. 현장을 잠시만 떠나있어도 순식간에 모든 게 변해버린다. 현장의 현 상태와 긴장감을 체험함으로써 현장에 입각한 지시를 내릴 수 있는 사람이 되고자 했다. 위기의식이 부족한 인재는 더 힘든 부문으로 보냈다.

2013년 3월부터 니토리는 종합직 사원 3,085명을 대상으로 베이스 업을 단행했다. 월급 상승률은 평균 2.31%였다. 정부의 임금 인상 요청을 받아 전년 실적2.01%을 상회하도록 실시했다. 종합직 사원 평균30.2세 임금은 베이스 업 금액 2,108엔과 정기 승급액 5,051엔을 합해 7,157엔이 상승됐다. 또 파트타이머 및 아르바이트 사원의 급료도 인상했다.

3월 8일에 있었던 중의원 예산 위원회에서 공산당 가사이 아키라笠井亮가 한 "(임금 인상이) 대개 일시금 인상에 그치고 있습니다. 실질적인 임금 인상이 아니지 않습니까."라는 지적에 대해, 아베 신조安倍晋三 총리는 지방 중소 영세기업의 어려운 상황에 대해 언급하고 나서 다음과 같이 말했다.

"임금 인상을 할 수 있는 상황을 서둘러 만들고 싶습니다만, 우선은 그럴 체력이 있는 기업에서부터 먼저 진행해 주시길 바랍니다. 저와 가사이 씨의 생각이 완벽하게 일치하는 경우는 드문 일인데, 저도 진심으로 그리 생각하고 있으며, 로손Lawson과 제이아이엔JIN, 세븐앤드아이 홀딩스Seven&i Holdings, 그리고 오늘 니토리에서도 임금을 인상하겠다는 의향을 표명해 왔습니다."

지금까지 일정 선 이하로 실적이 떨어지지 않도록 막아주던 엔고 기조에 서라면 모를까, 어째서 이런 엔저 상황에서 베이스 업을 단행했는가. 그런 의문을 던지는 매스컴도 있다.

아베 수상이 추진하는 아베노믹스는 일본 경제를 인플레이션, 즉 물가 상승으로 유도하려고 한다. 그렇지 않아도 꽉 닫혀 있는 일본인의 지갑이 더욱 닫힐지 모른다. 하지만 아베 수상은 소비 동향이 좋아지지 않으면 일단 경제 상황을 인플레이션으로 만든 다음에 경기를 회복시키겠다는 과감한 개혁 정책을 펼치고 나섰다. 규제도 완화하고, 구조 개혁도 추진했다.

현재 일본에서 제3차 산업에 종사하는 노동자 비율은 총 노동종사자 수의 약 70%를 차지하고 있다. 하지만 미국의 80%에 비하면 10%가 부족하다. 미국 수준으로 끌어올리면 아베노믹스가 전체에 두루 미쳐 지방영세기업의 사원 급료까지도 오를 것이다. 나는 그때까지 대략 2년의 시간이 필요할 것으로 전망한다. 니토리에도 견디고 또 견뎌야 하는 혹독한 시간이 될 것이다.

하지만 나는 당당하게 대답한다.

"나는 사원들이 기술로 극복할 각오로 임해 반드시 이익을 낼 것이라고 믿습니다. 그래서 동기를 높여주는 의미에서 미리 상으로 급료를 올려 주었습니다."

세계적 규모의 기업에는, 튀어나온 못을 허락하지 않는 집단 지도 체제가 아니라, 혼자서 주변을 이끌어 나갈 수 있는 리더십을 자랑하는 원맨 지도자가 반드시 필요하다. 누구보다 뛰어난 선견지명을 지닌 리더, 20년, 30년 앞을 내다보는 천리안을 지닌 리더이다. 앞을 내다보고 지금 무엇을 가장 먼저 해야 하는지를 아는 리더, 분명한 비전과 로망을 갖고 이를 주변 사람에게 공명시킬 수 있는 리더, 그것이 진정한 리더라고 나는 생각한다.

로망, 뜻志이라고 바꿔 말할 수도 있는데 그것이 가슴에 있는가 없는가? 바로 이것이 리더가 되기 위한 제1조건일 것이다.

사장과 사원이 함께 나아가려는 마음만 품고 있으면 어떤 회사든 성공할 수 있다. 사원과 함께 일 년간 분투할 것이다. 2013년도에 최대의 승부가 걸려있다. 지금, 다시 한 번 창업 원점으로 돌아가 어떻게 리스크를 받아들이면 되는지를 전수할 것이다.

내가 처음 미국을 시찰했을 때의 감동과 공명과 결의를 원점으로, 체인 스토어 오픈을 핵심으로 하는 '유통 혁명'에 착수할 것이다. 급격하게 진행되고 있는 엔저라는 난관만 극복하면 소비세가 3% 인상되는 내년, 그리고 2%가 추가 인상되어 총 10%가 될 내후년에는 반드시 극복할 수 있을 것이다.

난 오히려 지금이 기회라고 생각한다. 이 변화에 대처할 수 있는가 없는가. 이에 따라 기업에 격차가 생긴다. 뒤처진 기업은 도태되고, 과점화가 진행될 것이다. 니토리는 역풍 속에서 승자가 되기 위해 리스크를 감수하는 기업 풍토와 인재 조직을 만들 것이다.

리스크를 받아들이는 기업 풍토 만들기는 10년 후, 20년 후에 국제적 유통기업으로의 도약할 니토리에 반드시 필요한 것이다.

다만 내가 상품본부장으로 근무하는 것은 어디까지나 일 년 기한 한정이다.

"1년간 제로에서부터 다시 만들어나가자. 창업 정신을 바탕으로 함께 상품을 개발해나가자."

나는 경영진을 비롯해 사원을 고무시키고 자립을 촉구한다.

설령 손해를 보더라도 이 역경을 극복하기 위해서는 반드시 기술이 필요하다. 역경을 극복했을 때쯤에 사원의 몸에 기술이 완전히 배어 있을 것이다. 또한 이는 큰 자신감이 될 것이다. 절호의 찬스다. 이 3년을 극복하면 세계로도 틀림없이 진출할 수 있다.

"이번 승부에 목숨을 걸겠다."

그렇게 말하며 미래를 바라보는 내 눈에는 유통혁명을 통한 '경제 민주주의'의 실현이 보인다.

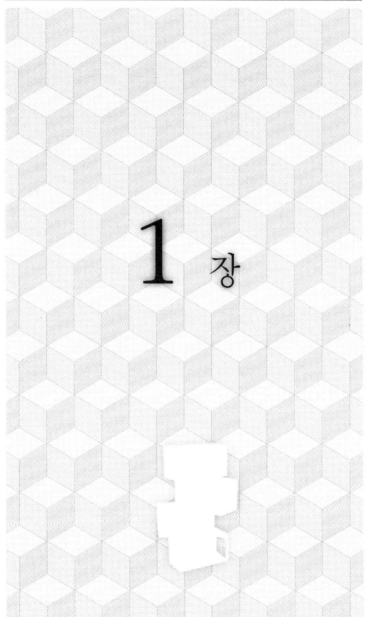

1장

'원점'을 배운
소년 시절

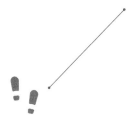

지금은 니토리似鳥가 스포트라이트를 받고 있지만, 본인이 인정하는 바와 같이 어릴 때 그는 그야말로 열등생이었다.

니토리 아키오似鳥昭雄는 1944년 3월 5일에 아버지 요시오義雄와 어머니 미쓰코光子의 장남으로 가라후토樺太, 사할린 섬을 부르는 일본식 명칭-역자 주에서 태어났다. 조부모가 개척을 위해 가라후토로 건너갔기 때문이다.

니토리 집안은 개척민으로 혼슈에서 홋카이도로 이주해갔다. 그리고 일가는 일본 영토의 북쪽 한계 영토인 가라후토까지 발길을 뻗었다. 굳이 벽지로 들어가 적극적으로 개척하는 개척자 정신이 넘치는 일족이었다.

제2차 세계 대전 말기였던 1945년 8월 9일 미명, 소련(현 러시아 연방)은 일소중립조약日ソ中立条約을 멋대로 파기하고 일본에 선전포고를 했다. 일본은 8월 14일에 중립국을 통해 항복을 성명했다. 그럼에도 소련은 8월 16일에

는 일본령 미나미카라후토南樺太를 침공하고, 8월 18일에는 치시마 열도千島列島를 침공해 점령했다. 아버지 요시오는 시베리아 수용소에 억류됐다.

일가의 대들보가 사라진 니토리 가家와 니토리 아키오의 외삼촌네 집안인 오무라라 가大村家에서 홀로 기염을 토한 사람은 니토리 아키오의 외할머니 히로에広枝였다. 히로에는 현지에서 농업에 종사했다. 남자도 거침없이 부리는 여걸 체질이었다. 니토리에게는 바로 이 여장부의 피가 흐르고 있는 것이다.

가라후토를 통괄하는 가라후토 청樺太庁은 부녀자에게 철수를 명령했다. 미쓰코도 1살인 아키오를 데리고 배를 타고 홋카이도로 귀환하기로 결심한다. 그런데 귀환을 포기하게 만드는 사건이 발생한다.

8월 22일에 가라후토 주민을 홋카이도로 긴급 수송하던 수송선 '오가사와라마루小笠原丸', '다이니신코마루第二新興丸', '다이토마루泰東丸'의 3척이 루모이留萌 앞바다에서 소련 잠수함에 공격받은 것이었다. '오가사와라마루'와 '다이토마루'의 2척이 침몰되면서 1,708명에 이르는 사람이 목숨을 잃었다.

미쓰코는 가라후토에 남는 길을 택한다.

'이대로 가라후토에 남자.'

1946년 12월 5일에 전후의 첫 귀환선이 가라후토에서 출항했지만 미쓰코는 귀환선에 타려고 하지 않았다.

미쓰코가 이윽고 귀환선에 탈 결심을 한 것은 아키오가 3살이 되던 1947년이었다.

지인이 그녀에게 제안했다.

"마이즈루舞鶴로 가는 배가 있다는데 그걸 타자. 그 배가 본토로 돌아가는 마지막 배래."

미쓰코는 아키오와 장녀를 데리고 귀환선에 탔다.

아키오에게도 귀환선에 탔던 기억이 희미하게 남아있다. 배에서 이를 방역할 목적으로 사용하던 살충제 DDT를 머리카락에 뿌리는 게 싫어 배 안을 뛰어다녔다. 나중에 들은 이야기로는 어찌나 재빠르던지 어른들이 고생 꽤나 했다고 한다.

아키오는 마이즈루 항에 도착했다. 그리고 그 길로 홋카이도로 돌아갔다. 친척 집을 전전한 끝에 마지막으로 도착한 곳은 삿포로 시에 있는 귀환자 주택이었다. 가라후토 귀환자 대부분이 삿포로 시 기타구 기타25조北二十五条 니시3초메西三丁目와 니시4초메西四丁目 일대의 귀환자용 주택에 살았다.

그 일대는, 한 변이 250미터인 정사각형 대지에 단층 판잣집이 즐비했다. 판잣집 건물 한 채에 4집이 살았다. 한 집에는 6첩 크기(다다미 6장이 깔리는 크기라는 의미로 약 270cm×360cm의 크기—역자 주)의 방이 2개 있었으며, 화장실과 수도 설비와 욕조는 없었다. 화장실과 수도 관련 설비는 공용이었다. 그 일대는 마치 슬럼가 같았다.

아버지 요시오는 2년 후에야 겨우 돌아왔다. 요시오의 귀국과 동시에 새로운 귀환자 주택으로 이사해 넷이서 함께 살기 시작했다.

머지않아 차녀와 차남도 태어났다.

요시오는 한동안 일일 노동자로 근무하다가, 마흔 넘어 목수 견습생으로 들어갔다. 하지만 목수 일을 하다 보니 그런 생각이 들었다.

'목수로 일하기보다는 주택 기초 공사 일을 하는 편이 낫겠어.'

요시오는 토목회사를 설립했다. 하지만 요시오는 실력이 그다지 좋지 않았던 듯하다. 손님에게 "여기가 불량하다", "여기가 제대로 안 됐다"는 불평을 듣기 일쑤였다.

또 요시오는 강경한 태도를 취하지도 못 했다. 상대가 요구하는 대로 가격을 깎아주었다. 이익을 내지 못했다. 그 탓에 사원에게 급여를 주기도 벅찼다.

먹을 것조차 변변치 않아 꽁치 한 마리를 다 같이 나눠 먹는 일도 잦았고, 밥하고 단무지만 먹을 때도 있었다.

아키오는 초등학교에 입학하기 전에 아버지가 끄는 자전거 짐칸에 타고 아버지의 고향인 이시카리시石狩市 반나구로花畔에 갔던 적이 있다. 벼 이삭이 아직 머리를 숙이기 전으로, 푸른 논이 펼쳐져 있었다.

아버지는 아직 익지 않은 벼 이삭 한 줄기에서 벼를 떼어내 아키오의 손바닥 위에 올려놓았다.

"씹어보렴."

아키오는 시키는 대로 벼를 그대로 씹어보았다.

"윽! 써!"

아키오는 입안에 퍼지는 쓴맛을 뱉어냈다.

아버지는 그 쓴맛을 천천히 음미했다. 어느 벼가 맛있는 쌀이 될지를 가늠하는 것 같았다.

'이 쌀이다!' 싶은 논을 발견하면 논 주인의 집으로 뛰어가 집 주인과 흥정했다. 가을에 벼가 익으면 쌀을 거래하기로 약속을 주고받았다.

아버지는 쌀을 받으러 갈 때 근처 농가에서 빌린 마차를 끌고 갔다.

구매한 쌀은 창고 대신으로 쓰던 빈집이 된 귀환자 주택으로 운반했다.

단, 아버지는 국가가 매입하는 가격보다 높은 가격으로 농가에서 사들였고, 유통미보다 약 10% 싸게 암거래로 팔았다.

그러면 아무래도 이익이 적어진다. 아버지는 사촌이 경영하는 정미소로 매입한 쌀을 가져갔다. 싼값에 정미해 조금이라도 이익을 늘리려고 한 것이다. 후에 니토리를 낳은 원점이 이미 여기에 있었다.

이를 지켜보며 아키오는 판매 상품의 품질은 가능한 높일 것, 또 코스트는 가능한 줄일 것 등을 자연스럽게 배웠다.

아버지가 사들인 쌀을 파는 사람은 어머니였다. 단골 판매처는 1킬로미터 떨어진 곳에 있는 홋카이도대학 교수와 직원이 사는 대학 마을이었다.

아버지의 미각은 정확했다. 아버지가 사들인 쌀은 맛있다고 소문이 났다. 유통미를 매입하는 쌀가게에 이기기 위한 길은 싸고 맛있는 쌀을 주문받은 일시에 정확하게 배달하는 것이었다.

어머니는 손님 댁으로 여름에는 리어카나 마차로, 겨울에는 썰매로 쌀을 배달했다.

어머니가 집에 안 계실 때 여동생을 돌보고 저녁 식사 준비를 하는 게 아키오의 일이었다.

아키오는 초등학교 1학년 때부터 어머니의 배달 일을 도왔다.

어머니는 비가 오든 눈이 오든 바람이 아무리 거세게 불든, 주문이 들어오면 무슨 일이 있어도 배달하러 갔다. 노력을 아끼지 않는 사람이었다.

특히 겨울에는 영하 10도는 기본이고 영하 20도까지도 내려갔지만 별다른 방한복도 입지 못했다. 얇은 장화를 신었을 뿐인 아키오는 발끝으로 느껴지는 통증에 가까운 추위를 견디며 어머니가 끄는 썰매를 밀었다.

아키오는 어머니와 함께 쌀을 주문한 손님 댁 현관에 들어서도 계속 떨었다.

그러자 어머니는 현관에서 나오자마자 아키오에게 엄한 표정으로 말했다.

"손님 앞에선 무슨 일이 있어도 밝게 웃으며 '안녕하세요!'라고 인사 하렴!"

아키오는 다음 손님 댁에서는 현관문을 열자마자 큰 목소리로 인사했다.

"안녕하세요!"

손님은 미소를 지었다.

"날도 추운데 씩씩하구나."

쌀을 건네자 손님은 아키오의 손을 잡았다.

"얘야, 기특하구나."

아키오의 작은 손에 사과를 쥐어주었다.

"고맙습니다!"

아키오의 얼굴에서 절로 웃음이 나왔다.

그 집에서 나온 다음에 어머니는 아키오에게 따뜻하게 말을 건넸다.

"그것 보렴. 밝게 웃으니까 좋은 일이 생겼잖니?"

그 후로 아키오는 집 밖에 나갈 때면 늘 생글생글 웃으며 "안녕하세요!", "좋은 아침입니다!" 하고 누구에게나 인사했다. 누가 손님일지 알 수 없었기 때문이었다.

겨우 7살 나이에 장사의 기본 중의 기본을 배운 것이다.

그 후로도 아키오는 언제든 웃음을 잃지 않았다. 자금 융통이 어려워져 융자를 받으러 갔을 때도 어머니 말씀을 떠올리며 웃으려고 노력했다. 그랬더니 신기하게도 호감을 얻어 돈을 빌릴 수 있었다.

아키오가 초등학교 4학년에 올라가자 아버지는 중고 자전거를 사 왔다.

"이걸로 쌀을 배달하거라."

어른용 자전거였다. 키가 작은 아키오가 안장에 앉으면 땅에 발끝조차 닿지 않았다.

아키오는 아버지가 준비해준 감귤 상자 위에 올라가, 자기 가슴 높이까지 올라오는 안장에 앉았다. 감귤 상자에는 발이 닿았기 때문에 어떻게든 자전거를 선 상태로 유지할 수 있었다.

그런 아키오에게 아버지는 손가락으로 가리키며 말했다.

"저기까지 가 보거라."

수십 미터 떨어진 전봇대였다.

아키오는 오른발로 감귤 상자를 찼다. 그 기세로 자전거는 비틀거리며 달리기 시작했다. 아버지가 정한 목표까지 핸들을 휘청이며 나아갔다.

그렇게 짧은 거리에서부터 시작해 서서히 자전거 타는 거리를 늘려나갔다. 목표 지점까지 가지 못하면 아버지에게 호되게 야단맞았다.

아버지가 감독하는 훈련은 매일 한 시간씩 이뤄졌다. 시간이 지나자 키에 맞지 않는 자전거도 능숙하게 탈 수 있게 됐다.

그러자 아키오에게 새로운 과제가 부여됐다. 모래주머니를 짐칸에 싣고 자전거를 모는 것이었다. 한 되, 그러니까 1.5킬로그램의 모래주머니 하나에서부터 시작해 익숙해질 때마다 하나씩 추가됐다. 네 개의 모래주머니를 운반할 수 있게 될 때까지 훈련은 계속됐다.

이 훈련이 끝나고 나서야 아키오는 자전거에 쌀이 담긴 종이봉투를 싣고 손님 댁으로 배달하러 다니게 됐다. 아키오도 필사적이었다. 한 집에 배달할 때마다 배달료로 5엔에서 10엔을 받았기 때문이었다.

아키오의 사촌 오무라 사치오大村倖生는 한 동안 깡마른 아키오가 휘청거리며 자전거 타는 모습을 계속 목격했다.

니토리네서 사용하는 쌀 봉투는 종이봉투였다. 쌀 봉투가 튼튼하지 않아 자전거가 쓰러지면 순식간에 봉투가 찢어져 땅바닥으로 쌀이 쏟아졌다. 게다가 당시에 지면은 아스팔트가 아닌 돌투성이 흙바닥이었기에 넘어지는 것은 금물이었다.

하지만 어느 날 아키오는 자전거로 쌀을 배달하던 중에 크게 넘어지고 만다. 종이봉투는 순식간에 찢어졌고 쌀은 땅바닥에 흩어졌다. 당황한 아키오는 열심히 쌀을 긁어모아 집으로 가져왔다.

집에 있던 어머니는 호통을 쳤다.

"대체 무슨 짓을 한 거니!"

어머니는 아키오와 함께 모래 섞인 밥을 먹으며 말했다.

"잘 들으렴. 흰 쌀은 우리가 먹을 쌀이 아니야. 상품이란다. 잘 기억해두거라."

아키오는 배달하면 배달료를 받았지만 역시 배달하기보다는 놀고 싶었다. 동급생과 야구나 술래잡기를 하고 싶었다. 그래서 어머니 몰래 집을 빠져나가곤 했다. 두 여동생과 11살 아래인 남동생도 데리고 나갔다. 하지만 대개는 금새 어머니에게 덜미를 잡히곤 했다.

아키오는 암거래로 쌀을 판다는 이유로 무슨 일이 있을 때마다 동급생에게 '암거래상! 암거래상!'이라며 놀림을 당했다.

모든 집에 여유가 없는 시대였지만, 여기저기를 기운 누더기 바지를 입은 데다 다른 아이보다 키가 작고 소심해 보이는 아키오는, 다른 아이 한 명과 함께 왕따를 당했다. 쉬는 시간마다 화장실로 불려가 못된 아이들에게 얻어맞았다.

어떤 때는 벽을 보고 재래식 변기에 앉아 일 보는 자세로 앉아야 하기도 했다. 그렇게 앉으면 동그랗게 덧댄 엉덩이 부분이 그대로 드러났다.

괴롭히던 아이 중 하나가 말했다.

"네가 포수 대신이야. 도망가지 마라."

아이들은 아키오의 엉덩이를 글로브 삼아 공을 던졌다. 거침없이 던진 공이 엉덩이에 적중했다. 아키오는 저도 모르게 펄쩍 뛰었다.

아키오의 등 뒤에서 웃음소리가 터졌다. 그리고 또다시 저항도 못 한 채 엉덩이를 내미는 아키오에게 공을 던졌다. 아파도 도망치면 얻어맞았다.

아키오는 그저 태풍이 지나가길 기다리듯 아이들이 질릴 때까지 견뎠다.

어느 날 청소 시간이었다. 동급생들이 아키오를 부추겼다.

"니토리, 저걸 누르면 재밌는 일이 일어날 거야."

니토리의 눈에 소화 호스를 넣어둔 소화 설비가 들어왔다. 빨간색 소화 설비 윗부분에 투명한 플라스틱 뚜껑이 있었고 그 속으로 버튼이 보였다. 동급생 말에 따르면 그 버튼을 누르면 재미있는 일이 일어난다는 것이다.

"재밌는 일!"

그 말이 아키오를 자극했다. 아키오는 천성적으로 남을 즐겁게 하는 일에서 남다른 쾌감을 느꼈다. 수업 내용은 듣지 않았지만 선생님 말투 흉내는 잘 냈다. 수업 시간에 딱 한 번뿐인 '바로 지금이다!'라는 타이밍에 정확하게 흉내를 냈다. 매번 교실은 웃음바다가 됐다.

하지만 덕분에 수업 분위기는 깨졌다. 선생님에게 심하게 맞아 고막이 터진 적도 있었다.

아키오는 평소와 마찬가지로 앞뒤 분간도 하지 않고 "재밌는 일!", 오직 그것만을 위해 투명한 플라스틱을 향해 검지를 뻗었다. 살짝 손가락 끝을 댄 것만으로는 미동도 하지 않았다. 있는 힘껏 꾹 눌렀다. 아키오의 검지가 투명한 플라스틱 뚜껑과 함께 소화 설비 안으로 파고들었다.

단단한 것을 누른 느낌이 손끝으로 전해졌다. 그와 동시에 복도는 소란스러운 벨 소리에 휩싸였다.

'뭐가 재밌다는 거야?'

아키오가 생각한 재미있는 일은 전혀 일어나지 않았다. 주변에 있던 아이들만 무슨 일인지 당황하며 부산을 떨었다. 아키오 곁에 있던 여러 동급생들은 사방으로 뿔뿔이 흩어져 달아나다. 아키오만이 그곳에 남겨졌다.

선생님이 뛰어왔다.

"비상 버튼을 누른 게 누구야?!"

뿔뿔이 흩어진 동급생들이 멀리서 "아키오가 그랬어요."라며 얼간이 같은 목소리로 말했다.

선생님은 갑자기 걸레 빤 물이 가득 담긴 녹슨 양철 양동이의 손잡이를 잡고 들어 올렸다. 그러는가 싶더니 무척 험악한 얼굴로 아키오에게로 다가왔다. 어째서 선생님은 저런 얼굴을 하는 있는 걸까. 아키오로서는 알 수가 없었다.

아키오는 머리에서부터 물벼락을 맞았다. 선생님이 아키오의 머리의 위에서 양철 양동이의 물을 쏟았기 때문이었다. 아키오와 동급생이 몇 번이고 걸레를 빨아 진흙으로 가득한, 먼지 냄새나는 물이 뚝뚝 떨어져 시야를 가렸다.

"너란 자식은!"

이번에는 선생님의 손바닥이 아키오의 볼로 날아들었다. 가차 없이 손바닥이 아키오의 왼뺨을 때렸다. 어지간히 화가 났는지 왼뺨을 때린 손등으로 오른쪽 관자놀이도 때렸다.

저 버튼은 비상 버튼으로 저기를 누르면 비상벨이 울린다는 사실을 알게 됐다.

'그래서 애들이 그렇게 꼬셨던 거구나.'

그래도 아키오는 어떤 형태로든 자신이 눈에 띄었단 사실에 기뻤다.

중학교에 올라가서도 장난을 멈추지 않았다. 교실 출입문과 벽 사이에 칠판지우개를 끼워 선생님 머리에 떨어지도록 하는 초보적인 장난은 물론, 선생님의 책상 위에 물을 담은 꽃병을 올려놓고, 그 위에 또 물을 담은 꽃병을 올려놓고, 또 그 위에 물을 담은 꽃병을 올려 삼단으로 쌓았다. 선생님이 와서 그것을 보고 만지면 삼단으로 쌓여있던 꽃병이 쓰러지면서 책상 위는 물바다가 됐다.

선생님은 이만저만 화를 내는 것이 아니었다.

"이런 짓을 한 게 누구야?!"

반 아이들 모두가 아키오 짓이라는 것을 알았다. 하지만 아무도 아키오의 이름을 말하지 않았다.

화가 치민 선생님은 수업은 뒷전이고 한 명 한 명에게 캐묻기 시작했다. 수업 전에 어디서 뭘 했는지, 수상한 짓을 한 사람은 없는지……. 그래도 아무도 니토리라고 말하지 않았다.

선생님은 다음 날에도, 그다음 날에도 범인 찾기를 계속했다. 마치 미궁에 빠진 사건을 추적하는 형사라도 된듯했다. 조사는 일주일이나 계속됐다. 끝까지 고자질한 사람은 아무도 없었지만 선생님의 집념에는 니토리도 등골이 오싹해졌다.

'만일 나라는 걸 들켰으면 무슨 꼴을 당했을지 몰라.'

현재 주식회사 오피스 게이라株式会社オフィス·ケイラ의 대표로, 일찍이 니토

리에서 근무했던 게이라 유키오計良幸雄는 중학교 3학년 때부터 졸업할 때까지 일 년간 같은 반 친구로서 니토리와 나란히 앉았다.

니토리는 학교가 끝나면 앞뒤에 짐 바구니가 달린 커다란 검은 자전거로 쌀을 배달했다. 그것도 장사용의 커다란 자전거였다. 몸집이 작은 니토리가 무거운 암거래 쌀을 필사적으로 운반하는 모습은, 감수성이 풍부한 중학생 동급생 눈에 꽤 인상적으로 비쳤을 것이다.

게이라는 생각했다.

'지금 같은 상인으로, 그리고 이상을 추구하는 기업가로 니토리를 키운 사람은 니토리네 부모님이시다.'

니토리 아버지는 이른바 이상주의자였다. 손대고 있던 콘크리트 관련 장사는 그리 규모가 크지 않았다. 말수가 적은 아버지가 무슨 말을 할 때면, 매번 이상론을 아들 니토리에게 인상적으로 말하는 구석이 있었다. 게이라는 그런 아버지의 면모를 니토리에게서 본다고 한다. 니토리도 마찬가지로 자신의 이상을 높이 세우고 계속 달려나갔기 때문이다.

아버지에게는 이상주의를 이어받은 한편, 어머니에게는 배급미를 보다 맛있는 쌀로 블렌딩 해서 파는 상인의 DNA를 짙게 이어받았다고 게이라는 생각한다.

니토리 어머니는 당시부터 대단히 냉철하게 매사를 보는 현실주의자로 게이라의 눈에도 비쳤다. 친아들인 니토리에게는 더욱 철저했을 것이다.

어머니는 늘 니토리에게 말했다.

"너 그런 식으로는 밥 못 먹고 살아."

그런 어머니를 둔 니토리를 동급생 게이라는 호기심 어린 눈으로 바라봤다.

'좀 재미있는 집이네.'

당시 니토리는 자전거로 배달하다 넘어져서 종종 쌀을 쏟곤 했다.

그럴 때면 니토리는 쏟은 쌀을 주워 모아 집으로 가져왔고 가족이 다 함께 그걸 먹었다.

하지만 어머니는 더 철저했다. 동급생 게이라도 놀랐던 이야기가 있다.

한 번은 니토리가 물웅덩이에 쌀을 쏟고 진흙투성이로 집에 돌아온 적이 있었다. 어머니는 니토리의 모습을 보자마자 야단을 쳤다.

"대체 뭘 하는 거니? 쌀은 다 주워왔니?"

그리고 화가 난 어머니는 넘어진 곳으로 니토리를 질질 끌고 갔다. 니토리는 진흙투성이인 채 그대로였다. 넘어진 곳에 도착한 어머니는 직접 물웅덩이에 수로를 만들어 물을 다른 곳으로 흘려보냈다. 물웅덩이에서 조금씩 물이 줄어들었다. 그와 동시에 니토리가 다 줍지 못한 쌀알이 수면으로 조금씩 떠올랐다.

그러자 니토리 어머니는 떠오른 쌀알을 건지며 엄한 말투로 니토리에게 말했다.

"너! 다 주워왔다고 했는데 거짓말이었잖니?! 아직도 남아있네. 이렇게까지 확실하게 해야 하는 거야!"

니토리 어머니는 그야말로 쌀알 한 톨에 대해서까지 철두철미했다. 타고난 상인이었다.

이 에피소드에서도 상품에 대한 어머니의 강렬한 집착이 느껴지는데 끊임없이 싼 가격을 추구해왔던 니토리에 있어 이 어머니의 상인 DNA는 철두철미하게 이어졌다 할 수 있을 것이다.

아버지와 어머니, 서로 다른 성격이지만 동시에 강한 성품의 소유자인 두 사람이 니토리에게 끼친 영향은 상당하다고 게이라는 생각한다.

아키오는 단골집에 배달하러 갔다. 삿포로 시내를 흐르는 강폭 20미터의 소세이 강創成川 제방을 자전거로 건너는 길에 늘 니토리를 괴롭히며 재밌어하던 동급생과 마주쳤다. 아키오는 동급생과 얼굴이 마주쳤을 때 나쁜 예감을 느꼈다. 하지만 그때도 아키오는 운명에 따랐다.

'그래, 하고 싶은 대로 해….'

동급생은 자전거와 함께 아키오를 강으로 밀어 떨어트렸다. 아키오는 자전거에서 떨어져 나가 옆으로 쓰러졌다. 만일 머리에서부터 떨어졌다면 아마 강바닥 진흙에 얼굴을 박고 틀림없이 죽었을 것이다. 아키오는 실로 운이 좋았다.

"쌀은 어쨌니?!"

"어떤 애가 밀어서 강으로 떨어져 모조리 쏟아졌어…….'

"흘린 쌀을 강에 가서 주워오렴!"

아키오는 시키는 대로 소세이 강으로 돌아갔다. 고약한 냄새가 나는 강바닥에서 진흙과 함께 쌀을 건졌다. 그리고 그중에서 쌀만을 골라냈다. 아키오가 쌀을 쏟았을 때와 마찬가지로 가족이 다 함께 먹었다.

한편 아키오를 민 동급생은 떼밀고 나서야 자신이 엄청난 짓을 저질렀다는 것을 깨달은 듯했다. 자칫 잘못했으면 사람을 죽였을지도 모르는 일이었기 때문이다.

아키오는 그렇게까지 심각하게 받아들이지 않았지만, 자신이 얼마나 엄청난 짓을 저질렀는지 두고두고 후회하며 살았단 이야기를 나중에 전해 들었다. 동급생은 밤에도 그때 일이 꿈에 나와 때때로 한밤중에 깼다고 한다. 50년 동안이나 후회했다고 한다.

아키오는 죽을 뻔했을지도 모르는 일을 당하고도, 본인을 강에 떠민 당사자에게 이야기를 들을 때까지 까맣게 잊고 있었다. 그만큼 뒤끝이 없는 성격이었다.

아키오는 아버지와 어머니에게 야단을 맞고 또 야단맞아도 받아들였다. 최종적으로 부모에게 반항하기보다는 자신을 책망했다. 야단맞은 것은 부모님 말씀을 듣고 곧장 일하지 않은 자신의 잘못이라고, 곧장 일했다면 야단맞는 일도 없었을 거라고, 자신이 문제라고 자신을 계속 책망했다. 타인의 말을 일단 받아들이는 니토리의 자세는 이때 길러졌는지도 모르겠다.

아키오가 자는 것 외에 유일하게 책 읽는 것을 좋아했다. 특히 위인전을 좋아해 《동방견문록》을 저술한 베네치아 공화국의 여행가 마르코 폴로, 미국의 발명가 에디슨, 황열병과 매독을 연구한 세균학자 노구치 히데요野口英世 등에 관한 책을 탐독했다. 책을 펼치면 자신이 주인공이 될 수 있었다.

아키오는 배달 한 건당 받는 용돈, 할머니 어깨를 주물러 드리고 받는 용돈, 고사리 절임을 한 집 한 집 돌아다니며 팔고 할아버지에게 받는 용돈을 꾸준히 모아 위인전을 샀다.

아키오는 공부가 싫었다. 수업 중에도 딴 생각을 하느라 선생님의 말이 전혀 귀에 들어오지 않았다.

아버지는 아키오의 성적이 나쁜 것에 대해 아무 말도 하지 않았다.

"머리 나쁜 사람끼리 결혼해서 낳은 아이야. 네 머리가 나쁜 건 당연해."

부모님은 초등학교를 졸업하고 바로 일하기 시작했나. 그만큼 고생을 많이 했기 때문에 습득한 삶의 지혜도 많았다.

아버지는 아키오에게 강하게 말했다.

"머리가 나쁜 만큼 남보다 세 배는 일 해야 해. 그걸 못 하겠으면 남과는 다른 일을 해. 그렇지 않으면 사회에 나가 살아남지 못해."

아키오는 노력하는 게 싫었다. 아버지 말씀대로 세 배를 일하는 것은 고사하고 두 배도 일하기 싫었다. 다른 사람이 쏟는 반절의 노력으로 살아가고 싶었다.

'그럼 남이 하지 않는 일을 하자.'

위인전에 나오는 에디슨처럼 발명은 못 하더라도 독창적인 아이디어를 낼 수는 있을 것이다.

인상적이었던 것은 마쓰시타 전기(현 파나소닉Panasonic)를 창업한 마쓰노시타 고노스케松下幸之助였다.

마쓰노시타 고노스케는 전구를 서로 빼앗으려고 형제가 싸우는 모습을 보고 거기에서 힌트를 얻어 콘센트 스위치가 달린 쌍 소켓 '1호 국민 소켓'을 고안했다. 히트 상품 개발로 경영은 궤도에 오르게 된다.

전구 소켓에 이어 석유등 모양의 분리 가능한 자전거용 배터리 램프를 고안했다. 마쓰시타 고노스케는 이 쌍 소켓으로 마쓰시타 전기라는 이름을 세상에 알렸다.

아키오는 생각했다.

'이거야. 아이디어야.'

에디슨처럼 발명은 못 해도 좋은 아이디어라면 떠올릴 수 있을지 몰랐다.

니토리는 시험에서도 남들이 생각하지 않는 아이디어를 생각해냈다. 먼저 손바닥 사이즈로 자른 두꺼운 종이에 답을 적는다. 그리고 두꺼운 종이 끝에 구멍을 뚫고 고무줄을 통과시킨다. 그리고 고무줄을 왼쪽 팔꿈치에 동여맨다. 시험이 시작되면 옷소매로 두꺼운 종이를 잡아당겼다. 그리고 손가락으로 눌러 고정한 다음에 답을 찾았다. 손가락의 힘을 빼면 고무의 탄력으로 옷 속으로 쏙 들어가는 속임수 같은 장치였다. 이렇게 장치하면 선생님이 "너 뭐 봤지?"라며 거동이 수상하다고 추궁하더라도 "아무것도 없는데요?"라며 손을 펼쳐 보일 수 있다.

손이 작은 아키오는 안타까웠다.

'내 손이 컸다면 더 잘할 수 있었을 텐데……'

이 장치는 결국 대학교 때까지 계속 써먹었다. 그때까지 선생님에게 걸린 적은 한 번도 없었다. 아이디어의 승리였다.

아키오는 남들이 하지 않는 방법으로 얼마나 요령껏 상황을 타개하는가, 그리고 들켰을 땐 어떻게 대처할 것인가 하는 리스크 매니지먼트를 항상 생각했다.

하지만 컨닝은 출제 범위가 넓은 고등학교 수험에서는 통용되지 않았다. 니토리는 지원한 고등학교에서 차례로 떨어졌다. 홋카이도 공업고등학교(현 홋카이도쇼시학원고교北海道尚志学園高校)에도 지원했지만, 그때까지 응시한 고등학교와 마찬가지로 합격할 수 있겠다는 느낌이 들지 않았다.

'중학교를 졸업한 다음엔 어쩌지……'

아키오는 마음에 휑하니 구멍이 뚫린듯했다.

수험 상황에 불안을 느끼던 아키오였지만, 겨우겨우 합격해 1959년 4월에 홋카이도 공업고교에 입학하게 된다.

어머니는 아키오에게 강하게 말했다.

"뭐든 좋으니 학교에서 최고가 되렴."

아키오도 어머니의 말을 순순히 받아들였다.

'뭐로든 은혜를 갚고 싶다.'

아키오는 주산 동아리에 들어갔다.

홋카이도 공업고교에는 주산이 8단인, 일본에서도 손꼽히는 고단자 선생님이 있었다. 그래서인지 매년 주산대회를 개최하고 있었다. 500~600명에 이르는 1학년부터 3학년까지의 전교생이 참가했다.

아키오의 목표는 주산대회 우승이었다. 마음 먹은 것은 즉시 시작하지 않고는 못 견디는 성격이었다. 공부는 여전히 싫어했지만 주산 공부만큼은 빼놓지 않았다. 주산은 갖고 태어나는 능력이 아니다. 소위 '습관' 같은 것이다. 야구에서 공을 한 번이라도 많이 치면 그만큼 공에 대한 반응이 좋아진다. 이와 마찬가지로 문제를 하나라도 많이 풀면 풀수록 역량은 점점 좋아진다.

아키오는 주산대회 다섯 종목에서 모두 3위 안에 들었다. 종합 1위에 빛났다. 목표를 훌륭하게 달성했다.

아키오는 자랑스러웠다. 꼴찌로 입학했던 자신이 정점에 서게 된 것이다.

아키오의 사촌인 오무라의 말에 따르면, 니토리의 뛰어난 재능은 주판을 튕기는 기술적인 측면이 아니라 암산에서도 꽃이 피었다고 한다. 그 능력은 암산대회에서 상을 받을 정도였다.

압도적으로 암산을 잘하는 니토리를 주변 사람은 존경의 눈빛으로 바라봤다.

"아키오에겐 못 당해. 녀석은 굉장해. 대단해."

니토리는 부쩍부쩍 실력이 좋아져 타의 추종을 불허하기에 이르렀다.

후에 니토리가 경영을 시작하면서 암산 능력은 큰 도움이 된다. 경영에 필요한 모든 숫자가 머릿속에서 순식간에 계산됐다.

홋카이도 공업고교에서는 앞으로 사회에 나갔을 때 도움이 되는 가스 용접과 자동차 부품 작성, 설계도 그리기 등의 기술을 배웠다. 하지만 니토리는 주산 외에는 전혀 관심이 없었다. 공부도 전혀 하지 않았다.

아키오는 고등학교 3학년 때인 1961년에 삿포로에서 열린 NHK 노래자랑대회에 나갔다.

아키오는 마음을 단단히 먹었다.

'종소리를 세 번 듣고 말겠어.'

아키오는 노래에는 자신이 있었다. 아키오는 친척들에게도 자기가 나갈 거란 사실을 선전하고 다녔다.

드디어 본선이 시작됐고 아키오는 무대 옆에서 자신의 순서를 기다렸다. 노랫소리와 종소리가 들려왔다. 그와 동시에 아키오의 심장도 점점 세차게 고동쳤다. 자기 순서가 됐을 때는 최고조에 달했다. 게다가 객석을 가득 메울 정도로 많은 관객을 앞에 두고 노래 부르는 것도 처음이었다.

간신히 번호와 곡명을 말하자 아키오의 18번인 '남해의 미소년南海の美少年'의 웅장하면서도 애절한 전주가 흘러나왔다. 에도시대 초기에 가톨릭교 신자를 이끌고 현재의 나가사키 현長崎県 미나미시마바라 시南島原市 미나미아리마 초南有馬町에 있는 하라성原城에서 농성을 벌인 아사쿠사 시로天草四郎의 삶을, 하시 유키오橋幸夫가 1961년에 부른 노래이다.

아키오는 시작과 동시에 음정을 틀렸다.

"은 십자가를 가슴에 걸고……."

한 번 벗어난 음정은 되돌릴 수가 없었다.

아키오는 자신을 컨트롤 할 수가 없었다.

"땡!"허망한 종소리가 한 번 울렸다.

그와 동시에 사회자인 NHK 아나운서 가네코 다쓰오金子辰雄의 목소리가 들렸다.

"네! 그럼 다음 분!"

사회자는 말 한마디를 걸어주기는커녕 다가와 주지도 않았다. 아키오는 맥없이 무대에서 내려왔다.

아키오의 친척 일동은 그 모습을 TV로 지켜봤다. 그날은 아키오의 이모, 즉 어머니 여동생이 결혼식을 올리는 날이었다. 아키오가 노래자랑대회에 나간다는 말을 듣고 식을 중단하고 지켜보고 있었다.

아키오는 노래자랑대회가 끝나고 나서 결혼식장으로 뛰어갔다. 아키오의 사촌 누이동생이 아키오를 보자마자 큰소리로 외쳤다.

"오빠! 땡!"

식장은 웃음바다가 됐다. 아키오는 친척들의 웃음거리가 됐다. 아키오는 결심했다.

'좋아, 반드시 보란 듯이 프로 가수가 되겠어.'

아키오가 고등학교 3학년이 됐을 때 아버지가 말했다.

"고등학교를 졸업하거들랑 내 뒤를 잇거라."

이때 아버지는 수십 명의 직원을 둔 니토리 콘트리트似鳥コンクリート라는 토목회사를 경영하고 있었다. 아키오는 아버지를 돕고 있었다.

어느 날 아키오는 원통 블록을 쌓고 있었다. 순조롭게 차곡차곡 잘 쌓았다. 블록 쌓기를 일단락 짓고 점심을 먹을 때였다. 아키오가 쌓아 올린 원통 블록이 차례로 무너졌다. 아키오는 큰 미스를 범했다. 원통 블록을 쌓을 때는 블록을 벽에 밀착시키고 보강을 위해 블록에 벨트를 채워야 한다. 아키오는 그것을 까맣게 잊고 있었다.

게다가 아키오는 겨울이면 추위에 견디기 위해 위스키를 병나발 불고 현장에 들어갔다. 예상대로 과음으로 다리가 휘청거렸다. 그럼에도 개의치 않고 발판 위로 올라간 게 문제였다. 아키오는 발판에서 굴러떨어졌다. 다행히 타박상으로 며칠 쉬니까 괜찮아졌다.

하지만 이처럼 아키오가 혼날 각오를 할 때면 이상하게도 아버지는 화를 내지 않았다.

"조심해라."

그게 다였다.

그럴 때면 폐를 끼친 만큼 일로 갚아야겠다는 생각이 들었다.

하지만 아버지는 아키오가 신경 쓰기는커녕 기억도 못하는 자잘한 일에 대해서는 호통을 쳤다.

아키오는 그때마다 왜 화내는지에 대해 자기 나름대로 생각해봤다. 이를 통해 자연스럽게 사람을 교육하는 방법을 습득하게 됐고, 이는 후에 자신이 경영자가 되고 나서 크게 써먹게 된다.

얼마 안 가 니토리는 아버지에게 놀랄만한 제안을 했다.

"일을 도급해주세요."

고등학생이 토목공사를 맡겠다는 것이다. 비상식에도 정도라는 게 있다. 하지만 웬걸, 아버지도 아버지여서 니토리의 제안을 받아들인다.

"그래."

니토리는 고등학교 친구 네다섯 명을 현장으로 데려가 일을 시켰다. 니토리의 암산 능력에 반한 친구들이었다.

물론 니토리도 공사를 도왔지만 주로 공사 작업의 선두에 서서 공정을 지시하는 일, 즉 현장 감독을 했다.

토목공사 직접 도급은 고등학교 때부터 대학교 때까지 계속된다.

어느 날 아버지의 토목공사를 돕다가 아버지에게 이런 말을 듣는다.

"넌 머리가 나쁘니까 네가 사장이 되거든 영어를 잘하거나 머리가 좋은 사람을 수족처럼 부릴 수 있도록 네 밑에 두거라."

하지만 아키오는 아버지의 일을 이을 생각이 없었다.

토목 작업을 돕던 니토리의 사촌 오무라 사치오는 아버지인 니토리 요시오의 엄격한 성격을 직접 목격하게 된다.

당시에도 니토리와 니토리보다 한 살 많은 오무라 사이에는 체력 차이가 여전히 있었다. 당연히 오무라가 힘이 더 좋았다. 오무라는 약한 니토리의 체력이 걱정됐다.

작업 현장에서는 모래와 흙을 운반할 때 줄로 짠 짐 그물에 담아 운반했다. 짐 그물을 매단 긴 막대기의 양 끝에 각각 한 사람씩 붙어 둘이서 힘을 합쳐 짊어지고 운반하는 것이었다. 오무라는 니토리와 한 팀으로 운반할 때 니토리의 부담을 줄여주기 위해 짐 그물을 막대기 중앙이 아니라 좀 더 자기 쪽 가까이에 매달았다. 그 모습을 본 아버지는 작업 중이던 두 사람에게로 즉시 뛰어왔다. 그때까지와는 반대로 짐 그물을 막대기 중앙을 지나, 자기 자식 쪽에 더 가깝게 이동시켰다. 오무라는 경악했다.

니토리 아버지는 자식의 상황을 봐주지 않고 더욱 엄격하게 단련시키려고 했다.

하지만 오무라는 그런 가혹한 토목작업 경험이 니토리에게 일종의 위기감을 느끼게 했으리라고 생각한다. 니토리는 틀림없이 이렇게 생각했을 것이다.

'이대로 있다간 난 죽을 거야……'

아키오는 그럴 바에는 대학에 가는 게 낫겠다는 생각으로 진학을 결심하게 된다.

"대학에 가겠어요."

고등학교만 졸업하면 그것으로 충분하다던 부모님은 학비와 식비는 물론 방값까지 직접 해결한다는 조건 하에 아키오의 의견을 받아들였다.

하지만 지원한 4년제 대학에서 모두 떨어진다. 이러다가는 아버지 뒤를 이어야 할 판이었다. 그래서 2년제인 삿포로단기대학(현 삿포로가쿠엔대학札幌学院大学)에 응시한다. 하지만 단기대학이라고 쉽게 합격하리란 보증은 어디에도 없었다. 옆 사람의 답안지를 흘낏흘낏 훔쳐보고 나서야 간신히 합격한다.

1962년 4월에 니토리는 삿포로단기대학에 입학한다. 그리고 그로부터 2년 후인 1964년 4월에 4년제인 홋카이가쿠엔대학 경제학부에 편입한다.

니토리는 가라테부에 입부했다. 그 무렵에는 복싱 체육관을 다니고 있어 누구도 더는 니토리에게 시비를 걸지 않았지만 니토리는 스스로를 단련하고 싶었다. 오쓰카 히로노리大塚博紀가 창시했으며, 쇼토칸류松濤館流, 고주류剛柔流, 시토류糸東流와 함께 가라테 4대 유파의 하나로 꼽히는 와도류和道流를 배웠다.

니토리는 단기대학에서도 대학에서도 공부는 변함없이 하지 않았다. 졸업에 필요한 학점을 따기 위해 이 방법 저 방법을 쓰며 쉽게 점수를 주지 않는 교수들을 농락했다.

예를 들어 니토리는 깅의를 끝내고 귀가하는 남사 교수를 며칠간 미행했다. 교수는 매번 같은 술집으로 들어갔다. 그 교수는 아무래도 술집 마담과 깊은 사이인 듯했다.

이에 니토리는 우연을 가장하고 술집으로 들어가 교수에게 말을 걸었다.

"어?! 교수님 아니세요?"

"자네는 누군가?"

"교수님의 문하생입니다."

한동안 술잔을 주고받다가 교수 앞에서 교수의 자택으로 전화를 걸어 알리바이 만들기에 일조했다.

"××교수님의 사모님 되시지요? 전 교수님의 제자 니토리라고 합니다. 좀 전에 교수님을 우연히 만나 지금 교수님과 함께 술을 마시고 있는데요. 오랜만에 뵌지라 오늘은 귀가가 늦어지실 듯합니다. 아침까지 마실지도 모르거든요."

전화를 끊고 니토리는 교수에게 눈짓했다.

"그럼 전 이만 가보겠습니다."

니토리의 배려에 교수는 씩 웃었다.

"자네, 잘 해주었네."

이 사건을 계기로 교수와 점차 친해져 백지에 가까운 답안지를 내도 최고 평가점인 '우優'가 찍힌 성적표를 받게 됐다.

마찬가지로 깐깐한 여교수에게는 좋은 인상을 주기 위해 다소 고급스러운 위스키와 와인을 들고 자택으로 놀러 갔다.

한편 아키오는 학비와 생활비를 벌기 위해 온갖 직종의 아르바이트를 했다.

그것도 일급이나 시급으로 일하는 일개 아르바이트생이 아니었다. 예를 들어 오추겐お中元과 오세보お歳暮의 시기(평소에 고마웠던 사람에게 선물을 보내는 날로 배송물량이 늘어나는 시기이다. 오추겐은 여름, 오세보는 연말이다–역자 주)에는 일반 배송업자처럼 대량으로 일감을 받았다. 배달원으로는 동급생과 친구를 고용했다.

주택 기초 공사도 다른 업자보다 20% 싸게 수탁했다. 조금이라도 임금을 낮추기 위해 아키오와 같은 처지에 있는 고학생과 가라테부와 유도부, 야구부를 비롯한 운동부에 소속된 팔심이 좋은 동급생들에게 제안했다. 운동부 동급생들은 돈이 필요해서라기보다는 중노동으로 몸을 단련하려고 했다. 그래서 보통 아르바이트생보다도 열심히 일했다.

기초 공사의 완성도는 일의 진행 순서가 80%를 결정한다. 현장 감독인 니토리는 작업 공정을 어떤 순서로 진행하면 효율을 높일 수 있을지에 대해 생각하는 두뇌 업무를 했다.

기초 공사에서 어려운 부분은 기초 공사를 위해 땅을 판 부지 바닥에 콘크리트를 붓기 전에 쇄석碎石이라고 부르는 돌을 까는 작업이다.

쇄석은 그저 깔기만 하면 되는 돌이 아니다. 바닥에서부터 정해진 높이에 맞춰 평평하게 채워 깔아야 한다. 하지만 아키오는 어느 것은 오각이고 어느 것은 삼각인 같은 모양이 하나도 없는 수백 개의 돌을 깔끔하게 깔았다. 그것도 순식간에 어떻게 깔아야 하는가에 대해 판단을 내렸다. 한 번 깔면 재작업을 거의 안 해도 좋을 정도로 아키오의 실력은 뛰어났다.

한두 번의 경험으로 해낼 수 있는 수준의 완성도가 아니었다. 초등학교 때부터 아버지의 토목공사를 도왔기 때문에 거의 재작업이 필요 없을 정도로 완벽하게 해낼 수 있었던 것이다.

콘크리트를 부은 다음에는 콘크리트 위에 철근을 바둑판처럼 깔았다. 이때는 약 18밀리미터의 6부 철근을 도면에 지정된 길이대로 잘라야 한다. 철근을 자를 때는 20에서 30킬로그램에 달하는 해머로 한 번에 자르지 않으면 '뎅!' 하는 소리와 함께 철근이 튀어 올라오기 때문에 위험하다. 이 작업도 토목 작업에 능숙한 사람이 아니면 좀처럼 하기 힘든 작업이었다. 또한 철근을 깔끔하게 굽히는 일도 초심자에게는 어려운 작업이다.

어려운 작업은 모두 니토리가 맡았다. 이 작업은 세 사람에서 네 사람 몫의 일이었다. 하지만 니토리는 그만큼을 해냈기 때문에 그만큼을 벌었다.

한편 니토리는 고등학교 3학년 때의 맹세도 잊지 않았다. 프로 가수를 목표로 가수 양성소에 들어갔다. 양성소에는 가수와 뮤지컬 배우를 꿈꾸는 30~40명의 학생이 있었다. 다니기는 했지만 학생이 너무 많아 꼼꼼한 지도를 받을 수는 없었다.

니토리는 반년 후, 삿포로에서 유명한 남자 작곡자에게 지도를 받게 된다. 웬만해서는 학생을 받지 않는 사람이었는데 지인의 소개로 개인 레슨을 받게 된다.

하지만 그 작곡가는 너무 바빠 제대로 레슨을 받을 수가 없었다.

재차 선생님을 찾아 나선 니토리가 만난 사람은 아오키 세이치로青木精一郎라는 재즈밴드 마스터였다. 작사와 작곡을 모두 맡아 직접 여러 장의 레코드까지 낸 사람이었다. 히트곡은 없지만 영향력은 대단해서 아오키 곁에는 전속 뮤지션이 30명이나 있었다. 게다가 혼슈에서 오는 밴드들도 아오키를 믿고 왔다. 아오키는 시민회관이나 온천 등에서 개최하는 행사를 소개해 주었다. 때론 직접 지휘자로 무대에 서기도 했다. 아오키의 문하생 중에는 도쿄로 상경해 도전하는 뮤지션도 있었다.

그런 아오키와의 레슨은 대개 점심때 진행됐다. 레슨 내용도 그때까지 니토리가 받았던 것과는 전혀 달랐다. 복식 호흡과 발성 연습부터 시작해서 일주일에 2~3번 지도를 받았다. 첫날에는 좋아하는 가요 5~6곡을 부르라고 했다.

선생님은 특유의 저음으로 대중을 매료한 후랑크 나가이フランク永井가 불렀던 '기리코의 탱고霧子のタンゴ'가 니토리에게 어울린다고 했다.

입문한 그 날부터 선생님은 오로지 '기리코의 탱고'만을 시켰다. 그것도 하루에 수십 번이나 불렀다. 특히 도입 부분이 잘 안된다고 지적을 받았다.

♪ 좋아해서 너무 너무 너무

'너무'가 세 번 반복됐는데 미묘한 차이가 있었다. 그러니까 첫 번째 '너무' 보다는 두 번째 '너무'가 더 애절하고, 두 번째 '너무'보다는 세 번째 '너무'가 더욱 애절하다. 섬세한 여자 마음에 전해지도록 차이를 두어 부르라고 했다.

입문한 지 약 반년이 지난 1963년 4월, 삿포로는 늦게 벚꽃 시즌을 맞이했다. 삿포로 시내에 있는 마루야마 공원円山公園에서 벚꽃 축제가 열렸다. 벚꽃 축제에서 니토리는 프로 데뷔를 달성했다. 엔가 가수인 오시타 하치로大下八郎의 개막 공연으로 무대에 섰다.

니토리가 바로 그 오시타 하치로의 개막 공연을 한 것이다. 대망의 프로 데뷔였다. 곡목은 반년 간 연습에 연습을 거듭한 '기리코의 탱고'였다.

아오키의 의상을 빌려 입었는데, 아오키는 키가 상당히 컸기 때문에 윗도리도 바지도 헐렁헐렁했다. 소매를 걷어 올리고 나름대로 폼을 잡았다.

그런데 도중에 2절 가사를 잊어버리고 만다. 제대로 노래도 못 부른 채 난처하게 "아으으……" 하는 사이에 곡은 끝나 버렸다.

무내에서 내려온 니토리는 아오키에게 호되게 야단을 맞았다.

"2절이 기억나지 않으면 한 번 더 1절을 부르면 돼. 노래를 끝까지 부르지 못 하는 사람은 프로가 아냐!"

노래자랑대회에 이어서 벚꽃 축제에서도 사람들 앞에서 노래하는 데 실패했다.

하지만 니토리는 1964년 1월 말에 삿포로시내에서 열린 눈 축제에서 멋지게 '기리코의 탱고'를 끝까지 부른다. 처음으로 출연료도 받았다. 3,000엔이었다. 당시 대졸 신입사원의 월급이 1만 엔이었다. 노래 한 곡에 그만큼의 출연료는 큰 것이었다.

그 후 니토리는 삿포로의 번화가 스스키노ススキノ에 있는 나이트클럽의 전속가수가 되어 야간 아르바이트를 2년간 계속했다.

분장실은 화려한 가게 모습과는 대조적으로 다락방처럼 좁았고 니토리 혼자서 사용하는 것도 아니었다. 분장실은 호스티스의 탈의실로도 사용됐다.

스무 살 안팎의 니토리는 호스티스에게 귀여움을 받았다.

니토리는 아르바이트를 통해 적은 인건비로 성과를 올리는 방법을 배웠다. 니토리는 당시 보통 회사원이 받던 수입의 두 배 가까이를 벌었다.

대학 졸업을 앞두고 있을 때 아버지가 니토리에게 말했다.

"넌 장남이니까 내 뒤를 이어야 한다."

니토리는 마지못해 1966년 4월에 아버지가 경영하는 니토리 콘크리트에 입사했다.

하지만 입사한 지 반년 만에 니토리는 맹장염으로 수술을 받고 입원한다.

퇴원 후에 집에서 요양하고 있는데 아버지가 베갯머리를 걷어찼다.

"당장 현장으로 가!"

니토리 부모는 일하지 않는 자 먹지도 말라는 신념의 소유자였다. 니토리는 아직 완치되지 않은 환부의 고통을 참으며 일터로 나갔다. 하지만 심한 통증에 끝내 비명을 지르고 만다.

'이 상태로 계속 일하다간 몸이 남아나질 않겠어.'

다음날 니토리는 어머니가 없을 때를 노려 가출한다. 그리고 친구네로 굴러 들어갔다.

"다음 일자리를 구할 때까지만 좀 얹혀살게."

니토리는 신문의 구인모집광고를 보며 숙식이 제공되는 일자리를 찾은 끝에, 도쿄에 본사를 둔 교통광고회사의 삿포로 영업소에 취직한다. 버스 측면에 붙이는 광고와 버스 차내 스티커 광고를 영업하는 회사였다.

삿포로 경마장 앞에 있는 그 회사에 취직에 했는데 그곳은 상하관계가 대단히 엄격한 곳이었다. 상사를 '부장님', '과장님', '계장님'이라고 반드시 직책으로 불러야 했다. 또 윗사람의 명령에는 절대복종해야 했다.

'똑같은 인간인데, 이상하네.'

'사장', '부장', '과장'에 '장長'이라는 말이 붙어있는 것은 단순히 그 사람이 대단한 사람임을 나타내기 위함이 아니다. 직함은 책임의 무게를 나타낸다. 그런데 그 회사에서는 그저 장이 붙으면 대단한 거라고 모두 착각하는 것 같았다. 니토리는 이해할 수 없었다.

'왜 이런 의욕이 생기지 않는 시스템을 하고 있을까?'

이 소박한 의문은 후에 니토리가 경영체제를 구상할 때에도 반영되었다. 니토리에서는 직함으로 부르는 대신 모두의 이름 뒤에 '~씨'를 붙여 부른다.

영업소장은 니토리에게 말했다.

"월 목표량인 50만 엔을 달성하시 못하면 3개월로 해고야."

하지만 니토리는 육체노동만 해봤지 영업은 해본 적이 없었다. 니토리는 3개월간 계약을 한 건도 따내지 못했다.

영업소장은 한계에 달한 듯 니토리에게 말했다.

"밥하고 빨래나 해."

니토리는 숙식하며 근무하는 선배 사원의 식사 준비와 빨래를 하게 됐다. 그리고 매일 밤 1시간씩 영업소장의 안마도 했다. 그뿐만 아니라 도쿄에서 출장 온 영업사원의 시중도 들었다.

하지만 이런 생활이 계속 이어질 리 없었다. 입사한 지 6개월 만에 결국 영업소장에게 해고 선고를 받는다.

영업소장이 이대로 가다가 자기 입장이 위험해지겠다고 판단한 것이다.

광고회사에서 잘린 니토리는 다시 친구네로 기어들어 갔다.

니토리는 친구 방에서 살면서 취직활동을 했다. 하지만 주소불명에 무직인 니토리를 채용해주는 회사는 없었다. 열 곳에 지원해서 열 곳에서 모두 떨어졌다.

그러는 사이에 친구네서도 귀찮아하기 시작했다.

"오늘 여자 친구가 오기로 해서 그런데 나가주지 않을래?"

니토리는 친구 말에 따라 순순히 집에서 나갔다.

여자 친구가 돌아갔을 때쯤에 친구네로 돌아갔다.

하지만 친구의 여자 친구가 놀러 오는 일이 잦아졌다. 아키오는 결국 한 겨울인 1월에 친구네서 나오게 된다.

눈 내리는 삿포로 거리로 내몰린 니토리는 당구장에서 시간을 보냈다.

몹시 난처했던 니토리는 얼마 전에 해고된 광고회사 영업소장에게로 상담하러 갔다.

"영업은 못 하지만 장부관리라면 잘할 수 있어요. 전국 주산교육연맹 1급을 갖고 있을 정도로 주산 실력도 좋아요."

니토리는 광고회사에 복직해 이번에는 경리로 근무했다.

그로부터 얼마 지나지 않은 어느 날, 니토리는 길을 걷다 아버지 회사에서 전무로 일하는 삼촌을 우연히 만났다. 삼촌은 물었다.

"넌 요즘 무슨 일을 하니?"

"광고회사에서 경리로 일해요."

"그럼 회사로 돌아오거라."

니토리는 마음이 흔들렸다.

'역시 내 원점은 토목이야.'

광고회사를 그만둔 니토리는 그대로 다키카와 시滝川市에 있는 현장 작업원 합숙소로 들어갔다. 수도 본관 공사의 현장감독이 됐다. 토목공사라면 아버지 밑에서 10년 넘게 경력을 쌓았다. 니토리는 나이 많은 노동자에게도 주눅 들지 않고 업무를 지휘했다.

니토리는 의리가 있어서 나중에 사업을 시작한 뒤 그 광고회사를 통해 버스 측면 간판에 약 10년간이나 광고를 했다.

눈이 몹시 많이 내리던 12월의 어느 날, 여느 때처럼 토목작업을 하고 있는데 합숙소 쪽에서 불길이 치솟았다. 니토리와 사람들은 서둘러 그쪽으로 뛰어갔다.

현장에 도착해보니 불이 난 건물은 다름 아닌 니토리 콘크리트의 합숙소였다. 불 끄는 것을 잊어 장작 난로의 불이 이불로 옮겨붙은 것이었다. 니토리네 합숙소는 전소됐다.

현장감독인 니토리는 책임을 시기로 했다.

'토목은 이제 그만두자.'

토목 작업원 대부분은 40~50대 연장자로 문신을 한 사람도 많았다. 같은 나이대의 젊은이는 거의 없었다. 공사에 따라서는 반년 이상 산간벽지 합숙소에서 함께 지내기도 했는데, 그것은 20대 초반의 니토리에게는 힘들게 느껴졌다.

2 장

아내 덕분에
니토리 가구 도매 센터는 대성공!

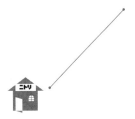

부 모님 댁으로 돌아간 니토리는 생각했다.

'뭐든 좋으니까 일 년 내내 일할 수 있고, 젊은 사람이 오는 장사를 하자.'

부모님 댁이 있는 귀환자 주택 주변에는 정육점, 생선 가게, 채소 가게, 술집, 약국, 철물점 등 생활필수품을 취급하는 가게가 늘어서 있었다. 유일하게 없는 것은 가구점이었다.

니토리는 결심했다.

'가구점을 하자.'

1967년 12월 25일에 니토리는 삿포로 시 니시 구西区에 위치한 30평짜리 대지에 니토리 가구점을 오픈한다.

사실 이 건물은 부모님 것이었다.

니토리는 부모님과 은행에 100만 엔을 빌리고 가구점에서 일하는 친척의 소개로 도매상 몇 군데를 돌았다. 하지만 니토리가 초짜여서 불안했는지 모두 냉담하게 거절했다.

"나이가 몇이시오?"

"23살입니다."

"그럼 가게를 차리기보다 회사원을 되는 게 나아요."

마지막으로 방문한 도매상 부장은 니토리의 열의를 높이 사주었다.

"좋아! 알았어. 내게 맡기게."

부장은 모든 준비를 해주었다.

간판에는 '니토리 가구 도매 센터 기타지점北支店'이라고 썼다. '도매'라는 글자로 '가격이 쌀 것 같은' 인상을 주고, '센터'란 말로 '규모가 클 것 같은' 인상을 주면 좋을 것 같았다. 마지막으로 '기타지점'이라고 써넣어, 마치 다른 곳에 본점이 있는 것처럼 연출했다.

배달은 고등학생인 여동생에게 부탁했다.

오픈 초기에는 광고 전단의 효과로 더할 나위 없이 매출이 좋았다. 하지만 점차 손님의 발길이 뜸해지기 시작했다. 제2탄 광고 전단지를 제작할 돈도 없었고, 매출도 급격하게 떨어졌다.

먹고 살기도 힘들어졌다. 3개월간 아침, 점심, 저녁, 세끼를 모두 한 봉지에 15엔 하는 인스턴트 라면으로 때웠다. 끝내는 영양실조로 각기병에 걸렸다. 잇몸에서 피가 나고 시력이 떨어졌다.

가끔씩 상태를 보러 올 때 어머니가 갖다 주는 쌀과 반찬 덕에 조금씩 건강이 회복됐다. 하지만 완전히 회복될 때까지는 조금 더 시간이 걸렸다.

두고 볼 수 없었던 어머니가 니토리에게 말했다.

"애야, 빨리 아내를 맞이하는 게 좋지 않겠니?"

어머니는 옛날부터 "서른 넘어서 결혼해"라고 했었다. 그런데 무슨 바람이 불었는지 아직 23살밖에 안됐는데 결혼을 하라며 권했다.

니토리가 물었다.

"왜요?"

"지금 상황에선 직원을 고용할 돈도 없잖아? 아내가 있으면 공짜로 같이 일도 해주고 의논 상대도 돼 주잖아. 밥도 해주지. 아이도 생긴다? 그러니 건강하고 오래오래 함께할 수 있는 사람으로 고르렴."

어머니의 말은 묘하게 설득력이 있었다.

"과연! 그거 좋네요!"

사실 니토리에게는 진지하게 결혼해도 괜찮겠단 생각이 드는 여성이 있었다. 그녀는 고등학교 때부터 알던 사람이었다. 모델처럼 얼굴도 예쁘고 몸매도 좋은 여성이었다.

다만 니토리는 그 여성과 선을 넘은 적이 없었다. 어머니에게 수도 없이 들었기 때문이었다.

"연애하는 건 상관없어. 하지만 결혼과 연애는 별개란다. 연애는 짧지만, 결혼은 50년! 같은 사람이랑 살면서 그 사람과 같이 행복해질 수 있느냐 없느냐 하는 문제야!"

그 말이 늘 머릿속에 있어 선을 넘는 것은 결혼을 의미한다고 믿었다.

니토리는 어머니에게 그 여성을 소개했다. 어머니는 그녀와 무척 즐거운 시간을 보내는 듯했다.

하지만 그녀가 돌아가고 나서 니토리에게 말했다.

"저 아이는 좋은 아이지만 장사는 못 하겠구나. 손님을 적으로 만들 거야."

그녀가 미인인 데다 몸매도 좋아 여자 손님이 질투할 거라고 했다. 그런 여자가 있는 가게에서 여자 손님은 물건을 사지 않는다. 쭉 장사해온 어머니다운 견해였다.

니토리는 어머니의 의견에 맞서지 않았다. 어머니의 의견을 받아들이고, 부모님의 권유에 따라 선을 보기로 했다. 하지만 좀처럼 진척이 없었다. 일단 맞선 상대가 생기면 아버지가 만나러 갔다. 그 단계에서 대개 거절당했다.

겨우 맞선을 보게 되더라도 니토리의 첫인상이 안 좋다며 거절했다. 니토리는 맞선 자리에 점퍼 차림으로 나갔다. 몸소 거절당할 이유를 만들고 있는 셈이었다.

또 상대 여성이 니토리를 마음에 들어 하는 경우에는 조건을 붙였다.

"부모님과 따로 살았으면 해요."

니토리가 이 이야기를 부모님에게 전하면 부모님은 화를 냈다.

"어처구니가 없구나. 그런 게 시집을 왔다 간 집안을 말아먹을 게 뻔하다. 그딴 여자는 거절해라!"

좀처럼 결혼 상대는 정해지지 않았다. 무려 맞선을 일곱 번이나 봤다.

어느 날 어머니는 아파트(일본에서는 저렴한 다세대 주택을 의미–역자 주) 임대업을 하는 친구네 집에 놀러 갔다. 친구 말이, 삿포로에 있는 양복 재단·재봉 기술을 가르치는 패션 드레스 메이커 전문학교ファッションドレスメーカー専門学校에 통학하기 위해 몬베쓰 군紋別郡 오코쓰베초興部町 사루루沙留에서 올라온 자매가 세입자로 들어와 살고 있다고 했다.

니토리는 어머니 친구의 소개로 19살인 도가와 모모요十河百代와 선을 봤다. 여덟 번째 맞선이었다.

모모요는 1947년 10월 14일에 홋카이도 삿포로 시에서 태어났다. 그녀는 어디에나 있을법한 흔한 회사원 집안의 장녀로 태어나서 일반적인 가정환경에서 자랐다. 하지만 그녀의 부모님으로서는 여러 고난 끝에 간신히 손에 넣은 행복의 결정체이자 보물이었다.

모모요의 아버지 마모루守는 홋카이도 아바시리網走 관내의 북부에 위치한 마을 몬베쓰 군 오코쓰베초 사루루에서 태어나고 자랐다.

넷째 아들이던 모모요의 아버지는 모모요의 어머니와 결혼하고 즉시 만주(현 중국의 동북부)로 건너갔다. 그는 남만주 철도, 이른바 만철에서 근무했다. 그리고 만주에서 두 아들을 낳았다.

당시 만주는 일본과 비교해 수준 높은 생활을 할 수 있는 환경을 갖추고 있었다. 남만주 철도가 다니는 것은 물론 건물도 모두 벽돌로 지어졌고 창문도 이중창이었다. 지하에는 아이가 서서 걸을 수 있을 정도로 커다란 터널에 파이프가 깔려있어서 모든 집이 스팀 중앙난방 생활을 했다. 게다가 추운 만주에서는 이미 수세식 화장실 생활을 하고 있었다.

또 만주에는 무려 75만 명이 소속된 일본 육군부대인 관동군이 주둔하며 치안을 유지하고 있었다. 그런데 전황의 악화로 일부 관동군까지도 남쪽 전선으로 이동했고, 만주에 거주하는 20세부터 45세까지의 일본인 남성도 모조리 긴급보충병으로 동원됐다. 당연히 모모요의 아버지도 소집됐다.

일본에서는 8월 6일에 히로시마, 8월 9일에 나가사키에 원폭이 투하됐다. 끝내 8월 15일에 종전을 맞이했다.

군에 소집되어 있던 모모요의 아버지는 일본의 패전 사실을 알고 그 자리에서 군을 탈주했다. 그 덕에 다행히 시베리아에 억류되지 않을 수 있었다.

간신히 아내와 두 아들과 재회한 모모요의 아버지는 한숨을 돌릴 새도 없이 일본으로 귀국하기로 한다. 혼란한 가운데, 귀국 길에 오르기까지의 여로는 험난하기 그지없었다. 식량 사정과 위생상의 문제로 귀국하지 못한 사람, 조국의 땅을 밟기 전에 기력을 다한 사람도 적지 않았다. 그래도 어떻게든 모모요 부모님과 두 오빠는 수용소에 당도했다.

하지만 어렵게 도착한 수용소에서 모모요 부모님은 슬픔을 겪게 된다. 열악한 환경에 놓인 수용소에서는 장티푸스, 콜레라, 천연두, 결핵 등이 창궐했다. 체력적으로도 쇠약해져 있던 어린 두 오빠는 순식간에 결핵에 걸렸고, 둘 다 목숨을 잃고 만다.

결국 부부 두 사람만 1945년 연말에 일본으로 귀국했다.

후에 모모요는 양친에게 이 이야기를 전해 듣고 자기 이름의 유래에 대해 알게 된다.

"모모요가 죽은 두 오빠의 몫까지 살아주었으면 해. 그래서 100살까지, 200살까지 살기를 바라는 소망을 담아 모모요라고 지었단다."

모모요 부모님의 진심 어린 소망이 담긴 이름이었다.

일본으로 귀국한 두 사람은 몬베쓰 군 오코쓰베 초에 있는 아버지의 집으로 갔다.

모모요 아버지는 목재소에 취직했고, 어머니는 특기인 재봉 실력을 살려 집에서 양복을 만들기 시작했다. 기성품이 없던 시대였던 만큼 동네 사람들이 자주 맞춤 양복을 의뢰했다.

모모요는 죽은 두 오빠의 기운을 이어받은 것처럼 그야말로 활발하고 건강했다. 중학교와 고등학교 때 배구부 주장을 맡았을 정도의 여장부로 리더 격인 존재였다. 그런 성격은 결혼 후에도 바뀌지 않아 지역 부녀회의 배구팀에서 스트레스를 발산하며 살게 된다.

모모요가 자란 오코쓰베초 사루루 마을은, 몬베쓰에서 일명 '해당화 길'로 불리는 국도 238호선을 따라서 북상하면 길을 따라 흐드러지게 핀 해당화 군락의 건너로 보이는 마을이었다. 사루루는 오호츠크 해에 면한 어촌마을이다. 가리비를 비롯해 연어, 송어, 털게, 청어, 임면수어, 대구 등, 마을은 오호츠크 해에서 건져 올린 풍부한 해산물로 넘쳐났다. 그런 마을 풍경을 바라보며 어린 모모요는 자신의 미래를 그렸다.

'이 다음에 크면 생선 장수의 아내가 되고 싶어……'

장화를 신고 씩씩하게 생선을 파는 생선 장수의 모습이 특히 멋있어 보였다. 게다가 장사도 좋았다. 생선을 파는 남편 옆에서 손님과 즐겁게 이야기를 나누며 가게를 꾸려나가는 자신의 모습을 몇 번이고 반복해서 그렸다.

고등학교를 졸업한 모모요는 삿포로에 있는 패션 드레스 메이커 전문학교에 진학했다. 양재를 잘하던 어머니의 영향이었다.

몬베쓰 군 오코쓰베 초 사루루에서 삿포로로 나온 자매는 아파트를 빌려 새로운 생활을 시작했다. 아파트는 어머니의 친구가 경영하는 곳이었다.

집주인이기도 한 어머니 친구가 모모요에게 이야기를 꺼냈다.

"너 장사를 좋아하니?"

모모요는 고개를 끄덕였다.

"네, 좋아해요."

모모요의 대답을 들은 어머니 친구가 모모요에게 말했다.

"삿포로에서 니토리 가구점을 운영하는 남자가 있는데 한 번 만나보지 않을래?"

맞선 이야기였다. 하지만 모모요는 그다지 마음이 내키지 않았다. 장사는 좋았지만, 마음 한편에는 생선 장수와 결혼하고 싶은 꿈이 있었기 때문이었다.

어머니 친구는 조금이라도 선보고 싶은 마음이 들도록 애매한 태도를 보이는 모모요에게 이런저런 좋은 이야기를 늘어놓으며 장황하게 말했다. 결국 모모요는 할 수 없이 맞선을 보기로 한다. 모모요 부모님도 모르는 맞선이었다.

맞선 장소는 중매자인 어머니 친구의 집이었다.

모모요는 아키오를 처음에 딱 보고 솔직히 이렇게 생각했다.

'음……? 이 사람 뭐지……?'

마음속으로 인상을 찌푸렸다.

아키오가 입고 나온 스웨터에는 구멍이 뚫려 있었다.

'나도 내키지 않았지만, 이 사람도 어지간히 나오기 싫었나 봐. 저런 스웨터를 다 입고 나오다니…….'

상대방도 맞선에 흥미가 없음을 눈치 챈 모모요는 마음이 편해졌다.

모든 맞선이 그렇든 "그럼 젊은 두 사람에서 얘기들 나눠요"라며 중매자는 곧 자리를 떴고, 둘은 삿포로의 번화가 스스키노 근처에 있는 스케이트장으로 갔다.

일단 둘이서 재미있게 스케이트를 타고 집에 가는 길에 밥을 먹고 헤어지기로 했다.

아키오가 물었다.

"뭐 드시고 싶은 거 있으세요?"

모모요는 별생각 없이 대답했다

"라멘이라도 먹을까요?"

그래서 두 사람은 재미있게 스케이트를 타고 라멘을 먹고 각자 집으로 갔다.

니토리는 모모요의 털털한 성격에 놀랐다. 여태까지 이미 일곱 명의 여성과 맞선을 본 니토리에게 여덟 번째 여성인 모모요는 지금까지 없던 타입이었다. 여성에게 무엇을 먹고 싶냐고 물으면 늘 당연하다는 듯 호텔 레스토랑이나 고급 식당에서 식사하고 싶다고 했기 때문에, 니토리는 매번 그 요구에 응해줘야만 했다. 그런데 모모요는 스케이트와 라멘으로 기뻐해 주었다.

'뭐 이렇게 싸게 먹히는 여자가 다 있지……? 게다가 다리도 튼실한 게 일도 잘할 것 같아.'

아키오는 그렇게 생각했다.

한편 모모요에게도 아키오와의 첫 데이트는 즐거운 시간이었다. 하지만 그것과 결혼은 별개였다.

아직 결혼할 생각이 없던 모모요는 돌아오자마자 거절하러 어머니 친구 네로 갔다.

"이 이야기는 없었던 걸로 할게요. 거절해 주세요."

그런데 어찌 된 영문인지 다시금 아키오를 만나게 된다. 어머니 친구가 아키오에게 거절 이야기를 하지 않았던 것이다.

두 번째로 만났을 때는 아키오네 근처 레스토랑에서 식사를 했다.

이때 모모요는 아키오에게 확실하게 거절 의사를 밝혔다.

"전 사귀는 사람이 있어요. 이번 맞선 이야기는 아무쪼록 없었던 거로 해주세요."

사실 사귀는 사람 따위는 없었다. 하지만 아직 결혼하고 싶지 않은 마음이 컸기 때문에, 따로 사귀는 사람이 있다는 이유로 거절하려고 했던 것이었다.

그로부터 얼마 후에 니토리가 부모님 댁에 얼굴을 비치러 갔는데 어찌된 영문인지 모모요가 거기에 있었다.

'어? 안 된다더니 어떻게 된 거지?'

모모요가 마음에 든 니토리 부모님이 아들과 결혼해달라며 설득하고 있었던 모양이었다.

아버지가 니토리에게 말했다.

"아키오! 모모요 씨와 결혼하거라. 실로 참한 아가씨가 아니냐?"

"그치만 아직 모모요 씨랑은 두 번밖에 만나지 않은걸요. 오늘로 세 번예요."

"우리는 오늘 모모요 씨랑 처음 만났다. 넌 이미 우리보다 세 배는 많이 만났어. 그거면 충분해. 내일 아침까지 결정하거라."

장사를 계속하고 싶은 아키오는 부모님 의견을 받아들이지 않을 수 없었다.

"알겠습니다."

한편 모모요도 열심히 설득하는 아키오 부모님의 모습에 결국 마음을 굳히게 된다.

'그럼 같이 일하면서 어떻게든 힘내서 장사를 잘 해봐야겠다.'

결혼하기로 결심한 모모요는 신부 수업을 받기 위해 패션 드레스 메이커 전문학교를 자퇴하고 몬베쓰 군 오코쓰베 초 사루루에 있는 부모님 댁으로 돌아갔다.

네 번째로 두 사람이 만난 것은 1968년 6월 16일이었다. 장소는 삿포로 로얄 호텔 결혼식장이었다.

지금에 와서는 강제로 모모요를 아내로 만들어준 부모님에게 아무리 감사해도 부족할 정도이다.

모모요는 아키오와 결혼해 새신부가 되는 것보다, 니토리 가구점의 장사를 어떻게 꾸려나가야 할지가 더 걱정됐다. 모모요는 니토리 가구점과 결혼했다고 해도 과언이 아닐 정도로 장사에 투지를 불태웠다. 그래서 이즈伊豆로의 신혼여행도 이틀 만에 끝내고 잽싸게 신혼집으로 돌아와 즉시 가게 문을 열고 그 앞에 섰다.

가구점 1층이 가게였고 2층에 신혼집을 차렸다. 니토리 가구점을 바라보며 모모요는 니토리에 대해 생각했다.

'이 사람은 앞으로 가게를 계속 발전시켜 나갈 거야……'

단순히 모모요의 감이었다.

니토리는 꼼꼼하지 못한 성격이었다. 돈도 지갑에 넣지 않고 다 보이게 대충 주머니에 쑤셔 넣었다. 막상 돈을 지불할 때면 "돈이 없어! 없어!"라고 소란피우며 당황해서는 주머니를 뒤졌다. 하지만 이처럼 무심하고 예민하지 않은 성격이 오히려 장사하기에는 좋은 성격이라고 모모요는 생각했다.

그리고 매번 돈을 찾는 남편의 모습을 보며 생각했다.

'이런 점도 사랑스러워……'

니토리와 마찬가지로 성격이 꼼꼼하지 않은 모모요는 서로 닮은 부분이 있음을 알고 확신했다.

'그래! 둘이서 잘 해나갈 수 있을 것 같아!'

만일 니토리가 꼼꼼하고 철두철미한 남자였다면 모모요와는 맞지 않았을 것이다.

그러던 어느 날 예상 밖의 손님이 니토리 가구점을 찾아왔다. 모모요와 이야기를 나누는 니토리를 보고 손님은 깜짝 놀랐다.

"니토리 씨, 이게 어떻게 된 거죠?"

니토리를 흠칫 놀랐다. 그 손님은 다름 아닌 선보기 전에 사귀었던 여성이었다. 어머니의 반대로 니토리는 그녀와의 결혼을 포기하고 맞선을 봐서 모모요와 결혼했다. 하지만 그녀에게는 사정을 이야기하지 못했고 그대로 시간이 흘렀다. 결혼한 뒤로는 연락을 안 하고 있었다. 그녀는 아무것도 모르는 상황에서 갑자기 연락이 안 되자 걱정이 되어 가게로 찾아온 것이었다.

니토리가 사정 이야기를 하자 그녀는 소스라치게 놀랐다.

그녀가 돌아가고 나서 모모요가 니토리에게 물었다.

"어째서 저런 미인과 결혼하지 않고 나랑 결혼했어?"

나중에 되돌아봤을 때 결혼이 니토리 인생의 기로가 된 것은 확실한 사실이다.

모모요의 기대와는 달리 니토리는 게으른 성격이었다. 밝고 사교적이었지만 좌우간 일을 안 했다. 그만큼 모모요가 니토리 가구점을 끌고 나가지 않으면 안 됐다.

모모요는 장사에 대한 자신의 사기를 진작시키기 위해 하루, 나아가서는 한 달 목표 금액을 설정했다.

'오늘은 매상을 이만큼 올리겠어!'

'이번 달에는 이 만큼은 팔고 싶다!'

일별 목표와 월별 목표가 있었기 때문에 니토리 가구점에 고객이 한 번 들어오면 절대로 놓치지 않았다.

모모요는 고객의 심리를 잘 읽었다. 예를 들어 예산을 5만 엔으로 계획하고 거실용 소파와 테이블을 사러 온 고객에게는 6~7만 엔 하는 상품까지도 권했다. 그 정도 금액의 상품까지는 구매했기 때문이다. 반면 10만 엔짜리 상품을 권하면 사지 않는다. 예산의 두 배가 되면 고객도 구매를 주저하지만 예산의 20~40%를 초과할 때는 추천 상품을 구매한다. 조금이라도 매출을 올리기 위해선 살만한 상품을 권해야 한다. 그리고 반드시 소파와 테이블에는 어울리는 부수적인 상품을 함께 디스플레이 해놓았다. 그러면 고객도 곁들여져 있는 상품을 같이 구매했다. 세트로 구매하도록 화술로 분위기를 잘 조성하는 것도 모모요는 잊지 않았다.

또 모모요가 상품을 가장 많이 파는 최고의 고객은 프라이드가 높은 고객이었다. 예산을 초과하는 등급 높은 상품을 권하면 그런 고객은 어김없이 모모요가 추천하는 대로 구매했다. 그리고 그런 고객에게는 이렇게 말하는 것도 잊지 않았다.

"정말 부럽네요! 이런 의자를 살 수 있고, 이런 의자에 앉을 수 있다니! 손님은 정말 행복하시겠어요."

이렇게 말하면 고객은 망설이지 않고 이렇게 말했다.

"그럼 이걸로 살게요."

좌우간 니토리 가구점에 들어온 고객은 단 한 명의 고객이라도 놓치지 않겠다는 게 모모요의 원칙이었다.

모모요 스스로도 고객의 구매욕을 자극하는 뛰어난 화술을 천부적으로 갖고 태어났다고 생각했다. 상대에 따라 다른 말로 자존심을 살살 자극해 조금이라도 비싼 상품을 구매하도록 했다. 하지만 결코 비열하게 장사하지는 않았다. 고객이 좋은 상품을 구매해서 만족하길 바랐다. 이런 모모요의 재능은 니토리 가구점의 보물이었다.

게다가 모모요의 재능은 그저 물건을 파는 게 다가 아니었다. 고객의 요구에 따라 서로 조화롭게 잘 어울리는 상품 선별해서 추천하는 코디네이트

능력도 뛰어났다. 제품을 구매한 고객은 며칠 뒤에 웃는 얼굴로 니토리 가구점을 다시 찾았다.

"방에 들여놨더니 정말로 좋더라고요. 골라줘서 고마워요. 다음에 꼭 한 번 놀러 오세요."

모모요에게 그렇게 인사했다. 모모요는 그런 말을 듣는 게 기뻤다.

그래서 그렇게 말해준 고객의 집은 꼭 방문했다.

가구를 보고는 또 이렇게 말했다.

"와아! 굉장히 잘 어울리네요."

칭찬을 들은 고객은 다음에 또 가구를 구매할 때도 반드시 니토리 가구점에서 구매하게 된다. 결혼할 때 가구를 샀던 부부는 아이가 생기면 아이의 책상과 침대를 산다. 집을 신축할 때는 새 가구를 세트로 맞춰서 구매한다. 아이가 커서 결혼할 때도 가구를 산다. 손자가 생겨 초등학교에 입학하게 되면 또 책상을 산다. 이렇게 가족에서 가족으로 이어지는 게 가구 장사이다. 이것이 바로 모모요가 목표였다.

"고객을 소중히 하자."

아직 니토리 가구점이 하나밖에 없을 때의 이야기다. 하지만 대대로 사랑받는 가구점이 되면 정말 좋겠다고 모모요는 생각했다. 장사에 대해 배운 적은 한 번도 없었다. 하지만 그렇게 생각했다.

게다가 모모요에게는 배짱도 있었다. 어느 날이었다. 니토리 가구점으로 험상궂은 남자가 들어 왔다. 남자는 느닷없이 판매용 소파에 턱 하니 앉아 큰소리로 으름장을 놓았다.

"어이, 가게에 불을 지르는 수가 있어!"

영업 중에 있어서는 안 되는 상황이 니토리와 모모요의 눈앞에서 벌어졌다.

갑작스러운 상황에 니토리도 겁먹지 않을 수 없었다. 한편 모모요는 옆에서 떨고 있는 니토리를 무시한 채 숨을 거칠게 내쉬었다.

"당신! 그렇게 더러운 신발로 우리 가게의 귀한 상품에 앉다니, 이게 무슨 짓이야. 변상해!"

예상치 못한 반격에 남자는 눈썹을 치켜세우고 모모요에게 소리쳤다.

"건방진 것! 따라 나와!"

그렇게 말하고 모모요의 팔을 잡고 가게 밖으로 끌고 나갔다. 그래도 모모요는 기죽지 않았다. 니토리는 그저 지켜볼 수밖에 없었다.

모모요도 화가 머리끝까지 치밀어 점점 더 격하게 화내기 시작했다. 남자와 모모요의 싸움은 끝날 기미도 안 보였다. 둘의 싸움을 지켜보며 니토리는 경찰에 전화를 해야 하나, 말아야 하나 하며 망설였다.

큰 소리로 싸우던 두 사람은 한참 후에야 가게 안으로 돌아왔다. 남자가 니토리에게 말했다.

"거참, 아내분의 배짱에 감탄했소."

모모요의 센 기에 남자도 질린 모양이었다.

그리고 남자는 덧붙였다.

"사장 양반, 미안하게 됐소. 소파는 내가 변상하리다."

그리고 모모요를 향해 말했다.

"어이, 자네가 우리 집으로 돈을 받으러 와. 그러면 소파 값을 지불할 테니."

그 말을 듣고 모모요는 남자네로 같이 갔다.

잠시 후에 남자의 집에 도착한 모모요는 주변 상황을 살폈다.

남자는 갑자기 마당에 있는 덩치 큰 개에게 고깃덩어리를 던져주었고 개는 고기를 거칠게 뜯어 먹었다. 모모요를 겁주려고 일부러 고깃덩어리를 먹이로 준 것 같았다.

고기를 뜯어 먹는 개의 모습을 지켜보던 모모요는 무슨 생각을 했는지 남자에게 물었다.

"저기요. 죄송한데, 뭐 하나 물어봐도 돼요?"

남자는 고개를 돌려 모모요를 바라봤다.

"저 개가 먹는 게 쇠고기예요, 돼지고기예요? 뭐가 더 비싸요?"

그렇게 물으며 모모요는 생각했다.

'이 사람은 돈이 많나? 쇠고기든 돼지고기든 저렇게 큰 고기를 개에게 주다니……. 아까워라.'

한편 남자는 이상한 것을 묻는 여자라고 생각했던 듯하다.

모모요에게 소파값을 건네며 남자가 말했다.

"자네 말이야. 배짱이 있는 건지, 없는 건지 모르겠지만 재미있어. 가게까지 바래다줄게."

모모요의 압승이었다. 소파 값을 받은 모모요는 남자와 함께 가게로 돌아왔다.

소문은 니토리 가구점 건너편에 있는 주유소까지 퍼졌다. 주유소 사람이 모모요에게 물었다.

"그 사람한테 돈을 한 푼도 못 받아 난처했었는데, 부인께선 어떻게 받아내셨어요?"

그 정도로 근방에서 평판이 좋지 않은 남자였다.

니토리는 모모요를 배짱 있는 여자라고 생각했다. 하지만 모모요는 아무 생각도 없었다. 사실 배짱이 있는 게 아니라 단순히 상대가 어떤 사람인지 눈치채지 못 했을 뿐이었다. 하지만 남자들 눈에는 배짱 있어 보였다.

모모요의 배짱에 반한 험상궂은 고객은 그 후로 비싼 가구를 니토리 가구점에서 구매해주는 단골손님이 됐다. 또 친척과 지인에게도 소개해 주었다. 그것은 무척이나 고마운 일이었다.

언제부터인가 니토리 가구점에서는 그 남자를 친근감을 담아 '무서운 아저씨'라며 불렀다.

하지만 한편으로 모모요는 마음이 아팠다. '무서운 아저씨'는 니토리 가구점을 방문할 때면 저금통을 가져왔다. '무서운 아저씨'는 꼭 갖고 싶은 가구가 생기면 저금통을 털어서라도 고급 가구를 사주었다.

그런 손님을 보며 모모요는 생각했다.

'갖고 싶은 게 생기시면 무리하면서까지 사주시는구나. 죄송스럽다⋯⋯.'

그래서 더욱 모모요는 남자를 애정을 담아 '무서운 아저씨'라고 친근하게 불렀다.

니토리는 몸이 부서지도록 일하는 모모요가 안쓰러웠다.

모모요 덕분에 니토리는 삶의 자세가 달라졌다. 지금은 웬만한 사람보다 훨씬 사교적이기 때문에 의외라고 생각하는 사람도 많겠지만 사실 당시에는 사람과 이야기를 잘 나누지 못했다. 사람 앞에 서면 긴장되어 말이 잘 안 나왔다. 젊었을 때는 훨씬 심해서 자기가 매입한 상품조차 사고 싶은 마음이 들도록 손님에게 잘 소개하지 못했다. 그래도 열심히 판매한 덕분에 매월 40만 엔의 매출은 올렸지만 목표인 60만 엔에는 좀처럼 도달하지 못했다.

모모요는 니토리와 달리 기죽지 않았다. 밝고 사교적인 성격이었다. 모모요가 있으면 그 장소가 밝아졌다. 손님 응대도 잘해서 점점 단골이 늘어났다.

딱 한 번 니토리는 모모요와 맞붙어 부부 싸움을 한 적이 있다. 니토리는 처음으로 모모요에게 손찌검을 했다. 남편으로서, 남자로서 위엄을 유지하기 위해서였다.

모모요는 계속 참았다. 하지만 니토리가 자신에게 손찌검을 하자 끝내 폭발해 버렸다.

돌연 니토리의 오른 팔뚝을 깨물었다. 살을 뜯어내려는 것 같았다.

"아팟! 그만둬!"

니토리는 가까스로 팔에서 모모요를 떼어냈다. 니토리의 팔에 찍힌 모모요의 잇자국에서 피가 흘렀다.

모모요는 중학교와 고등학교 때 배구부 주장을 맡았던 여장부였다. 게다가 싸움짱 같은 존재로, 여자아이를 괴롭히는 남자아이를 두들겨 패 복종시킬 정도였다.

한 번 폭발한 그런 모모요의 화는 쉬이 진정되지 않았다. 다음 순간 니토리는 "커헉!"하는 괴성을 지르며 뛰어올랐다. 모모요의 오른발이 니토리의 가랑이를 정확하게 가격한 것이다.

니토리는 금방이라도 기절할 것 같은 극심한 통증에 몸부림치며 뒹굴었다. 그런 자신을 내려다보는 모모요가 괴물로 보였다. 그 후 니토리는 몸싸움을 두 번 다시 하지 않았다. 싸움 경험이 많은 모모요를 당해낼 수 없음을 몸소 체험으로 깨달았기 때문이다.

모모요가 판매를 담당해준 덕분에 니토리는 상품에 전념할 수 있었다. 좋은 상품을 매입하면 됐다. 상품 구매에 힘을 쏟았다. 40만 엔 안팎이던 니토리 가구점의 한 달 매출은 모모요와 결혼하고 100만 엔이 됐고, 1,000만 엔이 됐고, 끝내는 3,000만 엔이 됐다.

만일 니토리에게 아내와 같은 영업 능력이 있었다면 분명 영업 능력을 키웠겠지만, 대신 이렇게까지 상품에 집중하지 못했을 것이다. 기업 니토리를 다른 방식으로 어느 정도 수준까지는 성장시켰겠지만, 상품의 매력을 핵심으로 하는 '상품 니토리'로서, 3,000점포 오픈을 목표로 하는 기업으로서는 성장시키지 못했을 것이다.

하지만 모모요가 보기에 니토리는 여전히 게으름뱅이였다. 뭔가 아이디어가 떠오르면 실행에는 옮겼지만, 아이디어가 떠오르지 않으면 배달하고 돌아오는 길에 슬쩍 파친코로 샜다. 지면 진대로 열 받아서 계속 연타를 했고, 이기면 이긴 대로 욕심내서 더 이기려고 했다. 이기든 지든 한 번 파친코에 들어가면 일은 거들떠보지도 않았다.

"일하다 말고 뭐 해!"

설령 이기고 있었다 해도 그 순간으로 끝이었다. 니토리는 모모요의 손에 질질 끌려 가구점으로 돌아갔다.

두 사람이 함께 트럭을 타고 배달하러 가서도, 가구를 옮기는 김에 손님 댁으로 들어가서는 손님 댁의 여자아이에게 커피를 부탁해 혼자서 맛있게 마셨다. 커피가 맥주로 바뀌고, 맥주가 "식사라도 하고 가세요."로 발전되기도 했다. 모모요가 트럭에서 기다리고 있다는 사실은 까맣게 잊어버렸다.

남겨진 모모요는 혼자 트럭에서 열을 내며 니토리가 돌아오길 기다렸다.

"여보, 당신도 들어와."

그 한 마디면 모모요의 기분도 가라앉았겠지만 니토리는 그런 배려를 못하는 남자였다. 당연한 이야기지만 모모요는 화가 나서 트럭을 몰고 가게로 돌아가 버렸다.

맥주를 먹고 기분이 좋아진 니토리는 단골 손님 댁에서 나온 후에야 모모요하고 배달하러 같이 왔다는 사실을 떠올리고 당황했다. 하지만 이미 트럭은 없었다.

니토리가 먼 거리를 걸어 집으로 돌아왔을 때까지도 모모요는 화가 나 있었다. 금방이라도 불을 뿜을 기세였다.

"더는 못 참아. 무슨 일이 있어도 헤어지고 말겠어!"

술기운이 확 달아난 니토리는 좌우간 얼굴을 땅바닥에 박고 무릎 꿇고 사과했다.

"두 번 다시 안 그럴게. 용서해 줘."

사과하고 또 사과해 겨우 용서를 받았다.

하지만 말은 그렇게 했지만 금방 또 나쁜 습관이 슬슬 고개를 들어 모모요를 화나게 만들었다.

니토리는 시음詩吟을 배웠다. 일주일에 두 번 시음을 배우러 갔다. 시음 수업은 일반 가정집을 빌려 진행됐다. 집주인은 30대 여자였다. 스스키노에서 간단한 술과 안주를 파는 스낵바를 운영하는 마담답게 항상 섹시한 향기가 감돌았다. 듣자 하니 어떤 남자의 첩이라고 했다.

얼마 안 가 니토리는 그 동네에서 유명해지게 된다. 매주 같은 시간에 니토리 가구점의 이름이 박힌 트럭을 그 집 앞에 세워두었기 때문이다.

"저 여자 남편이 니토리 가구의 전무래요."

니토리는 노래 부르기를 좋아한다. 그래서 더 잘 부르고 싶었던 것뿐인데 그런 소문이 휘말리고 만다. 그래도 니토리는 복식호흡을 마스터하고 시음 2단을 취득한다.

모모요는 니토리가 시음을 배우러 다니는 것을 알고 있었다. 하지만 질투는 전혀 나지 않았다.

바람을 피우든 말든 상관없었다.

사실 자동차 회사에서 전무로 근무하던 그녀의 아버지는 늘 유흥을 즐겼다. 매일 밤마다 게이샤를 불러 술 마시며 흥청거렸다. 집에 들어오는 것은 다음 날 아침이 아닌 점심때로, 밥 대신 술을 마시고 회사로 다시 출근했다. 그런 아버지를 보고 자란 모모요는 니토리가 웬만큼 유흥을 즐겨서는 놀라지도 않았다. 남자는 그런 생물이려니 하며 마음을 비웠는지도 모른다.

사실 결혼 초기에 모모요가 니토리에게 물었다.

"난 여러 가지에 속박되는 게 싫은데, 당신은 어때?"

니토리가 대답했다.

"나도 싫어."

"그럼 서로 속박하지 말자. 당신이 벌고 내가 가정을 지키는 거야. 부부는 평등해야 하니까 뭐든 5대 5여야 해. 4대 6이어선 안 돼. 어느 한쪽이 참아야만 하니까. 우리 서로 자신을 꾸미지 말고, 멋진 척하지도 말고, 있는 그대로의 모습으로 잘살아 보자."

모모요는 계속해서 말했다.

"매일 놀아도 되고 여러 여자를 만나 아이를 만들어도 괜찮아. 그 대신 일만큼은 확실하게 했으면 해. 밖에서 만난 여자에게 아이가 생기면 내가 키워줄게."

남자에게 이보다 더 행복한 조건은 없을 것이다. 하지만 언제든 놀 수 있다고 생각하면 마음이 해이해져서 오히려 놀기 어려운 법이다. 남자에게는 아내 몰래 노는 것도 하나의 묘미이기 때문이다. 그것이 없어져 버린 것이다. 덕분에 니토리는 놀러 나가더라도 그저 와자지껄하게 떠들기만 했다.

나중에는 오히려 모모요가 니토리에게 말했다.

"당신 씨하고 내 밭은 좋지가 않아. 씨는 유전자가 나쁘고 땅은 비옥하지가 않으니까. 우리 둘 사이에서 태어날 아이가 훌륭한 아이일 리 없어. 여보, 후계자가 필요하거든 밖에서 만들어와. 언제 어디서 데려오든 상관없으니까."

진지한 얼굴로 이렇게도 말했다.

"남자는 밖에 나가면 일곱 명의 적이 있다잖아. 그러니까 일곱 명의 여자를 만들어."

니토리는 어느 날 밤늦게 마치 도둑처럼 발소리를 죽이고 살금살금 현관으로 들어왔다. 그러다가 화들짝 놀라고 만다. 모모요가 순식간에 나타났기 때문이다.

"어디 갔었어? 또 가게는 내팽개치고."

"그게……."

거기까지 말하고 니토리는 목구멍으로 올라오던 변명의 말을 그대로 삼켰다. 금방이라도 불타오를 것 같은 모모요의 분노에 압도됐기 때문이다.

모모요는 큰 소리로 분노를 터트렸다.

"낮에 세무 조사를 한다면서 세무서에서 사람이 나왔었어. 압류하겠다던데?"

"압류라니?!"

사실 세무 조사차 가게를 방문하겠다는 통보가 사전에 있었다. 그것을 알고 니토리는 도망쳤던 것이다.

가게를 시작한 이래 장부 같은 것은 한 번도 써본 적이 없었다. 계산대를 제 지갑처럼 생각했다. 술을 마시러 갈 때도 계산대에서 돈을 꺼내 갔다. 수중에 있는 돈을 장부에 기입하지 않고 마음대로 썼다. 세금을 내야 한다는 생각도 못 했다. 기껏 아는 것이라고는 매출 정도였다.

어찌 해야 할지 몰라 난감했던 니토리는 세무 조사 날을 피해 도망쳤던 것이다.

모모요는 니토리를 몰아세웠다.

"압류당하면 어쩔 건데……?"

니토리 가구점처럼 작은 가게를 압류하리라고는 생각지도 못했다. 하지만 장부 작성에 필요한 서류 같은 것은 하나도 갖고 있지를 못했다.

'애써 여기까지 끌고 온 가게를 압류하면 어쩌지…….'

니토리는 길거리를 헤매는 자신과 아내의 모습을 상상했다. 소름이 끼쳤다. 밤에도 잠이 안 왔다.

"세무서에서 사람이 나왔었는데 어떻게 안 될까요?"

홋카이도 상공회의소의 다카이시高石를 통해 나고시名越라는 회계사를 소개받았다. 니토리의 사정을 들은 나고시는 황당해하며 말했다.

"맡겨 주세요. 그럼 같이 세무서로 가시죠."

나고시는 세무서 출신으로 세무서에 아는 사람도 많았다. 니토리 담당자도 그가 아는 사람이었다.

"이 남자는 정말로 아무 생각이 없는 남자예요."

나고시는 니토리가 얼마나 똑 부러지지 못한 사람인지에 대해 설명했다. 그러고 나서 장부를 작성해 세무서에 제출했다. 문책은 없었다. 니토리 눈에 나고시는 마치 신처럼 보였다.

나고시는 니토리 가구점의 세무사가 됐다. 그리고 5년 후인 1972년 3월에 자본금 300만 엔으로 주식회사를 설립했다.

니토리는 1971년에 2호점인 '홋코점北光店'을 오픈하고자 주거래은행인 호쿠요소고은행(현 호쿠요은행北洋銀行)에 상담을 받으러 갔다.

담당자가 말했다.

"경비의 반은 준비해 드리겠습니다만, 나머지 반은 융자해드리기 어렵겠습니다."

즉 경비의 반은 다른 데서 알아보라는 이야기였다. 금액 전부를 빌려주기에는 리스크가 너무 크다고 판단했음에 틀림없었다.

니토리에게는 청천벽력과 같았다. 모자라는 사업 자금을 대출해줄 곳을 찾고 또 찾았다. 하지만 삿포로의 그 어느 금융 기관에서도 긍정적인 대답을 들려주지 않았다.

'왜 안 빌려주는 거야……'

참담한 기분으로 니토리는 세면대에 있는 거울을 들여다봤다. 그 순간 거울 속의 자신이 어이없는 표정으로 실소를 터트렸다. 거울 속에 비친 얼굴에 웃음이 터진 것이다.

'하기야 얼굴이 이 모양이니 아무데서도 돈을 안 빌려주지.'

거울에 비친 모습은 니토리 스스로가 알던 자신의 얼굴이 아니었다. 얼굴은 창백하고 눈꼬리는 심하게 올라가 있었다. 비장함마저 감돌았다. 한눈에 보기에도 궁지에 몰린 것이 역력해보이는 인간에게 융자해준들 빌려준 돈이 돌아올 리 없으리라. 자기가 은행원이라도 그렇게 생각할 것 같았다. 그 정도로 형편없는 얼굴을 하고 있던 것이었다.

니토리는 서둘러 모모요에게서 화장품을 빌렸다. 여장한 것처럼 보이지 않을 정도로, 창백한 얼굴이 볼터치를 엷게 바르고 립스틱도 살짝 칠했다.

그리고 웃음을 잃지 않으려고 노력했다. 니토리는 암거래로 쌀을 팔던 소년 시절을 떠올렸다. 어머니와 같이 손님댁에 쌀 배달하러 갔을 때 퉁명스러운 표정을 지어 어머니에게 호되게 야단맞았던 적이 있다. 그 후로는 "안녕하세요?", "좋은 아침입니다!" 하고 큰 목소리로 손님에게 인사하며 항상 웃으려고 노력했었다. 그러면 신기하게도 손님도 니토리를 향해 웃어주었고, 어머니를 돕는 게 기특하다며 사과나 사탕을 주었다. 암거래로 쌀을 팔던 그때와 마찬가지라고 스스로에게 마음속으로 말했다. 좌우간 이가 보이지 않을 때가 없을 정도로 항상 웃기로 다짐했다.

니토리는 첫 금융기관을 방문했다. 북해도 신용금고였다. 신용금고라서 은행에 비해 규모는 작았다. 하지만 지역을 위해 공헌하는 금융기관이었다. 가능성이 정말로 없는 것인가 생각했다.

니토리는 상담 창구로 나온 지점장에게 시종일관 웃는 얼굴로 말했다.

지점장은 말했다.

"그럼 서류를 지참한 다음에 다시 방문해 주십시오."

"아뇨, 이미 준비해왔습니다."

지점장은 니토리에게서 서류를 건네받았다.

"그럼 본점에 보내 검토해 보도록 하겠습니다."

니토리는 기회를 놓치지 않고 말했다.

"그게, 사실, 2시간 이내로 답변을 받았으면 합니다."

지점장은 놀랐다.

"2시간 이내로 말입니까?"

놀란 지점장을 무시하고 니토리는 자기 할 말을 계속했다.

"저는 호쿠요소고은행과 다쿠쇼쿠은행拓殖銀行하고 거래하고 있는데, 이번에 거래 금융기관을 한 군데 더 늘리려고 합니다. 근데 지역 활성화에 공헌하고 싶기도 해서 여기로 빌리러 온 거예요. 다만 시간이 2시간밖에 없습니다. 만일 2시간 내로 결론이 나지 않을 것 같으면 융자해 주지 않으셔도 됩니다."

돈을 빌리는 입장이라고는 생각할 수 없는 다소 황당한 말이었지만, 니토리는 시종일관 웃으면서 그렇게 했다.

그 때문인지 지점장은 니토리로서도 예상치 못한 반응을 보였다.

"말씀하신 이야기는 저희 측 입장에도 나쁜 이야기가 아닌 듯합니다. 알겠습니다. 잠시 기다려 주시지요."

2시간 후에 니토리는 다시 홋카이도 신용금고를 방문했다. 지점장은 니토리를 즉시 맞이했다.

"부지점장하고 논의한 끝에 융자해 드리기로 결정했습니다."

니토리는 저도 모르게 몸을 앞으로 내밀었다.

"정말이요? 감사합니다!"

지점장이 말했다.

"솔직히 제출하신 서류만으로는 니토리 가구점에 대해 알기 어려웠습니다. 하지만 니토리 님께선 자신감이 넘치시고 적극적이어서 왠지 성공하실 것 같은 느낌이 듭니다."

나중에 들은 이야기로는 500만 엔 이상의 융자를 지점장이 단독으로 진행할 경우에는 지점장도 상당한 각오를 해야 한다고 한다. 겨우 2시간 전에 만났을 뿐인 니토리에게 지점장이 목을 걸어준 것이다.

계약을 끝낸 니토리는 가게 벽에 걸린 거울을 보고 씩 웃었다.

'역시 웃으면 좋은 일이 생긴다니까. 덕분에 사과와 사탕하고는 비교도 할 수 없는, 가게 오픈 자금을 조달하게 됐어.'

창업 4년만인 1971년 6월, 은행에서 약 1,500만 엔의 융자를 받아 소원하던 2호점을 오픈했다. 바로 '홋코점'이다. 삿포로 중심가에서 북쪽으로 약 1.5킬로미터 떨어진 기타 28조 히가시 1초메北二十八条東一丁目였다. 면적은 250평으로 당시 가구점 중에서는 삿포로에서 가장 넓은 점포였다.

2호점에는 10대를 주차할 수 있는 주차장을 마련했다. 1호점에는 주차장이 없어 노상 주차 위반으로 경찰에게 단속받게 만드는 폐를 고객에게 여러 차례 끼쳤기 때문이었다. 그때마다 했던 반성을 반영한 것이었다. 이른바 교외 점포의 선구자라고 할 수 있었는데, 자동차로 방문할 수 있어 편리하다는 점이 사람들의 마음을 사로잡아 가게는 크게 번영했다.

1971년 12월 16일, 전국에서 네 번째로 삿포로에 지하철이 개통됐다. 삿포로 시영 지하철 남북선이다. 기타니주요조 역北24条駅과 마코마나이 역真駒内駅 사이의 12.1킬로미터를 연결하는 이 지하철은, 1개월 반 앞으로 다가온 동계 올림픽의 메인 회장인 마코마나이 공원으로 관객을 이송하는 역할을 담당했다. 홋코점은 남북선의 한쪽 종점인 기타니주요조역에서 얼마 떨어지지 않은 곳에 위치했다.

니토리는 올림픽 개최를 앞두고 흥분해 있는 삿포로 사람들을 놀라게 만들어 주고 싶었다.

'이 기회에 니토리 가구 도매 센터의 이름을 널리 알리자.'

무려 당일에 기타니주요조 역에 빨간 양탄자를 깔았다. 그것도 50미터에 이르는 긴 양탄자였다. 그 옆에는 '축 지하철 개통'이라고 쓴 깃발을 세웠다.

니토리를 비롯한 종업원들은 축제 의상을 입고 지하철 출구에 줄지어 늘

어섰다. 지하철을 타고 내리는 승객 한 사람 한 사람에게 5엔 동전(일본에서 5
엔은 행운을 상징한다-역자 주)과 실제 만 엔짜리 지폐와 똑같은 사이즈로 인쇄한
교환권을 나눠주었다. 그리고 교환권을 지참하고 홋코점을 방문하면 설탕
한 봉지를 증정하겠다고 홍보했다.

실제로 교환권을 가지고 온 사람도 있었고, "내가 용돈 줄게"라며 1만
엔 지폐 모양으로 인쇄한 교환권을 다른 사람에게 건네며 장난치는 사람도
있었다.

니토리 가구점의 교환권은 화제가 됐다. 신문에도 실렸다. 사람을 기쁘
게 하거나 놀라게 만드는 것을 좋아하는 니토리는 성공에 쾌재를 불렀다.

"댁이 한 짓은 통화위조죄에 해당돼요. 두 번 다시 하지 마쇼!"

니토리는 그저 1만 엔 지폐를 인쇄하는 것만으로도 죄가 되리라고는 생
각지도 못했다. 어쩔 수 없어지면 "죄송합니다" 하고 사과하지 뭐 하고 가볍
게 생각했다.

그런데 얼마 지나지 않아 아버지에게서 전화가 걸려왔다. 아버지는 지금
껏 한 번도 들어본 적 없는 강한 어투로 말했다.

"부탁이다. 신문에 실릴만한 나쁜 짓은 하지 마라."

아버지가 그렇게까지 말하니 니토리로서도 어쩔 수 없었다. 얌전히 출두
했다. 제대로 심문을 당했다.

하지만 니토리의 계획은 완벽하게 적중하여 가게는 더욱 번창하게 됐다.
연간 1억 엔의 매출을 올렸다. 은행 융자의 절반에 해당하는 약 750만 엔을
1년 만에 변제했다.

니토리는 그 후로도 '넘어져도 그냥은 일어나지 않았다'.

한 번은 니토리 본사 근처의 창고가 폭설로 무너진 적이 있었다. 별다른 피해는 없었지만 니토리는 일부러 신문사에 전화를 걸었다.

"지나가던 사람인데요. 니토리 본사 옆에 있는 창고가 무너졌어요. 다친 사람이 있을지 몰라요. 한 번 와 보세요."

지나가던 행인인 척하고 신문사에 전화를 걸었다. 신문사는 예상대로 취재하러 나왔고 니토리의 계획대로 다음 날 기사로 나갔다.

머지않아 니토리 가게에 화재가 났었다는 둥, 뜻밖의 사건이 발생했었다는 둥, 갖은 소문이 나돌게 됐다.

"저건 매스컴에 실려 조금이라도 사람들의 주목을 모으려고 니토리 사장이 꾸민 짓이 분명해."

"넘어져도 그냥은 일어나지 않는다転んでもただでは起きぬ."는 속담은 어느새 니토리의 대명사가 되어 무슨 일이 생길 때마다 "니토리 사장이 꾸민 일이야"라는 말을 듣게 됐다.

1972년 3월에는 '니토리 가구 도매 센터'를 법인화한다.

니토리는 홋코점을 출점하고 얼마 지나지 않아 예상치 못한 구렁으로 굴러떨어지게 된다.

'똑같은 가게를 오픈해본들 재미가 없구나.'

두 번째 가게를 오픈한 것만으로 만족감이 너무 커서 니토리는 목표를 완전히 상실하고 만 것이다. 일은 나 몰라라 하고 매일 친구와 술집이나 클럽에서 밤새도록 술을 마셨다.

하지만 모모요는 니토리에게 화내지 않았다.

"괜찮아. 매일 놀아도 상관없으니까 갖다 와."

1972년 여름의 어느 날이었다. 폐점 시간인 7시가 가까워져 오자 니토리는 안절부절못하기 시작했다. 몇 초마다 손목시계로 시간을 확인하며 매장의 손님들을 쫓는 것처럼 가게 문을 닫을 준비를 하기 시작했다. 매장 안을 정리한 것은 물론 셔터를 내릴 준비까지 했다.

폐점 시간 직전에 물건을 보러 온 손님에게는 머리를 숙였다.

"죄송합니다. 이제 폐점을 해야 해서요. 내일 다시 방문해 주시겠어요?"

불만스럽게 자신을 바라보는 손님의 시선 따위는 신경도 쓰지 않았다.

하지만 그 모습을 보고 모모요가 소리쳤다.

"무슨 생각을 하는 거야? 폐점 시간을 늦추면 되잖아!"

"아니, 폐점 시간은 폐점 시간이니까."

니토리는 시곗바늘이 정확하게 7시를 가리킴과 동시에 잽싸게 매장 셔터를 내렸다. 그리고 서둘러 가게를 빠져나갔다. 향한 곳은 옆에 생긴 볼링장이었다.

약 한 달 전에 홋코점 옆에 도큐 스토어와 함께 볼링장이 생겼다. 1970년 무렵에 스타플레이어인 스다 가요코須田開代子와 나카야마 리쓰코中山律子 등이 등장하면서 일본 전국에는 볼링 열풍이 불었다. 당시에는 몇 백 미터마다 볼링장이 있었을 정도였다. 니토리도 볼링의 매력에 빠졌다. 전후 사정을 분간하지 못할 정도로 빠져들었다.

니토리가 볼링을 실컷 즐기고 집으로 돌아오자 모모요가 험악한 표정으로 기다리고 있었다.

"대체 뭐하자는 거야?"

모모요의 표정을 보니 들떴던 기분이 순식간에 가라앉았다

다음으로 이어진 모모요의 무거운 말은 니토리의 간담을 서늘하게 만들

었다.

"당신은 상인이잖아! 손님이 왔는데 문을 닫는 바보가 어디에 있어?"

"……."

"완전히 질려버렸어. 이혼하고 싶어. 이런 사람하고 결혼을 하다니! 인생을 낭비했어."

모모요가 가랑이를 걷어찼을 때보다 더 강한 고통이 니토리의 가슴을 후려쳤다.

"모모요의 말이 맞아. 놀고 싶은 내 마음이 우선이었고, 손님은 뒷전이었어. 두 번 다시 안 그럴 테니까 이혼하겠단 말은 하지 말아줘."

니토리는 놀고 또 놀았다. 하지만 스스로도 알고 있었다. 장사를 뒤로하고 이리저리 놀러 다녀도 진심으로 즐길 수 없다는 것을. 즐기기는커녕 술을 목으로 넘기며 자문하듯 자신을 들여다보는 자신을 발견하곤 했다.

'이대로 인생을 끝내도 되는 걸까……?'

자신이 살아있는 시체처럼 느껴지기까지 했다.

니토리는 그 어느 때보다 열심히 일하게 됐다. 자신에게 일부러 어려운 과제를 부여했다. 그래도 놀 때는 신나게 놀았다.

그런데 경쟁업체에서 니토리 가구점의 장사가 잘된다는 소문을 듣고 홋코점이 있는 국도변에 대형 매장을 오픈했다. 1,300평 면적의 대형 매장이었다. 무려 홋코점의 5배 넓이였다.

그때까지 니토리 가구점을 방문하던 고객의 발길이 딱 끊겼다. 넓고 제품 종류도 많은 경쟁업체로 발길을 돌렸다. 홋코점의 매출은 전년도에 비해 30%, 아니 40%로까지 떨어졌다.

도매점에서는 거래를 중단했다. 1,500만 엔을 융자해 주었던 은행 담당자도 차갑게 쏘아붙였다.

"더는 융자해드릴 수 없습니다."

자금난에 허덕이며 정점에서 순식간에 밑바닥으로 곤두박질쳤다. 니토리는 지금까지 제아무리 힘든 상황에서도 희망의 불빛을 잃지 않던 니토리였다. 그런데 그 불빛이 힘없이 꺼져버린 기분이었다.

'야반도주할까?'

'자살할까……?'

야반도주하려면 그 결심을 아내인 모모요에게 말해야만 한다. 하지만 성공적으로 야반도주하더라도 도망쳐간 그곳에서는 어떻게 살아야 하는가. 모욕당하며 평생을 사는 것은 남자의 자존심이 허락하지 않았다. 그럴 바엔 차라리 목숨을 끊는 편이 나았다.

'목을 매달면 고통스러울까? 목을 맬 때는 어떤 나무에 매달아야 하지……?'

니토리는 나뭇가지의 모양이 신경 쓰이기 시작했다.

또 청산가리를 이용한 음독자살에 대해서도 진지하게 생각해봤다.

'청산가리는 어떻게 구해야 하지? 약국에 있나? 아니면 병원에서 훔칠까?'

실제로 빌딩 옥상에 올라가 보기도 했다. 막상 뛰어내리려니 공포감이 피어올랐다.

'투신자살을 할 거면 술 한 됫병을 들이켜고 해롱해롱한 상태로 해야겠다.'

다시 터덜터덜 계단을 내려왔다.

니토리는 대체 어떡하면 편하게 죽을 수 있을지에 대해 자나 깨나 생각했다. 의심의 여지없는 우울증 상태였다.

그런 니토리를 보고 모모요는 호되게 야단쳤다.

"당신! 사치 부리지 마! 그런 쓸데없는 생각할 시간이 있거든 일을 더 열심히 해!"

그러던 어느 날, 가구실내연구소를 주재하는 야마모토 마코토山本信가 니토리에게 말했다.

"미국 가구점을 시찰하는 세미나가 있는데 참가해보지 않겠나?"

니토리는 가벼운 생각으로 참가하기로 한다.

'어쩌면 뭔가 힌트를 얻을 수 있을지 몰라.'

1972년 연말에 니토리는 자신의 운명을 바꿀 미국 가구 연수 세미나에 참가하게 된다. 인원은 딱 버스 한 대에 탈 수 있는 50명 남짓으로, 참가자 대부분은 혼슈에서 가구 체인점을 운영하는 사람과 도매상 및 메이커를 비롯한 업계 톱클래스의 사람들이었다. 홋카이도에서 참가한 사람에는 야마모토 마코토와 니토리 외에 세 명이 더 있었다. 하여튼 가장 어린 사람은 당시 28살이던 니토리였다.

시찰지는 캘리포니아 주의 주요 도시인 로스앤젤레스와 샌프란시스코, 두 곳이었다. 여러 회사의 가구점을 시찰하며 니토리는 가격에 충격을 받았다. 모든 가구점의 가격이 일본의 3분의 1수준이었는데 품질도 훨씬 좋았다.

또 니토리는 현지의 모델 룸을 보고 또 한 번 충격을 받았다. 일본에서 흔히 사용하는 상자 형태의 가구, 즉 옷이나 물건을 수납하는 서랍장이 하나도 없었기 때문이었다. 옷장 안에 정리용 서랍이 붙어 있고, 거울도 벽에 붙어 있었다. 일본에서 가구라고 부르는 것들이 모두 붙박이 형태로 집에 삽입

되어 있었다. 당시 니토리 가구점의 상품 구성은 상자형 가구가 70%로, 소파와 식탁처럼 다리가 붙어 있는 가구는 30%에 불과했다. 만일 미국 같은 주택 구조가 일본에서도 유행하게 된다면 10년에서 20년 후에는 상자형 가구를 주로 파는 가구점은 필요 없어질지 몰랐다.

니토리는 망연자실했다. 하지만 숙박하던 호텔 방에서 계속 생각했다. 어느 사이엔가 니토리는 우울하던 기분을 떨쳐버리고 미래의 자기 모습을 그리고 있었다. 그러다가 퍼뜩 깨달았다.

'앞으로는 다리가 붙어 있는 가구의 비율을 늘리자.'

모델 룸에는 소파와 식탁 등, 이른바 '다리형 가구'가 진열되어 있었다.

니토리는 연수 세미나를 통해 미국의 풍요로움을 실감했다. 그리고 스스로 중산층이라고 생각하는 일본인의 생활수준이 아직 빈곤하다는 사실을 알게 됐다.

여기서 니토리 아키오는 결심했다.

'좋아! 점포를 늘려서 미국과 같은 풍요로운 생활을 일본인에게 선사하겠어!'

일본 가구 업계는 메이커와 도매상이 강의 상류에 있다. 강의 하류에 있는 소매점은 메이커와 도매상이 부른 가격에 제품을 매입하여 손님에게 판매할 뿐이다. 하지만 미국은 원재료 조달부터 기획 설계까지 전 과정을 소매점이 일괄하고 가격도 직접 결정한다. 메이커는 상품을 만들 뿐이다. 그래서 저렴한 가격에 상품을 판매할 수 있는 것이다. 10점포 이상의 체인점을 운영하는 회사는 박리다매할 수 있기 때문에 가격이 더 저렴하게 책정할 수 있다.

그래서 보통의 중산층 가정에서도 드라마에 나올 법한 훌륭한 가구와 인테리어를 누리며 살 수 있는 것이다. 하물며 멋지게 토탈 코디네이트 되어 있다. 매장에 가면 훌륭하게 코디네이트 되어 있기 때문에 손님은 마음에 드는 구성으로 사기만 하면 된다. 니토리는 자신을 이끌어줄 빛을 발견했다. 너무 기쁘고 흥분돼서 그날 밤에는 좀처럼 잠을 이룰 수가 없었다.

그랬더니 다음날 시어스Sears 가구 매장을 둘러볼 때쯤에 졸음이 쏟아져 내렸다. 접이식 의자에 앉아 고개를 꾸벅이다가 니토리는 순식간에 깊은 잠으로 빠져들었다.

눈을 뜨고 보니 방금 전까지 설명을 듣고 있던 일행들이 사라지고 없었다. 모두 다음 예정지로 이동한 것이었다. 니토리가 거기에 혼자 남겨졌단 사실을 아무도 눈치채지 못 했다.

니토리는 아무것도 모르는 낯선 땅에서 좌우간 일행을 찾아 나섰다. 일행과 재회한 것은 저녁 무렵으로, 니토리가 노숙을 각오하고 이리저리로 일행을 찾아 헤매고 있을 때였다.

일행도 중간에 니토리가 없어졌음을 눈치 채고 그날 일정을 모두 취소하고 방문지를 거꾸로 되짚으며 찾고 있었다고 했다.

3 장

미국을
쫓아라!

'60년 계획'은 3,000점포와 매출 3조 엔.

미국에서 귀국한 니토리를 보고 모모요는 생각했다.

'어? 사람이 바뀌었는데?'

니토리는 모모요에게 흥분을 감추지 못하고 말했다.

"일본은 미국에 비해 50년이 뒤쳐져 있어."

그런 이야기를 신나게 하는 니토리가 뜨겁게 불타오르면서도 한편으로는 암중모색하고 있음을 모모요는 직감했다.

'즉각적 결단 · 즉각적 결정 · 즉각적 실행'이 모토인 니토리는 귀국하자마자 곧바로 행동에 나섰다.

'미국 수준의 "생활"을 일본 전국에!'를 슬로건으로 가게를 회사조직으로

바꾸고, 국내 100점포 오픈과 매출 1,000억 엔을 목표로 전반 '30년 계획'
의 실행에 나섰다.

니토리가 자신의 눈으로 본 풍요로운 미국은 120년에 걸쳐 실현된 것이
다. 일본이 미국의 풍요로움을 목표로 달리면, 필시 미국이 소요한 시간의
절반인 60년으로 따라잡을 수 있으리라고 니토리는 생각했다. 다만 60년 후
에는 니토리가 살아있으리라는 보장이 없었다. 니토리는 60년의 전반 30년
을 맡기로 결심했다. 28살인 니토리가 30년을 달리면 58살이 된다. 그때까
지는 살아있을 가능성이 높다. 그래서 전반 30년은 자신이 맡고, 후반 30년
은 후계자에게 맡기기로 했다.

니토리는 자신이 맡은 전반 30년의 계획을 세웠다. 이른바 '30년 계획'
이다.

처음 10년간은 점포를 11개 이상 소유한 체인점으로 키워 은행에 신용
을 만든다. 동시에 대졸자 사원을 계속해서 채용한다.

다음 10년간에는 스페셜리스트를 만든다. 어느 정도 쌓인 자금으로 사
원을 미국으로 보내 확실하게 기술을 익히도록 교육한다.

20년 교육 계획으로 키워낸 스페셜리스트의 역량으로 다음 10년간 상품
을 개발하려는 계획이었다.

도산 위기에 처해있단 사실은 까맣게 잊고 니토리는 '30년 계획'을 세웠
다. 또 '30년 계획'은 1년 늦게 실행하게 된다.

니토리는 30년 계획을 세우기는 했지만 당시 니토리로서는 모델로 삼을
만한 곳을 찾을 수가 없었다. 그 후 미국으로 건너가 몇 번이고 시찰했다. 총
50번 이상 미국을 방문했다. 시찰하고 이거다 싶은 것은 따라 해 보았다.

처음에는 시어즈와 페니J. C. Penney와 같은 제너럴 머천다이즈 스토어

(GMS)를 흉내냈다. 그 밖에 할인점(DS)인 K마트와 전문점(SS)도 참고했다. 가격은 할인점의 가격대를 목표로 잡고, 관련 있는 모든 상품을 아이템별로 상품 구성 그래프를 만들어 조사한 다음에 니토리와 비교했다. 미국과 일본은 생활 습관도 다르고 문화도 다르다. 실제로 해봤다가 실패하기도 했다. 그래도 실패해도 상관없단 생각으로 계속 따라 했다.

어느 날 니토리가 모모요에게 말했다.

"매장을 하나 더 열어볼까 해."

3호점 출점을 목표로 움직이기 시작했다.

니토리는 우선 3호점이 될 점포를 찾아 동분서주했다. 니토리가 구상한 전략은 1,300평짜리 경쟁업체 주변을 300~400평짜리 점포로 포위하는 것이었다. 그러면 대형 경쟁업체를 쓰러트릴 수 있으리라고 생각했다. 그 근처 일대를 샅샅이 뒤진 끝에 삿포로 시 기타 구 신코토니 7조新琴似七条에서 350평짜리 대지를 발견했다.

니토리는 그곳으로 정했다.

'좋아. 여기야.'

토지 소유주는 사형제였다. 니토리는 형제를 찾아가 교섭에 나섰다.

"그 땅을 제게 파십시오."

하지만 교섭은 난항을 거듭했다.

"팔 수 없습니다."

그래도 니토리도 포기할 수 없었다. 거절당하고 또 거절당해도 몇 번이고 찾아갔다.

한편 니토리는 난공불락의 성을 함락시키기 위해 은행에 거액 융자 상담을 받으러 갔다. 현재까지의 진행 상황과 의지를 전하고 정에 호소했다.

"틀림없이 성공할 겁니다. 아무쪼록 부탁드리겠습니다."

처음에는 내키지 않아 하던 지점장도 호의를 보였다.

"소유주에게서 땅을 팔겠다는 확약을 받으시면 빌려드리겠습니다."

거액 융자란 든든한 우군을 얻은 니토리는 아버지까지 동원하여 토지 소유주 형제를 상대로 열심히 교섭을 벌였다. 당시 시세의 두 배에 가까운 금액을 제시했다.

장남은 결국 니토리의 열의를 받아들였다. 장남이 형제들을 설득해 니토리는 땅을 살 수 있게 됐다.

니토리는 주변 사람들에게 꾸중을 들었다.

"아무리 그래도 너무 비싸게 주고 샀어."

하지만 니토리는 꼭 그 땅을 원했다.

그리하여 1973년 6월, 삿포로 시 기타 구 신코토니 7조에 3층 건물로 된 3호점 '아사부점'을 오픈했다. 약 300평으로 1호점과 2호점에 비해 매장 면적이 넓고 상품 구성이 다양한 '아사부점'은 문전성시를 이뤘다.

니토리는 가구점 체인스토어를 운영하기로 결심했지만 솔직히 자신은 없었다. 주변 사람들에게 큰 소리로 허풍을 떨었지만, 내심 홋카이도에서 가구점을 운영하는 사람에 불과한 자신이 그런 엄청난 일을 해낼 수 있으리란 생각이 들지 않았다.

'정말 할 수 있을까?'

매번 자문자답했다. 하지만 그런 약한 태도를 보이는 자신이 싫었다. 겁쟁이인 자기 자신을 바꾸고 싶었다.

이에 인생의 한 단락인 30세를 맞이한 1974년에 한 가지 결심을 한다.

'정신을 단련하자.'

자신을 단련하기 위해 단식의 길에 들어서기로 한 것이다. 인간이 품는 욕망에는 물욕과 색욕을 비롯한 다양한 욕망이 있다. 그중에서도 가장 고통스러운 게 음식을 먹지 않는 것이다. 그런 음식을 끊고 수행하면 강한 뜻을 세울 수 있으리란 생각이 들었다.

'30살을 기하여 바로 설 마음가짐으로 음식을 끊겠다.'

니토리는 지인이 소개해준 시즈오카 현静岡県의 이즈伊豆에 있는 단식도장에 들어갔다.

처음에는 먼저 식사량을 줄였다. 그리고 죽만 먹는 날, 미음만 먹는 날을 거쳐, 5일간 물만 먹는 생활에 돌입했다. 자는 시간이 늘어 첫째, 둘째 날에는 종일 꿈만 꿨다. 너무 많이 자서 셋째 날부터는 등이 아프기 시작했다.

하지만 점차 몸이 적응하면서 넷째 날에는 활력이 돌아왔다. 날개가 돋아난 것처럼 몸이 가벼웠다.

동시에 둘째, 셋째 날에는 어릴 적부터의 기억이 주마등처럼 스쳐 지나갔다. 철없고 부족한 자신을 반성하는 마음과 아버지와 어머니, 형제와 직원들에게 감사하는 마음이 솟았다.

왜 그렇게 갖은 악담을 퍼부었을까? 사람들 덕분에 지금의 내가 있는 것이다. 나 혼자의 힘으로 살고 있는 게 아니라, 사람들 덕분에 살아가고 있는 것이나. 초목과 불, 태양, 그 모든 것에 감사하는 마음이 가슴을 가득 채웠다. 저도 모르게 눈물이 뚝뚝 떨어졌다.

니토리는 자발적으로 일기를 쓰기 시작했다.

'내가 나빴습니다. 잘못했습니다. 지금부터 고치겠습니다.'

단식을 끝내고 돌아온 후로는 겸허한 감사의 마음으로 사람을 대하게 됐다. "여러 가지로 고마웠어." 하지만 이상하게 한 달, 두 달, 석 달, 시간이 흐르자 그 마음은 흔적도 없이 사라졌다.

다시금 사람들에게 악담을 퍼붓고 자기 멋대로 굴기 시작했다.

"이래선 안 돼. 매년 해야겠다."

자신의 모습을 되돌아보고 행실이 올바르지 못한 평소 생활을 개선하기도 할 겸, 한 번만 할 생각이던 단식을 매년 초봄마다 연간 행사로 하기로 한다.

두 번째 해에는 가나가와 현神奈川県 오다와라小田原에 있는 단식도장에 갔고 그곳에서 단식 방법을 습득했다. 그 후로는 시골에 있는 온천이나 휴양소로 가서 혼자만의 단식생활에 들어갔다. 또 단식을 시작하면서 담배도 끊었다.

단식은 15년간 계속하다 45세에 중단했다. 사업이 순조롭게 확장되면서 자신감이 붙었기 때문이었다.

니토리는 그 무렵부터 고릴라가 등장하는 '니토리 가구 도매 센터' TV 광고를 내보내기 시작했다.

그 광고는 뜬금없이 침실에서 암컷과 수컷 고릴라 인형이 장난치는 장면으로 시작됐다. 그러다 "고릴라나 인간이나 하는 일은 똑같다."는 나레이션이 나왔다. 사실 수컷 고릴라 인형 속에 사장인 니토리 본인이 직접 들어가 촬영했을 정도로 몸을 사리지 않고 찍은 광고였다. 여하튼 강한 인상을 줄 수 있는 광고를 만들기 위해 노력했다.

니토리는 다시금 점포 수 늘리기에 착수했다. 그 당시 지주들은 토지 임대에 대단히 신중했다. 눌러 앉으면 곤란했기 때문이었다. 하지만 니토리에게는 건물을 세울 땅을 구입할 만큼의 자금이 없었다.

니토리는 지속적인 교섭을 통해 지주의 허락을 받아냈다. 지주는 금방 철거할 수 있는 건물을 짓겠다면 빌려주겠다고 했다.

니토리는 지주의 조건에 부합할만한 간이건물에 어떤 게 있을지 곰곰이 생각했다. 금방 머리에 떠오른 것은, 부재를 공장에서 생산·가공하고 건축 현상에서는 가공하지 않은 채 조립하는 프래패브prefabrication 공법과, 서커스의 텐트 천막이었다. 둘 다 점포로서는 적합하지 않았다.

모모요가 지켜보니, 니토리는 생각할 때 사무소 의자에 앉아 있나 싶으면 매장에 나가 있고, 다시 이쪽으로 돌아왔나 싶으면 또 어딘가로 가는 버릇이 있었다. 가만히 있지 못하고 이리저리로 왔다 갔다 했다. 그러다 보면 불쑥 아이디어가 떠오르는 것 같았다. 그리고 생각난 아이디어는 반드시 실행에 옮기는 사람이 니토리였다. 실패하면 그때 가서 그만두면 그뿐이었다.

세상에는 돌다리를 수없이 두드리고도 건너지 않는 사람이 있지만, 니토리는 돌다리를 두드려 보지도 않고 건너는 사람이었다. 그리고 실패하면 깔끔하게 그만뒀다.

'뭐든지 즉시 해보는 사람이 저 사람이야. 무슨 일이든 두려워하지 않고, 말한 건 반드시 실행하는 게 저 사람의 장점이지.'

모모요는 그렇게 생각했다.

4호점인 난고점南鄕店 오픈을 앞두고 니토리는 열심히 생각했다. 그러다 니토리는 미국에서 본 건물을 떠올렸다. 샌프란시스코 공항에서 수화물을 주고받는 공간이었다. 그 공간은 에어돔으로 되어 있었다. 기둥을 사용하지 않고 실내 공기의 압력을 높여 바깥과의 압력 차로 막 천장을 지탱했다.

'공기를 주입해 건물을 세우면 싸게 먹힐 거야. 또 여기저기에 점포를 세울 수 있을지 몰라.'

에어돔은 1970년에 오사카에서 개최된 오사카 만국박람회에서 미국관이 사용했었지만, 일본 국내에는 아직 보급되지 않은 상태였다. 신기한 것은 손님을 불러들인다. 게다가 만약 점포 매출이 나쁘면 즉시 접고 다른 곳으로 이동할 수도 있었다. 이렇게 편리한 것은 또 없었다.

니토리는 모모요에게 의논했다.

"이번 점포를 말야, 풍선을 부풀린 것 같은 에어돔으로 만들고 그 안에 가구를 전시하면 재미있을 것 같지 않아?"

아이디어를 듣고 모모요는 생각했다.

'그거 굉장히 좋은데? 에어돔이면 건물을 세우지 않아도 되고 땅만 빌리면 되니까 돈도 적게 들 거야.'

니토리는 서둘러 미국의 에어돔 건설회사에 연락했다.

"에어돔으로 점포를 만들어 본 적은 없지만, 평당 5만 엔 정도면 만들 수 있을 겁니다."

그런 대답이 돌아왔다.

국내에서 에어돔을 취급하는 곳은 가족이 경영하는 소규모 무역회사였다. 그 회사를 통해 서둘러 1,650제곱미터짜리 돔을 구입하기로 했다.

에어돔을 이용한 일본 최초의 점포를 1975년 12월에 삿포로 난고에 오픈하기로 결정한다.

그런데 오픈 날짜를 정하고 나서 황당한 일이 일어난다. 니토리는 무역회사 사장이 건넨 견적에 크게 당황했다.

"이게 대체 어떻게 된 겁니까?"

견적에는 니토리의 예상과는 전혀 다른 금액이 기재되어 있었다.

에어돔은 니토리가 대충 상상한 것과는 전혀 달랐다. 전용 파이프로 돔 내부에 공기를 주입하면 부풀어 오르는 기구 같은 간단한 것이 아니었다. 돔 모양으로 지붕을 유지하기 위해서는 24시간 내내 공기를 불어 넣지 않으면 안 됐다. 또 그만큼의 공기압을 가하다 자칫 잘못하면 에어돔이 날아갈 수도 있었다. 이를 방지하기 위해서는 기초공사를 확실하게 해야 했다.

니토리는 얼빠진 눈으로 한숨을 내쉬었다.

"그만한 자금은 어디에도 없어."

니토리를 고민에 빠트린 에어돔 도면은 다다 야스로多田康郎(현 T&N홋카이도 설계사무소T&N北海道設計事務所 사장)가 보낸 것이었다. 직접 갖고 온 사람은 무역회사 사장이었다.

다다는 건축사가 아니라 구조 계산 전문가였다. 구조 계산으로 더 효율적이며 싸게 해결할 수 있는 지혜를 내주지 않겠느냐며, 무역회사 사장은 실낱같은 희망을 걸었다.

다다는 에어돔 도면을 보며 얼굴을 찌푸렸다.

"이건 꽤 힘든 일이겠는데요."

다다는 에어돔의 존재를 알고는 일었다. 하지만 창고나 가설 특별행사장으로나 사용한다고 생각했지, 설마 점포에 쓸 거라고는 생각지도 못했다. 하지만 시공주가 니토리 가구점이라는 이야기를 듣고 어떻게든 돕고 싶었다. 다다는 홋카이가쿠엔대학의 야구부 친구들과 니토리 아버지가 경영하는 니토리 콘크리트에서 아르바이트를 하며, 진두지휘하는 니토리 밑에서 일한 적이 있었다. 니토리와는 모르는 사이가 아니었다.

다다는 자리를 바꾸어 니토리를 다시 만났다. 두 사람은 술집에서 술잔을 주고받았다. 니토리는 니토리 가구점의 현재 상태에 대해 이야기한 다음에, 에어돔 설계 공사에 대해 말했다.

"그런데 이번에 말이야, 이걸로 맡아줄 순 없을까?"

그렇게 말하며 엄지손가락만 접고 나머지 네 손가락을 편 오른손을 손바닥이 보이도록 들어 보였다. '넷'이라는 의미였다. 다다는 내심 생각했다.

"앗싸!"

다다는 당연히 니토리가 400만 엔에 일을 맡아달라고 제안한 거라고 해석했다. 다다는 250만 엔을 생각하고 있었는데 150만 엔이나 더 됐다.

"기쁜 마음으로 맡겠습니다."

다다는 즐거운 마음으로 일을 수락했다. 덧없는 기쁨이었음은 나중에야 알게 된다…….

다다는 먼저 설계사와 함께 복잡한 구조 계산을 했다. 다다는 에어돔을 다루는 게 처음이었다.

설계사가 다다에게 말했다.

"위에서 가해지는 하중은 여러 번 경험한 적이 있지만, 아래서 가해지는 하중은 경험한 적이 없어요. 솔직히 자신이 없습니다."

첫 번째 문제는 기초 공사였다. 에어돔을 펼치기 위해서는 아래쪽에서 공기를 주입해 그 공기압으로 지탱해야 한다.

다다는 콘크리트로 기초공사한 부분에 앵커볼트라는 금속 자재를 박아 에어돔을 고정하기로 했다. 그러면 미국인 건축가가 설계한 방법보다도 적은 비용으로 해결할 수 있었다.

다다는 미국인 건축가에게도 보였다. 미국인 건축사는 양 손바닥을 크게 펼쳐 보이며 고개를 저었다.

"Oh, No! 에어가 날아갈 거예요."

영어로 대충 그렇게 말한 것 같다.

하지만 구조설계사의 스승인 산업설계사가 구조 계산을 한 바에 따르면 그럭저럭 견딜 수 있을 것이라고 했다.

다다는 니토리에게 판단을 맡겼다.

"니토리 씨, 어찌할까요?"

니토리는 이미 각오를 다진 듯했다. 대학 시절에 진두지휘를 했을 때와 같은 웃는 얼굴로 다다를 바라봤다.

"다다, 돈도 없고 날아가 버리면 포기할게."

기초 공사에 돌입하기로 했다.

동시에 니토리는 자금을 변통하기 위해 동분서주했다. 니토리에게는 난 고점을 오픈할 자금이 없었고, 어디에서도 빌려줄 것 같지 않았다.

니토리는 나고시 회계사를 찾아갔다. 회계사로서 홋카이도 재계에까지 얼굴이 알려진 나고시라면 빌려줄 만한 사람을 소개해줄지 몰랐다. 모든 연 줄을 총동원할 생각이었다.

니토리는 나고시에게 의논했다.

"난고에 매장을 오픈하고 싶은데 자금이 없어요."

나고시는 가슴을 쫙 펴며 말했다.

"사촌이 신용금고에서 이사장을 하고 있어요. 소개해드릴게요."

"담보도 없어요."

"괜찮아요. 제게 맡기세요."

나고시의 말은 틀림이 없었다. 니토리의 임원 중 한 명이 나고시와 함께 신용금고로 갔다. 임원이 즉시 융자를 받을 수 있겠다며 연락해왔다.

나고시가 사촌인 이사장에게 부탁했다고 했다.

"내가 보증할 테니까 빌려주었으면 해."

이사장이 말했다.

"니토리 씨하곤 거래한 적이 없지만 네가 보증한다니까 빌려줄게."

그 자리에서 결정 났다고 했다. 나고시의 부탁으로 융자받지 못했다면 난고점은 열 수 없었을 것이다.

그 시점에서 다다와 니토리 가구점는 계약을 분명히 하기로 했다. 계약서를 보던 니토리가 다다로서는 이해할 수 없는 말을 했다.

"이거 0이 하나 많은 것 같은데?"

다다는 계약서를 들여다봤다.

"아니오, 틀림없어요. 400만 엔이라고 쓰여 있어요."

"뭐? 400만 엔이라고?!"

니토리는 저도 모르게 눈을 크게 떴다.

"400만 엔이라니! 그런 말 한 적 없어. 내가 제시했던 건 40만 엔이야."

"말도 안 돼……."

다다는 자신의 얼굴에서 핏기가 사라지는 것을 느꼈다. 머릿속에는 술잔을 나눴던 술집에서 검지, 중지, 약지, 새끼의 네 손가락을 세우고 있던 니토리의 오른손이, 지금 눈앞에 있는 것처럼 선명하게 떠올랐다. 다른 한편으로는 무언가가 흔들리며 휘청거렸다.

니토리는 절망의 늪에 빠진 다다의 기분에는 아랑곳하지 않고 무심하게 말했다.

"하물며 400만 엔이나 되는 돈은 있지도 않아."

어떻게 해야 하나. 다다는 고민하고 또 고민했다. 자기가 생각했던 견적보다 150만 엔이나 더 많이 받을 수 있다. 그것이 이 어려운 일에 착수하게 만든 원동력 중의 하나이기도 했다. 그런데 웬걸 6분의 1에도 미치지 않았다. 완벽한 적자였다. 그뿐만 아니라 회사에서도 책임을 면치 못할 것이었다.

하지만 에어돔 건축을 속행하기로 했다. 40만 엔이라는 터무니없는 건축료를 받고 일을 진행하기로 한 것이다. 자신이 기대했던 이익을 볼 수는 없겠지만, 니토리의 낙천적인 매력이 다다로 하여금 무언가를 기대하게 했고, 1974년 12월 개점일까지 앞으로 한 달밖에 남지 않은 지금 시점에서 다다가 손을 떼는 것은 니토리를 절망의 늪으로 몰아넣는 것을 의미했기 때문이었다. 그 무엇보다 에어돔이라는 것 자체가 설계자의 마음을 계속 간질였기 때문이었다.

다다는 후에 니토리에게 곧잘 이렇게 말했다.

"그때 싸웠더라면 나도 그렇고 니토리 씨도 그렇고 이렇게 비즈니스를 계속할 수 없었을 거예요."

"에어돔 문제로 다다랑 사이가 틀어졌다면 그 후에 어찌 됐을지 상상도 안 돼."

하지만 정작 중요한 에어돔이 도착하지 않았다.

니토리는 무역회사 사장에게 물었다.

"대체 에어돔은 언제 도착하는 겁니까?"

무역회사 사장은 당혹스러운 표정으로 말했다.

"아직 발송도 안 됐는데요."

사장의 대답에 니토리는 말문이 막혔다.

"그, 그럴 수가……."

니토리가 지불한 대금을 무역회사가 저쪽에 지불하지 않았기 때문이었다. 당장 대금을 지불하고 배편으로 보낸다 해도 최소 2개월은 걸렸다.

도저히 제때에 맞출 수 없었다. 하지만 난고점을 오픈하겠다고 이미 TV 광고까지 내보낸 상태였다. 포기할 수 없었다. 그래서 생각해낸 게 미군 수송기를 이용하는 것이었다. 도산하는 것보다는 낫겠다는 심정으로 500만 엔을 지불하고 운반했다.

에어돔이 도착하자 다다는 그때까지 느끼던 초조함을 떨쳐내고 서둘러 천장 설치 작업에 착수하려고 했다.

그런데 어찌 된 일인지 도착한 짐 꾸러미가 다섯 개나 됐다.

다다는 설명서를 읽고 깜짝 놀랐다.

"이 봐. 돔이라는 게 한 개로 되어 있는 게 아니었어?"

다섯 개의 짐 꾸러미 가운데 네 개는 에어돔이었고, 나머지 하나는 에어돔을 고정하는 앵커볼트였다. 즉 에어돔은 공기만 주입하면 되도록 한 장으로 이루어져 있지 않았다.

네 개로 나눠진 비닐제 천을 서로 연결하지 않으면 안 됐다.

뒤늦게 도착한 기술자는 쉽게 말했다.

"이렇게 금속을 끼워 조립하면 초보자라도 만들 수 있어요."

돔을 이룰 비닐제 천을 철제 패널로 고정해 한 장으로 만들기만 하면 된다고 했다.

다다는 처음부터 천은 한 장이라고 들었었다. 하물며 앞으로 나흘밖에 남아 있지 않았다.

"이건 얘기가 너무 다르잖아요. 더는 못 하겠어요."

하나부터 열까지 너무나도 달랐다. 다다는 나가떨어졌다.

니토리가 다다를 붙잡았다.

"다다, 어떻게 안 될까?"

정말로 난처한 일이었다. 하지만 생각해보면 가장 곤란한 사람은 자기가 아니라 니토리라는 생각이 들었다.

"알겠습니다."

개점일에 맞추기 위해 홋카이가쿠엔대학의 야구부 후배들을 반강제로 동원했다. 작업은 좀처럼 진척되지 않았다. 네 장의 비닐제 천을 겹치고 이음매에 구멍을 뚫었다. 그리고 철제 페널을 이용해 공기가 빠져나가지 않도록 확실하게 나사로 고정했다. 초보자뿐 아니라 작업 지도자도 처음해 보는 일이었다. 게다가 계절은 한겨울이어서 손이 얼어붙을 것 같은 한파 속에서 장작불로 손을 녹여가며 작업을 진행해야 했다. 게다가 철야 작업이었다.

돔을 이룰 비닐천도 혹독한 추위에 딱딱해져서 생각처럼 잘 펼쳐지지 않았다. 작업은 지연됐다.

유일하게 에어돔 건설 경험이 있는 외국인 건설사는 무책임했다. 매일 저녁 5시가 되면 잽싸게 집으로 가버렸다.

"자네가 없으면 작업을 진행할 수가 없네."

다다가 그렇게 말하며 붙잡아도 들은 척도 하지 않았다.

다다는 무척 스트레스가 쌓였다.

'이 자식이 장난하나!'

쌓일 대로 쌓인 스트레스가 폭발해 다다는 외국인 건축사와 싸우기까지 했다.

모모요는 일본 최초로 에어돔이 쭉쭉 부풀어 오르리라는 기대에 한겨울의 추위 속에서도 매일 일을 도우러 나갔다. 에어돔이 풍선처럼 쉽게 부풀어 오를 거라고 모모요는 생각했다. 그런데 전혀 부풀어 오를 기미가 안 보였다.

과도하고 혹독한 업무로 폐렴에 걸린 사원까지 발생한 끝에, 돔형 점포 '난고점'이 드디어 완성된 것은 개점 이틀 전이었다.

작업 관계자들이 지켜보는 가운데 에어돔으로 공기가 주입됐다. 서서히 부풀어 오른 돔은 하늘로 날아가지 않고 다다가 만든 기초 위에 튼튼하게 섰다. 거대한 에어돔의 모습에 다다와 니토리는 물론이고 모두 감격의 눈물을 흘리며 서로 부둥켜안고 기뻐했다.

"해냈어! 해냈다고! 이걸로 도산을 면했어."

모두 말없이 그저 눈물을 흘렸다.

'드디어 에어돔이 펼쳐졌어⋯⋯.'

모모요도 잠시 안도의 한숨을 내쉬었지만 가구를 들여놓지 않고는 매장을 오픈할 수 없다. 서둘러 에어돔 안으로 가구를 들여놨다.

다음날에도 분주하게 상품을 진열함으로써 드디어 하루 앞으로 다가온 오픈 준비를 모두 끝낼 수 있었다. 난고점 오픈과 함께 회사명을 '니토리 가구'로 변경하기로 사전에 결정해놓은 상태였다.

4호점을 개점하고 니토리가 느꼈던 기쁨은 그때까지 느껴본 적이 없는 것이었다. 매장 오픈을 위해 최선을 다해 힘써준 사원들이 느꼈을 기쁨의 백배라고 해도 과언이 아니었다. 한 번 성취감을 맛보자 멈출 수가 없었다. 그 기쁨은 그만큼 컸다.

그런데 그날 밤 삿포로에 첫눈이 내렸다. 눈은 공기압으로 지탱되는 돔형 천장에도 가차 없이 내려앉았다. 평소에 내리던 보슬보슬한 눈이 아니었다. 그날 밤에 내린 눈은 수분을 다량 함유한 함박눈이었다.

다음 날 아침, 니토리는 점장에게서 전화를 받았다.

"매, 매장이 없어졌습니다!"

당황한 목소리로 점장이 하는 말의 의미를, 니토리는 순간적으로 이해하지 못했다. 여하튼 서둘러 매장으로 향했다.

니토리는 난고점에 도착했다. 여우에게 홀린 것만 같았다. 대체 무슨 일이 일어난 것일까. 이해할 수가 없었다. 점장의 말처럼 정말로 매장이 없어진 게 아닌가. 아름다운 반원 구형을 하고 있어야 할 돔 천장이 찌그러진 것이었다. 전날 밤에 내린 눈이 축축했던 데다가 에어돔의 기압도 생각보다 낮았다. 그래서 눈의 무게에 찌그러져 버린 것이다.

"일단 천장을 고치자!"

니토리는 직접 천장으로 올라가 종업원과 함께 눈에 파묻힌 돔을 파내기 시작했다. 거래처에서도 도와주었다.

개점 시간인 10시가 되자 많은 손님이 몰려들었다. 점원은 스피커로 사과했다.

"잠시만 기다려 주십시오."

모모요는 실망하며 생각했다.

'손님이 이렇게 많이 왔는데…… 어떡해야 하지……?'

오후 2시가 돼서야 에어돔을 다 파낼 수 있었다. 돔에는 구멍이 잔뜩 나 있었지만, 공기를 주입하자 그래도 부풀어 올랐다.

하지만 돔의 붕괴로 점포 내부 상황도 비참했다. 가구에는 할퀸 듯한 상처가 생겼고, 흘러내린 눈과 물로 바닥은 침수됐으며, 이불과 커튼은 진흙 섞인 물에 젖어 엉망진창이었던 것이다.

"이래선 도저히 오픈할 수가 없겠는데요."

종업원 한 명이 안타까운 목소리로 말했다.

니토리는 종업원의 어깨를 툭툭 두드렸다.

"바보 같은 소리! 매장을 열어야지."

니토리는 돔을 복원하며 생각했다.

'개점해야 하나? 말아야 하나? 매장을 연다면 어떻게 손님을 불러들여야 하지?'

니토리는 종업원에서 말했다.

"〈오픈 기념 바겐세일〉을 관두고 〈개업 기념-하자 상품 할인 행사〉로 바꾸자."

비록 개점 시간은 늦어졌지만, 늦어진 시간만큼 손님은 더 많이 밀려들었다. 에어돔 자체에도 관심이 있었는데 에어돔이 무너졌다는 소식까지 들렸기 때문이었다.

게다가 '개업 기념-하자 상품 할인 행사'로 상품은 품질에 비해 값이 훨씬 쌌다. 에어돔에 관심 있는 손님의 구매욕을 한층 자극했다. 이익 볼 생각을 접고 반값 밑으로까지 가격을 내린 제품도 있어 상품은 전부 판매되었다.

"모진 상황까지도 기회로 만들겠어!"

니토리의 발상 전환이 공을 세웠다. 그때까지 다른 가구점에 가려서 그다지 알려져 있지 않던 '니토리 가구'라는 이름이 홋카이도 전체에 알려지게 됐다.

하지만 니토리는 이로 만족하지 않고 도매상을 찾아갔다.

"하자 있는 가구는 없나요?"

상처가 났거나 이런저런 이유로 도매상 창고에 잠들어 있던 상품을 모두 끌어냈다. '하자 가구 할인 행사'로 붙은 기세는 잦아들 줄을 몰랐다. 에어돔 붕괴 때 상처가 난 제품도 포함되어 있었지만 모두 팔려나갔다. 어떻게 처치

해야 할지 몰라 곤란해 하던 도매상도 기뻐했다.

난고점은 일본 최초로 에어돔을 채용한 점포라며 매스컴에서도 보도했다. 눈으로 인해 개업 날에 에어돔이 붕괴했던 사건은 뜻밖의 좋은 결과를 가져왔다. 니토리 가구점의 지명도를 높인 것이다. 난고점은 '니토리 돔'으로 불리며 관광버스가 설 정도의 관광 명소가 됐고, 손님으로 항상 북적이는 매출 최고의 매장이 됐다.

한 번은 에어돔에 갑자기 정전이 발생한 적이 있다. 밖에 있던 전신주를 불도저가 들이받은 것이었다.

그와 동시에 에어돔 천장은 쪼그라들기 시작했다. 정전으로 지속적으로 에어돔에 공기를 주입해주는 장치도 멈춰버렸기 때문이었다. 에어돔 내부는 대혼란에 빠졌다.

"이러다간 갇히겠어!"

간신히 모든 고객을 대피시켰고 큰일은 일어나지 않았다.

그런데 그때 점장이 홋카이도에 없었다. 정월 휴가를 받아 여행을 떠난 상태였다. 난리가 났다는 소식을 듣고 돌아왔을 때는 이미 며칠이 지나 소동이 진정된 후였다.

니토리는 점장에게 소리를 꽥 질렀다.

"자네는 점장이니까 매장을 책임져야지! 무슨 일이 발생하더라도 대처할 수 있도록 항상 삿포로에 있지 않아선 안 돼!"

니토리는 점장이 자기 영역을 책임지는 것은 당연한 일이라고 생각했다.

그런데 며칠 후에 점장이 니토리를 찾아왔다.

"그동안 여러 가지로 감사했습니다."

사표를 내미는 게 아닌가.

니토리는 설마 일이 이렇게 되리라고 생각지도 못했다. 이유를 물으니 원인은 점장의 아내인 듯했다. 점장이 아내에게 에어돔 사건의 전말을 이야기하자 아내가 화를 냈다고 했다.

"말도 안 돼. 정월 휴가에 대해서까지 이러쿵저러쿵하는 사장하고 회사는 정상이 아니라고 봐. 그런 회사는 그만둬!"

점장이 결정을 못 내리고 고민하자 아내가 다그쳤다고 한다.

"나랑 회사, 둘 중에 뭐가 더 중요해?!"

점장은 전후 사정을 이야기하고, 니토리에게 말했다.

"전 아내를 선택하기로 했습니다. 일을 그만두겠습니다."

그런 결론을 내린 점장을 니토리는 붙잡지 않았다.

다만 에어돔은 그 후로도 난리의 연속이었다. 일단 조명이 문제였다. 돔 전체를 밝힐 조명이 없어 부분 조명을 설치했다. 손님은 상품의 컬러를 확인하기 위해 그때마다 돔 밖으로 나가야 했다. 또 밝은 분위기를 연출하기 위해 입구 상부에 서치라이트를 달고 움직이도록 설치했더니, 불빛이 눈으로 들어가 순간적으로 앞이 안 보이게 되는 손님도 발생했다.

니토리는 고민하고 고민한 끝에 깨닫는다.

"그래! 여기를 실내가 아니라 실외라고 생각하면 돼."

공원에 있는 수은등을 점포 내부에 설치함으로써 조명 문제를 해결했다.

또 실내 온도 조절도 문제였다. 겨울이면 내부 온도가 영하 5도에서 10도까지 내려가서 손님은 외투를 입은 채 매장을 둘러봐야 했다. 조금이라도 따뜻하게 하려고 중유 난방을 했더니 그을음으로 상품이 까맣게 됐다. 난방기구 앞에 폭포처럼 쏟아지는 물의 장막을 쳐서 그을음을 막았다.

여름에는 돔 내부 온도가 섭씨 40도까지 올라갔다. 그야말로 사우나장과 같았다. 수십 개의 얼음 기둥을 세우고 그 옆에 선풍기를 설치해 찬 공기를 순환시키는 한편 차가운 수건도 준비했지만, 지독한 더위에 손님은 금방 돌아가 버렸다.

봄에는 또 봄대로 바람이 많이 불어 매장으로 모래가 날아들었다. 돔 내부 기압과 외부 기압의 차이로, 문을 열면 기압이 높은 내부에서 기압이 낮은 외부로 단숨에 공기가 빠져나갔다. 문을 여닫기조차 힘들 정도였다. 힘껏 당기지 않으면 문이 열리지 않았다. 반면 문을 닫을 때는 맹렬한 기세로 닫혔다. 자칫 잘못했다가는 문틈에 끼어 크게 다칠 위험이 늘 있었다.

근무 환경이 너무 가혹했기 때문에 니토리는 점원들에게 여름에는 '적도 수당', 겨울에는 '북극 수당'이라는 이름으로 5,000엔의 추가 수당을 지급했다.

매출은 순풍에 돛을 단 듯했다. '니토리 가구'는 1975년에 '기타점', '홋코점', '아사부점', '난고점'의 네 점포를 합쳐 연 매출 6억 엔을 올리고 완전히 되살아났다. 그야말로 전화위복이란 이런 상황을 두고 하는 말이었다.

다다는 생각했다.

'난고점을 계기로 니토리 가구는 확실하게 세상에 이름을 알렸어. 게다가 에어돔을 창고나 가설에 사용하긴 해도, 점포에 이용하겠다는 발상을 하고 또 그걸 실제로 실행에 옮기는 사람은 니토리 씨 외에는 없을 거야. 나 역시 니토리 씨가 아니었다면 이렇게까지 몸을 던져가며 하지 않았을 거고.'

하지만 니토리의 생각은 달랐다.

'이런 도박 같은 짓은 두 번 다시 하지 말자.'

그럼에도 창고와 가설 점포로나 사용하는 돔을 정식 점포로 이용했다. 이런 발상력은 그 누구에게도 없는 것이라고 다다는 생각했다. 나아가 모두가 위험하단 생각으로 실행에 옮기려 하지 않는 일을 실행에 옮기는 니토리의 실행력, 이것이 있었기에 니토리는 성공을 거둘 수 있었다.

하지만 40만 엔이란 상식적으로 생각할 수 없는 금액으로 계약한 다다는 회사에서 문책을 당했다. 다다는 일에 대한 책임으로 결국 사표를 냈다.

니토리로서도 다다에게 너무 미안했다. 직접 사업을 하겠다는 다다에게 여기저기 돈을 변통해 500만 엔을 출자했다. 그게 가능했더라면 애초에 계약금으로 400만 엔을 지불했어야지…… 하는 생각도 들었다. 하지만 니토리에게 그것과 이것은 다른 이야기였다. 니토리는 마음을 굳게 먹었다.

'이번에만큼은 좀 분에 넘치는 짓을 하자.'

니토리가 무슨 일을 할 땐 그저 무턱대고 벌이는 게 아니다. 매번 자기가 이제부터 하려는 일이 과연 '분수에 맞는 일'인지 '분수에 맞지 않는 일'인지를 생각한다. 그것은 "뭘 해도 상관없지만 늘 분수를 생각해야 해"라고 평소에 아버지가 말했기 때문이었다. 아버지의 말은 니토리가 폭주하지 않도록 해주는 안전장치이자 제어장치의 역할을 해주었다. 자동차를 살 때도 매번 아버지의 말을 떠올리고, 새 차를 사려고 했다가도 결국에는 꼭 중고차를 샀다.

하지만 다다에게는 '분수'에 맞는 범주 안에서는 도저히 다 갚을 수 없을 의리를 느꼈다. 제아무리 속일 의도가 없었다고는 하나, 거래 상식에서 벗어난 해석과 경솔한 행동이 다다를 회사에서 쫓겨나게 만들었다. 다다의 인생까지도 망칠 수 있는 일이었다. 그런 다다가 독립을 한다면 몸을 바쳐서라도 응원해주고 싶었다. 그렇게 해야만 한다고 생각했다.

니토리는 죽기 아니면 살기란 심정으로 과감히 저질렀다. 다다는 T&N 홋카이도 설계 사무소를 설립했다. 이를 통해 니토리는 자기 생각을 이해해주는 다다라는 뛰어난 설계사를 얻게 됐다. 난고점 이후로 오픈한 거의 모든 니토리 매장 설계를 다다가 하고 있다.

그뿐만 아니라 다다는 니토리의 목표인 '100점포'를 오픈하기까지 점포 개발에 있어서 중요하고 큰 역할을 수행했다.

니토리는 1975년에 대학졸업자 사원 다섯 명을 채용한다. 처음으로 채용한 대졸자 사원이었다. 하지만 기대가 너무 컸다. 길러내겠다는 의욕이 과했던 것이다.

'처음엔 누구나 초보자라서 서툴러. 하지만 미술의 세계도 마찬가지지만, 그림을 그리다 보면 피카소처럼 되는 거야. 그런 인재를 키우자.'

니토리는 사람을 키우는 천재가 되고 싶었다. 그래서 매일 밤 10시부터 11시까지 대졸 사원을 맹훈련시켰다. 일주일에 한 번 있는 휴일에도 공장 연수라며 데리고 돌아다녔다. 그에 비해 급료는 적었다. 역시 다섯 명 모두 그만뒀다. 그 다섯 명을 '덧없이 사라진 제1기생'이라고 부른다.

실질적인 대졸 제1기생은 1976년 4월에 입사한 대졸 사원이다. 하지만 처음에는 응모자가 한 명도 없었다. 하루 12시간 근무에 휴일도 없다. 하물며 저임금인 최악의 회사라고 소문이 났기 때문이었다.

니토리는 모교인 홋카이가쿠엔대학으로 갔다. 연락처 등이 게시되어 있는 게시판을 들여다보는 학생에게 말을 걸었다.

"밥을 살 테니까 내 이야기를 들어주지 않겠나?"

근처 식당으로 데리고 가서 로망과 비전에 대해 이야기했다.

"물자도 부족하고 돈도 없지만 꿈만큼은 커. 미국 하버드대학이나 코넬대학 졸업생의 반 수 이상도 벤처 기업에서 일하네. 우리 회사도 벤처지만, 우리 회사를 위해 자네도 함께 일해보지 않겠나?"

니토리의 말에 자극을 받은 학생은 니토리에 입사했다.

입사자는 처음 12명에서 13명으로 늘어났고 대략 네다섯 명이 끝까지 남았다. 정착률이 높지는 못했다.

1976년 8월, 삿포로 시 데이네 구手稲区에 데이네토미오카手稲富丘店점을 오픈했다.

모모요는 데이네토미오카점 오픈을 기점으로 모든 업무에서 손을 떼기로 했다. 장사를 번창시키고 싶은 일념으로 모모요는 열심히 일했다.

사실 모모요는 평생 니토리에서 일할 거라고 생각했다.

'튼 손으로 바닥을 걸레질하며 가게를 방문하는 손님에게 가구를 평생 팔겠지?'

장남을 낳고 나서도 아이를 업고 종종 고객을 맞았다.

'아이 아빠랑 함께 아마도 난 이 가게에서 평생 일할 거야…….'

모모요 덕분에 매출이 오르고 점포도 늘었고 종업원도 계속 늘고 있다.

니토리 가구점이 커지는 것은 모모요의 기쁨이기도 했다. 하지만 동시에 모모요의 마음속에는 모종의 망설임도 있었다.

'종업원이 이렇게 많으니 사장 부인이 매장에 나오는 걸 싫어하는 사람도 있을 거야. 할 말이 있어 아이 아빠에게 다가가더라도 종업원은 "나에 대해 뭘 고자질하는 게 아닐까?"라고 생각할 수도 있어…….'

남편보다도 고객에게 가구 판매하는 것을 좋아하는 모모요는 일할 수 있는 것만으로도 기뻤지만, 한편으로는 사장 부인이라는 자기 입장에 대해서도 깊이 생각했다.

그리고 확신했다.

'이제 그만 매장에서 물러날 때야.'

결단을 내린 모모요는 매장에 나가는 것을 딱 그만뒀다.

하지만 내심으로는 몹시 쓸쓸했다.

일을 좋아하고 사람과 만나는 것을 무척 좋아하는 모모요는 새로운 일자리를 모색했다. 홋카이도 신문의 구인란을 보며 생각했다.

'이번에는 어디에서 일할까? 은행이 좋으려나?'

한편 아키오는 모모요가 일을 도와주는 것은 고마웠지만, 첫째 이후로 아이를 낳지 않는 게 걱정이었다.

사실 창업 초기에 모모요가 가게에서 손님을 맞다가 유산한 적이 있었기 때문이었다.

그 당시에는 가게 앞에 여러 종류의 판매용 의자를 전시해놨었다. 그런데 도둑이 의자를 훔쳐갔다. 아키오는 배달하러 가고 가게에 없었다. 가게에는 모모요 밖에 없었다.

의자를 훔쳐가는 사람의 모습을 본 모모요는 도둑을 쫓았다. 맹렬한 기세로 달려 잡으려고 했지만 도둑도 달렸다. 쫓아온다는 것을 알고 도둑은 들고 있던 훔친 의자를 던지고 달아났다.

하지만 그 사건으로 임신 5개월이던 모모요는 유산을 하고 만다.

이는 두 사람에게 이루 말할 수 없는 슬픔이었다.

'의자는 되찾았지만 아이가 유산됐어…. 800엔, 1,000엔 하는 의자 따위 없어도 그만인네….'

그런 일이 있었기 때문에 니토리로서는 모모요가 가정과 육아에 전념해주는 편이 안심되고 좋았다.

그래서 이번에 임신을 계기로 가정에 들어가기로 한 것이었다.

지금까지 해오던 과도한 업무에서 벗어남으로써 모모요는 무사히 장녀를 낳을 수 있었다.

1977년 11월, 삿포로 시 도요히라 구豊平区에 쓰키사무점月寒店을 오픈했다. 기구가 날아가는 CF를 내보냈고, 오픈 당일에는 기구를 점포 부지에 띄웠다. 얼마 전에 홋카이도대학 탐험부가 쓰가루 해협津軽海峡을 기구로 건넜다는 기사를 신문에서 봤기 때문이었다.

1978년 8월에 삿포로 시 아쓰베쓰 구厚別区에 아쓰베쓰厚別店점 오픈일에는, 니가타 현新潟県 사도 섬佐渡島에 전해 내려오는 온데코라는 일본에서 가장 큰 북을 가져왔다. 종류에 따라서는 직경이 2미터, 받침대를 포함한 높이가 3미터가 넘는 온데코를 종업원이 두 패로 나뉘어 두들겼다.

3년 동안 매출은 매년 약 5억 엔씩 상승했다. 1976년도 매출이 10억 엔, 1977년도 매출이 15억 엔, 그다음 해인 1978년도 매출이 22억 엔이었다.

하지만 그 무렵 니토리는 점포를 하나 개점할 때마다 너무 불안해서 좀처럼 잠을 이룰 수가 없었다.

중학교 3학년 때 친구인 게이라 유키오가 그때까지 다니던 회사를 그만두고 1978년에 주식회사 니토리 가구에 입사했다.

게이라와 술을 마시러 갈 때마다 니토리는 호스티스들에게 입버릇처럼 말했다.

"이젠 사장님이라고 불리는 거 싫어. 오빠, 오빠라고 불러줘."

술자리에서도 니토리는 밝았다. 웃고 떠들고 마시느라 바빴다.

하지만 그런 니토리의 부드러운 표정이 순식간에 바뀔 때가 있었다. 그것은 호스티스가 니토리 매장에 대한 불만을 말할 때였다. 그럴 때면 즉시 표정이 진지해졌다. 방금 전까지 농담을 주고받으며 떠들던 게 거짓말인 것 같았다. 니토리는 표정을 바꾸고 조용히 호스티스의 이야기에 귀를 기울였고 메모를 했다. 호스티스의 불만 사항은 매장에 대한 불만, 점원의 불친절한 대응, 제품 문제 등 그때마다 달랐다.

다음 날 니토리는 지난밤에 들었던 불만 사항을 즉시 바로잡았다. 한 가지를 보면 열을 안다는 게 니토리의 신조다. 게이라는 그런 니토리의 일련의 대응방식을 보며 생각했다.

'역시 뼛속까지 상인인 사람이야.'

게이라는 이처럼 재빠르게 대응하는 니토리를 종합적으로 '감 좋은 남자'라고 평가한다.

하지만 니토리는 칭찬이었지만 이 말이 싫었다. 감이 좋다는 것만 평가하는 게 싫었기 때문이다. 감뿐만이 아니라 앞을 내다보는 빠른 결단력과 판단력까지도 평가받고 싶었다. 그리고 그 부분야말로 다른 직원에게 말해주었으면 좋겠다고 니토리가 생각하는 부분이었다.

다다 야스로는 1975년 12월에 난고점 오픈을 맡은 이후로, 홋카이도의 모든 니토리 출점에 관여했다. 당시 니토리에는 개발 스태프도, 실행 스태프도 없었다. 그래서 다다가 니토리와 함께 출점할만한 땅을 찾으러 다녔다. 운전은 니토리가 했다. 다다는 조수석에서 지도를 펼치고 니토리가 마음에 들어 하는 땅을 체크했다.

몇 군데를 돌아본 다음에 다다는 지도를 들고 법부소를 방문해, 체크한 땅의 소유자, 땅의 평수와 지형을 조사하고 검토했다. 니토리가 생각하는 점포 규모는 1,000평이었다. 용적률과 건폐율을 확인해 건물을 세울 수 있겠다는 확신이 들면, 그때 토지소유자의 집을 알아봐서 먼저 다다 혼자서 영업하러 갔다.

"사실 땅에 대해 조사를 해봤습니다. 소유한 땅에 가구점을 세울 수 있도록 허락해주십시오."

"어디 가구점?"

"니토리입니다."

"그런 회사가 있었나?"

니토리의 지명도는 아직 그 정도였다.

갑작스러운 방문에 화를 산 것도 한 두 번이 아니었다.

"뭐? 니토리? 웃기는 이름이군!"

"당신! 멋대로 남의 땅을 조사하고 말다니, 이게 무슨 짓인가!"

하지만 다다는 굽히지 않고 계속 교섭했다. 첫날에는 인사만 했다. 두 번째로 방문할 때 건물과 공사비 등에 관한 자세한 설명을 했다. 여러 차례 방문해 어느 정도 교섭이 되면 그제야 니토리를 데리고 갔다. 홋카이도에 있는 점포는 모두 이런 식으로 교섭을 진행했다.

다다는 오히려 교섭 자리에 니토리가 동석하지 않아야 땅 주인과 이야기를 진행하기가 편했다.

'어떤 회사인지, 경영자는 어떤 사람인지……. 니토리가 그 자리에 없어야 땅 주인에게 솔직하게 얘기할 수 있고, 나도 설득하기가 편해.'

땅 주인과도 궁합이란 게 있어서 다다가 교섭하러 가서 계약 실패한 곳에 니토리가 교섭하러 가면 성공하기도 했다.

일 년에 1점포, 많은 때는 2, 3점포를 매년 교섭한 다다에게 특히 인상 깊게 남아있는 곳은 1983년 3월에 하코다테 시函館市 미하라 3초메美原三丁目에 오픈한 하코다테函館店점이었다.

1981년 3월 30일, 여기밖에 없겠다는 확신을 갖고 방문한 토지소유자의 땅에서는 채소가 자라고 있었다. 다다는 밭에서 작업하고 있던 조경업 종사자이자 토지 소유주인 여성 오미 고나미近江小波에게 말을 걸었다.

그 후로도 여러 차례 집으로 찾아갔지만 그때마다 거절했다. 그래도 포기하지 않고 열심히 찾아가 정중하게 설명했지만 최종적으로 이렇게 대답했다.

"이 땅은 선조께서 물려주신 소중한 땅이에요. 니토리인지 뭔지 모르겠지만, 남에게는 빌려주지 않아요."

최후통첩을 받고도 다다는 포기하지 않았다.

'지형도 그렇고, 장소도 그렇고, 이런 최적지는 달리 또 없어.'

점포에 적합한 입지 조건에는 몇 가지가 있다. 먼저 국도 옆에 위치해야 하고, 입구의 폭이 넓어야 한다. 국도 옆에 위치한 땅은 근교에도 여러 군데 있지만, 입구 폭의 넓이라는 관점에서 봤을 때 이 땅만큼 점포를 열기에 적합한 땅은 없었다. 그리고 니토리가 원하는 구역이기도 했다.

니토리도 어지간히 그 땅이 마음이 들었는지 힘껏 다다를 격려 했다.

"다다, 거절당하고 또 거절당해도 세 번을 찾아가는 사람이 있어. 처음에 거절당하고 또 찾아가는 사람은 일곱 명에서 여덟 명, 두 번을 거절당하고도 포기하지 않고 또 찾아가는 사람은 세 명에서 네 명은 돼. 하지만 네 번을 찾아가는 사람은 열 명 중의 한 명뿐일 거야. 오히려 네 번째부터가 진짜 시작이라고 생각해보지 않을래?"

오미 일가의 셋째 아들인 오미 마사토近江政斗는 사실 연줄이 있어 아오모리은행青森銀行 하코다테지점에 의뢰해 몰래 니토리 가구라는 회사의 신용조사를 끝낸 상태였다.

신용정보를 입수한 오미는 토지 명의자인 어머니 고나미에게 보고했다.

"니토리는 연 매출은 30억 엔이 넘지만 이익이 얼마 안 돼……."

고나미는 그때 마사토에게 말했다.

"니토리? 이노치토리?(命取り. 일본어로 목숨을 잃는다는 의미−역자 주) 정체를 알 수 없는 곳에는 빌려주지 않는 법이다."

오미 고나미에게 단호하게 거절당하고, 다다는 당시 니토리 가구의 회계사로 교섭에도 동행하던 니토리의 점포개발자 가세 기요미쓰加勢清光 부장과 유노카와湯の川 온천에서 하룻밤을 쉬고 오기로 했다. 위로 여행이란 이름으로 가세와 서로의 노고를 위로하며 술을 마셨지만, 다다는 도저히 오미 고나미 소유의 땅을 머리에서 떨쳐낼 수가 없었다.

'그래. 아침에 사전 연락하지 말고 방문해보자.'

그리고 다음 날 아침인 31일 8시 반 경에 다다는 오미 가를 방문했다. 현관문을 열고 나온 오미 고나미는 깜짝 놀랐다.

"당신들, 돌아간 게 아녔어?"

"아니오, 할머님. 사실은 계속 있었어요."

그러자 오미 고나미의 표정이 바뀌었다.

"그래. 그럼 잠깐 집으로 들어와."

여태껏 여러 번 오미 가를 방문했지만 그때마다 문전박대를 당했기 때문에 집안에 들어가는 건 이번이 처음이었다. 안쪽 다다미방에 선조들의 사진이 걸려있었는데 거기에 오미 고나미와 삼남인 오미 마사토가 앉아 있었다.

오미 고나미가 입을 열었다.

"다다 씨, 그렇게까지 부탁하니 빌려줄게. 니토리가 아니라 당신에게 빌려주는 거야."

다다는 뛸 듯이 기쁜 마음으로 니토리에게 보고했다. 감격한 니토리는 서둘러 다다와 함께 인사하러 나섰다.

얼추 인사가 끝났을 때쯤에 오미 고나미가 니토리에게 질문을 하나 던졌다.

"근데 당신, 돈은 어디서 구할 거지?"

"호쿠요은행입니다."

"은행이라면 누가 뭐래도 홋카이도 다쿠쇼쿠은행이지. 자네 회사, 다쿠쇼쿠랑은 거래하지 않는 건가?"

"네. 저희는 호쿠요은행하고 밖에는……."

"그럼 안 돼! 다쿠쇼쿠랑 거래하지 않는 회사에는 땅을 빌려줄 수 없어!"

예상 밖의 전개에 니토리도 다다도 잠자코 돌아올 수밖에 없었다. 하지만 우연히도 다다의 형이 홋카이도 다쿠쇼쿠은행 지점장으로 근무하고 있었다.

그래서 다다는 형에게 상황을 설명하고 부탁했다.

"형, 어떻게 안 될까?"

"알았어. 서류를 나한테 넘겨."

형의 말대로 서류를 건네자 형이 다쿠쇼쿠은행에서 융자를 받을 수 있도록 도와주었다.

다다는 신바람이 나서 오미 고나미에게로 뛰어가 이렇게 말했다.

"할머님, 다쿠쇼쿠의 자금으로 지불하겠습니다."

이리하여 하코다테점의 토지를 무사히 확보할 수 있게 됐다. 그리고 하코다테점은 획기적인 매출을 올리는 니토리의 중요 점포가 됐다. 본격적으로 협의를 진행한 날에 니토리는 '15년 사업 계획'을 바탕으로 한 임대차 계약에 관한 이야기를 꺼냈다.

니토리 측에서 구체적인 금액 조건을 제시했다. 하지만 그 금액은 오미 마사토가 상정했던 예상액보다 약 5,000만 엔이 적었다. 오미의 견적은 사전에 슈퍼 관련 데이터를 참고로 평당 가임수입을 치밀하게 계산해 설정한 금액이었다.

한편 빌려 쓰는 니토리로서는 비용을 최소한으로 줄이고 싶은 게 진심이었다. 끝내 양자의 조건이 맞지 않아 협의는 결렬될 듯했다.

다다가 마지막으로 오미에게 말했다.

"5,000만 엔을 추가로 지불하면 수긍하시겠습니까?"

니토리 측에서 새롭게 한 제안은 임대료 개정을 할 때마다 조금씩 임대료를 올려 15년에 걸쳐 총 5,000만 엔이 플러스 되도록 하는 것이었다. 오미는 5,000만 엔의 추가 금액을 받고 니토리와 가계약을 했다.

하코다테, 이와미자와岩見沢, 하이야무로란ハイヤ室蘭, 히라오카平岡, 다테伊達, 아사히산주욘조旭三四条, 다키카와滝川에 차례로 점포를 오픈해 나가자, 1978년 6월에 오픈한 오비히로점帯広店 때부터는 교섭이 술술 풀리기 시작했다. 다다는 니토리의 이름이 알려지고 있음을 실감했다.

니토리와 다다 사이에 강한 신뢰 관계와 깊은 우정이 있었기 때문에 니토리 가구가 이렇게까지 점포를 늘릴 수 있었던 것이다. 구시로시점釧路店과 오비히로점도 다다와 니토리가 둘이서 자동차를 타고 찾은 땅이다. 니토리에게는 반드시 매장을 열겠다는 열정이 있었다. 그래서 다다는 진심으로 생각했다.

'니토리 씨, 교섭은 제가 할 테니 맡겨주세요.'

니토리가 삿포로에서 홋카이도 전역으로 개점 지역을 확장해나갈 무렵, 게이라 유키오의 기억에 아직까지도 선명하게 남아있는 사건이 발생한다. 그것은 오비히로 시帯広市와 아사히카와 시旭川市, 하코다테 시에 출점했을 때의 일이었다.

한 지방 도시로의 출점이 정해졌다. 이를 위해 게이라는 니토리와 함께 시상공회의소 회장에게로 출점 인사를 하러 갔다.

인사 자리에서 회장이 니토리에게 물었다.

"니토리 씨께서는 왜 이런 동네에 출점할 생각을 하시게 됐나요? 귀사의 이념은 무엇인가요?"

회장은 삿포로 이외 지역에 출점을 강행하는 신흥 니토리에 관심이 있었던 것 같다.

회장의 물음에 니토리를 즉시 대답했다.

"국민의 생활을 풍요롭게 하기 위해서 노력하고 있습니다."

니토리의 입에서 나온 예상 밖의 대답에 회장은 어리둥절해 했다. 갑자기 국민의 생활이라니. 홋카이도 도민이 아니라 한 단계 상위 규모인 일본 국민 전체를 위해서라고 했기 때문이었다. 게다가 아직 홋카이도 이외 지역에는 점포가 없을 때였다.

옆에서 이야기를 듣던 게이라도 당황했다.

"국민의 생활이 아니라 지금 시점에서는 도민의 생활 정도로 해두는 게……."

듣는 사람 입장에서 '이 사람이 무슨 말을 하는 거지? 이상한 사람인가?' 하는 생각이 들 정도로 니토리의 대답은 겸허하면서도 직설적인 이상주의를 담고 있었다.

하지만 당사자인 니토리 본인은 말할 것도 없이 진지했다. 정말로 국민의 생활을 풍요롭게 하고 싶다고 생각했다. 게이라에게는 니토리의 이런 면모가 대단해 보였다. 거만하게 으스대며 자기변론 같은 구차한 말을 하는 게 아니다. 아무렇지도 않게 지극히 당연하다는 듯 말했다. 회장이 니토리의 발언을 어떻게 해석했는지는 알 수 없다. 하지만 상공회의소 회장도 지금은 게이라처럼 니토리 가구가 발전해 나가는 모습을 보며 '그때 했던 말을 실현했구나.' 하고 과거를 회고할지도 모르겠다.

니토리가 번창한 데는 경쟁업체보다 상품을 저렴하게 판매한 것도 한몫했다. 저가를 실현할 수 있었던 것은 도매상을 정신없이 돌고 제조업자, 즉 메이커에서 직접 물건을 구입하러 다녔기 때문이다.

주로 고급 가구를 혼슈에 판매하는 홋카이도는 전국에서 1, 2위를 다투는 도매상 왕국이었다. 홋카이도는 면적이 넓다. 그래서 메이커가 각 지방으로 상품 운반까지 하면 그 비용은 무시할 수 없는 액수가 됐다. 그래서 도매상이 상품 운반에 개입하고 있었다. 예를 들어 자동차에도 홋카이도 가격이라는 것이 따로 있었다. 홋카이도에서 자동차를 사면 운반에 도매상이 개입하기 때문에 혼슈에서 사는 것보다도 10%에서 15%까지 비쌌다.

그래서 니토리는 금기를 깨고 메이커에게 직접 물건을 사러 가기로 한 것이다. 고객을 만족시키기 위해서는 이것밖에는 방법이 없었다. 하지만 당연한 이야기지만 니토리의 움직임에 도매상 측은 격노했다. 도매상은 메이커에게 압력을 가했다.

"니토리 가구에 물건을 주는 메이커하고는 거래 안 해!"

니토리는 이런 난처한 상황을 타개하기 위해 새로운 전술을 썼다. 수표나 어음 등이 일반적인 거래에서 현금 거래를 관철한 것이다.

홋카이도는 한겨울이 되면 눈이 계속 내려서 화물의 이동이 어려워진다. 폭설이 내리는 1, 2월이 되면 메이커의 창고에는 그야말로 제품이 산처럼 쌓였다. 그래서 니토리는 이 시기에 거금을 준비해 메이커와 교섭에 나섰다.

"현금으로 지불할 테니 팔아 주십시오."

그때까지 "못 팝니다!"라며 고집을 부리던 메이커도 눈앞에 거금을 들이밀자 태도를 바꿨다.

"알겠습니다."

단, 낮에는 도매상에게 발각될 가능성이 높으므로 메이커와의 교섭은 사람 눈에 띄지 않는 한밤중에 진행했다. 트럭을 끌고 심야에 메이커의 창고로 갔다.

도매상이 "이 제품은 메이커하고 직접 거래한 거 아닌가?"하고 추궁하면 메이커와 입을 맞춰 "아뇨, 다른 도매상에게서 매입한 건데요?"라고 천연덕스럽게 대답했다.

출입금지 통지는 홋카이도뿐 아니라 혼슈로까지 퍼졌다.

니토리가 상품을 매입하러 혼슈에 있는 메이커를 찾아가나 담당자가 난처한 표정으로 말했다.

"도매상에서 댁을 출입금지 시키라고 해서요……."

니토리는 쓴웃음을 지었다.

'이건 뭐, 전국에 지명수배범이 따로 없군.'

도매상과의 전쟁은 이후로 20년이 넘도록 지루하게 계속됐다.

물건을 매입하기 위해 니가타 현에서 군마 현群馬県으로, 군마 현에서 시즈오가 현静岡県으로 점차 남하했으며, 결국엔 후쿠오카 현福岡県 오카와 시大川市의 메이커와 거래하게 됐다. 일본 최고의 가구 및 창호 생산량을 자랑하는 가구의 성지이자 중심지로 불리는 오카와 시의 제품은 질도 좋고 가격도 가장 쌌다.

제품은 매일 규슈九州에서 10톤 트럭으로 운송했다. 혼슈를 종단해야 했기 때문에 운송비는 들었지만, 도매상에 지불할 비용이 발생하지 않아 채산은 맞았다. 지금까지 국내에서 매입한 제품의 절반 이상이 오카와시에서 생산한 제품이다.

규슈에서의 공급체제도 한 물류센터 운송회사에 요청해서 그 회사에 모아달라고 했다. 운송회사는 10톤 트럭이 아니라 11톤 트럭으로 각 메이커를 돌았다. 이런 공급체제를 만든 게 니토리네 회사가 처음이었다.

니토리는 팔릴만한 재료를 직접 찾아 나서기도 했다. 당시에는 제품을 만들 때 색이 밝은 파인목을 별로 사용하지 않았다. "젊은 사람에게 먹힐 거야"라고 직감한 니토리는 메이커에게 파인목으로 제품을 만들어 달라고 의뢰했다. 이는 당시 어디에서도 하지 않는 방식이었다. 하지만 크게 실패하기도 했다. 그린과 오렌지색 목제 가구도 만들었지만 이는 재고가 남았다.

니토리는 그 누구도 대신할 수 없는 인물과 만나게 된다. 유일무이한 스승, 고故 아쓰미 슌이치이다.

그 계기는 1973년, 니토리가 교섭하기 위해 아사히카와 시에서 상자형 가구를 제조하는 메이커의 사장을 방문한 것이었다. 교섭을 끝내고 아무 생각 없이 응접실에 있는 책장으로 눈을 돌린 니토리는 유통에 관한 흥미로운 제목의 책을 보게 된다.

니토리는 사장에게 물었다.

"사장님, 저 책을 잠시 꺼내 봐도 괜찮을까요?"

"네. 괜찮습니다."

니토리는 책을 꺼냈다. 그 책은 유통업계 체인화에 관해 정리한 12권짜리 시리즈 서적 중에 한 권이었다.

이때는 니토리가 점포 체인화를 진행해야 하나 말아야 하나 하고 망설이던 때였다. 유통업에 종사하는 선배들은 이렇게 조언했다.

"니토리, 잘 들어. 지점을 낼 때는 다섯 개까지만 내는 게 좋아. 왜냐하면 다섯 개까지는 직접 돌아볼 수 있거든. 다섯 개를 넘으면 눈길이 다 못 미치니까."

하지만 미국 가구업계 시찰을 통해 미국에서는 수십, 수백 개씩 체인을 전개한다는 사실을 알게 된다.

니토리는 누구의 생각이 맞는 것인지 혼란스러웠다.

'어느 쪽이지?'

니토리는 체인화에 대해 언급되어 있는 페이지를 펼쳤다. 그랬더니 거기에는 이렇게 쓰여 있었다.

'일본 유통업도 미국처럼 체인스토어를 전개해야 한다. 체인화할 때는 최소 11점포는 필요하다.'

니토리의 찌푸려져 있던 눈살이 펴졌다.

'역시 점포는 많은 편이 좋구나!'

그 책의 저자가 경영 컨설턴트 아쓰미 순이치였다. 아쓰미는 1926년 8월 21일에 미에 현三重県 마쓰사카 시松阪市에서 태어났다. 도쿄대학東京大学 법학부를 졸업하고 요미우리 신문사読売新聞社에 입사했으며, 요미우리신문 요코하마지국 경제경영 담당 기자를 거쳐, 요미우리신문 도쿄 본사 '상점 페이지' 담당 주임 기자가 된다. 1962년 체인스토어 경영·연구단체인 '페가수스 클럽'을 주재하고, 1964에는 일본 리테일링 센터リテイリングセンター(체인스토어 경영 컨설팅 기관)를 설립한다. 1967년에 요미우리 신문사를 퇴사하고 다이에ダ

イエ一의 창업자인 나카우치 이사오中内功 등과 함께 일본 체인스토어 협회를 설립하고, 초대 사무국장으로 취임한다. 1969년부터는 상담을 도맡았다.

니토리는 흥분해서 사장에게 물었다.

"저도 이 아쓰미라는 분이 주재하는 '페가수스 클럽'에서 공부하고 싶어요. 들어가려면 어떻게 해야 하나요?"

사장은 쓴웃음을 지었다.

"그건 저도 모르겠는데요. 책을 산 것 뿐이라서요."

돌아오자마자 니토리는 아쓰미가 쓴 그 시리즈 서적을 모두 구입했고 심취해 계속 읽어나갔다. 니토리는 고민이 해소됐고, 마치 세상을 바라보는 새로운 눈을 갖게 된 것만 같았다. 한 번에 그치지 않고, 그 후로도 몇 번이고 반복해 읽었다.

그러던 어느 날, 니토리는 한 공부 모임에서 알게 된 회사 사장과 미팅을 하고 있었다. 그런데 그 사장이 다름 아닌 페가수스 클럽의 회원이었다.

니토리는 사장에게 간청했다.

"꼭 좀 소개해 주세요."

사장은 대답했다.

"좋습니다."

니토리는 가슴이 설렜다.

'드디어 아쓰미 선생님께 가르침을 받을 수 있게 됐어!'

그런데 사장은 좀처럼 소개해주질 않았다. 당시 니토리는 20대 후반이었는데, 아무래도 나이가 너무 어리다고 생각했던 듯했다. 결국 입회를 허락받은 것은 1977년으로, 니토리가 33살이 됐을 때였다.

페가수스 클럽은 미나토 구港区 미나미아오야마南青山에 있는 페가수스 빌딩에서 체인화를 목표로 하는 기업을 대상으로 컨설팅을 해주고 있었으며, 그와 별개로 독자적인 체인화 경영 전략과 기술 전문 세미나를 매달 2~4회씩 개최하고 있었다.

또 일 년에 2회 가나가와 현 아시가라시몬 군足柄下郡 하코네 초箱根町에 있는 하코네코와키엔 호텔箱根小涌園ホテル 등에서 정책 세미나도 열었다. 이 정책 세미나는 연 매출 50억 엔 이상인 A반과 50억 엔 미만인 B반으로 나뉘어 따로따로 강의가 진행됐다. 먼저 A반 강의가 진행되고, 끝나면 B반 강의를 진행했다.

B반인 니토리가 대기하고 있자니, 강의를 다 들은 다이에의 사장 나카우치 이사오와 이토요카도イトーヨーカ堂의 사장 이토 마사토시伊藤雅俊를 비롯한 A반 경영자들이 경쾌한 발걸음으로 눈앞을 지나갔다. 니토리는 선망하던 나카우치를 처음으로 보고 감동했다.

'아아, 저분이 나카우치 씨구나……'

이날 나카우치는 주머니가 여러 개 달린 매시 소재로 된 낚시조끼 같은 베스트를 입고 있었다. 니토리는 신기하게 생각했다.

'왜 저런 걸 입었을까?'

니토리는 정책 세미나에 참가할 때마다 더 많은 생각을 하게 됐다.

'좋아. 나도 나중에 A반에 들어가서 나카우치 씨랑 같은 분위기 속에서 공부하겠어.'

드디어 니토리의 연 매출이 드디어 50억 엔을 돌파한 1982년, A반과 B반의 구분선은 100억 엔으로 바뀌었다. 니토리는 실망했다.

'아쓰미 선생님께서도 너무하셔. 100억 엔이 되려면 앞으로 몇 년이 걸릴까?'

그 후에 니토리의 연 매출 100억 엔을 넘어 염원하던 A반에 들어가게 된 것은 나카우치와 이토가 더는 정책 세미나에 나오지 않게 된 후였다.

한편 니토리는 페가수스 클럽에 입회한 지 2년이 됐을 때 사무국을 통해 아쓰미를 북해도로 초대했다.

"저희 매장을 꼭 좀 살펴봐 주세요."

당일 니토리는 임원인 게이라 유키오와 함께 치토세 공항에서 아쓰미를 맞으러 갔다. 자동차는 최근에 니토리가 새로 구매한 새 차로 도요타의 크라운이었다. 그때까지 빗물이 샐 듯한 낡은 센추리를 탔던 니토리로서는 자랑하고픈 새 차였다. 니토리는 최대한 경의를 표하며 직접 핸들을 잡고 삿포로시 아쓰베쓰 구에 있는 5호점 아쓰베쓰점으로 향했다. 게이라는 조수석에 앉았다. 한편 아쓰미는 뒷좌석에 비서와 함께 나란히 앉았다. 아쓰베쓰점에 도착할 때까지 차 안에서 아쓰미는 점포와 회사에 관해 물었다. 질문은 사장인 니토리가 아니라 조수석에 앉아 있던 게이라에게 날아들었다. 아쓰미는 당연히 게이라가 사장일 거라고 생각했던 것이다. 설마 사장이 직접 운전하리라고는 생각하지 않았던 것이다.

아쓰미의 질문은 날카로웠다. 그중에는 미리 준비하지 않고서는 대답할 수 없는 질문도 있었다. 게이라도 처음에는 어떻게든 대답했지만 이내 횡설수설하기 시작했다. 당시 게이라는 이미 중역이었지만, 경영 전반을 살피는 사장은 아니다. 회사의 모든 것을 파악하고 있을 리 없었다.

아쓰미는 성격이 까다롭기로도 유명했다. 경영자로서 있을 수 없는 게이라의 대답에 즉각 화를 냈다.

"자네는 무엇 하나 제대로 대답하는 게 없군!"

그리고 운전 중인 니토리를 향해 말했다.

"이봐. 차를 세우게!"

니토리는 당황하며 허둥거렸다.

"자동차를 세우고 어쩌시려고요……?"

"그만 도쿄로 돌아가겠네! 이런 남자랑 얘기했다간 시간이 아깝겠어."

니토리는 페가수스 클럽 회원이었지만 아쓰미의 강의를 듣기만 했을 뿐 그때까지 한 번도 얼굴을 마주하고 아쓰미와 이야기를 나눈 적이 없었다. 따라서 아쓰미는 니토리의 얼굴을 몰랐다.

상황 파악을 한 니토리는 운전석에서 아쓰미에게 말했다.

"선생님, 죄송합니다. 사장은 저예요."

그러자 아쓰미는 더욱 크게 화냈다.

"뭐? 보통 이럴 땐 부하가 운전하는 게 당연한 거 아닌가? 사장이라면 설령 이동 중일지라도 내 옆에서 이야기를 들어야 마땅하지. 근데 뭐라고?! 이 회사에선 사장이 운전을 하나? 웃기지도 않는군. 난 그만 돌아갈 테니 지금 당장 차를 세우게!"

니토리는 심히 초조했다.

'이러다가 정말 가시겠어.'

니토리는 조수석의 게이라에게 눈짓을 보냈다. 빨간 신호에 자동차가 멈췄을 때 즉시 운전석에서 내려 게이라와 자리를 바꾸어 앉았다.

니토리는 아쓰미에게 머리를 숙였다.

"선생님, 무례를 용서해 주세요."

아쓰미는 입을 꾹 다문 채 한 마디도 하지 않았다. 니토리는 마음을 놓을 수가 없었다.

'아쓰베쓰점을 보면 선생님 기분도 틀림없이 좋아지실 거야. 그때까지만

버티자.'

둘은 자동차가 매장에 도착할 때까지의 40분 동안 아쓰미의 기분이 더는 상하지 않기를 바랄 뿐이었다.

이윽고 자동차는 개점 전에 아쓰베쓰점에 도착했다. 니토리는 자신 있게 아쓰미에게 말했다.

"저희 매장이 어떤가요?"

그런데 아쓰미는 매장에 들어서자마자 바닥을 손가락으로 가리켰다. 아쓰베쓰점 바닥에는 선명한 초록색 인공 잔디가 깔려있었다.

"이게 뭔가?"

"이건 인공 잔디입니다……."

"상품이 눈에 띄어야 하는데 바닥을 돋보이게 해놓다니 대체 뭐하자는 건가? 바닥은 최대한 눈에 띄지 않는 색이어야 하네. 당장 바꾸게."

니토리는 굳은 얼굴로 잠자코 있었다.

한편 게이라는 무심코 반론을 했다. 게이라도 아쓰미를 존경하고 있었지만 니토리처럼 위축되어 있지는 않았다.

"북해도는 눈 내리는 겨울이 길어서 손님들이 초록색을 좋아하세요."

아쓰미는 게이라의 의견을 단칼에 잘라냈다.

"그렇지 않아!"

옆에 있는 니토리는 두 사람의 대화를 조마조마한 마음으로 들을 뿐이었다.

아쓰미와 논의를 벌이던 게이라의 눈이 순간 니토리와 마주쳤다. 니토리는 "쓸데없는 소리 하지 마!"라고 눈으로 사인을 보내고 있었다. 그 정도로 아쓰미가 무서웠던 것이다.

지금은 웃으며 할 수 있는 이야기지만 당시 니토리는 아쓰미와 동석하더라도 지나친 긴장으로 화장실만 들락날락 거렸다.

그 후로도 아쓰미는 니토리에게 계속 호통쳤다.

"진열 방식이 틀렸어!"

"왜 이 상품을 여기에 두었나?"

데이터 관련 질문을 했을 때도 질문을 정확히 이해하지 못해서 대답을 제대로 못 했다.

"그러니까 그게 말이죠……."

아쓰미는 질려버렸다.

"도대체가 말이 안 되는군. 시간 낭비야."

아쓰미의 호통 소리가 개점 전인 조용한 매장 안에 울려 퍼졌다. 개점 준비를 하던 종업원도 공포로 얼굴이 굳었다.

니토리와 아쓰미는 매장을 한 바퀴 돌고 휴식을 취하러 휴게실로 갔다. 차를 가져온 여종업원도 손을 떨었다. 테이블로 옮기는 찻잔에서 달칵달칵 소리가 났다.

시찰을 끝낸 아쓰미가 니토리에게 말했다.

"자네는 경영자로서 최악이야. 애당초 날 불렀으면, 당연히 사전에 여러 가지로 준비를 했어야 하는 거 아닌가? 그런데 숫자도 만족스럽게 대답하지 못했네. 카운슬링을 하네, 마네 할 상황조차 안 돼. 일부러 삿포로까지 왔는데 오늘은 시간을 낭비했어."

굴욕적인 말을 들으며 니토리는 속으로 생각했다.

'나도 두 번 다시 만나고 싶지 않아.'

하지만 이때 일을 20년 후에 페가수스 클럽에서 주최한 강연회에서 니토리가 이야기하자 아쓰미는 배꼽을 잡고 웃었다.

니토리는 아쓰베쓰점 사건을 계기로 아쓰미 곁을 떠났다. 그리고 다른 유명한 경영 컨설턴트 및 아쓰미의 문하생이던 인물에게 가르침을 청했다. 그들은 친절하고 정성스럽게 여러 가지 조언을 해주었다. 조언에 따라 착실히 성장해 나가는 니토리를 자주 칭찬해주기도 했다.

니토리는 생각했다.

'아쓰미 선생님과 달리 좋은 선생님이다.'

하지만 2년이 흐르자 점차 부족함이 느껴졌다. 기술적인 조언은 확실했지만 근본적인 뭔가가 다른 것 같다는 생각이 자꾸 들었다. 그런 생각이 들자 신기하게도 아쓰미의 "이게 문제야. 그러니까 이렇게 해!"라던 스타일이 그립게 느껴졌다.

'칭찬받으면 기분은 좋지. 하지만 이대로는 더 성장하지 못할 거야.'

니토리는 한 번 더 아쓰미 학원의 문을 두드리기로 했다.

'호통을 치셔도 좋아. 정면으로 부딪치자.'

니토리는 2년 만에 아쓰미를 찾아가 컨설턴트를 부탁했다. 아쓰미의 컨설팅은 역시 적확했다. 단, 개선 목표 수준이 높아 쉽게 클리어하기 어려운 것도 많았다. 그중에는 3년에서 길게는 5년이 걸린 난제도 있었다.

하지만 아쓰미는 니토리를 볼 때마다 집요하게 물었다.

"그건 어떻게 됐지?"

아쓰미의 지도를 받는 경영자 중에는 좀처럼 과제를 클리어하지 못한 채, 지겨워서 아쓰미 곁을 떠나는 사람도 많았다.

니토리도 처음에는 "이건 도저히 무리야"라며 도전을 포기하기도 하고, "이건 아닌 것 같은데" 하고 의문스럽게 생각하기도 했다. 하지만 아쓰미와 오랜 시간을 함께하며, 그 난제를 클리어하지 않는 한 상태도 좋아지지 않고 업적도 늘지 않는다는 것을 확실하게 이해하게 됐다.

'참고 견디면 복이 온다잖아? 계속하다 보면 아쓰미 선생님께서 뭘 말씀하려고 하시는지 이해하게 되는 날이 올 거야.'

한편 니토리는 아쓰미가 쓴 저서를 교재로 매월 사원들과 공부 모임을 가졌다.

"일본인의 생활을 풍요롭게 하는 것을 목표로, 체인점을 더 열자."

"하지만 홋카이도에서 커져봐야 지방의 일개 호족에 불과해. 도민이 떠받들어줄 뿐이야."

"그러면 과감하게 쓰루가 해협을 건너야 하지 않을까?"

아쓰미가 니토리에게 말했다.

"유통업계 경영자는 35세를 전후로 큰 결단을 내려야 해."

당시 34살이던 니토리는 각오를 다졌다.

'그래, 전국적으로 전개하자. 그러기 위해선 도쿄에 진출하지 않으면 안 돼.'

그리고 니토리는 슬로건을 세웠다.

《일본인의 생활을 풍요롭게 하기 위해서

전국에 체인점을 전개한다.》

니토리는 당시까지 목표하던 '100점포, 매출 1,000억 엔'에, '일본 최초의 홈 퍼니싱 스토어(HFS, Home Furnishing Store)'란 목표를 추가했다. '홈 퍼니싱 스토어'란 가구와 인테리어 종합전문점이라는 의미로 아쓰미에게 배운 것이었다.

'주거와 관련된 상품을 판매하자. 섬유 재질로 된 인테리어 상품을 판매

하자.'

그렇게 결심한 1978년을 니토리는 'HFS 원년'이라고 부른다.

그뿐만 아니라 "홋카이도에서 11점포 이상을 운영하는 로컬Local 체인으로, 그리고 로컬 체인을 두 개 이상 가진 리저널Regional 체인으로, 나아가 전국 규모의 내셔널National 체인으로 만들어 나가자"라고 100점포 달성까지의 과정을 밝혔다.

또 페가수스에 들어가고 사원에게 "나 자신을 위한" 목표가 없으면 보람이 없다는 것을 알았다.

이에 니토리는 목표를 추가했다.

"일본에서 A급 스페셜리스트를 목표로 하자."

이 목표와 슬로건을 내걸었을 때 거래처에서는 웃었다.

"꿈 하난 크네."

니토리로서도 그 말을 들었을 때는 부끄러웠다.

그래도 니토리는 사원들에게 말했다.

"꿈은 큰 편이 사는 보람이 있어."

4장

일본 최고의
가구점이 되기 위한
인재와 전략

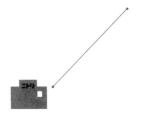

니토리는 다섯 명을 채용했던 1976년을 기점으로 정기채용을 시작했다. 매년 12명에서 13명의 대졸자를 채용했다. 대부분은 도내에 있는 대학 졸업생이었다. 그런데 1978년에 발생한 제2차 석유파동의 영향으로 대졸자에게 취업빙하기가 찾아온다. 니토리는 생각했다.

'이건 거꾸로 우리에게 기회일지 몰라.'

홋카이도뿐 아니라 지방에서 도쿄의 유명 대학으로 진학한 학생은 대개 대학을 졸업하고 그대로 도쿄에서 취직했다. 하지만 이제부터 당분간은 취업난으로 고향으로 돌아가 취직하는 소위 'U턴 취직'이 늘 것임에 틀림없었다. 니토리는 도쿄에서 개최된 합동 회사 설명회에 참가했다.

니토리는 설명회에 방문한 홋카이도 출신 학생들에게 호소했다.

"니토리는 '일본인의 생활을 풍요롭게 하기 위해 전국에 체인점을 전개

한다'는 슬로건을 제창하고 있는 회사입니다. 목표 점포 수는 100개, 연 매출은 1,000억 엔입니다."

그러자 니토리의 경영 방침에 공감한 학생의 응모가 잇따랐다. 평년의 세 배인 36명을 채용했다. 그중에는 국립대학 출신자도 있었다. 당시 니토리의 사원 수는 60명이었다. 실로 전체의 3분의 1을 신입사원이 차지하게 됐다.

니토리 사원은 1기생부터 3기생까지는 얌전하고 순종적인 사람이 많았다. 하지만 이 해에 채용한 4기생 중에는 시라이 도시유키白井俊之, 이케다 마사노리池田匡紀를 비롯한 자기주장이 강한 여러 명의 사무라이가 포함되어 있었다.

현재 이사전무집행 임원(2016년 현재, 니토리 홀딩스 사장 겸 COO—편집자 주)인 시라이 도시유키는 1955년 12월 21일에 홋카이도 이와나이 군岩內郡 이와나이 초岩內町에서 태어났다.

리쿠르트 북을 넘기며 지원할 회사를 찾다 보니 고향 홋카이도에 있는 니토리란 가구점이 눈에 들어왔다. 사업 내용을 살펴보니 기업규모는 결코 크지 않았지만 앞으로 성장해나갈 것 같은 느낌이 들었다. 특히 캐치프레이즈가 마음에 들었다. 그해 니토리의 캐치프레이즈는 '완성된 것만큼 시시한 것은 없다'였다.

시라이는 끌림을 느꼈다.

'재미있을 것 같아…….'

도쿄에서 진행되는 취직 시험에 응시하기로 했다. 시험 회장은 시나가와에 있는 호텔퍼시픽 도쿄Hotel Pacific Tokyo였다. 1차 면접과 2차 면접으로 구분되어 있지 않고 처음부터 사장인 니토리와 중역이 직접 면접을 진행했다.

시라이는 묻는 질문에 대답했다. 얼추 질문이 끝나자 그 장소에서 즉시 "합격입니다!"라고 알려주었다.

돌아갈 때 니토리가 시라이에게 말을 걸었다.

"우쓰노미야宇都宮에서 온 거면, 오늘은 도쿄에서 자고 내일 같이 밥이라도 먹지 않겠나?"

니토리는 합격한 학생을 신바시新橋에 있는 오뎅집 '오타코お多幸'로 데리고 가서 저녁을 샀다. 국물이 잘 스며든 커다란 감자가 맛있었다.

니토리는 "내일은 규슈로 출장 간다"면서 장래의 비전과 로망을 학생에게 열정적으로 말했다. 시라이는 정열적이고 활동적이라는 인상을 받았다.

시라이는 니토리에 합격한 시점에서 취업 활동을 종료했다. 다른 기업에는 전혀 지원하지 않았다. 딱 니토리에만 지원해 취직이 결정된 셈이었다. 제2차 석유파동의 영향으로 주변 친구들이 고전하는 가운데 가장 늦게 취업 활동을 시작한 시라이가 제일 먼저 취직이 결정됐다.

시라이는 니토리 합격이 결정 나고 고향 집의 부모님에게 연락했다. 아버지는 납득했지만 어머니는 반대했다.

"대학까지 나와서 왜 가구점 같은 데를 들어가니?"

니토리는 직접 시라이네 부모님 댁으로 설득하러 갔다.

니토리는 양친에게 말했다.

"반드시 훌륭한 회사로 만들어 나가겠습니다."

니토리의 설득에 어머니도 승낙했다.

니토리는 36명의 대졸자를 채용한 것이 너무나도 기뻤다. 일찍이 아버지의 토목 일을 도왔던 시절에 아버지에게 들었던 말이 있다.

"넌 머리가 나쁘니까 영어를 잘하거나 머리가 좋은 사람을 수족처럼 부릴 수 있도록 네 밑에 두거라."

아버지 말이 피가 되고 살이 됐다. 니토리는 생각했다.

'좋았어! 국립대학 졸업생과 6대 대학 졸업생 사원을 제대로 활용하겠어!'

입사하고 곧 신입사원 환영회가 열렸다. 서로 이야기를 나누고 있는데 사회자가 말했다.

"신입사원 여러분께서는 앞으로 나와 주십시오."

신입사원이 회장 앞으로 이동하자 남은 사원은 전체의 3분의 2 이하가 됐다. 시라이도 심히 놀라지 않을 수 없었다.

'원래 사원은 이 정도 밖에 안 됐구나.'

하지만 동시에 하나의 뜻을 마음에 품었다.

'이 회사는 스스로 키워나가야만 해. 가만히 있어도 앞으로 나아가는 배가 아니야. 내가 직접 노를 젓지 않으면 전진하지 않는 배야.'

현재 니토리 상근 감사역을 맡고 있는 구보 다카오久保隆男는 1977년 12월에 중간 채용으로 니토리의 전신인 니토리 가구점에 입사했다.

신입사원이 36명이나 입사해준 것은 좋은 일이었지만 경비에서 인건비가 대폭으로 늘어났다. 인건비 증가가 걱정된 구보는 할 수 없이 니토리에게 부탁했다.

"대졸 신입사원 채용을 자제해 주십시오."

구보의 간언도 있어서 다음 해부터 몇 년간은 중도 채용을 늘리고 대졸 신입사원 채용은 줄였다.

하지만 구보는 당시의 대졸 신입사원 채용 억제에는 장단점의 양면이 있었다고 지금도 생각한다. 왜냐하면 한동안 대졸 신입사원 채용이 줄었던 탓에 몇 년 후에 회사 세대 구성의 균형이 깨졌기 때문이었다. 지금까지도 해당 세대층의 부족이 회사에 영향을 끼치고 있다.

회사 규모가 커질수록 구보는 그때 간언했던 것에 대해 사장에게 자주 지적을 받았다고 한다.

또 회사 확대를 예감케 했던 1979년도 대졸 신입사원에는 우수한 인재가 대단히 많았다. 그들의 존재가 회사 장래에 대한 기대를 높였다고 해도 과언이 아니다.

지금에 와서 되돌아보면 4기생들은 그때까지의 대졸 신입사원하고는 발상부터가 달랐다. 젊었던 그들은 이론을 내세우며 주장하길 좋아하는 면모도 있었지만, 그만큼 많은 의욕과 기대를 품고 회사에 입사했던 것이다.

니토리는 1979년에 일본 최초의 홈 퍼니싱 스토어를 만들 것을 선언했다. 그때까지는 가구를 전문적으로 다뤘지만 상품의 폭을 더욱 확대했다. 커튼, 카펫, 침구, 조립가구, 식기류 등의 품목을 50% 이상으로 늘렸다.

홈 퍼니싱의 포맷은 이케아IKEA를 모델로 삼았다. 이케아는 1층을 홈패션, 2층을 가구로 층별 구성했다. 베드 바스&비욘드Bed Bath & Beyond에도 주목했다.

니토리의 물류전략은 1978년 신코토니新琴似 창고 가동으로부터 시작된다. 육체적 DC라고 불리는 바와 같이 인력으로 입고와 출고를 했다. 도매상과의 거래가 메인으로 메이커와의 직접 거래는 적었지만, 싸게 팔기 위해서는 아무래도 메이커와의 직접 거래를 하지 않을 수 없었다. 그러기 위해선 물류 센터가 필요하다는 판단 하에 물류 센터 만들기에 힘을 쏟았다.

니토리는 도요타와 닛산日産의 자동 입체 창고를 방문해 기계를 이용해 큰 부품까지도 자동으로 척척 출납하는 모습을 견학했다.

'그래. 이거야.'

니토리의 상품은 특수해서 제품 사이즈에 크고 작음이 있었다. 큰 제품은 어느 정도 재고가 없으면 운반할 수 없다. 반면 인테리어 용품 같은 작은 제품은 운반이 쉬워 빨리 회전시킬 수 있다.

그런데 창고 하나에서 성격이 다른 두 가지를 움직이기는 어려운 일이었다. 이것을 해결한 것이 생력화省力化와 상품 보전을 목적으로 하는 자동 입체 창고였다.

니토리는 자동 입체 창고 만들기에 매진했다. 토지를 유효 활용할 수 있을 뿐 아니라 시간도 절약됐다. 또 인건비와 기계 투입액도 계산했다. 약 6년에서 7년이면 인건비도 회수할 수 있었다.

최대 제한 높이인 13미터 높이로 세운 빌딩식 자동 입체 창고 건물로, 상품 출납을 컴퓨터로 관리하고, 크레인과 컨베이어로 자동으로 반송한다. 물류업계에서는 일본 최초로 자동 입체 창고를 1980년 8월에 삿포로 시 데이네 구 물류 센터에 도입했다.

니토리는 후에 생각했다.

'물류를 정복하는 자가 소매업을 정복한다 해도 과언이 아니야. 전쟁도 무기와 식량을 지속적으로 보급하지 않으면 패배하고 말아. 체인스토어에는 역시 제대로 된 보급 시스템이 중요해.'

또 이때 본부를 물류센터에 병설했다.

어느 날 모모요가 니토리에게 제안했다.

"재미있는 친구들이 있는데 같이 식사하지 않을래?"

"어떤 사람인데?"

"버스 운전을 하는 사람하고 슈퍼에서 파트타임으로 일하는 사람, 레스토랑에서 파트타임으로 일하는 사람, 시영전철 기사……."

모모요가 말한 사람들은 니토리가 평소에 이야기할 기회가 없는 사람들이었다. 니토리는 그런 사람들과 식사할 시간도 없을 정도로 바빴지만, 솔직히 말하자면 귀찮기도 했다.

"그런 사람들하고 밥 먹을 시간은 없어."

"흐으음……. 아, 그래?"

그렇게 말하는 모모요의 눈이 차갑게 니토리를 내려다보고 있었다. 훤하게 니토리의 생각을 꿰뚫어보고 있었다.

"당신이 언제부터 그렇게 잘난 사람이 됐데? 파트타임이나 운전기사로 일하는 사람하고는 식사할 시간이 없다 이거지?"

"아니, 그런 의미로 한 말이 아냐."

"걱정 마. 두 번 다시 밥 먹자고 안 할 테니까. 근데 당신은 평소에 하는 말하고, 실제로 하는 짓이 전혀 달라. 누구에게나 평등하게 대하는 듯 '사람 위에 사람 없다'는 후쿠자와 유키치 같은 소리를 하면서 내 친구는 깔보고 있어. 그건 내 친구들에게뿐 아니라 거래처 회사 사람들한테도 마찬가지 아닐까? 그런 태도로 좋은 경영자가 될 수 있으리라고 생각해?"

니토리는 찍소리도 할 수가 없었다. 모모요에게 정곡을 찔렸다. 확실히 평소에 청렴결백과 공명정대를 강조했었다. 니토리는 자기 태도를 다시 한 번 되돌아봤다.

며칠 후 식사 시간에 니토리가 눈치를 살펴보니 그날따라 모모요의 기분이 평소보다 좋아 보였다. 니토리는 때를 살펴 모모요에게 슬쩍 말을 꺼냈다.

"저기, 지난번 이야기 말인데…….."

모모요가 되물었다.

"지난번 이야기, 뭐?"

니토리는 자신을 바라보는 모모요의 시선을 피했다.

"그러니까 친구들 이야기…….."

"아아, 그거? 됐어! 신경 쓰지 마."

니토리는 한 번 더 모모요의 얼굴을 살폈다.

"아니, 그때 모모요의 말을 듣고 생각해봤는데 내가 틀렸던 것 같아. 모모요뿐 아니라 친구 분들에게도 내가 잘못했어. 만약 괜찮다면 친구 분들 모일 때 나도 데려가 주지 않을래?"

모모요는 아이를 보살피는 어머니 같은 포용력 있는 표정을 지었다.

"뭐, 알면 됐어. 그럼 다음번에 데려가 줄게."

약속대로 모모요는 친구들 모임에 니토리를 데려가 주었다.

파트타이머, 버스 운전기사 등 다양한 직업을 가진 사람들이 모여 있었다. 평소에 별로 이야기할 기회가 없는 사람들과 고기를 구우며 이야기를 나눈 시간이 니토리에게는 즐겁고 신선했다. 그들은 니토리와 다른 시점으로 세상을 바라봤다. 비즈니스에도 적용할 만한 호기심을 자극하는 이야기도 있었다. 그때 이후로 니토리는 모모요의 친구들 모임에 최대한 빠지지 않고 참석하려고 노력했다.

모모요가 있는 공간은 언제나 밝아서 사람들이 모모요 주변으로 모여들었다. 클럽에 데리고 갔을 때도 어느새 호스티스가 모모요를 에워싸고 있었다.

"사모님, 사실은…….."

호스티스들이 고민을 털어놨다.

모모요는 거침없이 말했다.

"무슨 소리를 하는 거야? 당신에게 미래가 없으니까 그런 생각을 하게 되는 거야. 즐거운 일, 하고 싶은 일, 그런 걸 생각하면 고민할 여유 따위가 없어."

모모요의 말에는 설득력이 있었고 호스티스들도 속 시원해진 얼굴을 했다.

니토리에게 비즈니스의 스승은 아쓰미 슌이치이지만, 세상을 보는 관점이나 사고방식은 아내인 모모요의 영향을 많이 받았다.

니토리는 원래 떠오른 것을 되는대로 계획성 없이 하는 사람이었다. 어떻게든 그날그날을 살면 된다고 생각했다. 자기 스타일대로 돌진하던 니토리에게 아내 모모요와 아쓰미 슌이치는 인생의 스승이 되어 주었다. 아내 모모요는 니토리에게 세상을 바라보는 방식을 가르쳐주었고, 아쓰미는 손님 입장에서 비즈니스 하는 것의 중요성을 알려주었다. 덧붙여 두 사람 모두 니토리를 야단쳐 주었다. 성공하기 위해서는 야단쳐 주는 스승이 절대적으로 필요하다고 니토리는 생각하고 있다.

스승은 갑자기 나타나는 존재가 아니다.

스스로 갈구하고 찾지 않으면 안 된다. 니토리는 스승이나 선생이라고 부를만한 사람을 찾아다녔다. 같이 미국에 갔던 사람도 있다. 저마다 훌륭한 식견을 갖고 있었다. 하지만 니토리에게 있어 그것만으로는 부족했다.

니토리가 아쓰미를 스승으로 모시는 것은 그에게 뜻로망이 있기 때문이다. 아쓰미는 일본인의 생활을 좋게 만들기 위해서는 어떻게 해야 할까를 늘 생각한다. 아내 모모요도 같은 뜻을 갖고 있다.

니토리는 소위 불시 매장 검사를 할 때가 있다. 창고 관리를 얼마나 잘하고 있는가. 화장실과 사무실은 늘 깨끗하게 유지하고 있는가. 사전에 알리고 검사해서는 볼 수 없는 매장의 실태를 보기 위해서이다.

매장의 모든 직원에게서 한 사람당 약 10분씩 이야기를 듣는다. 오히려 파트타임으로 일하는 사람이 진지하게 문제를 말해주고는 한다. 현장에서 일하는 사람에게 차례로 이야기를 들음으로써 해당 매장이 안고 있는 문제를 파악할 수 있다.

매출 및 상품 판매 방식 등 매장에 따라 다양한 문제를 갖고 있다. 매출이 높은 매장에도 품절이 자주 발생한다는 문제가 있다. 주로 인기 상품이 품절된다는 게 문제이다. 이와 반대로 과잉 재고를 안고 있는 점포도 있다.

각각의 점포가 안고 있는 문제를 반드시 명확히 밝히고 어떻게 해결할 것인지를 점원과 파트타이머에게 명시하는 것도 점장의 역할이다. 그럼에도 이를 부하 직원에게 떠미는 점장이 있다. 게다가 그런 점장일수록 연락과 보고도 잘하지 않는 경향이 있다.

니토리는 점장에게는 엄하게 말했다.

"일본식의 '열심히 하자!'거나, 질타, 격려, 사기 고양 같은 옛날 방식으로는 안 돼. 화내고 달래서도 안 돼. 목표를 말할 때는 반드시 숫자로 말하도록! 숫자가 들어가지 않은 이야기는 비즈니스가 아닌 취미와 놀이에 불과해."

늘 질문해야 한다. 지난주와 지난달에는 대체 뭐가 팔렸고 뭐가 팔리지 않았는지, 왜 인기 상품의 재고가 없는지, 숫자에 근거하여 생각해야 하며, 숫자라는 데이터로 물류가 이뤄지는 기업 문화를 정착시키고 싶다고 계속 생각하고 있었다.

니토리의 경험상 점포가 잘 굴러가느냐 그렇지 않느냐는, 품질 좋은 상품을 판매하고 있는가, 혹은 인간관계가 원만한가 하는 두 가지 요인밖에는 없었다.

한 마디로 인간관계라고 정리했지만 사원끼리의 인간관계만을 말하는 것이 아니다. 파트타이머와 점장, 담당자와 파트타이머, 파트타이머끼리의 관계 등 여러 가지 관계가 있다. 니토리는 인간은 에너지를 누구나 동일하고 갖고 있다고 생각한다. 그 에너지를 쓸데없는 데 사용하느냐 그렇지 않느냐에 따라서 에너지를 발휘할 수 있느냐 없느냐가 정해진다고 생각한다.

니토리의 경험으로 미루어 보더라도 가정에 대한 고민, 아내에 대한 고민, 시어머니에 대한 고민 등 주변 문제에 에너지를 빼앗기면 장래 문제를 생각할 수가 없다. 똑같은 일을 해도 집중력이 떨어진다. 의욕도 없다. 집념도 생기지 않는다. 호기심도 솟지 않는다. 일이 일이 아니게 된다. 니토리는 의욕 없는 사원은 상사가 책임져야 한다고 생각한다.

관리하는 입장에 있는 직원에게는 이렇게 말한다.

"상사는 자기 일만이 일이 아니야. 미래에 집중하게 만드는 것도 일이야. 그러니까 부부 사이가 나쁘지는 않은지, 아이는 건강한지……. 부하의 가정 상황에도 눈을 돌려. 뭔가 문제가 있으면 해결해야 하고. 하루 24시간, 365일, 이것도 일이야."

무슨 일이 일어나고 나서 움직이면 늦는다. '누구에게는 일주일에 한 번, 몇 시간', '누구에게는 한 달에 한 번 얼마만큼' 하는 식으로 커뮤니케이션하는 시스템을 확실하게 갖추도록 지시했다.

상사는 부하가 어떤 상황에 놓여있는지에 대해 들어야 한다. 설령 해결하지 못하더라도 괜찮다. 아무에게도 털어놓지 못하던 답답한 심정을 누군가에게 털어놓는 것만으로 어깨는 가벼워지기도 하는 법이다.

1981년 6월에 삿포로 시 이외의 곳에 위치한 지방 1호점으로 도마코마이 시苫小牧市에 '도마코마이점'을 오픈했다. 그런데 바로 그 도마코마이점이 누전으로 화재에 휩싸이고 말았다. 이때 모모요는 점장을 대하는 남편의 태도를 보고 새삼 남편을 다시 보게 된다.

도마코마이점 점장은 화재로 놀라 어찌해야 할 바를 몰랐다. 보나 마나 해고 선고를 받으리라고 생각했다. 그만둘 각오로 짐까지 쌌다고 했다. 그런데 니토리는 화재 현장에 가볼 생각조차 하지 않았다.

"이미 타버린 건 어쩔 수 없어. 다음 할 일에 착수해."

풀 죽은 점장에게 전화로 그렇게 말하는 모습을 보고 모모요는 남편을 다시 봤다.

'의외로 저이가 배포가 크구나. 제법 스케일이 큰 사람이야.'

니토리 1983년부터 '씨'로 부르는 제도를 도입해 적용했다. 사내에서는 전무든, 부장이든, 과장이든, 계장이든, 직위로 부르지 않았다. 직위에 상관없이 성에 '씨'를 붙여 부르는 제도였다.

서로를 직위로 부르는 것은 일찍이 니토리가 근무했었던 광고회사에서 혐오감을 느꼈던 상하관계와 다를 것이 없다고 생각했기 때문이다. 그것만큼은 피하고 싶었다. '씨'로 부르기 제도는 효과가 있었다. 사원끼리 쓸데없는 배려를 하지 않아도 됐다.

여기에서도 본질을 간파하고 사소한 것에 집착하지 않는 니토리의 태도가 드러난다.

니토리는 늘 말했다.

"업무상 지위 차이는 책임의 무거움 차이로, 인간 가치의 차이가 아니야. 일이 끝나면 모두 평등해."

니토리는 다다 야스로와 삿포로의 스스키노에서 마실 때도 그랬고 또 노

래방이 없던 시절에도 춤추고 노래하며 주변 사람을 즐겁게 하기 위해 애썼다. 니토리는 테이블 위로 올라가 개그맨 콤비였던 이토 시로伊東四朗가 연기한 '벤자민 이토ベンジャミン伊東'와 고마쓰 마사오小松政夫가 연기한 '고마쓰요타하치자에몬小松与太八左衛門'이 함께 췄던 '전선 선창'을 추었다.

"그걸 사냥꾼이 총으로 쏴서, 쪄서, 구워서, 먹어서."

그렇게 노래 부르며 혀를 내밀기도 하고 발을 번쩍 들어올리기도 했다. 잠자코 술을 마시는 일이 없었다.

때론 홋카이도 말로 '한카쿠사이(はんかくさい, 바보나 얼간이 같다는 뜻의 홋카이도 방언─편집자 주)', 즉 머리가 좀 이상한 게 아닌가 하는 생각이 들 정도로 바보 같은 짓을 하여튼 열심히 했다.

술집 여자들은 "니토리 씨는 재미있는 사람"이라고 평가했다.

마술도 젊을 때부터 익혀서 스푼 구부리기와 고리 던지기 등을 주변 사람이 깜짝 놀랄 정도의 현란한 손기술로 선보이며 분위기를 띄웠다. 시판 제품을 사서 연습한 다음에 선보이는 경우가 많았지만, 개중에는 직접 고안한 것도 있었다. 니토리가 가장 잘하는 마술은 트럼프 마술이었다. 3장의 카드를 펼쳐 상대에게 보인다. 가운데 카드인 다이아몬드 6을 상대방에게 기억해달라고 한다. 그리고 세 장의 카드를 모두 뒤집음과 동시에 "가운데 카드가 당신이 원하는 것으로 바뀔 것입니다"라고 말한다. 다시 카드를 뒤집으면 가운데 카드가 나체의 미녀로 바뀌는 식이었다. 크리스마스에는 넥타이에서 징글벨 음악이 나오도록 장난감을 장치하기도 했다.

다다는 다시금 생각했다.

'니토리는 정말로 사람을 좋아하고, 사람을 즐겁게 하고 싶어 하는 욕구가 강하구나.'

니토리는 삿포로 시내에 있는 캬바레를 통째로 빌려서 라이브 밴드 음악으로 노래대회를 개최했다. 거래처 관계자 300명이 참가했다. 분위기가 제법 무르익었을 때 니토리는 가발과 기모노를 몸에 두르고 립스틱을 바르고 여장을 했다. 그리고는 가수 뺨칠 정도의 노래를 선보였다.

하지만 니토리가 그 정도로 노래를 잘 부르는 것은 잘 알려진 사실이 아니었다. 대체 노래를 부르는 사람이 누구인지 참석자가 대부분이 알지 못했다. 서로 수군거리는 것을 니토리는 알 수 있었다.

노래를 다 부르고나서 니토리가 이름을 밝히자 사람들을 깜짝 놀란 표정을 지었다.

한편 니토리는 일도 그런 자세로 일관했다.

"우리 가구를 사서 손님이 기쁘지 않으면 의미가 없는데, 너희는 거기까지는 신경을 쓰지 않아! 하여튼 기쁜 마음이 드는 게 중요해."

그러면서 사원을 야단치기도 했다. 한 마디로 "상대방 입장에서 생각하라"는 말인데 그게 그리 쉬운 일이 아니다. 진정으로 상대방 입장에서 생각할 수 있는 사람은 백 명 중의 한 명, 아니 천 명 중에 한 명이라고 니토리는 생각한다. 하지만 "이렇게 해주었으면 좋겠어요.", "저렇게 해주었으면 좋겠어요." 하는 요청과 불만을 토로하는 손님의 목소리 속에 바로 큰 힌트가 있다. 그것을 해결하기만 해도 매출은 증가한다.

아무리 사소한 것이라도 간과하지 않고 사원에게 열심히 조언하는 모습을 다다는 여러 번 목격했다.

"우리 가구를 싸게 만들어서 손님을 기쁘게 해주고 싶어."

이러한 생각이 니토리의 경영을 이루어왔다. 거기에는 거짓 없는 정열이 있다.

니토리는 1986년에 하코다테점 오너인 오미 마사토에게 부탁했다.

"오미 씨, 신축할 집의 정원을 만들어줘."오미는 가업이 조경업이었기 때문에 정원 만들기가 특기였다. 즉시 일을 맡아주었다. 오미가 직접 정원을 설계했다. 자기 스태프에게도 정성스럽게 시공하도록 지시했다.

본격적으로 공사에 돌입하자 오미는 약 2주 정도 현장에 계속 붙어있었다. 니토리의 집 근처에 있는 호텔에 묵으며 낮에는 공사 현장을 살피고 저녁에는 호텔로 돌아가는 생활을 반복했다.

어느 날 점심때 니토리의 부모님이 신축 현장을 방문했다. 조경 공사 중이던 오미는 니토리의 아버지인 요시오가 무척이나 깐깐하게 구는 모습을 엿볼 수 있었다. 공사 진행 상황을 창문 너머로 뚫어지게 감시하고 있었던 것이다.

오미는 당시를 이렇게 회고한다.

"니토리 사업과 반쯤 관련되어 있어서 저에게는 아무 말도 안 했던 것 같은데, 만일 아무 관련도 없는 생판 남이었다면 여긴 이래서 문제다, 저긴 저래서 문제다라며 마구 호통을 쳤을 게 분명해요."

오미는 마음 깊이 니토리 관계자라서 다행이라고 생각하면서 나름 신경을 썼다.

요시오는 또 당시 니토리 회장이었다. 공사에 비교적 여유가 있는 점심 시간대에 오미에게 말을 걸었다.

"오미 씨, 잠깐 들어오시게."

회장이 직접 청한 만큼 오미로서도 거절할 수 없었다. 즉시 새로 지은 집으로 들어갔다. 집안에 니토리는 없고 회장 부부만 있었다.

요시오는 아들 니토리에게 품고 있는 자랑스러움과 기대감에 대해 말했다.

"난 내 아들에게 일본 최고의 가구점 주인이 되라고 늘 말하네."

당시 니토리는 아직 혼슈에도 진출하지 않은 상태였다. 하지만 회장의 강한 야심이 역력히 엿보였다.

나중에 오미는 장난칠 요량으로 니토리에게 이렇게 거짓말했다.

"회장님께서 니토리 사장님께 '세계 제일'의 가구점 주인이 되라고 하시던 걸요."

하지만 니토리는 거짓말이라는 것을 즉시 간파했다.

"거짓말! '일본 최고'라고 했겠지!"

니토리는 그렇게 말하며 웃었다.

그리고 그로부터 2년 후인 1988년에 니토리 요시오는 영면했다.

니토리가 해외로 눈을 돌리게 된 것은 1985년부터였다. 해외에서 생산된 것은 가격이 쌌다. 손님을 매장으로 더 끌어들일 수 있겠다고 생각했다. 단, 해외 제품이 어떨지는 알 수 없었다. 검질·검량하는 100% 자회사를 싱가포르에 설립했다.

때마침 이와 같은 시기였던 1985년 9월 22일에 미국 뉴욕의 '플라자 호텔'에서 개최된 G5(선진 5개국의 재무장관과 중앙은행 총재 회의)에서 달러화 약세 유도 정책, 이른바 '플라자 합의Plaza Accord'가 결의됐고 이로 따라 환율시장에 대한 협조 개입이 진행됐다. 급격하게 엔화 강세가 진행되면서 1달러 250엔대이던 엔화 외환 시세는 순식간에 120엔대로 변동됐다.

니토리는 생각했다.

'이건 제품을 싸게 살 수 있는 기회일지 몰라.'

대부분의 경우, '재료를 구할 수 있는 곳에서 생산하는 게 가장 좋다.'라고 생각하게 마련이었다. 하지만 니토리는 '역시 재료보다는 인건비를 중심으로 생각해야 한다.'고 생각했다. 품질에 가장 영향을 많이 끼치는 것은 재료지만, 배편을 이용해서 대량 조달하면 분명 운송비는 그렇게까지 생산 원가를 압박하지 않을 것이라 생각했기 때문이다.

니토리는 타이완과 한국, 인도네시아와 태국을 돌았다. 현지에서 고용한 관광 가이드에게 비즈니스 통역을 의뢰했다.

"직업 전화번호부에 나온 모든 가구 공장에 전화해서 미팅 약속을 잡아주세요."

그리고 매일 하루에 다섯 곳에서 여섯 곳을 돌았다. 가축 냄새가 진동하는 축사를 돌아다닌 끝에, 농업과 겸업으로 질 좋은 가구를 만드는 공장을 발견했을 때는 말로 표현할 수 없을 정도로 기뻤다.

외진 시골에 있는 가구 공장 경영자에게도 니토리는 진귀한 손님이었다.

경영자는 니토리에게 말했다.

"일본인이 여기까지 온 건 처음이에요."

당시 동남아시아에서 제품을 수입하는 일본 기업은 거의 없었다. 그래서 가격이 일본의 5분의 1에서, 10분의 1이 될 만큼 저렴했다.

니토리는 물었다.

"그런데 돈은 어떻게 지불해야 되죠?"

"LCLetter of Credit로요."

LC란 무역 거래에서 대금지불의 신용을 보완할 목적으로 구매자가 거래은행에 의뢰해 발행하는 신용장을 말한다. 신용장에 대해 좀 더 설명하자면 발행은행은 판매자가 제안한 거래 서류가 신용장에 기재된 제반 조건과 일치하기만 하면 상환해 지불해주기 때문에 판매자의 회수 리스크가 경감된다. 하지만 처음으로 해외에 구매하러 온 니토리에게는 그러한 지식이 없었다.

'LC가 뭐지?'

경영자가 물었다.

"제품은 어떻게 운반할 거죠?"

니토리는 그 방법도 잘 몰랐다.

'뭐 일단 거래는 해주기로 한 거니까 다시 또 오면 되지 뭐.'

니토리는 경영자에게 말했다.

"나중에 다시 올 테니까 잘 부탁드리겠습니다."

니토리는 그 기세로 메이커를 방문하여 이야기를 매듭지었다.

귀국한 후에 니토리는 일단 도쿄은행(현 미쓰비시도쿄UFJ은행三菱東京UFJ銀行)에 LC를 부탁했다. 그리고 도쿄은행의 소개로 현지의 선박회사에 컨테이너 운반을 의뢰했다.

준비를 끝낸 니토리는 재차 현지를 방문해 정식으로 계약을 나눴다.

수입을 시작한 것은 1986년부터였다. 그와 같은 해인 1986년 7월에 '니토리 가구'는 회사명을 '주식회사 니토리'로 변경했다.

그런데 애써 힘들게 수입한 상품은 클레임 폭풍에 휩쓸리게 된다.

"의자에 앉았다가 산산조각이 나는 바람에, 뒤에 있던 식기장 문에 머리를 부딪쳐서 병원에서 꿰맸습니다. 대체 어쩔 겁니까?!"

"허리를 부딪쳐 입원했으니 병원비를 지불해 주세요."

고온다습한 동남아시아 목제 제품의 함수율은 20% 전후로 11~13%인 일본 제품에 비해 훨씬 높다. 당연히 현지에서 사용할 때는 문제가 되지 않는다. 하지만 습도가 낮은 홋카이도에서는 수분이 빠져나와 의자 다리가 가 늘어지고 균열이 생겼다. 니토리는 해당 메이커의 의자를 모두 회수해 소각 처분했다.

한편 니토리는 현지에 다음과 같이 지시했다.

"수분 함량을 10% 이하로 낮춘 다음에 만들어 주세요."

하지만 동남아시아 메이커에는 건조 기계 자체가 없었다. 있더라도 무척이나 비싸 구입할 자금이 없다고 했다. 그래서 메이커는 기계 소유자에게 시간당으로 건조를 의뢰하기로 했다.

또 식탁 의자는 높이가 높았다. 집안에서도 신발을 신는 습관이 있는 서양인을 대상으로 만들었기 때문이다. 실제로 앉았을 때 발이 붕 떠서 바닥에 닿지 않는 제품도 있었다.

테이블에도 컴플레인이 쇄도했다. 동남아시아 메이커 대부분은 미국으로 수출하고 있었다. 미국인은 테이블을 마른행주로 닦는다. 그래서 테이블 도장은 속건성에 부점착성 도료로, 단단하며 내수 및 내유성이 뛰어난 래커로 마무리하는 것이 주류였다. 하지만 일본인은 젖은 행주로 닦는다. 젖은 행주로 반복해서 닦다 보면 래커가 끈적끈적해져서 위에 붙어있던 것이 벗겨진다. 결국 이 테이블도 반품되어 산처럼 쌓였다.

니토리는 사원을 현지로 보내 제품 검수를 시켰다. 하지만 며칠씩 체재시킬 수 없어 발주량의 3분의 1이나, 2분의 1이 되면 일본으로 돌아오도록 했다. 그러면 그 후에 상품에 다시 불량품이 늘었다.

니토리가 생산자 측에 클레임을 제기하면 상대는 정색하고 나왔다.

"계약을 끝내고 싶으면 끝내도 상관없어요. 그치만 이미 달아날 수 없을걸요."

게다가 때마침 타이밍이 나쁘게도 1988년의 외환 시세는 엔저 기조를 보였다. 1달러 145엔이 됐다. 이래서는 일본에서 생산하는 편이 원가가 더 싸게 먹힐 판이었다. 채산이 맞을 때는 좋았지만 아무래도 그냥 두고 볼 수만은 없었다.

그때 아쓰미 슌이치의 말이 떠올랐다.

"버티컬 머천다이징Vertical Merchandising으로 원재료까지 거슬러 올라가라."

버티컬 머천다이징이란 통합형 상품 기획 및 상품 개발을 말한다. 소매업이 도매상과 공장에서 단순히 물건을 매입하는 게 아니라 상품 기획부터 개발, 생산 관리, 판매에 이르기는 전 과정에 일관되게 관여하는 것을 말한다. 이를 통해 저비용, 고품질, 수요에 맞는 상품을 생산한다.

'지금 할 수 있는 건 아쓰미 선생님께서 말씀하셨던 버티컬 머천다이징밖에 없다.'

당시에는 원료와 재료를 모두 개별로 대량 구매하지 않으면 일본 제품보다 이익이 나지 않았다. 니토리는 목재를 원목으로 구매하여 제재 사양 발주를 했다. 건조도도 지정했다. 섬유도 마찬가지였다. 예를 들어 실크의 경우에는 고치 단계에서 구매해서 실을 뽑고 천으로 만들어 봉제 공장으로 가져갔다. 겨우 채산이 맞았다.

하지만 사원에게서는 불만의 목소리가 나왔다.

"사장님께서 사들인 상품 대부분에 클레임이 들어오고 있어요. 매장에서도 곤란합니다. 사장님께서 매입하시는 걸 막아주세요."

현장에서 니토리가 "이걸로 하자"고 하면 옆에서 바이어가 황급히 저지하기도 했다.

"잠시만요. 조금 더 생각해보시죠."

니토리는 생각했다.

'현지에 현지인을 채용한 거래회사를 따로 만들지 않으면 안 되겠어.'

1989년 3월에 니토리 트레이드 싱가폴NTS을 싱가폴에 설립했다. 처음에는 일본인 한 사람과 현지인 한 사람으로 시작했다. 1990년 2월에는 일본에서 파견한 사원이 11명과 현지에서 채용한 직원 50명으로 늘어났다.

니토리는 자비로 공장을 세우고 자사 제품을 생산하는 것에 대해 생각하기 시작했다. 일본 가구는 독특해서 해외에서 생산하는 것은 무리라고 판단했기 때문이다. 그런데 일본 국내에서도 서랍이면 서랍, 식기 선반이면 식기 선반, 침대면 침대와 같이 각각 제품별로 전문 가구 메이커에서 만든다고 했다. 공정이 달라서 한 공장에서 모든 제품을 만들 수는 없는 것 같았다.

니토리는 한층 더 의욕에 불탔다.

'할 수 없을 리 없어.'

서랍을 만드는 회사와 식기 선반을 만드는 회사를 매수해 아사히카와旭川에서 300명 규모의 공장으로 시작했다.

그중 하나가 마루미쓰(현 니토리 퍼니처ニトリファニチャー)이다. 서랍을 생산하는 공장이었다. 홋카이도 내륙의 풍부한 재목을 기반으로 서랍을 대량 생산해서 혼슈에도 질 좋은 서랍을 출하했지만, 홋카이도 임업의 쇠퇴와 1978년에 닥친 제2차 석유파동의 충격으로 영업실적이 악화되기 시작했다.

하지만 니토리는 처음으로 마쓰쿠라 시게히토松倉重仁 사장의 공장을 방문했을 때 위화감을 느꼈다. 가구 제조 공장이라면 전기톱 소리가 울리고 바닥에는 미끄러져 쓰러질 정도로 톱밥이 쌓여 있을 것이라고 생각했다. 그런데 마루미쓰 공장에는 먼지 하나 떨어져 있지 않았다. 종업원들의 작업복도 깨끗했다. 뭐가 전혀 묻어 있지 않았다.

니토리는 마쓰쿠라에게 이야기를 듣고 그 이유를 알게 된다.

'이 사람은 비상한 사람이구나.'

오히려 어째서 실적이 나쁜지 의심스러울 정도였다.

마쓰쿠라 공장은 오로지 조립만 하는 공장이었다. 마쓰쿠라가 경영하는 공장 주변에는 부품을 만드는 하청공장이 모여 있었다. 원하는 부품을 원할 때 원하는 만큼 모을 수 있었다. 재고를 최소화할 수 있었다. 이는 오늘날 '도요타 생산 방식'이라고 부르는 방식과 같은 방식이다. 참신한 발상력과 항상 선두에서 개선해 나가려는 적극성을 갖고 있었다.

마쓰쿠라와 니토리는 발상이 비슷해서 서로 이야기가 잘 통했다. 하지만 좀처럼 뜻대로 되지는 않았다.

어느 날 마쓰쿠라가 간청했다.

"아사히카와에 있는 가구 메이커를 매입해 줘."

마쓰쿠라는 궁지에 몰려 있었다. 마쓰쿠라의 사촌이 도매상과 공모해 우수한 종업원과 단골 거래처를 자신이 경영하는 회사로 모조리 데려가 버렸기 때문이었다.

마쓰쿠라에게 남겨진 것은 150명의 종업원과 토지와 건물이었다. 판로가 없는 회사는 이미 회사가 아니었다.

그로부터 얼마 지나지 않은 토요일, 니토리의 오피스에 마쓰쿠라가 찾아왔다. 창백한 얼굴로 니토리에게 털어났다.

"우리 회사가 매수되어 흡수 합병되게 생겼어. 나도 잘릴 거야."

마쓰쿠라의 회사를 매수하려는 회사는 거래처와 우수한 종업원을 빼앗아간 마쓰쿠라네 사촌이 경영하는 그 회사였다. 월요일 아침에는 신문에 발표될 정도로 이야기가 진행된 듯했다.

마쓰쿠라는 금방이라도 울듯이 말했다.

"솔직히 말하자면 니토리 씨가 와줬으면 좋겠어……."

니토리로서도 이대로 마쓰쿠라가 묻히는 것은 아까웠다.

"좋아. 알겠어."

즉시 경리 담당자를 불렀다. 마쓰쿠라의 회사에 대해 조사하도록 지시했다. 자본을 넣으면 그럭저럭 재생될 수 있을 것 같다고 했다.

다음 날 니토리는 골프장으로 향했다. 융자를 부탁하려는 은행 상무가 골프를 치고 있는 중이라는 정보가 들어왔기 때문이었다.

은행 상무는 니토리가 얼굴을 내밀자 깜짝 놀랐다.

"어이, 어이. 대체 무슨 일이야?"

니토리는 상무에게 사정 이야기를 하고 매수 자급 융자를 부탁했다.

상무는 즉시 결정을 내려주었다.

"알았어. 융자해줄게!"

니토리는 즉시 마쓰쿠라에게 연락했다. 재차 자본을 주입하기로 결정했다.

마쓰쿠라네 사촌이 진행하던 흡수 합병 이야기는 합병 직전에 결렬됐다. 이는 서로의 배후에 있던 은행끼리의 경쟁도 있고 해서 큰 소동으로 이어졌다.

마루미쓰에 자본을 출자한 니토리가 마쓰쿠라에게 말했다.

"여태까지 같은 고급 제품 생산은 그만두는 게 좋겠어."

마쓰쿠라는 고급 가구 메이커로서의 긍지를 떨쳐버리지 못했다. 180센티미터나 되는 졸참나무로 만든 고급 가구를 생산해서 백화점에 판매했다. 하지만 혼슈의 가구 메이커에는 대적이 안 됐다. 다른 쪽으로 살아남을 길을 찾아야 했다.

그 사이에 니토리는 매입 상품의 품질을 어떻게 하면 향상 시킬 수 있을

지를 고민하며 시행착오를 반복했다. 현지에서 건조시키려면 어떻게 해야하나, 어떤 재료를 써야 하나, 일본인에게 맞는 사이즈와 치수와 구조는 어떻게 되는가 등을 죽기 살기로 연구했다.

하지만 사내에는 이런저런 소문이 나돌았다.

"질리지도 않고 해외에 나가는 건 여자가 있기 때문일 거야."

"메이커한테 접대 받으려고 나가는 거 아닐까?"

니토리는 그런 소문은 한 귀로 듣고 한 귀로 흘려버렸다. 소문이 날 때마다 해명한들 믿어줄 리도 없었다.

'상품으로 증명할 수밖에 없어.'

수입 상품의 반품률은 2년차에 10%로 내려갔고, 약속한 3년차에는 6%로까지 내려갔다. 단, 해외에서 사들인 소파와 식탁, 의자 등 이른바 다리가 있는 가구는 팔렸지만, 서랍장과 같은 상자형 가구는 일본 제품과 형태와 디자인이 달라 통용되지 않았다.

니토리는 사원을 설득하고 약속했다.

"3년만 기다려 줘. 3년 안에 개선하지 못하면 전면적으로 그만둘게."

만일 이때 수입을 멈췄다면 오늘날 니토리는 없었을 것이다. 현재 니토리 상품의 80%는 수입품이다. 국내에서 사들인 제품은 20%에 불과하다. 일본은 인건비가 세계에서 가장 높기 때문에 노동 집약 상품인 가구도 세계에서 제일 비싸지기 쉽다.

이 무렵부터 니토리는 강하게 생각했다.

'해외에 진출하기 위해서는 현지의 경영권과 인사권을 쥐어야 해. 그렇지 않고는 뜻대로 할 수 없어.'

마쓰쿠라에게 해외에 진출하라고 여러 차례 권했다. 마쓰쿠라가 해외에 진출하는 편이 일본인이 선호할 만한 제품을 더 수월하게 생산할 수 있으리라고 판단했기 때문이다. 하지만 마쓰쿠라는 좀처럼 결단을 내려주지 않았다. 마쓰쿠라는 어떻게든 국내 생산으로 이익을 내려고 애썼다. 종업원을 정사원이 아닌 파트타이머로 모두 고용하고 시급제로 바꿨다. 게다가 아사히카와 공장도 계속 조립공장으로서만 활용했다.

각의 부품은 해외 메이커 공장에서 만들었다. 예를 들어 서랍장이라면, 문짝은 태국 하트야이Hat Yai에 있는 메이커에서, 측판이라고 부르는 옆면 부분은 중국 광둥성廣東省 경제특구 선전 시深圳市에서 만들었다. 해외 공장은 기술을 지닌 일본인이 관리했다.

아사히카와 공장에 있는 파트타임 종업원은 고무 해머로 조립할 뿐이었다. 그때까지도 해외 진출을 권하던 니토리 눈에도 원가 절감을 위한 그 발상은 대단해 보였다.

하지만 좀처럼 일은 뜻대로 풀리지 않았다. 선전시에 있는 공장은 어디까지나 국영기업이었기 때문에 이익을 내려는 의욕이 없었다. 이익을 내든 못 내든 급료는 달라지지 않았기 때문이다. 간부는 아침부터 신문만 들여다보며 움직이려고 하지 않았다. 너무 일을 못하는 종업원이 있어 일본인 쪽에서 부끄러워해도, 부끄러운 종업원의 급료만큼을 생산품 원가에 추가할 뿐이었다. 일하지 않는 종업원에게도 급료를 주어야만 한다. 한 명이나 두 명이면 그래도 영향이 없겠지만 종업원의 절반은 일을 안 하지 않는 상태였다.

적자는 순식간에 늘어났다.

니토리는 마쓰쿠라에게 말했다.

"마쓰쿠라 씨, 해외로 나갈 수밖에 없어! 인건비가 싼 곳에서 좋은 제품을 만들어줘."

"아니, 좀 더 일본에서 해 볼게……."

마쓰쿠라는 끝까지 신중한 자세를 취했다.

니토리는 메이커인 마쓰쿠라가 신중한 태도를 취하는 마음을 이해했다. 가령 중국이나 태국 공장에서 생산한다고 해도 과연 새로운 곳에서 원하는 만큼 질 좋은 제품을 생산할 수 있을까? 그것은 알 수 없는 일이었기 때문이다.

이 무렵에 니토리는 그런 생각을 했다.

'아시아에선 100% 자기 자본으로 세운 회사가 아니면 일을 제대로 할 수 없어.'

이 시기에 스카우트로 영입한 임원이 니토리의 지시를 전혀 듣지 않았다. '저렴한 가격'을 추구해주길 원했는데 품질을 중시했다.

"4만 엔짜리 가구와 8만 엔짜리 가구가 있을 때 배송료가 같다면 8만 엔짜리 가구를 선택해."

그 결과 매상도 줄고 손님도 줄었다. 니토리의 생각과 정반대 방향으로 니토리를 이끌었다.

사내에서는 매일 논쟁이 반복됐다.

"품질이 먼저냐, 가격이 먼저냐……."

품질에 집착하면 원가가 올라가서 아무래도 가격이 상승한다. 그러면 손님도 떠난다. 손님이 떠나는 것을 막기 위해서는 역시 가격을 낮출 방법을 생각해야만 한다. 가격을 낮춘 다음에 품질을 향상시켜 나가자.

니토리는 사원에게 반복해서 말했다.

"첫째도 저렴한 가격, 둘째도 저렴한 가격, 셋째도 저렴한 가격, 넷째가 적절한 품질, 다섯째가 코디네이션!"

토탈 코디네이션에 대해서는 미국을 여러 번 방문하며 공부했다. 아쓰미 슌이치에게도 가르침을 청했다.

니토리는 생각했다.

'기존 일본에 없던 홈패션 코디네이션을 어서 빨리 실현하고 싶다.'

코디네이션의 핵심은 컬러이다. 니토리는 니토리 컬러를 확립하고자 시행착오를 반복했다.

니토리는 가구점 창업 초기에는 몸치장이나 패션에 전혀 관심이 없었다. 30대가 되면서 화려한 것을 즐겨 착용하기 시작했다. 정장은 차분한 색조를 선택하더라도 넥타이만큼은 화려하고 눈에 띄는 색으로 선택했다. 그러다가 미국을 시찰하고 40대에 접어들면서 취향이 바뀌었다. 넥타이와 와이셔츠, 양말, 벨트 등의 각 컬러와 패턴을 조화롭게 코디했다. 가장 즐겨 입는 스타일은 핑크와 패턴의 조합과 핑크와 무지의 조합, 그리고 블루를 기본으로 하는 코디네이트였다. 탑과 바텀을 어떻게 코디할까? 위에 입은 것에 패턴이 있으면 아래는 무지로 했다. 또한 똑같이 화려한 컬러와 패턴도 농담을 조절해서 코디했다.

니토리는 자신을 꾸미는 바디 패션 센스가 집을 꾸미는 홈패션과도 연결된다고 생각했다. 예를 들어 자기 입고 있는 정장은 커튼이고 셔츠는 카펫이라는 식이었다. 정장이든 셔츠든 각각의 컬러와 패턴이 저마다 개성을 표출해서는 전체적으로 조화롭다고 할 수 없다. 어떻게 각각의 컬러와 패턴을 조화롭게 코디할 것인가. 니토리는 바디 패션 센스를 통해서 홈패션 센스를 키우려고 노력했다.

1987년에 니토리는 상품 전략으로 토탈 코디네이트를 제창했다. 니토리 컬러는 약 3년 단위로 변경하고 있다.

일본에서는 여자 방은 핑크 계열이나 레드 계열로, 남자 방은 블루 계열로 꾸미는 것이 일반적이다. 하지만 주거 전체의 컬러 코디네이트를 생각하지 않고는 아름다운 생활을 할 수 없다. 기본 컬러는 2컬러, 많아도 3컬러를 넘지 않아야 전체적으로 통일된 느낌을 자아낼 수 있다. 아름답게 보이려면 보디 패션도 이와 마찬가지이다.

거실, 주방, 침실, 서재, 어린이방 등 디자인과 스타일은 방마다 다르게 하더라도 기본 컬러는 통일해서 방과 방을 연결성 있게 코디네이트 하는 것이 좋다.

목욕탕, 화장실, 침실 커튼, 카펫, 플라스틱류 등 모두 니토리 제품으로 같은 컬러라고 해도 염료와 안료가 다르면 색도 달라진다. 컬러가 미묘하게 다른 것을 그대로 코디네이트하면 전체적으로 봤을 때는 지저분하게 보인다. 그래서 몇백만, 몇천만 종류의 염료와 안료 중에서 일치되는 것만으로 선별해내야 한다.

컬러는 생산할 때마다도 달라지고, 생산자에 따라서도 달라지므로 안료 자체를 모두 체크한다. 하지만 이탈리아와 독일 등의 유럽산 안료는 질은 좋지만 가격이 높다.

니토리는 상품 최고책임자로서 모든 상품을 직접 체크한다. 니토리의 허가 없이는 단 한 개의 상품도 매장에 진열할 수 없다.

바이어는 좁은 범위의 업무를 수행하기 때문에 전체를 보지는 못한다. 비슷한 컬러의 상품을 모아놓더라도 소비자 눈에는 다 다른 컬러로 보인다. 그만큼 컬러를 통솔하고 다양한 상품을 같은 색으로 통일하는 작업은 중요하다. 이렇게 중요한 컬러를 결정하는 사람은 바로 니토리 직할의 컬러 코디네이터이다. 니토리에서는 컬러 코디네이터의 승인이 떨어진 컬러만 인정하고 있다. 또 컬러 코디네이터는 반드시 니토리와 의논을 한다.

단, 엄선된 코디네이트는 가격이 높아지기 마련이다. 부유층에게는 상관 없겠지만 젊은 세대로서는 구매하기가 쉽지 않다. 이를 통해 저렴한 가격에 대한 고집이 옳다는 것도 확인했다.

니토리는 월마트Wal Mart에 갔을 때 코디네이트 된 상품을 가격도 보지 않고 툭툭 카트에 담았다. 100달러로 안 되는 가격으로 상의부터 하의까지 전부 구매할 수 있었다. 월마트처럼 니토리도 가격을 보지 않고 가벼운 마음 으로 구매할 수 있는 매장으로 만드는 것이 목표이다.

그래서 니토리는 컬러 코디네이터에게 염료 메이커와 교섭하도록 지시 했다. 제조 메이커와 상사가 하는 것까지 하도록 해서 컬러 정밀도를 높였 다. 이런 역할을 수행할 인재를 사내에서는 키울 수가 없었다. 스카우트로 채용한 인재에게 교섭하도록 지시했다. 그리고 그 인재를 선생으로 삼아 사 내에서 그 같은 능력을 지닌 인재를 육성했다.

1986년 1월에 니토리는 수많은 공개 회사를 담당하는 공인회계사 다나 카 신이치田中新一에게 니토리 상장에 대해 상담했다.

"이번에 삿포로 증권거래소에 니토리를 공개할 계획인데 그걸 도와주었 으면 합니다."

1987년 2월의 니토리 매출은 약 103억 엔이었다. 기업 규모는 타사와 비교해 보더라노 작은 전형적인 중소기업이었지만, 이익은 약 4억 1,000만 엔으로 곧 5억 엔을 달성할 기세였다.

다나카는 생각했다.

"니토리란 회사는 규모는 작지만 이익 기준은 거의 달성했어. 업적 면에서도 주식 공개에 아무 문제가 없겠는걸."

다나카는 니토리의 감사책임자가 되어 상장을 지원했다. 구보 다카오를 비롯한 여타 경리 담당자도 감사법인의 감사를 받으며 업무하는 것은 처음이었기 때문에, 그때까지와는 비교되지 않을 정도로 공부가 많이 됐다고 했다.

또 니토리는 상장을 위해 경리 시스템 변경에도 착수했다. 전에는 단표에 기입하고 그것을 외부에 전표를 갖고 가서 집계했다. 이를 개선하여 전표를 복사한 다음에 기계에 넣어 등록하는 방식으로 변경했다. 작업 효율이 상당히 올라갔다. 같은 내용을 여러 장으로 각각 집계할 수도 있게 되어 이전과는 비교되지 않을 정도로 속도가 빨라진 것이다.

작업은 순조롭게 진행됐다. 실제로 다나카가 수행한 것은 니토리 집안의 재산과 회사 재산을 분명하게 나누는 일 정도였다.

1989년 9월에 니토리는 드디어 삿포로 증권거래소에 상장됐다. 해외에 진출할 자금을 직접 금융시장에서 조달한 것이다. 자본금은 19억 8,800만 엔으로까지 늘어났다.

니토리는 그야말로 하늘을 날듯이 기뻤다.

버블 경제는 절정으로 치달았다. 삿포로 증권거래소에 상장한 지 약 3개월만인 1989년 12월 29일에 닛케이 평균 주가는 3만 8,915엔 87전으로 최고치를 기록했다.

니토리의 중역이던 게이라 유키오의 기억에 인상적으로 남아있는 사건이 있다. 그것은 니토리가 사원 앞에서 눈물을 보인 일이었다. 게이라가 재직한 21년 동안에 딱 한 번 있었던 일로, 삿포로 증권거래소 상장을 달성하고 니토리의 회사 규모가 어느 정도로 성장했을 때의 일이었다. 사원들에게 자만하는 마음이 생기기 쉬운 시기였던 걸까?

니토리는 체인스토어로서 발전을 이루었다. 상품 판매 방법에 관한 매뉴얼도 당연히 마련했고 이에 기초하여 매장을 운영했다.

당시 상품 중에는 고객이 집에서 직접 조립해야 하는 상품이 있었다. 그 상품은 고객이 직접 조립해야 하는 상품이었기 때문에 가격도 더 저렴하게 책정되어 있었다.

어느 일요일 날, 한 손님이 해당 상품에 대해 다음과 같이 요청했다.

"직접 조립할 수가 없어서 그런데 조립해 주실래요?"

손님의 요구를 점원은 거절했다. 고객의 직접 조립을 전제로 판매하는 상품이었기 때문이다. 게다가 일요일은 바쁜 날이기도 했다. 매뉴얼대로 대응했던 것이다.

손님도 물러서지 않고 한 번 더 요구했다.

"좀 해달라고."

하지만 점원은 다시금 거절했다.

그러자 손님은 회사로 전화를 걸었다.

"사장 바꿔!"

때마침 부재중이던 니토리는 나중에야 이 이야기를 전해 듣고 크게 충격을 받는다.

사건 직후에 진행된 점장 회의에서 니토리는 사원에게 말했다.

"이번 일에 대한 일련의 대응이 그게 대체 뭐야?!"

게이라와 약 20명의 점장에게 니토리는 분노와 한심하다는 감정을 드러냈다. 그리고 자신의 창업 원점이 무엇인지에 대해 열변을 토했다. 게이라도 점장들도 니토리의 이야기를 잠자코 들었다.

도중에 게이라가 잠시 니토리의 얼굴을 보자 열변을 토하는 니토리의 눈에서 눈물이 넘치고 있었다.

"손님을 소중하게 생각하는 마음을 잊으면서까지 회사를 키울 생각이 내겐 없어!"

눈물짓는 니토리의 모습은 게이라의 기억에도 강렬하게 남았다. 이때가 게이라가 오랜 시간 함께 일었던 니토리의 눈물을 본 유일한 순간이었다.

니토리가 상품을 구하는 자세는 대단하다. 오래 교제한 게이라도 매번 놀랄 정도이다. 특히 니토리가 혼자 폴란드로 날아갔을 때는 특히 놀랐다.

1985년에 소비에트 연방의 공산당 서기장으로 미하일 고르바초프Mikhail Gorbachev가 취임했다. 취임 후에 고르바초프는 페레스트로이카란 일련의 민주적 개혁을 진행했다. 어떻게든 소비에트 연방을 재건하려고 했다. 그 결과 소련의 영향 하에 있던 동유럽 각국에서도 민주화 운동이 일어났다. 소련과 홋카이도는 거리가 가깝다. 북방 영토 문제도 있어서 홋카이도 도민은 소련에 대단히 관심이 많았다.

니토리도 당시부터 고르바초프가 추진한 페레스트로이카에 관심이 무척 많았다. 니토리는 게이라에게도 사회주의 국가에 대한 관심을 여러 번 드러냈다. 니토리는 역시 사회주의 국가의 가구 제품에 관심이 많았다. 그 후 페레스트로이카에 따른 민주화 욕구가 높아지면서 소련과 동유럽 각국의 사회주의 정권은 붕괴됐다. 전후에 장기간에 걸쳐 계속되던 냉전이 종결된 것이다.

특히 상징적이었던 것은 1989년 11월 9일에 있었던 베를린 장벽의 붕괴였다. 베를린 장벽 붕괴는 민주화 운동 앞에 진퇴유곡에 빠진 동독 정부가 자국민에 대한 사실상 여행 자유화를 발표한 것이 계기였다. 이 통보를 들은 동서 양국의 베를린 시민은 환호하며 해머와 건설 기계 등으로 벽을 부쉈다.

전부터 관심 있게 동유럽 제국의 동향을 살피던 니토리는 이 역사적인 뉴스를 듣고 즉시 한 가지 생각을 떠올렸다. 바로 동유럽 지역에서 가구를 수입하는 것이었다. 니토리는 폴란드행 항공편을 예약하고 혼자서 현지로 날아갔다. 둘이서 가면 여행비용이 배로 든다. 그래서 혼자 폴란드로 향했다.

지리적으로 독일과 러시아 사이에 위치하는 폴란드는 끊임없이 두 나라의 압박을 받았다. 폴란드의 근현대사는 고난의 연속이었다. 전후에 나치스 침략이 종식되자 이번에는 공산 진영에 편입되어 소비에트 연방의 강력한 영향 하에 놓였다. 그 무렵 폴란드는 베를린 장벽 붕괴보다 반년 일찍 민주화를 달성한 상태였다. 하지만 니토리가 폴란드로 건너갔을 때는 여전히 동란이 한참일 때였다.

그러한 격동의 시기에 전 세계 사람이 주목하고 있는 지역에 니토리가 혼자서 날아간 것이다. 물론 폴란드어는 한마디도 하지 못했다. 현지에 잘 아는 사람이 있는 것도 아니었다. 폴란드에 도착한 니토리는 일단 약속을 잡고 일본대사관을 방문했다. 대사관에 도착한 니토리는 직원에게 사정을 설명했다.

"폴란드 가구를 일본에 수입해서 팔고 싶습니다."

직원은 니토리의 요청에 귀를 기울이고 친절하게 대응해 주었다.

당시는 무역 마찰이 문제가 되던 때였다. 일본제 차를 때려 부수는 재팬배싱Japan bashing이란 퍼포먼스가 미국에서 행해질 정도였다. 그만큼 메이드 인 재팬은 세계 시장을 석권하고 있었다. 미국을 비롯한 각국은 수출량에 비해 수입량이 압도적으로 적은 일본을 큰소리로 비난했다. 친절하게 대응해 준 배경에는 그런 사정도 있었을 것이다. 니토리의 제안에 직원은 적극적으로 협조해 주었다. 니토리와 함께 가구 공장을 돌아주기도 했다.

폴란드는 사회주의 국가였지만 나름대로 선진국이었다. 가구도 좋은 상품이 있을지 몰랐다. 게다가 당시는 격변의 시대였다. 경제가 불안정할 때 좋은 상품을 싸게 구할 수 있는 법이라고 니토리는 생각했는지도 모르겠다. 일본대사관 직원의 협조로 니토리는 일본에 가구를 수입할 준비를 마치고 귀국 길에 오를 수 있었다.

니토리가 폴란드에서 귀국한 지 약 한 달이 지나자 현지에서 구입한 상품이 배를 타고 일본 창고로 도착했다. 하지만 수입한 상품은 너덜너덜했다. 일본까지 운송되는 사이에 상품이 건조되면서 망가진 것이다. 니토리의 모처럼의 노력도 수포로 돌아갔다. 대실패였다. 하지만 실패했단 사실보다는 니토리의 재빠른 행동력과 적극성이 게이라에게는 인상 깊었다.

이 이야기에는 후일담도 있다. 니토리는 폴란드 체재 중에 운 좋게도 현지 폴란드 대학의 일본어 코스 교실을 방문할 기회를 얻는다. 현지 대사관이 니토리를 안내해 준 것이다. 니토리는 어디서나 그리고 누구에게나 싹싹했다. 먼 일본이라는 나라에 관심을 갖고 일본어를 공부하는 학생들에게 친절하게 대하지 않았을 리가 없다.

이야기하다 일본으로 수학여행을 갈 것이라는 것을 알게 됐다. 니토리는 이야기를 듣고 그 자리에서 학생들에게 한 가지 약속을 했다.

그것은 자기 고향인 홋카이도로 학생 전원을 초대하겠다는 것이었다. 물론 도쿄에서 삿포로까지의 여행비는 니토리가 지원하기로 했다. 학생들은 갑작스러운 방문자의 예상치도 못한 제안에 활짝 웃으며 기뻐했다. 신세를 진 대사관 직원의 체면도 세워주고 은혜도 갚을 수 있는 길이었다. 니토리도 필시 뿌듯했을 것이다.

약속은 즉시 이행했다. 약 15명의 폴란드인 학생은 수학여행을 온 김에 정말로 삿포로를 방문했다. 학생들이 삿포로에서 묵은 곳은 당시 니토리 경영진의 집이었다. 물론 게이라도 포함되어 있었다. 게이라는 니토리에게 경위를 듣고 할당받은 여학생 두 명을 집으로 데리고 갔다.

학생을 데리고 귀가한 게이라를 보고 당연히 아내와 두 딸은 깜짝 놀랐다. 아내에게 게이라는 말했다. "사장님께서 폴란드에서 그렇게 약속해 버리신 걸 어떡해."

학생들은 그 후로 약 3일간 홈스테이와 홋카이도 관광을 즐기고 귀로에 올랐다.

결국 폴란드는 니토리의 주요 상품 공급처가 되진 않았다. 그야말로 실패였다. 하지만 게이라는 타국에 맨몸으로 날아가는 니토리의 상인 정신에 감탄했다. 이러한 니토리의 도전도 옆에서 보기에는 그저 마구잡이로 찔러 보기로 밖에는 안 보일 수 있다. 하물며 결과는 실패다. 하지만 니토리는 그저 실패하지만은 않는다. 결국 이때 신세진 사람들은 은혜를 꼭 갚겠다며 니토리에게 약속까지 했다. 보통 이렇게까지 할 수 있는 사람은 별로 없다.

물론 처음부터 계산하고 한 행동은 아닐 것이다. 오히려 폴란드행 비행기 안에서 현지 문제를 어떻게 해결할지 구상하기 시작했을 거라고 게이라는 추측한다. 하지만 니토리는 무계획적으로 되는 대로 하는 것처럼 보여도, 의외로 머릿속으로는 순식간에 용의주도하게 방법을 강구하는 한편 선천적인 파워와 근성과 붙임성으로 인간관계를 구축해 나간다. 이거야말로 니토리의 진면목이라 할 수 있을 것이다.

다다 야스로는 니토리가 이렇게까지 크게 성장하리라고는 전혀 생각하지 못했다. 도내에서 성장하는 수준에 그치리라고 생각했다. 하지만 니토리는 술자리에서 다다에게 곧잘 이렇게 말했다.

"다다, 난 혼슈로 갈 거야. 그리고 일본을 제패할 거야."

오비히로점을 오픈한 1988년 6월 무렵에 다다는 니토리의 자신감이 점점 커져감을 느꼈다. 동급생이기도 해서 니토리는 자주 다다에게 술을 마시자고 했다. 2차까지 마신 다음에 라멘이나 소고기덮밥을 먹고 집으로 귀가하는 것이 상투적인 코스였다.

매일 저녁때가 되면 니토리에게서 전화가 걸려왔다.

"다다, 오늘 어때?"

"뭘?"

"한잔 하자고."

밤 8시에서 9시쯤에 니토리가 매장의 문을 닫은 다음에 둘은 번화가인 스스키노에서 만나 술을 마셨다.

"다다, 이제 홋카이도만으로는 안 되겠어. 혼슈로 갈 거야."

니토리의 말을 듣고 다다는 무리라고 생각했다.

'홋카이도에서도 우리가 교섭하러 가야 겨우 땅 주인을 설득할 수 있는 상황인데, 혼슈에선 어떻게……'

다다의 걱정을 뒤로한 채 니토리는 큰 꿈에 대해 계속 말했다.

"일본 최고의 기업이 될 거야, 일본 최고의 기업!"

꿈을 그리는 친구에게 대놓고 말할 순 없었지만 다다는 걱정됐다.

'니토리, 돈도 없으면서 정말 괜찮겠어?'

니토리는 '점포 수 100개, 연 매출 1,000억 엔'이라는 큰 목표를 내걸고 떠벌였지만, 사실 내심으로는 전혀 자신이 없었다. 도쿄에 출장 갈 때마다 도쿄의 큰 규모에 압도되어 공포마저 느낄 정도였다.

'도쿄는 거대한 코끼리야. 이런 대도시로 나오면 우리 같은 개미는 쉽게 밟혀버릴 거야.'

그런 니토리를 압박한 것이 1979년에 입사한 4기생들이었다.

어느 날 니토리가 사원에게 말했다.

"홋카이도를 위해 힘내자!"

그러자 시라이 도시유키를 비롯한 4기생이 압력을 가했다.

"아뇨, 사장님. 이건 약속이 다르지 않습니까? 우린 일본인의 생활을 풍요롭게 하기 위해서 니토리에 입사한 겁니다. 슬로건에도 전국적으로 전개하겠다고 쓰시지 않으셨습니까?"

도쿄에 진출할 자신이 없던 니토리는 그들을 열심히 달랬다.

"그건 나도 알아. 하지만 좀 더 상황을 지켜보자."

니토리는 약 3년간 도쿄 진출 계획을 뒤로 미뤘다. 그동안에도 4기생은 지속적으로 결단을 촉구했다.

"도쿄에 진출하지 않으면 우린 정말로 회사를 그만둘 겁니다."

도쿄 진출 문제로 니토리는 끊임없이 고뇌했다.

홋카이도에 머물던 니토리가 혼슈에 진출한다는 것은 큰 도박이기도 했다. 공포에 사로잡힌 남편의 모습은 모모요의 기억에도 강하게 남아있다.

모모요의 생각은 남편과는 정반대였다.

'혼슈든 어디든 후딱 진출해 버리면 될 것을……. 하는 데까지 해보면 되잖아. 인생이라는 게 어차피 제로에서부터 시작된 거니까.'

니토리는 홋카이도의 작은 가구점에서 시작됐다. 혼슈에 진출했다가 실패하면 그때 가서 홋카이도로 돌아오면 그뿐인 일이었다.

모모요는 그때까지 한 번도 망설였던 적이 없다. 그리고 남편에게도 하지 말라고 했던 적이 없다. 오히려 모모요는 부채질하는 편이었다.

"해 봐!"

다만 회사를 파산시켜서는 안 된다고 늘 생각했다.

'사원과 그 가족들에게 폐를 끼쳐선 안 돼.'

니토리가 결국 무거운 발걸음을 뗀 것은 1991년이었다.

'회사가 망하든 내 인생이 어찌 되든 신경 쓰지 말자. 사원과 약속한 이상 도쿄로 진출하자. 만약 전쟁에서 실패하더라도 전장에서 죽으면 그뿐이야.'

니토리는 혼슈 제1호점을 치바 현千葉県에 오픈할 결심을 하고 토지 구입에 나섰다. 그 밖에도 세 곳에 매장을 열기로 했다. 당시 버블 경제로 땅값이 급등한 것도 한몫하여 총 네 곳 중 세 곳에는 각각 3,000만 엔을, 나머지 한 곳에는 5,000만 엔을 계약금으로 지불했다. 합계 1억 4,000만 엔이었다.

니토리는 감회가 깊었다.

'드디어 쓰루가 해협을 건너는구나.'

하지만 나중에 재차 견적해보니 그 물건들로는 채산을 맞추기가 어려울 것 같았다. 임대료가 너무 높았던 것이다. 슬로건인 '유럽 및 미국 수준의 풍요로운 생활'을 실현할 수 있는 상황이 아니었다.

니토리는 멈추어 서서 생각했다.

'지금 단계에서 혼슈에 진출하는 게 맞나? 틀렸나?'

네 곳은 이미 점포 건설 작업에 착수한 상태였다. 그중에는 고사를 끝내고 기초 공사에 들어간 곳도 있었다.

니토리는 계약을 나눈 부동산 회사로 향했다. 해당 부동산 회사는 이바라키 현茨城県 쓰치우라土浦에 토지를 소유하고 도쿄역 근처 빌딩 위에 사무실을 둔 곳이었다.

천황궁이 보이는 응접실에서 니토리는 사정을 이야기했다.

"이제 와서 죄송합니다만, 진출을 포기하려고 합니다. 그래서 말인데 취소료로 5,000만 엔 중에 2,500만 엔을 지불하겠습니다. 2,500만 엔은 돌려주실 수 없을까요?"

"농담하십니까? 이제 와서 무슨 말씀입니까? 해약하시려면 5,000만 엔으로도 부족합니다. 1억 엔은 갖고 오셔야 해요."

니토리는 고민했다. 만일 철거하기로 결정을 내리면 최소한 계약금으로 지불한 총 1억 4,000억 엔을 잃을 것이다. 1억 4,000억 엔은 당연하고 부동산 회사는 물론 설계회사와 건설 회사에도 해약금을 지불해야 한다. 그것만으로도 상당한 지출이 될 듯했다.

임원들은 철거에 반대했다.

"해약하면 회사가 망할지도 몰라요. 계약했던 곳에서 배액 배상 청구 소송을 할 수도 있습니다."

임원들의 말이 정말일지 아닐지는 알 수 없었지만, 니토리가 쓰러지느냐 마느냐가 걸린 중요한 결정인 것은 사실이었다. 이미 니토리는 약 300명의 사원과 그들의 가족을 짊어지고 있었다. 쉽게 내릴 수 있는 결단이 아니었다. 그제야 홋카이도 밖으로 나갈 때 감당해야 하는 리스크의 규모를 니토리는 온몸으로 실감했다. 실로 잠을 이룰 수 없는 밤이 계속됐다.

이에 니토리는 페가수스 클럽의 아쓰미 슌이치에게 상담을 했다. 아쓰미는 말했다.

"잘못했을 때 철수할 수 있는 용기를 내지 못 하면 회사가 망하네. 철수할 때는 단호하게 끝내야 해. 일시적으로 손해를 보더라도 그건 어디까지나 일시적인 고생이야. 그다음은 편안해져."

"알겠습니다."

니토리는 앞으로 10년간 디플레이션이 지속되면서 땅값도 뚝뚝 떨어질 것이라고 확신했다.

'지금 무리하게 진출해서 20년간 고생하느니 눈 딱 감고 몇 년간 고생하는 게 나아. 창피한 것도 한때야.'

니토리는 아쓰미가 자신의 결단을 응원해주고 있는 것처럼 느껴졌다. 혼슈 진출은 일시 중단했다. 땅 문제는 결국 재판으로까지 갔고, 분납하던 땅값은 물론 공사 및 그 밖의 계약금과 예약금 등을 모두 지불해야 했다.

지금 와서 생각해봐도 그때 무리를 무릅쓰고 그대로 진출했더라도 매장은 결국 적자가 났을 것이다. 온갖 고생 끝에 매장을 닫고 두 번 다시 혼슈로 진출하지 않았을지 모른다. 그렇게 보면 참길 잘했다고 생각한다.

니토리가 결국 혼슈 제1호점을 출점한 것은 1993년 3월로 이바라키 현 가쓰타 시(현 히타치나카 시ひたちなか市)에 '가쓰타점勝田店'을 오픈했다. 이바라키현 가쓰타시를 선택한 것은 역시 바로 도쿄로 진출하기가 두려워 도쿄와 거리를 두기 위함이었다.

니토리는 가쓰타점 오픈을 계기로 혼슈 관동권에 공격적으로 출점했다. 관동권은 물론 혼슈에서도 아직 지명도가 낮았던 때이다.

니토리가 진출 계획을 세운 관동권 지주들은 이름 한 번 들어본 적이 없는 '니토리'라는 기업의 신용도에 강한 불안을 보였다.

하코다테점 오너인 오미 마사토는 불안이 불식되도록 니토리를 도왔다.

니토리는 관동권에서 니토리와 임대차 계약을 맺은 지주는 반드시 하코다테점으로 초대했다.

혼슈 관동권 제1호점인 가쓰타점 지주는 니토리와 계약을 체결한 직후에 하코타테점을 방문했다. 가쓰타점 오너는 관동권 제1호점으로 땅을 빌려줬던 만큼 상당히 불안했으리란 것을 어렵지 않게 추측할 수 있다.

니토리 측은 가쓰타점 오너를 비롯한 관동권 지주를 하코다테점에 초대하여 견학시키고 밤에는 식사를 대접했다. 식사 접대는 니토리 점포 개발 담당자가 맡았는데 때로는 니토리와 오미도 참석했다.

점포 개발 담당자는 사전에 오미에게 다음과 같이 부탁했다.

"오미 씨, 니토리에 관해 물으면 말씀 좀 잘해 주세요. '니토리에 임대하길 잘했다'라는 등 오너 분들이 안심하실 수 있도록 얘기해 주세요."

담당자의 부탁을 받고 오미는 하코다테 공항으로 관동 지주를 자신의 차를 끌고 직접 마중하러 나갔고 하코다테점까지 안내해 주었다. 또 관동 지주들 앞에서 니토리를 치켜세워 주었다.

"니토리는 한 번도 임대료를 밀렸던 적이 없어요. 앞으로도 계속 출점할 테고, 사원들도 모두 좋은 분들이세요. 잘 해보세요."

이른바 선배 지주의 말은 연대 보증서와 같았다. 오미는 관동권 세, 네 점포의 오너를 상대로 부탁받은 역할을 잘 수행해 주었다.

혼슈 사람들은 홋카이도에서의 니토리의 실적을 몰랐다. 혼슈의 오너들 입장에서는 니토리 사원의 말보다 같은 오너 입장에 있는 사람의 설명에 더 신뢰가 갔다. 니토리에게는 고마운 존재였다.

그 후로 치바 현에 '이치하라하치만점市原八幡店', '나리타점成田店', '기사라즈점木更津店', '치바사쿠라기점千葉桜木店', '야치요점八千代店', '이치카와치도리초점市川千鳥町店', '쇼난점沼南店'을 오픈했다. 적자는 안 났지만 경상이익은 3% 전후에 머물렀다. 기세가 오르지 않았다.

그 밖에도 미야기 현宮城県에 '센다이이즈미점仙台泉店', 군마 현群馬県에 '다카사키점高崎店'과 '오타점太田店', 도치기 현栃木県에 '아시카가점足利店' 등 다양한 지역에 출점했지만 결과는 치바 현과 다르지 않았다.

하지만 니토리의 기는 꺾이지 않았다.

'사원의 사기를 높이기 위해서라도 더 큰 점포를 오픈하자.'

삿포로다나카병원札幌田中病院의 이사장 다나카 료지田中良治에 따르면 니토리는 홋카이도의 경제계 중심 세력에서 벗어난 파격적인 경영자라고 한다. 애당초 홋카이도에 뼈를 묻을 타입의 인간이 아니었다는 것이다.

홋카이도에서 재계인이 되기 위해서는 무엇보다 학벌이 중요하다. 니토리는 사립 중학교에서 홋카이 공업고등학교로 진학했고 삿포로단기대학을 거쳐서 홋카이가쿠엔대학 경제학부를 졸업했다. 국립 홋카이도대학 출신자로 구성된 홋카이도 재계가 니토리를 받아들이는 일은 일단 생각하기 어렵다.

홋카이도 경제계를 지배하는 것은 은행이다. 도내의 각 상공회의소 회장은 모두 은행출신자였다. 니토리도 일단 삿포로 상공회의소에 소속되어 있기는 했지만 그런 단체 모임에 얼굴을 내미는 일은 거의 없었다. 니토리는 이른바 '이단아'였다.

홋카이도의 4대 경제 단체에 결코 이름이 오르지 않는 회사가 니토리, 호마크DCM Homac, 쓰루하Tsuruha, 아인 파머시즈Ain Pharmaciez의 네 회사이다. 모두 홋카이도에서 혼슈로 진출해서 큰 성공을 거둔 기업이다.

만일 니토리가 '혼슈'에 진출하기 두려워서 그대로 홋카이도에 남았다면 틀림없이 주변 상황에 짓눌렸을 것이다. 홋카이도 재계라는 그릇이 니토리에게는 너무 작다.

다나카는 생각했다.

'니토리 씨의 뿌리 깊은 곳에는 전국에 점포를 전개할 수 있을 만한 "본능적인 뭔가"가 처음부터 갖추어져 있었는지 몰라.'

지역 경제계에서 이단아로 배척당한 것이 오히려 행운을 불러들인 셈이었다.

다나카도 니토리의 혼슈 진출은 그야말로 정답이었다고 생각한다. 홋카이도에 정착하지 못하게 만든 좋은 의미에서의 '야성'이 니토리를 지금의 성공으로 이끈 것이다.

마쓰쿠라 시게히토가 경영하는 마루미쓰의 부채가 점점 쌓여 16억 엔에 이르렀다. 그동안 마루미쓰에 연간 2억 엔씩 적자보전을 해왔는데 그 금액 누계가 16억 엔이 된 것이다.

감사 법인에서 니토리에게 말했다.

"서둘러 청산하고 자회사를 없애시는 게 좋겠습니다."

부채 16억 엔을 해결하지 않는 한 마루미쓰에 미래는 없었다.

마쓰쿠라는 살아남기 위한 방법을 생각하지 않으면 안 됐다. 인건비를 줄이기 위해 직원을 해고했다. 상자형 가구의 골조는 중국 광둥성 선전시에서, 문짝은 태국 하트야이 등지에서 만든 다음에 고무 해머로 조립하는 일만 시급 600엔짜리 파트타이머에게 맡겼다.

마루미쓰는 처음으로 타사 브랜드 제품을 제조하는 OEMOriginal equipment

Manufacture에 도전했고, 태국과 중국에서 생산하던 낮은 가격대의 가구는 100% 니토리에 판매했다.

이로서 국내에서 제조하는 고급 가구의 비율이 70%, 해외에서 제조하는 저렴한 가격대의 가구 비율이 30%가 됐다.

이 시도는 처음에는 괜찮았다. 하지만 부품 완성도가 낮아져 현지로의 반품률이 30~40%에 달했다. 뿐만 아니라 반품하면 이를 요금에 반영했다. 계약하러 갔을 때는 현지인의 대환영에 하늘을 날 듯 기뻤지만 반품률이 계속 증가하자 수지타산이 안 맞았다.

니토리는 지치지 않고 마쓰쿠라에게 권했다.

"해외에서 식기 선반과 서랍장, TV 선반, 수납장 등을 만들면, 품질과 기능과 가격의 모든 면에서 여타 가구 메이커로선 범접하지 못할 경쟁력을 가질 수 있어."

마쓰쿠라는 귀를 기울이지 않았다.

"소매랑 메이커는 달라. 그리 간단하지 않아."

니토리도 생각을 바꾸지 않았다.

"우리가 모회사야. 우리 방침에 따라!"

그렇게까지 말해도 마쓰쿠라는 움직이지 않았다. 니토리로서도 곤란하지 않을 수 없었다.

'이렇게까지 완고한 사람은 처음이야.'

니토리는 수없이 마쓰쿠라와 충돌한 끝에 언성을 높였다.

"이렇게까지 말했는데도 따르지 않겠다면 없앨 수밖에 없어!"

완고한 마쓰쿠라도 니토리가 이렇게까지 말한 이상 단념하지 않을 수 없었을 것이다. 니토리의 제안을 받아드리기로 결심을 굳혔다.

마쓰쿠라는 바위처럼 완고했지만 한 번 니토리의 말을 따르기로 결정하자 철저하게 니토리의 말에 따랐다.

하지만 또 다른 새로운 생각과 방침이 나오면 즉시 수긍하지는 않았다. 니토리와 싸움에 가까운 대화를 계속 주고받았다. 그리고는 또 결과적으로 니토리의 말에 따를 때는 확실하게 따랐다. 납득되지 않더라도 따랐다.

때마침 그 무렵은 전 세계의 기업이 중국을 주목할 때였다. 덩샤오핑鄧小平 주석이 시행한 개혁개방 노선으로 당시까지 추진되던 사회주의 노선에서 중국이 해방된 것이었다. 싼 인건비로 싸게 생산할 수 있을 뿐 아니라 아직 개발되지 않은 드넓은 국토가 있었다. 생산 공장으로서도, 시장으로서도, 무한한 가능성이 존재했다.

단, 진출에는 국영 기업과의 합병이 진출 조건으로 따랐으며 자본 비율도 51% 이상을 반드시 국영기업이 점유해야 했다. 인사권과 경리도 중국 측이 장악했다. 모처럼 선진국 기업이 지닌 노하우를 가지고 들어가려고 해도 뜻대로 되지 않았다. 자유롭지 못한 상황이 계속됐다.

그 틈에 인도네시아 수하르토Haji Muhammad Soeharto 대통령이 지역 유치에 나섰다. 1994년에 세계 각국의 중국 투자에 위기감을 느낀 인도네시아 정부가 100% 외국 자본으로 된 회사 설립을 인정한 것이다.

니토리가 조사해보니 인도네시아는 인건비가 쌌다. 인도네시아인의 평균 월급은 일본 엔으로 환산했을 때 약 3,000엔이었다. 일본인 한 명의 월급으로 백 명을 고용할 수 있었다. 앞으로 10년간은 괜찮겠다는 확신이 들었다. 다만 대학졸업자 수준의 지식을 가진 사람은 한 명도 없었다. 영어를 할 수 있는 사람도 없었다. 종업원의 수준은 더 낮았다. 자유롭기는 했다. 하지만 그만큼 많은 난관이 버티고 서 있었다.

그래도 니토리가 해외 진출의 조건으로 생각하던 100% 자본은 달성할 수 있었다.

'장소는 어디라도 상관없어. 하여튼 인도네시아에 고장을 설립하자.'

하지만 사내에는 반대의 의견이 높았다. 하지만 니토리는 누가 뭐래도 단념할 생각이 없었다.

니토리가 믿고 의지한 곳은 은행이었다. 상사를 통하지 않고는 힘들다고 했지만 굳이 은행을 선택했다. 인도네시아 관련 자료를 몇 번이고 작성케 했다.

수도 자카르타 근처는 진출하기에 적합하지 않았다. 인구도 1,000만 명을 넘고 인건비도 비쌌으며 수질도 나쁘다고 했다.

은행 담당자가 권한 곳은 수마트라 섬의 메단Medan이었다. 말레이 반도의 남서로 뻗어있는 수마트라 섬의 동북 연안부에 위치한다. 인도네시아 제3의 도시로 인구는 180만 명이었다. 19세기 후반에 네덜란드를 비롯한 유럽계 민주 자본이 들어와서 담배, 고무, 차 등의 플랜테이션 농원을 개발했다. 메단에 있는 벌라완Belawan 항구는 그러한 상품 작물의 중심적 집하장으로서 번영했다. 그런 위치적 특성상 해외로 수출하기에도 수월했다. 인건비도 쌌다. 자바 섬에서 5,000엔이 든다면 수마트라 섬은 3,000엔으로 충분했다.

은행 담당자가 어째서 메단을 추천했는가. 사실 일본의 한 가구 메이커가 메단으로 진출하려고 했었다. 그런데 어떤 이유에선가 철수 결정을 하고, 건설 도중이던 공장을 그대로 방치했다고 했다. 해당 토지 면적은 약 7,000~8,000평이었다. 도쿄돔이 두 개 들어갈 수 있는 면적이다.

니토리는 현지로 날아갔다. 확실히 그곳에는 공장을 건설하던 중인 토지가 있었다. 공장의 벽은 토지 주변을 빙 둘러싸고 있었다. 그곳으로 진출하기로 결심했다. 이미 기초 공사가 돼 있었기 때문에 건설비를 상당히 줄일 수 있었다.

1994년 10월에 니토리는 태국과 중국에서 OEM 방식으로 생산하던 것을 중단하고, 인도네시아 공화국에 가구 개발 및 제조 거점인 'P. T. 마루미쓰 인도네시아'를 설립했다.

이 때 니토리는 마루미쓰에게 5억 엔을 투자했다. 투자금을 포함해서 마쓰쿠라에게 건넨 자금은 총 21억 엔이었다.

니토리는 인도네시아로 떠나는 마쓰쿠라에게 말했다.

"이제 돌아올 곳은 없어."

마쓰쿠라에게도 오기가 있었다.

'인도네시아란 땅에서는 일찍이 우리 같은 작은 기업이 성공한 전례가 없어. 그렇다면 내가 처음으로 성공하는 모습을 보여 주겠어……'

니토리가 해외로 진출할 때도 모모요는 마음을 굳게 먹었다.

'설령 실패하더라도 공부는 되는 셈이니까 고마운 일이지.'

그리고 실제로 공부의 연속이었다.

인도네시아의 종업원 중에는 한 번 화장실에 들어갔다 하면 좀처럼 나오지 않는 사람도 있었다. 마쓰쿠라는 그런 짓을 하는 사람은 일본인 중에도 있다고 생각했다. 그래서 크게 신경 쓰지 않았다.

인도네시아 공장에는 여섯 명의 일본인이 상주하며 시스템 컨트롤과 디자인 및 설계를 책임졌다.

동남아시아에서는 중국인을 간부 사원으로 쓰는 회사가 많았지만, 마루미쓰 인도네시아 공장에서는 중국인은 한 명도 고용하지 않았다. 일본 연수를 통해 인도네시아인을 간부로 올리는 방침을 채택했다.

원재료는 도료부터 쇠 장식에 이르기까지 이미지가 국제적이면서도 저렴한 태국과 타이완 등지에서 모두 조달했다. 일본 메이커는 예를 들어 상품에 필요한 유리와 철제를 해외에서 수입할 때 대개 상사에 맡겼다. 하지만 니토리는 유리와 철제뿐 아니라 천과 목화에 이르기까지 직접 구매하러 나섰다. 목화를 사들여 실로 만드는 방적 공장을 포함해서 원료부터 소비에 이르는 상품의 전 과정흐름을 직접 설계디자인하고 통제컨트롤하는 머천다이징을 행했다.

공장 내의 각 생산라인은 모두 팀 단위로 나뉘었다. 각자에게 주어진 절단 및 도장, 조립, 품질 검사, 포장 등의 업무를 수행했다. 팀 리더는 'HANCHO(반장)'가 맡았다. 공장 내에서는 철저히 일본어만 사용했다. 'KACHO(과장)', 'KAKARICHO(계장)' 등의 직함은 물론 공정과 관련된 'NAKANURI(중간 칠)', 'TOSOU(도장)', 'KENMA(연마)', 'KAKO(가공)' 등의 작업 용어까지도 모두 일본어로 통일했다. 일본어로 통일한 것은 베트남 공장도 인도네시아 공장도 마찬가지였다. 통일하는 편이 일목요연해서 미스가 덜 발생하기 때문이다.

반장은 파란 모자를 쓴 종업원에게 지시를 내렸다. 완성된 것을 다음 공정으로 옮기는 사람은 노란 모자를 쓴 종업원이었다. 모자 색깔로 일의 역할 분담도 명확히 했다. 넓은 공장에서 각자가 맡은 역할을 알기 쉽도록 하기 위함이었다.

생산 관리를 할 때는 일본이 만들어낸 도요타 생산 방식을 철저하게 활용했다. 총 시간당 생산량과 팀별 시간당 생산량을 정해놓고, 100% 달성을 목표로 만들어 나갔다.

팀은 작업 속도를 늦춰선 안 된다. 지나치게 작업 속도를 높여 재고를 만

들어서도 안 된다. 생산 계획을 적절히 실현하는 것이 가장 좋은 평가를 받는 길이었다.

인도네시아는 적도 바로 밑에 위치하는 열대성 기후 지역으로 건기와 우기의 두 계절이 있었다. 대략 5월부터 10월까지가 건기이고, 11월부터 4월까지가 우기였다. 건기는 습도가 너무 높지 않아 생활하기 편했다. 하지만 우기가 되면 오후에 세찬 소나기인 스콜이 내려 습도가 높아졌다.

그런데 가구 중에 식기 선반, 서랍장, 정리장은 일본 특유의 것으로, 인도네시아 사람은 일상적으로 사용하지 않는 것이었다. 특히 플러시 구조フラッシュ構造라 하여, 골판지 골조의 양면에 합판을 붙이는 구조는 일본에만 존재했다. 물자가 부족하던 전후 시절에 튼튼한 판자를 만들 목적으로 만들어 낸 것으로 합판 속이 비어 두드리면 소리가 났는데, 이 때문에 '양면 붙임 플러시 구조太鼓張りフラッシュ構造'라고도 한다.

가벼울 뿐 아니라 기온 변화에도 강했는데, 0도는 물론, 30도나 건, 40도라도 기온에 따른 조절 능력을 갖고 있었다. 가볍다는 것도 큰 이점이었다.

또한 모든 상품의 내진성을 높였으며, 도장도 일본에서는 고급 가구에만 사용하는 UV 도장으로 했다. 일본의 일반적인 가구 도장은 연필심의 경도로 말하자면 HB지만, UV 도장은 4H 정도로 단단하다. 동전으로 긁어도 전혀 상처가 나지 않는다. 인도네시아 공장의 원재료인 파인목소나무은 색이 하얗고 나뭇결이 곱다는 특징이 있지만 물러서 상처가 잘 난다. UV 도장을 하면 미관상노 좋고 상처도 잘 나지 않는다. 그러면서도 가격은 변동되지 않는 선에서 가공을 진행했다.

그런데 플러시 구조 및 UV 도장 기술 인도네시아 종업원으로서는 좀처럼 이해하기 쉽지 않은 것이었다. 숨어서 몰래 잘 수도 있었다. 그런 종업원에게 일본 특유의 기술을 습득시켜서 생산성을 올려야 했다. 마쓰쿠라는 이를 위해 엄격한 벌칙 규정을 만들었다.

기본은 축구 규칙과 비슷하다. 무단결근을 비롯하여 회사가 정한 규칙을 지키지 않으면 경고를 나타내는 옐로카드를 꺼냈다. 옐로카드가 총 세 장이 되면 퇴사를 의미하는 레드카드를 건넸다. 경영자는 종업원을 해고할 수 있다. 그 대신 옐로카드는 받은 지 반년이 지나면 없어지는 방식이었다. 이런 축구 같은 벌칙 규정을 만들었음에도 현지 종업원은 번번이 룰을 어겼다. 일 년 동안에도 여러 장의 옐로카드를 꺼내야 했다. 마쓰쿠라는 가차 없이 옐로카드를 건넸다.

마쓰쿠라의 철저함에 확실히 기술은 점차로 향상됐다. 2000년에는 상자형 가구 생산이 연간 6만 개, 침대 생산이 3만 개에 이르렀다. 니토리 매출에 크게 공헌했다.

진출하고 나서야 알게 된 사실인데 메단은 인도네시아에서도 폭동이 자주 발생하는 것으로 유명했다. 파업도 메단에서 시작돼서 전국으로 퍼져나간다고 했다.

니토리는 마쓰쿠라를 독려했다.

"그 정도로 치안이 나쁘면 다른 회사는 도망갈 테니까 거꾸로 경쟁 상대가 없어서 좋지. 리스크를 감수하고 이익을 취하자."

니토리도 폭동을 피하기 위해 인도네시아인 종업원이 불만을 갖지 않도록 그들을 우대했다. 예를 들어 일본인을 비롯한 외국인 경영자는 입주 운전기사와 가정부에게 평당 두 명의 비율로 방을 배당했다. 하지만 니토리는 그 두 배인 평당 한 명의 비율로 했다. 공장 내에서는 마시는 물도 무료로 제공했다. 이슬람교 신자에게는 하루 세 번에서 네 번 하는 기도도 할 수 있도록 했다.

니토리는 마쓰쿠라에게 조언했다.

"잘 때는 물론 항상 보디가드를 곁에 두도록 해."

경찰에게 부탁하여 현직 경찰과 사격의 명수를 보디가드로 붙였다. 거처도 임대 주택에서 호텔로 옮겼다. 단독 주택은 아무래도 경비하기가 쉽지 않았기 때문이다.

니토리는 인도네시아에 갈 때면 반드시 골프를 쳤다. 마쓰쿠라가 친 볼이 나무 그늘로 날아갈 때면 니토리는 볼을 찾으러 가려는 마쓰쿠라에게 말했다.

"볼은 포기해. 아니면 캐디에게 찾아달라고 하든가."

마쓰쿠라에게는 전망 좋은 페어웨이만을 걷게 했다. 나무 그늘에 들어간 순간 느닷없이 칼에 찔리지 않으리라는 보장이 없었기 때문이었다.

종업원인 척 공장에 숨어들어 부품은 물론 돈이 될 만한 물건을 모조리 훔쳐가는 자도 있었다. 보안 관리가 미숙한 인도네시아 공장에서는 뭐든지 훔치는 종업원도 있었다.

자기 눈앞에 있는 도구 하나와 부품 하나가 자신의 한 달 치 월급과 같은 가치였기 때문이었다. 그것 하나만 빼돌려도 최소한 반값에는 팔 수 있었다. 한 달간 일해야 벌 수 있는 월급의 절반이 한순간에 들어오는 것이다.

그래서 마쓰쿠라는 공장 출입 체크를 엄중히 했다. 공장에서 물건을 가지고 나갈 수 없도록 철저히 조사하며 단속에 힘을 쏟았다. 공항에서 사용하는 것과 같은 금속탐지기도 도입했다. 하지만 그래도 훔치려는 종업원이 있었다. 당연히 출입 체크 시에 빠짐없이 발각되어 붙잡혔다. 물론 해당 종업원은 해고했다.

또 밤에 공장에 전력을 공급하는 구리선을 훔쳐가서 정전이 되었던 적이 있는가 하면 아침에 공장에 출근했을 때 1톤 가까이 되는 기계 자체가 사라져 있기도 했다.

니토리는 도둑 침입을 막기 위해 벽 높이를 2미터에서 4미터로 높이고 유자철선을 쳤다. 또 감시탑을 세우고 밤새 서치라이트를 밝혔다. 그러자 도둑은 서치라이트에 돌을 던져 전구를 깨트리기 시작했다. 그래서 서치라이트에도 철망을 쳤다.

또 현지 사람들이 니토리에게 부탁했다.

"사장님! 죄송하지만, 나무를 베어 주셨으면 해요."

도둑은 니토리가 심은 바나나를 비롯한 높은 나무 위와 나무 그늘에 숨어 있다가 틈을 타서 도둑질을 했다. 과실수가 도둑이 숨을 공간으로 이용되었던 것이다. 니토리는 할 수 없이 나무를 베었다.

그랬더니 이번에는 두꺼운 벽에 구멍을 뚫고 침입해 들어왔다. 니토리는 도둑에 대항하기 위해 벽 두께를 두 배로 두껍게 했다.

'이 정도 두께면 도저히 못 뚫겠지.'

하지만 도둑도 여간내기가 아니었던지라 이번에는 미국의 걸작 영화 '대탈주The Great Escape'에서처럼 땅에 구멍을 파고 침입했다. 담장 밖에는 사람 키 높이의 잡초가 우거져 있었고, 2~30미터 전방에서부터 구멍을 파고 들어왔기 때문에 대체 어디에서부터 들어오는 것인지 짐작도 할 수 없었다.

그래서 마쓰쿠라는 경비원을 고용했다. 하지만 그것은 최악의 선택이었다. 고용한 경비원이 도둑과 친해져서 구멍을 파지 않아도 공장으로 안내하는 상황을 초래하고 만 것이었다. 경비원의 목적은 도둑이 나눠주는 할당금이었다.

마쓰쿠라는 고민했다.

'보안은 역시 독자적으로 관리하지 않으면 안 되겠어.'

자사 경비를 그만두고 해군과 합작하는 민간경비회사와 계약하여 보안 관리를 맡기기로 했다.

이는 상당한 효과를 거두었다. 경비원 중에는 현지인이 없었다. 자카르타를 비롯한 다른 지역에서 경비하러 왔다. 덤으로 해군에서 훈련까지 받은 자들이었다. 경비원은 반년마다 교체됐다. 따라서 지역 주민과 친해질 걱정도 없었다. 결과적으로 외부에 경비를 의뢰한 지 10년이 지났지만 지금까지 단 한 건의 사고도 발생하지 않았다. 인도네시아 메단 공장은 도난 방지 시책 및 철저한 생산 관리를 추진하며 착실하게 노하우를 쌓아갔다.

메단 공장이 폐쇄되지 않을 수 있었던 것은 마쓰쿠라가 시종일관 인도네시아인을 평등하게 대했던 이유가 크다.

마쓰쿠라는 공장은 물론 사무소에도 종업원으로 화교는 한 명도 고용하지 않았다. 공장 가동 시작 초기에도 약 100명의 종업원은 모두 인도네시아인뿐이었고, 관리 부문을 담당하는 12~13명만이 일본인이었다.

이는 메단의 지역 특성상 특이한 경우였다.

마쓰쿠라는 인도네시아인에게 약속했다.

"회사에 관한 것은 그것이 무엇이든 모두 투명하게 할 것이며, 급료도 메단의 그 어느 공장보다도, 주변에 있는 화교 공장보다도 많이 주겠습니다."

마쓰쿠라에게는 일본계 기업이라는 프라이드가 있었다.

'우리 회사에서 근무하는 이상, 이 지역 최고가 아니어선 안 돼.'

또 개인의 능력도 중시했다. 메단에는 지금도 학교를 못 다니는 아이들이 많다. 그래서 학교 따위와는 상관없이 스스로의 노력으로 능력을 발휘하면 노력에 합당한 급료를 주는 것은 물론 공장에서의 직위도 점점 올려 주었다. 우수한 종업원은 작업부에서 반장으로, 반장에서 과장으로, 그리고 간부로까지 승진시켰다. 마침내 인도네시아인 임원이 한 사람 탄생하기에 이르렀다.

공장 설립 당시에 1%를 차지했던 일본인 종업원의 비율도 상당히 줄어들었다. 현재는 공장을 인도네시아인에게 맡기고 있다. 규모도 약 1,500명으로까지 늘었다. 일본인 직원은 경리, 판매, 구매를 담당하는 세 명뿐으로, 처음의 12~13명에서 상당히 줄어든 상태로 메단 공장은 관리되고 있다.

인도네시아인을 대하는 마쓰쿠라의 태도에 현지인들은 무척 기뻐했다. 대신 노동조합의 요구는 받아들이지 않았다.

좌우간 인도네시아인과의 교섭에는 진중했다. 그래서 사람들은 마쓰쿠라를 인격자라고 평가했다. 일반적인 성격을 지닌 사람이었다면 틀림없이 꼬리를 말고 도망쳤을 것이다. 하지만 마쓰쿠라는 그러지 않았다.

마쓰쿠라와 니토리에게는 공통점이 있다. 두 사람 모두 철저하게 낭비를 싫어한다는 점이었다. 재료의 효율적 이용에도 여념이 없었다. 예를 들어 목재는 95%까지 사용했다. 다른 동종업계 회사에서는 목재를 약 50%밖에 사용하지 않는다. 가구로 사용할 수 없는 폐자재도 낭비하지 않고 포장 재료로 활용했다.

또 제품 완성도에도 심혈을 기울였다. 전에 니토리가 타이완에서 수입했던 가구는 일본 기후와 맞지 않아서 균열이 생기는 일이 잦았다. 이를 일본

습도에 맞게 만듦으로써 일본 기후에 적합한 제품으로 완성해냈다.

그래도 처음에는 클레임이 상당했다. 하지만 클레임을 진지하게 받아들이고 시행착오를 반복함으로써 클레임이 발생하지 않는 상품으로 만들어 나갔다.

여러 개의 작은 원목을 서로 접착시켜 한 장의 판재로 만들었는데, 기계를 이용하지 않고 일일이 수작업으로 이어 붙였다.

니토리가 담당자에게 물었다.

"왜 기계를 사용치 않고 수작업으로 붙이는 겐가?"

담당자가 대답했다.

"인건비가 싸서 기계로 하는 것보다 수작업으로 하는 게 싸거든요. 이것만으로도 연간 3,000만 엔이 절약돼요."

시행착오를 통해 손으로 하기 어렵다던 기술도 모두 극복했다. 또 습도가 높아서 도료가 잘 마르지 않았다. 이에 빨리 마르는 도료를 개발하여 사용하고 있다.

곧 판자를 접착시키기 위한 고주파 기계도 도입했다. 나무로 만들어지는 판자에는 다양한 종류와 형태가 있다. 이것을 풀로 이어 붙여서 한 장의 판재를 만들어낸다. 여러 장의 판자를 서로 이어 붙여서 한 장의 판재로 만들다 보면 아무래도 나무가 휘는 현상이 발생하게 된다. 그래서 촘촘하게 붙임으로써 풀의 접착 효과로 판재 한 장의 밸런스를 완벽하게 잡는 것이다.

이 접착 작업을 수만 볼트의 고주파 전열을 이용하여 순간적으로 건조시킬 수 있게 되자 작업 효율이 올라갔다. 건조될 때까지의 긴 시간과 이를 위한 장소가 필요치 않게 됐다.

이렇게 인도네시아 공장의 작업이 점점 효율화 되면서 매출도 증가했고 니토리의 이익에 공헌하게 됐다.

이사전무집행 임원인 고미야 쇼신小宮小進은 1960년 10월에 중국 장쑤성江蘇省 난징 시南京市에서 태어났다. 1985년에 난징 대학을 졸업한 고미야는 1986년 2월에 일본으로 건너왔다. 1987년에 도쿄대학대학원 공학계열연구과 항공우주공학과에 입학했다. 1993년 3월에 석사 과정 2년과 박사 과정 3년을 수료하고 니토리에 입사했다.

입사하고 1년 반이 지난 1996년 5월에 고미야는 본부 상품부로 이동하여 홈패션 담당 해외구매 바이어로 미국과 자국인 중국에 빈번히 해외 출장을 다니게 됐다. 하지만 처음에는 각국에서 열리는 홈패션 전시회를 돌며 마음에 드는 상품을 주로 매입했다.

하지만 고미야는 이런 방식에 의문을 품기 시작했다.

'전시회에서 제품을 구매하는 건 별로 좋은 방법이 아닌 것 같아. 이보단 고객이 필요로 하는 상품을 자사에서 개발해서 싸게 판매하는 게 낫겠어.'

고미야는 이 방식을 니토리에게 제안했다.

"이 상품은 자사에서 개발하는 게 낫지 않을까요?"

니토리는 이에 대해 명확하게 지시했다.

니토리는 애매한 것을 싫어하는 성격이었다. 예를 들어 당시 니토리의 해외 수입 비율은 5%를 차지했다. 니토리는 구체적인 숫자로 지시했다.

"3년 안에 어떻게 해서든 35%로 늘려."

이렇게 지시를 명확하게 받으면 지시를 받은 입장에서도 의욕이 생긴다.

게다가 니토리는 설령 실패하더라도 책임을 묻지 않았다. 보너스와 승진에도 영향이 없었다.

"실패해도 괜찮아. 우린 일단 도전하고 보는 회사니까. 그래도 왜 실패했는지는 꼭 분석해야 해. 그래야 두 번 다시 똑같은 실패를 하지 않으니까."

단, 니토리는 실패했다는 사실을 보고하지 않고 숨기는 것만큼은 아주 싫어했다.

현재 업적이 좋지 않은 회사는 니토리와 정반대이다. 니토리는 늘 직접 리스크를 짊어졌다. 사원이 실패해도 책임을 묻지 않았다. 다른 회사라면 부장이 즉시 달려가서 큰 소리로 나무라며 책임을 추궁할 것이다. 고미야는 사원이 실패를 두려워하지 않고 도전할 수 있는 환경이 조성되어 있다는 점이 니토리의 강점이라고 생각한다.

미국과 중국 전시회에는 이렇다 할 큰 차이가 없었다. 하지만 미국 가구는 일본 가구보다 뛰어났고 가격도 저렴한 중국제가 많았다. 니토리는 미국 연수에 가면 어느 나라에서 만들어진 제품인지를 반드시 확인했다. 싸고 질 좋은 제품이 있으면 그 나라에서 제품을 사들였다.

니토리는 무슨 일이든 숫자로 생각하는 습관이 있었다. 따라서 네다섯 명이 회의하더라도 암산은 도쿄대학과 대학원 출신인 고미야는 물론 그 누구보다도 월등하게 빨랐다. 예를 들어 '이익은 얼마인지', '원가를 빼면 얼마인지'와 같은 계산도 순식간에 했다. 고미야는 니토리가 계산기를 쓰는 모습을 한 번도 본 적이 없다.

고미야는 상품부에서 카펫 및 커튼 해외구매담당 바이어와 홈패션 섬유부문 매니저를 담당했는데, 카펫은 도매를 경유한 상품을 최대한 피하고 직접 구매하기 위해서 해외 메이커를 찾아 나섰다. 이를 통해 최소한 20%까지 싸게 고객에게 상품을 제공할 수 있었다.

고미야는 사전에 일본 시장에서 어떤 컬러와 패턴이 잘 팔리는지를 조사하고, 자신이 구상한 이미지와 예산, 판매 계획과 관련된 데이터를 가지고 현지 메이커와 충분히 상담을 나눴다.

니토리는 자신의 경험담을 여러 번 고미야에게 말했다.

"난 외국어를 못해도 혼자 외국에 나가서 여러 제품을 사 왔어. 메이커를 모를 때는 현지에서 고용한 통역사에게 닥치는 대로 전화번호부를 조사해달라고 해서 사전 약속도 하지 않고 상담하러 갔지."

미국 유학 경험이 있는 고미야는 영어도 할 수 있었다. 따라서 직접 메이커에 미팅 약속을 잡는 경우가 많았지만 때론 니토리처럼 사전에 미팅 약속도 하지 않고 메이커를 방문하기도 했다.

당시 니토리에서 카펫을 수입하는 주요 국가는 벨기에와 이집트, 터키 등이었다. 그중에서도 벨기에 윌튼 카펫이 주력상품이었다. 하지만 선진국인 벨기에의 카펫은 가격이 비쌌다.

고미야는 생각했다.

'일본 고객은 딱히 벨기에 제품이라서 사는 게 아냐. 제품이 자아내는 분위기와 품질을 보고 구매하는 거지. 벨기에 제품과 같은 상품을 만드는 곳이 다른 데는 또 없을까?'

고미야는 자료와 데이터를 통해 중동 레바논의 윌튼 카펫이 벨기에보다 10% 이상 싸다는 것을 알아냈다. 북에서 동으로는 시리아, 남으로는 이스라엘과 인접하고 있는 레바논에서는 1975년에 종교적 대립과 중동 분쟁의 영향으로 내전이 발발했다. 1991년에 내전이 종식되면서 경제도 발전했고 거리도 서서히 부흥을 이루며 과거의 활기를 되찾았다. 하지만 일부 지역은 여전히 분쟁 중이어서 결코 안전하다고 할 수 없었다.

오늘날에는 인터넷 보급으로 디지털카메라로 촬영한 제품을 컴퓨터로 손쉽게 확인할 수도 있다. 하지만 당시에는 그럴 방법이 없었다. 제품 이미지는 어떻고 패턴은 어떤지를 확인하기 위해서는 직접 현지 메이커를 방문할 수밖에 없었다.

고미야는 결심했다.

'레바논으로 가자.'

위험하다는 사실을 알면서도 베이루트 국제공항(현 라픽 하리리 국제공항Beirut Rafic Hariri International Airport)에 내렸다. 도착하기가 무섭게 공항에서는 모든 짐을 풀어헤치고 신체를 검사했다. 그나마 총을 들이미는 사태는 발생하지 않았지만 게이트에서는 기관총을 든 군인이 눈을 번뜩이고 있었다. 또 일본 경찰관은 권총을 허리에 찬 권총집에 수납하고 있지만, 레바논 경찰관은 흉악범죄가 발생했을 때 즉시 발포할 수 있도록 항시 권총을 손에 쥐고 거리를 순회했다.

고미야는 마음을 굳게 먹었다.

'산 사람은 언젠가 죽기 마련이야. 그때가 되면 피하려고 해도 피할 수 없어.'

고미야는 여러 메이커 회사를 방문해 상담을 성사시켰다. 니토리에서는 벨기에 제품보다 10%가 저렴한 레바논 카펫을 4~5년간 판매했다.

그 후 중국 메이커에 똑같이 만들게 했더니 가격이 더 낮아졌다. 니토리의 월튼 카펫은 주로 중국에서 들여왔다. 이렇게 해서 니토리의 카펫은 방 전체에 까는 타입과 일본 특유의 6첩과 8첩 카펫을 제외하고는 모두 해외에서 구입하게 됐다.

그 후에 고미야는 카펫 해외구매담당 바이어에서 커튼 해외구매담당 바이어로 이동하게 됐다. 당시 니토리의 커튼은 100% 가까이를 국내 메이커에서 구매했다. 하지만 타사 상품과 같았기 때문에 경쟁력이 없었다. 이에 커튼도 해외 제품으로 변경해 나가기로 한 것이었다.

카펫은 고미야가 혼자서 담당했었지만, 커튼은 다른 사원 한 명과 함께 둘이서 담당했다. 약 4~5년의 기간 동안 1년 중에 약 80%는 해외에 나가 있었다.

현재 일본에서 가장 커튼을 많이 팔고 있는 회사는 니토리이다. 니토리 는 커튼만으로도 300억 엔 이상의 매출을 올리고 있는데, 그 기초를 다졌던 한 사람이 바로 고미야이다.

다만 현재에 이르기까지는 실패도 많이 했다. 예를 들어 지난번에 입하 됐던 제품과 같은 제품을 추가 오더 했음에도 불구하고 사이즈에 오차가 있 거나, 컬러가 미묘하게 다른 경우가 있었다. 염색을 할 경우에 그 날의 온도 에 따라서도 컬러가 달라지기 때문이었다. 같은 컬러의 제품이라도 가게에 진열해 놓으면 대단히 지저분해 보였다.

커튼 제조 공정은 '①천을 짠다 ②천을 염색한다 ③천을 봉제한다'의 세 단계로 분류된다. 대개 소매업자는 공정 중에서 봉제업체에 밖에는 관여하 지 않는다. 니토리도 간혹 염색업체를 방문하기는 했지만 품질에 대해 말하 는 경우는 없었다.

니토리가 말했다.

"컬러가 일정치가 않다니! 말도 안 돼!"

이에 고미야는 염색업체에까지 관여하기로 했다.

'컬러를 균일하게 할 방법은 그것밖에는 없어.'

예를 들어 니토리에서 21품목의 커튼을 판매할 때는 세 품목씩 7사社 의 메이커에 오더했었다. 하지만 그래서는 각사가 니토리에 납품하는 비중이 적었다. 그래서 구입처를 7사에서 2사로 집약함으로써 니토리에 납품하는 비중을 높였다. 그러면 담당자가 니토리 제품의 품질 관리는 허투루 할 수 없게 된다. 또 니토리의 발언권도 순식간에 커지기 때문에 요구사항도 확실하게 반영된다. 이렇게 밀접한 관계를 구축한 다음에 담당자와 함께 포목업체와 염색업체를 방문해서 이런저런 사항들을 요구했다. 그렇게 함으로써 사이즈와 컬러 오차를 방지했다.

미국의 상품 실용성에는 실로 놀라지 않을 수 없다.

하지만 아쓰미는 상품 개발에 대해 니토리에게 이렇게 말했다.

"난 메이지 시대(1868~1912년-역자 주)부터 장사란 게 이상해졌다고 봐. 왜냐하면 그때부터 개발이란 생각하는 것이라는 사고방식이 만연해졌거든. 책방에 가면 발명품=아이디어란 책밖에는 없어. 하지만 TV도 그렇고, 컴퓨터도 그렇고, 휴대폰도 그렇고, 모두 모조에서 시작된 거야. 그런데 유럽에서는 자기들도 남의 걸 따라서 만들면서 짝퉁을 비윤리적이라며 싫어하지. 그래서 하나둘씩 망하는 거야. 21세기에는 20세기 때보다 얼마나 더 뛰어나게 베껴서 새로운 가치를 창출하는가가 중요해. 즉 생각하기보다는 미국의 샘플을 구입하는 게 훨씬 나아."

아쓰미의 그런 가르침도 있었기 때문에, 니토리는 미국으로 샘플을 사러 건너가서 여러 대의 트럭을 이끌고 소매가격으로 약 2,000만 엔어치를 쇼핑했다.

그리고 일단 과학적 검증으로 제품의 특징을 숫자로 완벽하게 파악했다. 다음에 외부 테스트를 통해 얼마나 편리한지, 어떤 점이 좋은지를 조사했다. 그러고 나서 메이커를 방문했다. 공장으로 가서 어떤 제품이 생산되고 있는지를 확인했다. 그리고 일본인용으로 수정한 사양서를 주고 샘플을 만들도록 했다. 과학적 검증과 외부 테스트를 거듭하여 "이 정도면 충분해!"란 말이 나올 때까지 5번에서 10번까지 샘플을 만들었다. 그런 연후에야 비로소 시험 판매에 들어갔다.

시험 판매도 한 점포, 세 점포, 열 점포의 순서로 단계를 밟은 후에야 겨우 당당하게 정식으로 진열됐다. 일본 메이커 중에서도 니토리처럼 이렇게까지 소비자의 입장에서 제품의 실용성을 깐깐하게 추구하는 기업은 드물다.

5장

도산 위기를 극복하고
도쿄증권거래소
1부에 상장

1997년 11월 17일에 니토리는 매월 정기적으로 진행하는 인도네시아 공장 시찰을 하고 있었다. 그때 경리 담당자에게서 전화 한 통이 걸려왔다.

"다쿠쇼쿠은행이 파탄났습니다."

다쿠쇼쿠은행, 즉 홋카이도다쿠쇼쿠은행은 니토리의 주거래은행이었다.

11월 15일에 다쿠쇼쿠은행은 임시 이사회를 개최했다. 영업 지속 단념을 만장일치로 결정했다. 다음 해인 1998년 11월 10일을 기점으로 영업을 종료하고, 제2지방은행인 호쿠요은행에 영업 양도하기로 결정한 것이다.

이 사실이 발표된 것이 11월 17일 오전 8시 20분이었다.

니토리에게 다쿠쇼쿠의 파탄 소식을 전한 경리부 재무 매니저는 니토리의 주거래은행이 파탄 났음에도 침착했다.

"그렇다고 지금 당장 문제가 되는 건 아닙니다. 서둘러 귀국하실 필요는 없습니다."

"알았어. 무슨 일이 있거든 즉시 알려줘."

니토리는 일정 변경을 하지 않고 인도네시아를 시찰한 다음에 그대로 아내 모모요와 함께 오스트리아로 날아갔다. 대학 선배를 포함한 20여 명이 오스트리아 남서부에 위치한 퍼스Perth에서 동창회를 개최한다고 했기 때문이었다.

한편 삿포로 증권거래소의 니토리 주가는 연일 하락했다. 다쿠쇼쿠은행이 파탄하기 전인 11월 14일에 한 주당 1,010엔이던 주가가 파탄 당일인 17일에는 1,000엔 밑인 980엔으로, 18일에는 950엔, 19일에는 900엔, 20일에는 850엔으로까지 쭉쭉 떨어졌다.

퍼스의 숙박업소로 경리부 재무 매니저에게서 긴급 전화가 걸려온 것은 11월 24일이었다.

"이번에 야마이치증권山—證券이 자진 폐업을 결정했답니다."

니토리를 놀라게 한 것은 이 소식 다음에 이어진 경리부 재무 매니저의 말이었다.

"스위스은행에서 사흘 안에 50억 엔을 돌려달라고 합니다."

야마이치증권은 삿포로 증권거래소에 상장된 니토리의 주간사 증권회사로, 일본 4대 증권회사 중의 하나였다.

니토리는 1996년 11월에 50억 엔의 전환사채를 발행했다. 이를 인수한 곳이 스위스은행이었다. 사실 니토리의 전환사채 발행을 보증하던 곳이 경영 파탄난 홋카이도다쿠쇼쿠은행과 야마이치증권의 두 금융기관이었다.

이를 보증하던 두 금융기관이 한 번에 쓰러지리라고는 전혀 예상하지 못

했다. 니토리로서도 사활이 걸린 문제였다.

니토리는 즉시 일본으로 돌아갔다. 니토리에는 50억 엔을 상환할 만한 자금이 없었다. 어디선가 조달해야만 했다. 하물며 기한은 사흘. 기한을 조금이라도 연장해달라고 교섭해봤지만 스위스은행은 한 시간도 연장해주지 않았다. 사흘이 세계 기준이라고 했다. 실제로는 니토리가 일본에 도착할 때까지의 시간이 있었기 때문에 융자해줄 곳을 찾을 시간은 이틀밖에는 안 되었다.

'50억 엔을 마련하지 못하면 우린 파산이야.'

니토리는 일본으로 향하는 비행기 안에서 뒤로 눕힌 의자 등받이에 몸을 파묻고 갑자기 엄습해 온 어둠과 싸웠다. 니토리를 구할 최선의 방책이 떠오르지 않았다.

'발로 뛰며 모든 은행에 머리를 숙일 수밖에 없겠어.'

니토리는 홋카이도로 돌아오자마자 모든 은행을 돌았다. 하지만 상황은 가혹했다.

3대 은행을 비롯한 그 밖의 모든 은행이 버블 경제의 잔해라 할 수 있는 불량채권의 처리에 허덕이고 있었다. 게다가 국제 경제 은행(BIS)이 정한 자기 자본 비율의 규제 수준 달성에 쫓기고 있었다. 국제 거래하는 은행은 8%, 국내 업무에 특화된 은행은 4%였다. 이로 인해 노골적인 대출 거절 및 감액, 중단과 자금 회수까지도 이루어졌다.

하지만 상황이 아무리 어렵더라도 니토리는 발로 뛰며 융자해줄 은행을 찾을 수밖에 없었다.

돈을 빌려줄 은행을 찾지 못한 채 순식간에 이틀째 날도 시간을 거의 다 허비했다. 약속시간까지 앞으로 몇 시간밖에 남지 않았다. 궁지에 몰렸다.

이대로 가다가는 약 500명의 사원과 그보다 더 많은 파트타임 종업원이 길거리로 내몰릴 판이었다.

니토리는 차 안에서 생각했다.

'아무리 그래도 그렇지. 어째서 또 아무 데서도 돈을 안 빌려주는 거야?'

무심코 앞을 보니 운전자가 뒤를 볼 때 이용하는 백미러가 눈으로 들어왔다.

'거울……. 그렇구나.'

니토리 2호점인 홋코점을 오픈했을 당시의 일이 선명하게 떠올랐다.

어쩌면 은행 담당자와 상담하던 니토리의 얼굴은, 비장감이 감돌았다고까지는 못하더라도, 여유 없는 경영자의 얼굴이었는지 모른다.

'홋코점 때처럼 웃는 얼굴로 다시 해보자.'

니토리의 마음에 여유가 생겼다. 어느 사이엔가 뒤엉켜 있던 뇌에도 여유가 생기는 듯했다.

'그래! 은행에는 신탁은행도 있지……?'

운전기사에게 저도 모르게 큰소리를 쳤다.

"스미토모신탁은행(현 미쓰이스미토모신탁은행三井住友信託銀行)으로 가게!"

스미토모신탁은행의 1997년 3월기 영업이익은 140억 3,600만 엔이었다. 신탁은행으로서 미쓰비시신탁은행(현 미쓰비시UFJ신탁은행三菱UFJ信託銀行)에 이어서 2위를 차지하고 있는 은행이었다. 니토리도 발행 주식의 3.1%를 맡기고 있었다.

니토리의 지시대로 스미토모신탁은행 삿포로지점 앞에 차가 멈추자 니토리는 뛰어내렸다. 밝은 빛이 보이는 듯한 기분이었다.

즉시 시간을 내준 지점장에게 현재까지의 경위를 설명하고 다음과 같이 말했다.

"50억 엔을 호쿠요은행에서 빌려도 상관없습니다만, 앞으로 주거래은행으로서 우리 회사의 도쿄 진출을 스미토모신탁은행에 맡기고자 합니다. 이에 이번 스위스은행에 대한 상환분도 이쪽에서 융자했으면 합니다."

그리고 지점장에서 니토리가 품고 있는 로망과 비전을 자신감 넘치는 어조로 말했다. 니토리의 화술에 점장은 조금씩 빠져들었다. 지점장 입장에서 보면 예상치도 못한 곳에서 굴러들어온 이야기였다. 니토리에게 융자해 주는 것은 기회이기도 했다. '주거래은행'이란 말이 지점장의 마음을 흔들었다. 불경기 속에서 순조롭게 업적을 올리고 있는 니토리의 주거래은행이란 위치를 거머쥐는 것은 지점장 자신의 실적이 되는 일이기도 했기 때문이었다.

"알겠습니다."

지점장은 당장 그 자리에서 전화기를 들고 본점 전무에게로 전화를 걸었다.

경위를 설명하고 전무를 설득하고 나섰다.

"제가 책임지겠습니다."

니토리는 가능성을 감지했다. 지점장과 전무의 통화 내용을 들어보니 전무도 거의 승낙하는 분위기였다. 하지만 기쁨을 얼굴에 드러낼 수는 없었다. 의미심장한 표정을 유지했다.

전화 수화기를 내려놓고 지점장은 웃으며 말했다.

"전무에게도 승낙을 받았습니다. 50억 엔은 저희 측에서 융자해 드리겠습니다."

니토리는 구원받은 기분이었다. 그야말로 막판 역전이었다.

즉시 스위스은행에 스미토모신탁은행이 발행한 융자증명서를 팩스로 보냈다.

스위스은행에서 바로 답변이 왔다.

"50억 엔은 상환하지 않으셔도 됩니다. 니토리에 융자해 주는 금융기관이 있다는 사실을 확인한 것만으로 충분합니다."

니토리는 다시 스미토모신탁은행 삿포로지점으로 갔다. 그리고 지점장에게 머리를 깊이 숙였다.

"대단히 죄송합니다. 융자를 받을 수 있는 곳이 있다는 사실을 확인한 것만으로 충분합니다. 모처럼 애써 주셨는데 송구스럽습니다."

그 후로 스미토모신탁은행과 거래하고 있으며 지점장과도 허물없는 사이가 됐다. 후에 지점장에게는 처음으로 융자 신청했을 때의 사정 이야기도 털어놓았다.

니토리는 그 어떤 역경 속에서도 반드시 해결의 실마리를 찾을 수 있다. 그렇게 믿고 있다. 그렇기 때문에 아무리 어려운 역경 속에서도 밝은 태도로 행동할 수 있는 것이다.

니토리도 싫은 일로 잠을 이루지 못할 때가 있다. 하지만 일주일이 지나면 언제 그랬냐는 듯이 잊었다. 니토리는 매번 위험한 다리를 건넜다. 그래도 어떤 상황에서든 결코 정신적으로까지 쫓기지는 않았다. 위태롭다는 것을 알아도 "에잇, 얍!" 하고 기합을 넣고 뛰어넘었다.

니토리는 선배에게 이런 말을 들은 적이 있다.

"지난 일로 고민하는 짓하고 군걱정만큼은 하지 마."

어떤 일이 착수하기 전에 여러 가지를 생각하면 생각만 하고 일은 진행하지 못한다. 반면 이미 지난 과거를 붙들고 끙끙거리고 고민하면 미래가 보이지 않게 된다. 이에 '지난 일로 고민하는 것'과 '군걱정'과 관련된 일은 잊으려고 노력했다.

하지만 잊으려고 하면 할수록 뇌리에 깊이 파고들었다. 고민하기 싫은데도 고민하게 됐다.

니토리는 깨달았다.

'그래, 미래에 대해 더 많이 생각하면 돼!'

지금까지보다 미래에 대해 더 많이 구상했다. 미래에 몰두하면 설령 장사에서 수억 엔의 손실이 나더라도 사흘이면 아무 일도 없었던 것처럼 잊을 수 있었다. 또 자신이 구상하는 미래상을 바탕으로 지금 무엇을 하면 좋을지를 역산해서 생각하게 됐다. 그렇게 생각하자 주변 동향에 쉽게 동조하지 않게 됐다. 오히려 주변 동향과는 정반대의 행동조차도 망설임 없이 할 수 있게 됐다.

이때부터였을까. 니토리는 곧잘 이렇게 말했다.

"어떻게든 되겠지!"

니토리는 걱정되면 걱정될수록 흥분됐다. 리스크란 기회라고 생각했다. 도저히 가능할 것 같지 않은 어려운 일에 도전하지 않으면 성공할 수 없다. 늘 리스크를 추구했다. 주어지지 않으면 직접 리스크를 만들었다. 그러다가 인간은 실패도 한다. 성공도 한다. 그 경험으로 인해 더 큰 목표에 도전하고 싶어지기도 한다. 그런 연후에 그 누구도 발을 디딘 적 없는 영역에 당도할 수 있는 것이다.

니토리는 사원 경쟁을 촉진했다. 사원끼리 경쟁시켰고 공포를 극복하고 살아남은 자를 책임자로 임명했다.

니토리가 늘 도전자로 존재할 수 있는 것은 내일을 생각할 수 없던 시절이 있었기 때문이라고 스스로 생각한다. 목숨을 끊을 생각까지도 했었다. 그리고 미국에 가서 인생관이 바뀌었다. 일본인의 생활에 기여하는 일이 자신의 기쁨이라는 것을 알았다.

저 혼자만의 기쁨을 위해서였다면 한, 두 점포가 성공한 것으로 만족하고 끝냈을지 모른다. 하지만 세상 사람들을 위해서라는 큰 로망에는 끝이 없었다.

니토리에 도큐덴엔토시센東急田都市線 전철 라인의 미나미마치다역南町田駅 근처에 위치한 약 1,000평의 토지를 빌린 기회가 생겼다.

니토리가 도큐 전철에 미나미마치다에 출점하고 싶단 의향을 전달한 것은 1996년의 여름이었다. 출점하기 위해서는 당시 도쿄급행전철주식회사(東京急行電鉄株式会社, 일명 도큐—역자 주)의 상무이사 니시야마 가쓰히코西山克彦(현 도큐 퍼실러티 서비스 주식회사Tokyu Facility Service 株式会社의 고문)의 협력이 반드시 필요했다. 처음에 니토리와 접촉한 사람은 니시야마의 부하이자 개발사업본부 주택사업부 과장인 쓰자키 다카오津崎卓生였다.

니토리의 요청을 듣고 쓰자키 과장은 즉시 니시야마에게 보고했다.

"홋카이도의 가구점에서 빌리고 싶다네요. 별로 유명하지는 않지만, 홋카이도 사람에게 물어보니 도내 제일의 가구점이랍니다. 어떻게 할까요?"

니시야마는 대답했다.

"만나 보자."

니시야마는 본사 회의실에서 니토리를 만났다. 니토리는 니시야마가 생각하는 '사업가'의 모습과는 달랐다. 니토리는 니시야마에게 사업 확장 프로세스를 열심히 설명했다. 5년 후, 10년 후, 30년 후의 성장 목표를 열심히 프레젠테이션했다. 또 니토리는 일본 체인스토어협회 상담위원인 아쓰미 슌이치가 뒤에 있다는 사실도 니시야마에게 피력했다. 니토리의 강렬한 희망은 일단 도쿄에 출점하고 싶다는 것이었다.

니토리는 1993년에 처음으로 혼슈에 진출했지만, 도쿄에는 아직 진출하지 못한 상태였다. 하지만 마치다 시町田市는 도쿄 도민 및 가나가와 현민에게 도쿄 변두리로 인식됐다. 그래도 니토리에게 미나미마쓰다南町田는 틀림없는 도쿄였다.

니토리는 니시야마에게 그 후의 전망에 관해서도 이야기했다.

"역시 도쿄에 중심이 될 점포를 세우고, 이를 기폭제로 일본 전국으로 나아가고 싶습니다."

니토리의 의욕은 보통이 아니었다. 니토리의 점포는 기본적으로 2층 건물이 많았다. 하지만 미나미마치다점은 토지가 좁아서 주차장을 만들 만한 여유가 없었다. 이에 '큰 점포를 오픈하고 싶다'는 의지적 상징을 담아서 이례적으로 6층 건물로 세우기로 했다.

삿포로가 아닌 도쿄에서 채용 시험을 치르면 학생들의 지원율도 달라질 거라고 역설했다.

그리고 특히 이 말을 강조했다.

"도큐의 토지를 사용하는 데 의의가 있어요!"

좌우간 니토리는 니시야마를 필사적으로 설득했다. 만일 니시야마의 눈에 니토리의 이미지가 나쁘게 보이면 니시야마는 니토리에게 토지를 빌려주지 않을 가능성도 있었다. 사실 니토리의 입장은 위태로웠다. '홋카이도의 가구점'이라는 설명만으로는 임팩트가 약해서 선발에서 빠질 수도 있었다.

하지만 니시야마는 맹렬한 기세로 프레젠테이션하는 니토리와 직접 면담하고 그때까지 가지고 있던 생각을 바꾸었다. 니시야마는 눈앞의 니토리를 보며 말이 너무 많다고 내심 쓴웃음을 지으면서도, 일찍이 니시야마와 그의 동료들이 추진했던 다마多摩 전원도시를 개발했을 당시의 젊은 열정과 공통되는 무언가를 느꼈고, 나중에는 이렇게 생각했다.

'우리가 만든 마을에 이 사람이 점포를 오픈해 줬으면 좋겠다.'

결국 니시야마는 니토리에 미나미마치다의 토지를 빌려주기로 했다. 이때 니시야마로 대표되는 도큐 측에서 니토리에 조건을 내걸었다.

"빌려드리겠습니다. 다만 건축은 도큐 그룹, 그러니까 도큐건설에 맡기셨으면 합니다."

니토리는 대답했다.

"좋습니다."

니토리는 결국 같은 도큐 그룹인 도큐고켄東急工建에 시공을 발주했다.

니토리는 임대주에게 옆 토지의 주인에게 사용 허가를 받아달라고 부탁했다. 만약에 허가해 주면 1층을 주차장으로 하고, 2층부터 6층까지를 매장으로 꾸밀 생각이었다. 점포 오픈에 목숨을 걸 각오로 임했다.

다만 아쓰미 슌이치에게만큼은 알리지 않았다. 아쓰미는 점포에 관해서 누누이 강조했다.

"건물을 가늘고 길게 지어선 안 돼."

최고 2층을 넘기지 말라고 했다. 그때까지 니토리는 아쓰미의 말대로 점포를 최고 2층까지로 지었다. 하지만 아쓰미의 말에 신경 쓸 여유가 없었다. 지주의 허락이 떨어지자 6층짜리 점포 건축에 돌입했다.

아쓰미에게는 말하지 않았지만 그 정보는 누군가를 통해 아쓰미의 귀로 들어갔다.

아쓰미는 니토리를 불러서 노여움을 드러냈다.

"어째서 그런 연필 같은 빌딩을 세우려고 하나! 당장 그만두게!"

"선생님, 벌써 공사를 시작했어요. 이제 와서 그만둘 순 없습니다."

니토리가 그렇게 말하지 않아도 아쓰미도 무슨 말인지 안다. 어쩌면 미나미마치다점은 입지 조건이 뛰어났기 때문에 집객이 잘 돼서 높은 매출을 기록할 수도 있었다. 하지만 한 번 성공하면 그런 식의 점포가 장사가 잘된다고 착각할 수가 있었다. 그래서 높은 건물을 세우지 말라고 아쓰미가 말했던 것이다.

1998년 10월에 니토리는 드디어 도쿄 진출을 이루었다. 미나미마치다점을 오픈한 것이다. 니토리는 오픈 당일에 미나미마치다점에 얼굴을 내밀고 사원에게 기합을 넣었다.

하코다테점 오너인 오미 마사토는 오픈 사흘째 날에 니토리 관계자에게는 일절 알리지 않고 비밀리에 도쿄로 상경해서 미나미마치다점을 보러 갔다.

'확실히 니토리는 홋카이도 최고의 위치를 거머쥐었어. 우리도 나름대로 투자했지. 하코다테점 등 담보도 제공하고 있어. 최소한 15년은 잘 해 주어야 할 텐데. 저당권 말소까지가 걱정이다.'

도쿄의 미나미마치다점이 성공하면 니토리는 관동 근교 지역에 확실하게 인식될 것이다. 그러면 더는 걱정할 필요가 없다. 물론 당시에도 니토리는 이미 상장 기업이었기 때문에 자본이란 측면에서 전혀 불안 요소가 없는 상태였다. 하지만 오미는 자본이 충분하더라도 니토리가 비약할 수 있느냐 없느냐는 역시 미나미마치다점의 성패에 걸려있다고 생각했다.

오미가 걱정하는 또 다른 하나는 혼슈 업자들의 역습이었다. 니토리가 혼슈에서 실패하면 전국적인 경쟁력은 없음을 증명하는 것이 된다. 니토리는 곧 위축되어 홋카이도에서만 장사하게 될지도 모른다. 그러면 역으로 자신만만한 혼슈의 업자들이 홋카이도로 공격해올 가능성도 있었다. 본격적으로 공격해오면 니토리는 아성을 지키지 못할지도 모른다. 오미는 그런 위기감을 느꼈다.

오미는 점포를 둘러보다가 하코다테점에 있던 점장 레벨의 직원 여러 명과 마주쳤다. 오미는 순간적으로 변명하듯이 인사했다.

"도쿄에 잠시 온 김에 들렀어요."

오미는 본심을 입 밖에 내지 않았다.

오미가 시찰해보니 미나미마치다점에는 손님이 꽤 들고 있었다. 오미는 확신했다.

"이 정도면 잘 되겠어. 괜찮아."

시라이 도시유키는 점포 운영부에서 매니저로 근무하며 미나미마치다점의 출점 준비를 담당했다. 시라이가 미나미마치다점 오픈에 앞서 검토해 보니 채산성을 맞추기 위해서는 연간 20억 엔 이상의 매출을 올리지 않으면 안된다는 계산이 나왔다. 당시 니토리에서 매출이 가장 높은 곳은 하코다테점으로 딱 20억 엔을 올리고 있었다. 시라이는 매출 20억 엔이 넘는 점포란 대체 어떤 모습일지 좀처럼 상상이 안 됐다.

경리인 구보 다카오도 20억 엔 전후로 매출을 예상했다. 덧붙여 니토리는 30억 엔을 예상했다.

미나미마치다점을 오픈하자 기대 이상으로 많은 손님이 매장을 찾았다. 첫 번째 해의 매출이 20억 엔을 넘어서 23억 엔을 기록했다. 시라이는 반응을 실감했다.

'입지 조건이 좋으면 설령 토지임대료가 비싸더라도 수익이 나는구나!'

그 후로도 매출은 상승해서 니토리가 예상했던 30억 엔이 허풍이 아님을 증명했다.

니토리는 생각했다.

'과연 인구가 많은 곳이 좋구나. 앞으로 사이타마 현埼玉県과 가나가와 현에도 출점하자.'

그 후에 도큐의 니시야마는 니토리 사장이 삿포로 본사에서 아침 조례와 회의를 할 때 종종 도큐에 감사하는 마음을 표현했다는 얘기를 간접적으로 전해 들었다.

"도큐 덕분에 이렇게까지 성장한 거야!"

니시야마는 이 이야기를 들을 때마다 니토리의 사업 발전을 진심으로 기원했다.

미나미마치다점 성공에 탄력을 받아서 1998년 10월에 사이타마현 니자시新座市에 '니자점新座店'을 오픈했다. 나아가 2001년 1월에 가나가와 현 요코하마 시横浜市 쓰즈키 구都筑区에 '고호쿠뉴타운점港北 New Town店'을 출점했다. '고호쿠뉴타운점' 오픈의 이면에도 도큐 니시야마의 노고가 있다.

1988년 무렵부터 니토리는 요코하마시 쓰즈키구, 이른바 신흥주택지에 출점하고 싶은 마음을 갖고 있었다. 그곳의 지주는 오쿠보 스미오大久保純男, 요코하마 시의회의 의원이었다.

오쿠보를 잘 아는 니시야마가 타진해봤다.

"니토리에게 빌려주시는 게 어떠세요?"

하지만 오쿠보는 난색을 표했다.

"좀 불안한데."

그래서 니시야마는 오쿠보를 니토리 본사가 있는 삿포로로 데리고 갔고 니토리의 점포를 보여주며 설득했다.

하지만 그럼에도 오쿠보는 여전히 주저했다. 물론 니토리와 니시야마의 머릿속에는 다른 몇 군데의 후보지도 없었던 것은 아니다. 하지만 역시 고객을 유치하기에 입지 조건으로서 역시 오쿠보의 토지가 최적이었다.

이에 니시야마가 오쿠보에게 제안했다.

"알겠습니다. 그럼 도큐가 오쿠보 씨에게서 토지를 빌린 다음에 니토리에 재임대 하겠습니다."

오쿠보는 도큐가 빌리는 조건이라는 말을 듣고 안심한 듯했고 니시야마의 제안은 그대로 추진됐다. 고호쿠뉴타운점을 오픈할 수 있도록 힘을 써준 것이다. 현재 고호쿠뉴타운점과 미나미마치다점은 니토리의 모든 점포 중에서도 매번 상위 10등으로 꼽히는 매출을 자랑하고 있다.

기세가 오른 니토리는 사원에게 말했다.

"가자! 수도권을 공략하자!"

신규 점포를 모두 수도권에 집중해서 오픈했다.

니토리의 성장을 가까이에서 지켜봐 온 다다 야스로가 변화를 감지한 것은 니토리가 도쿄에 진출한 후였다. 도내에 머물러 있을 때 니토리는 아직 경쟁업체와 이렇다 할 차이가 없었다. 다다는 지주가 건축회사이거나 업자를 추천한 경우를 제외하고는 혼슈 출점 이후로도 모든 니토리의 점포 도면을 담당했다. 다다가 니토리의 변화를 느낀 것은 도쿄 점포의 도면을 그렸을 때였다.

'홋카이도 점포와는 느낌이 전혀 달라.'

다다가 느낀 대로 니토리는 놀랄 정도로 급성장했다. 차례로 도면 발주가 날아들었다. 니토리의 설계 업무를 담당한다는 것은 다다 입장에서도 회사 PR이 됐다.

'건축 업계가 불황인 요즘 고마운 일이지.'

니토리는 도쿄에 진출한 후로 예전과 비교할 수 없을 정도로 적극적인 사람이 됐다.

그 변화에는 홋카이도의 동급생들도 놀랐다.

"다다, 니토리라는 게 그 니토리야? 우리랑 같이 학교를 다녔던 니토리가 저렇게 된 거야?"

"맞아. 니토리 아키오야."

"정말? 우와, 못 믿겠다……."

니토리의 사촌 오무라 사치오는 1994년에 당시까지 공동 경영하던 회사를 그만두고 50살에 니토리에 입사했다. 1996년에는 품질 관리에 배속됐다. 오무라는 품질 관리 직무와 관련하여 2001년 무렵에 한 가지 문제에 직면하게 된다. 중국 본사 메이커에 발주한 식기가 불량품투성이였던 것이다.

클레임이 쇄도했다.

"냄비 손잡이가 금방 빠져 버렸어요."

"그릇이 안정감 없이 덜컹거려요."

"비틀어져 있어요."

오무라는 위기감을 느꼈다.

'이대로 가다가는 니토리가 신용을 잃겠어.'

오무라는 즉시 니토리에게 제안했다.

"중국에서 상품 제조하는 걸 그만두는 게 낫지 않을까? 지도해도 말을 듣지 않는 모양이야. 그만두지 않는다면 니토리의 신용이 계속 떨어질 거야."

하지만 니토리는 물러나지 않았다.

"그건 절대로 안 돼. 지금 버티지 않으면 앞으로의 전망이 안 보여."

오무라는 니토리의 '앞으로의 전망'이라는 말에 말문이 막혔다. 스스로에게 '전망이 있는가?'하고 자문하자면 대답은 '없다'이다. 반면 니토리에게는 로망과 비전이 있다. 게다가 니토리는 자신의 명견으로 제대로 경영 판단을 내리고 있다.

오무라는 새삼 니토리의 돌파력에 감탄했다.

'니토리의 사고방식은 옛날과 다르지 않아. 뭐든지 하고 또 해서 마침내는 이루어내.'

니토리의 로망과 비전을 관철하는 자세는 곧잘 임원 및 이사와 마찰을 일으켰다.

오무라가 중국에서의 제품 생산에 의문을 내비쳤을 무렵에 니토리가 오무라에게 했던 말이 있다.

"내 생각을 공유할 수 있는 사람이 좀처럼 없어. 앞을 내다보고 지금 무엇을 해야 할지를 관찰하고 분석하고 판단해야 하는데, 임원들은 앞을 내다보지를 않아. 그러니까 당연히 제대로 된 관찰과 분석과 판단도 못 해."

오무라는 니토리의 말에 감동했다.

'굉장하다. 10년, 20년, 30년 후를 생각하며 일을 하다니……'

상품부의 중요한 역할은 경쟁업체 조사를 통해 타사에는 없는 독자적인 상품을 개발하는 일이다. 좋은 상품을 개발하는 것이 회사 전체의 성장으로 이어진다.

오래된 사례 중에 책상을 개발한 예가 있다. 당시까지 업계에서는 오른쪽에 서랍이 있는 책상이 일반적이었는데, 니토리 상품부에서 왼쪽에 서랍이 있는 책상을 개발했다. 오른손잡이에게는 왼쪽에 서랍이 있는 편이 책상의 오른쪽 공간을 넓게 활용할 수 있어서 편할 거라고 니토리 상품부는 생각했다. 단순한 발상 같지만 그때까지는 왼쪽에 서랍이 있는 책상이 없었기 때문에 니토리의 책상은 잘 팔렸다. 그 후 니토리는 거의 모든 책상 서랍의 위치를 왼쪽으로 변경했다. 고정관념을 타파한 니토리의 자세는 당시 업계에 '좌우 전쟁'이란 현상을 일으켰다.

요즘은 서랍에 바퀴가 달려서 자유롭게 위치를 변경할 수 있는 것이 일반적이기 때문에 서랍을 오른쪽에 다느냐 왼쪽에 다느냐는 별로 의미가 없어졌다. 하지만 니토리가 왼쪽에 서랍이 있는 책상을 선보인 직후에는 소비자에게 큰 반향을 일으켰었다.

과거에 주식회사 니토리 퍼블릭Nitori Public의 대표이사 회장을 역임했던 고故 시바타 쇼이치로芝田庄一郎는 스미토모은행(현 미쓰이스미토모은행)에서 금융맨으로 30여 년을 근무하고, 1996년 3월에 야마니시 야스아키山西泰明가 오너로 근무하는 히로시마広島에 본사를 두고 슈퍼마켓 체인을 운영하는 이즈미Izumi 파견 근무를 나갔다. 본래 기업의 흥망성쇠에 관심이 많던 시바타는 그대로 이즈미에 입사한다.

이즈미에서 근무한 지 2년이 되어가던 1998년에 시바타는 후쿠오카의 베스트덴키ベスト電器에서 당시 부사장으로 근무하던 아리조노 겐이치有薗憲一를 통해 니토리에 대해 듣게 된다.

"시바타 씨, 홋카이도에 재미있는 회사가 있어."

당시 이즈미는 히로시마와 오카야마岡山, 시코쿠四国, 규슈九州 등 주고쿠 지방中国地方에서부터 서쪽에 걸쳐서 유메타운ゆめタウン이란 대형 쇼핑센터를 전개하고 있었다. 시바타는 거기에서 집객 가능한 매력적인 상업 존을 만드는 책임자였다. 그래서 "재미있는 회사가 있어"라는 말을 들으면 유메타운에 출점 제안을 하기 위해서 어디든지 만나러 갔다. 이번에도 즉시 삿포로로 날아가서 니토리를 만났다.

시바타는 니토리에게 요청했다.

"이번에 저희가 JR화물 하카타코역博多港駅 부지에 대형 쇼핑센터인 '유메타운 하카타ゆめタウン博多'를 개업하게 됐습니다. 앞으로의 시대는 유력한 전문점이 한 곳에 모여서 손님을 잔뜩 집객함으로써 서로의 매상을 올려주는 시대라고 생각합니다. 부디 니토리에서도 출점해 주지 않으시겠습니까?"

니토리는 이즈미의 생각에는 공감했다. 하지만 관서 지역은커녕 나고야名古屋에도 아직 출점하지 못 한 상황에서 갑자기 규슈에 진출하자니 망설여졌다. 니토리는 대답을 보류했다.

"어려울 것 같습니다만, 일단 생각할 시간을 주세요."

시바타는 더욱 끈덕지게 물고 늘어졌다.

"어째서 안 되죠? 규슈는 왜 안 되나요? 왜 한가운데(혼슈)가 비면 안 되나요? 딱히 상관없지 않나요? 도미넌트 전략을 지방에서 할 것인가, 아니면 내셔널 체인화 할 것인가 하는 정책만 확실하다면 어디서부터 시작하든 상관없지 않나요?"

도미넌트Dominant 전략이란 소매업이 체인 전개를 할 때 출점 지역을 특정하고 집중적으로 점포를 오픈하는 것으로, 경영 효율을 높이는 한편 지역 내 점유율을 확대함으로써 경쟁에서 우위를 차지하는 것을 노리는 전략을 가리킨다. 시바타는 니토리에게 경영 전략만 확실하면 전개 방식은 문제가 되지 않는다고 반복해서 강조했다.

시바타는 포기하지 않았다. 그로부터 며칠 후에 또 다시 불쑥 니토리에 모습을 드러냈다.

"아무쪼록 부탁드립니다."

니토리는 그의 의지를 느꼈다.

"그렇게까지 제안하시니 긍정적으로 검토해보겠습니다."그 후에 니토리는 이즈미의 야마니시 야스아키 사장도 만나서 이야기를 들어보았다. 야마니시 사장과 완전히 의기투합한 니토리는 '유메타운 하카타'에 출점하기로 결정했다.

'유메타운 하카타' 개업과 동시에 2000년 9월에 오픈한 '유메타운 하카타점'의 매출은 기대 이상으로 좋았다.

하지만 아쓰미 슌이치는 니토리에게 말했다.

"그렇게 점点으로 출점해서는 안 돼. 호마크와 코메리Komeri를 보고 배워. 갑자기 관동 지방에 오픈했다가, 관서 지역에 오픈했다가, 규슈에 오픈하는 방식으로 낙하산을 떨어트리듯이 매장을 오픈해서는 메리트가 없어."

니토리는 아쓰미를 거스를 생각이 없었다. 하지만 예를 들어 관동 지방에만 집중해서 매장을 오픈할 경우 매물이 나올 때까지 시간이 걸린다. 그래서는 니토리의 30년 계획 목표인 100점포를 달성할 수가 없다. 그래서 전국으로 눈을 돌린 것이다.

'영업 이익은 3%에서 4%로 충분하니까 일단 100점포를 만들자.'

지금 출점한 곳에서부터 도미넌트 에어리어를 넓혀나가고 싶다고 니토리는 생각했다.

아쓰미가 직접 매년 지속적으로 개정한 『체인스토어를 위한 필수 단어집 1001チェーンストアのための必須単語集1001』이라는 유통업계 바이블이 있다. 이 단어집을 니토리 사내에서 사용하면서부터 사내 용어가 통일됐다.

현재 상무집행 임원인 이케다 마사노리는 단어의 정의란 사람에 따라서 다르기 마련인데 이 단어집을 사용한 덕분에 사내에서 대화가 잘 통하게 됐다고 한다. 시라이와 마찬가지로 4기생인 이케다가 입사했던 1979년 무렵에는 이 단어집을 바탕으로 매주 시험을 치루었다. 단어를 철저히 공부하고 참가한 덕분에 일본 리테일링 센터Japan Retailing Center 세미나에 참여했을 때도 내용을 제대로 이해할 수 있었다며 공부한 성과를 실감했다.

예를 들어 구매 계획 및 관리를 담당하는 '머천다이징(MD)'처럼 대부분 유통업계 용어는 미국에서 건너왔기 때문에 일단 단어를 외우지 않으면 무슨 말인지 통 알 수가 없다.

즉 니토리에서 『체인스토어를 위한 필수 단어집 1001』은 그야말로 '바이블' 그 자체였다. 전 사원이 이 바이블로 공부하기에 여념이 없다. 정기적으로 내용을 개정해서 이케다는 이 책을 10권도 넘게 갖고 있다고 한다.

이 단어집이 전 사원에게 이렇게까지 침투될 수 있었던 것은 니토리가 실제로 아쓰미를 존경하고, 또 그런 마음과 자세가 사원에까지 충분히 전해졌기 때문일 것이다.

니토리에 노동조합이 없던 시절에 사내에서 갑자기 "노동조합을 만들자!"는 목소리가 터져 나왔다. 이때도 아쓰미에게 상담을 했더니 즉시 젠센 동맹(ゼンセン同盟, 옛 일본의 노동조합–역자 주)을 소개해 주었다.

일상적인 업무 개선책부터 경영 판단과 리스크 매니지먼트까지 모두 아쓰미의 지혜를 빌려서 지금에 이르도록 성장한 것이다.

2000년부터는 모든 임원과 상품부를 비롯한 주요부서의 직할 멤버가 아쓰미를 찾아가서 정기적으로 카운슬링을 받고 있다.

처음에는 7~8명밖에는 참가하지 않았는데 현재는 20명으로까지 늘어났다.

카운슬링 내용은 참가자가 각자 상담하고 싶은 내용을 사전에 리포트로 정리했다가 "이런 일로 어려움을 겪고 있는데 어떻게 대처하면 좋을까요?" 하고 그 자리에서 아쓰미에게 질문하는 형식이었다. 한 마디로 질문조차 할 수 없을 정도로 문제의식이 낮은 사원은 참가한들 따라갈 수 없다.

아쓰미의 지도는 언제나 체인스토어의 왕도를 따르는데 처음에는 아쓰미의 대답이 너무 이상적이어서 미숙한 기업은 쉽사리 실행할 수 없다고 한다. 하지만 니토리도 조금씩 이상적인 상태에 가까워짐으로써 실행할 수 있는 항목이 늘어났다.

아쓰미는 니토리 간부들이 제출하는 활동 리포트를 읽고 상세하게 지도해 주었다.

"다음 달까지 이 부분을 개선하도록!"

"이런 방향으로 진행해봐."

리포트 상담 내용도 간부의 성장에 따라서 변화가 나타났다. 처음에는 한 부서의 개인적인 과제가 많았는데, 점차로 경영의 근본과 관련되는 큰 과제로 바뀌어 나갔다.

이윽고 상담 내용은 아쓰미가 운영하는 체인스토어 경영시스템 연구회인 '페가수스 클럽'의 텍스트에도 '모某사의 사례'로 게재되게 됐다.

아쓰미도 시간을 확보하는 일이 그리 쉬운 일은 아니었다. 이 만큼의 빈도와 연속성으로 카운슬링을 받은 기업은 니토리 밖에 없었을 것이다.

아쓰미의 카운슬링은 시작되기 전에 사장인 니토리조차 두근두근했다고 할 정도로 긴장감이 넘쳤다.

초기에는 "두 번 다시 오지 마!", "나가!"라며 간부를 질타하고 물건을 던지기도 했다고 한다. 하지만 만년에는 아쓰미가 꾸짖는 일도 잦아들었다.

아쓰미가 야단치지 않게 된 이유 중에 하나는 과제에 연속성이 있어서 어떻게 개선하면 좋을지에 대해 같이 이야기를 나누며 진행해 나가는 일이 많아졌기 때문이라고 한다. 물론 아쓰미와 니토리의 의견이 다른 경우도 있었다. 그럴 때 니토리는 일절 반론하지 않고 전면적으로 아쓰미의 의견에 따랐다.

보통이라면 종업원에게서 "사장님은 주체성이 없으십니까? 전에 하셨던 말씀이랑 다르시지 않습니까?"란 목소리가 나와도 이상할 것이 없는데 그런 반론이 전혀 나오지 않았다. 모두가 아쓰미와 니토리의 깊은 사제관계를 충분히 이해하고 있었기 때문이다.

때로는 니토리가 자기 의견을 굽히고 사원의 의견을 따랐는데 결과적으로 잘 풀리지 않은 경우도 있었다. 그럴 때에는 사내에서 검토 회의를 열고 대체안을 검토했지만 최종적으로는 역시 아쓰미에게 지도를 청했다고 한다. 니토리는 자신의 중심을 늘 아쓰미에게 두었다. 어떻게 그렇게까지 전폭적으로 신뢰할 수 있었던 걸까.

아쓰미는 83세에 세상을 떠났는데 만년까지도 박력은 여전했다. 목소리만 들으면 50대로 느껴질 정도의 성량이 살아있었으며 두뇌 명석하고 설득력이 있었다. 무엇보다 나이와 함께 한층 더 해가는 '매서움'은 사장인 니토리조차 두려워할 정도였다.

매번 카운슬링이 끝나면 아쓰미 방으로 니토리 혼자만 불려갔는데, 마지막까지 긴장돼서 그 시간이 별로였다고 한다.

이케다는 아쓰미에 대해 이렇게 생각한다.

'아무리 장사에 열정이 있는 사람이라도 80살을 넘겨서까지 젊을 때와 같은 에너지로 몰두하는 사람은 적어. 아쓰미 선생님께서는 마지막까지 "유통업계를 바꾸겠다!"는 기백을 가지고 계셨어. 그래서 다들 납득했던 걸 거야.'

업계 톱클래스의 사장이 되면 적절한 조언을 해주거나 질타해주는 사람이 주변에 없어지는 마련이다. 설령 조언해주는 인물이 나타나더라도 뭔가 다른 의도가 있을지 모른다는 생각에 쉽사리 믿기 어렵다. 그래서 때로는 벌거벗은 임금님처럼 되거나, 경영 판단을 잘못하게 되는 경우가 적지 않다. 그런 의미에서 전폭적으로 신뢰할 수 있는 '아쓰미 슌이치'라는 존재에게 야단맞을 수 있었던 것은 감사한 일이다. 그야말로 니토리에게 아쓰미는 '교주'와 같은 존재였다.

이케다는 확실히 니토리가 아쓰미의 카운슬링을 받고부터 강연은 물론 사내에서 이야기하는 방식까지도 확 바뀌었다는 느낌을 받았다.

니토리는 주식을 도쿄증권거래소에 상장시켰던 2002년 무렵부터 매월 아쓰미에게 카운슬링을 받기 시작했다. 이케다의 말에 따르면 그 무렵부터 니토리가 급격하게 변화했다고 한다. 대단히 '치밀'해지고, 강연할 때도 부정적인 이야기를 하면 그다음에는 반드시 긍정적인 이야기를 하고, 출석한 사람들의 얼굴을 보고 '분명 이런 생각을 하고 있을 테니까 이런 분야의 이야기도 하자'는 식으로 치밀하게 계산하면서 이야기를 하기 시작했다. 이전에는 그저 대담할 뿐이었는데, 아쓰미에게 카운슬링을 받으면서부터 치밀함과 임기응변이 플러스 됐다고 한다. 나이를 먹고도 여전했던 아쓰미의 감성이 니토리의 화술에 영향을 준 것이리라.

만년까지 아쓰미는 한 달에 약 10점포의 페이스로 니토리의 신규 점포를 비롯하여 타사의 쇼핑센터를 둘러봤다. 요미우리신문 기자였던 아쓰미에게는 자신의 발로 점포를 방문해서 현장을 둘러보는 행위가 새로운 것을 배우는 기본이었던 것이다.

또 아쓰미는 만년까지 페가수스 클럽의 미국 세미나를 매년 2회씩 주최하고 반드시 현지 지도를 했다. 이 세미나에는 유통 대기업인 '이온Aeon'과 '가인즈Cainz', '니시마쓰야西松屋'를 비롯하여 니토리 사원도 참가했다. 니토리도 일 년에 한 번 직접 미국 세미나를 개최했는데 사원은 무료로 참가할 수 있었다. 그에 반해 페가수스 클럽에서 주최하는 미국 세미나는 네 배 이상의 비용이 들었지만 그럼에도 봄과 가을에 개최되는 세미나에 많은 사원이 참가했다.

또 니토리와 마찬가지로 이온에도 아쓰미의 사상이 깊이 침투되어 있어서, 아쓰미를 자사에 초청하여 이온만의 독자적인 세미나를 주최하고는 했다. 사장이 오카다 모토야岡田 元也로 바뀐 후로 특히 관계가 긴밀해졌다고 했다. 체인스토어는 역시 저렴한 가격을 추구해 나가지 않으면 안 된다. 이를 위해 PB(Private Brand, 유통 업체 자체 상표) 상품 개발에 힘을 쏟아야 한다는 점에서 아쓰미의 노선을 답습하고 있는 듯했다.

아쓰미의 생각은 유럽 및 미국에 비해 뒤처져 있는 일본의 유통업을 단시간에 성장시킴으로써 일본인의 생활을 풍요롭게 하는 것이었다. 이를 위해서 현재 일본의 기간산업인 '자동차'와 '철강'과 같은 내수 확대형 제2차 산업과 어깨를 나란히 할 수 있을 정도로 유통업의 수준이 올라가길 바랐다.

이런 아쓰미 사고방식의 기본이 되는 것은 아쓰미가 젊었을 때 미국에서 본 유통업계의 목표 이미지다. 그 이미지를 수 십 년간 계속 간직해 온 것이다.

이를 위해서 아쓰미는 카운슬링을 할 때 여러 가지 과제를 니토리에게 부여했다. "이 과제에 2시간 이내로 대답하도록!"이라며 그 자리에서 부여한 과제에 대해 하여간 빠른 속도를 요구했다. 카운슬링을 하기 전에 간부들이 제출한 과제를 읽고 부족하다고 생각된 부분에 대해서도 툭툭 과제로 던졌다. 만일 급한 업무가 있을 경우에는 기한을 조금 연장해 주었지만, 어떤 과제에 대해서든 "못 하겠습니다"라고는 말할 수 없는 상당히 힘든 카운슬링이었다. 하지만 확실히 니토리의 성장에 도움이 됐다.

하코다테점 오너인 오미 마사토는 1997년 무렵부터 니토리와 골프를 다니기 시작했다. 니토리는 연구를 열심히 하는 골퍼였다. 골프장 카트에 골프 잡지를 쌓아 놓고, 골프장에서는 잡지에서 얻은 힌트를 실천에 옮겼다. 오미의 말에 따르면 잡지에서 얻은 지식이 효과가 있을 때도 있고, 없을 때도 있었는데 대개는 효과가 있었다고 한다.

현재 니토리의 핸디는 17~19 정도로, 실력은 매일 진일보하고 있다. 니토리가 가장 진지해지는 것은 드라이버이다. 스윙할 때는 무시무시할 정도로 집중력을 발휘했다. 볼이 잘 날아가면 물론 씨익 웃는다. 반면 제대로 못 쳤을 때는 "실패했다!"고 절규하고는 더욱 싱글벙글 웃는다. 배려를 잊지 않는 니토리는 큰 웃음으로 주변을 웃게 만드는 골프를 한다.

또 니토리는 다른 플레이어의 골프를 찬찬히 관찰한다. 그리고 눈치챈 상대의 결점을 즉시 지적한다.

"당신은 이 부분이 문제야."

오미는 니토리의 조언이 대게 적확하다고 말한다.

그래서 골프 친구들은 니토리를 이렇게 놀린다.

"입은 싱글이고, 플레이는 핸디 19!"

니토리는 골프를 좋아해서 오미와도 일 년에 적어도 한 번은 반드시 쳤다. 홋카이도에서 치는 것은 물론, 오키나와沖縄와 괌에까지 원정을 가기도 했다. 멤버는 니토리 창업 때부터 친하게 지내며 마음을 터놓고 지내는 친구들이었다. 일 이야기는 제쳐두고 거리낌 없이 서로 좋아하는 이야기를 할 수 있는 분위기였다.

니토리도 오미를 비롯한 여타 친구들과 골프를 즐기는 시간은 일에서 분리된 특별한 휴식 시간으로 삼고 싶은 듯했다.

대개는 정해진 멤버로 즐겼지만 때로는 신규 멤버가 참가하기도 했다. 신규 멤버 중에는 니토리와 직접 관련이 없는 사람도 있었다.

'아무개의 지인'이라는 식이었다.

시라이 도시유키는 1998년 12월부터 조직개발실 실장 및 인사부 매니저로 근무했다. 니토리는 사내 인재 육성을 대단히 중시한다. 니토리는 이따금 시라이에게 말했다.

"돈이 얼마가 들든지 상관없어. 하여튼 좋은 인재를 뽑아서 잘 키워."

시라이는 인사부에서 근무할 때 채용 책임자로서 연간 약 500명의 사람을 만났다. 시라이가 채용 기준으로 삼은 것은 개인의 능력도 물론 중요했지만 그보다는 일에 대한 자세였다. 예를 들어 무거운 짐과 가벼운 짐이 있다고 할 때 솔선수범해서 무거운 짐을 들고자 하는 사람을 채용하려고 했다. 니토리에서는 많은 사람이 서로 협력하며 일한다. 창고에서 물건을 가지고 나오는 일을 다른 사람에게 미루거나, 손님의 불만 사항을 듣지 않고 도망가는 타입의 사람을 채용하면 니토리의 사풍이 망가질 우려가 있었기 때문이다.

또 시라이는 채용 예정자를 되도록 니토리와 면담케 했다. 시라이는 비서에게 니토리의 스케줄을 묻고 비는 시간이 있으면 채용 예정자와의 면담 시간으로 잡아달라고 했다. 시라이가 너무 빈번히 스케줄을 잡아서 니토리가 "거 참, 끈질기네"라며 불만을 토로할 정도였다.

하지만 막상 채용 예정자를 만나면 니토리는 어느새 열정적으로 이야기했다.

채용 예정자와 니토리를 직접 면담케 하는 데에는 몇 가지 효용이 있었다. 먼저 니토리의 입을 통해 직접 회사의 로망과 비전을 듣게 함으로써 입사를 고민하는 지원자에게 결단을 내리도록 자극했다. 입사를 고민하는 지원자가 결단을 내릴 수 있도록 자극했다. 또 니토리의 인격과 회사 사풍을 알면 입사한 후에 난관에 부딪히더라도 한 번 더 참고 분발할 수 있다.

한편 니토리 입장에서도 새로운 인재의 얼굴과 이름을 기억하게 돼서 나중에 중요한 일을 맡기게 됐을 때 "아! 그 사람!"하고 얼굴을 떠올릴 수 있었다.

시라이는 대졸 신입사원 채용과 중간 채용의 두 가지 방식을 모추 취했는데 2001년 무렵부터는 중간 채용에 전념했다. 니토리가 급격하게 확대되면서 즉시 전력으로 투입할 수 있는 중간 관리직이 많이 필요했기 때문이다.

또한 니토리에서는 '중도 채용'이란 일반적인 용어가 대신에 '중간 채용'이란 용어를 사용했다. 중도 채용이라고 하면 중도에 동료로 편입된 듯한 느낌이 든다. 반면 중간 채용이라고 하면 연차가 중간인 것뿐으로 창업 멤버와 차별이 없는 듯한 뉘앙스가 느껴진다.

한편 시라이가 중간 채용 면접을 진행할 때 역으로 응시자에게 곧잘 받게 되는 질문이 두 가지 있었다.

하나는 "이 회사는 괜찮은 겁니까?"라는 것이었고, 다른 하나는 "도중에 입사했다고 부당한 대우를 받지는 않겠지요?"라는 것이었다.

첫 번째 질문에 대해서는 "그건 알 수 없습니다. 당신이 열심히 분발해서 괜찮은 회사로 만들어 주십시오"라고 대답하고 있다. 실제로 그렇게밖에는 대답할 수 없었고 또 스스로 회사를 끌고 가겠다는 정도의 마음가짐이 없어서는 곤란했다.

두 번째 질문에 대해서는 응모자가 불안하게 느끼는 마음을 시라이도 충분히 이해했다. 무언가 사정이 있어 이전 회사를 그만두었을 것이기 때문이었다. 니토리는 제도적으로 실적만 쌓으면 누구든 책임자 자리에 오를 수 있다. 실제로 중간 채용으로 입사해서 간부직에 오른 사람이 다수 있다. 또 중간 채용으로 입사한 사람들에게서 니토리는 근무 환경이 좋다는 이야기도 자주 나온다. 시라이는 인사부의 역할이란 의욕과 능력이 있는 사람이 조직 내에서 능력을 발휘할 수 있도록 환경을 조성하는 것이라고 생각한다. 각 개인이 능력을 충분히 발휘하면 회사 조직은 성장하기 마련이다.

그런데 시라이가 중간 채용 면접을 통해서 타산지석으로 배운 것이 하나 있다. 니토리에 중간 채용 면접을 보러 오는 사람 중에는 실적 부진에 빠진 소매업 및 유통업 대기업에서 근무하던 사람이 많다. 그들의 이야기를 들어보니 그런 기업의 공통점은 조직이 경직화돼서 변화에 대응하지 못하는 구조로 되어 있다는 것이었다. 흔히 말하는 '대기업병'이다. 시라이는 니토리가 그러한 회사의 전철을 밟아선 안 되겠다고 생각했다.

데라구치 쓰카사寺口司 프로젝트 리터와 현 집행 임원인 노타케 나오키野嶽直樹는 2002년 5월에 니토리 도쿄증권거래소 1부 상장을 위해서 신청서류를 작성하고 이를 도쿄증권거래소에 제출했다.

나중에 데라구치 프로젝트 리더와 노타케를 비롯한 여러 명이 심사에 소환됐다.

심사 담당자가 날카로운 질문을 하면 데라구치와 노타케는 다음을 대비하여 적절한 대답을 준비했다. 총 3회의 심사가 끝났다. 상장 희망 기업은 심사 담당자에게 4번 정도 소환되는 것이 통례인 것으로 미루어 봤을 때 니토리는 서류를 잘 준비했던 듯하다. 그래도 노타케는 허가가 안 떨어질까 봐 불안해했다.

2002년 10월 8일에 드디어 도쿄증권거래소 1부 상장 허가가 떨어졌다. 노타케는 마음을 놓았다.

'아아, 다행이다. 이제 니토리 사장님께서 도쿄증권거래소의 종을 울릴 수 있으시겠구나……'

도쿄증권거래소에는 상장 세레모니로서 신규 상장 회사의 사장이 타종하는 관례가 있다.

니토리는 10월 28일에 도쿄증권거래소 1부에 상장됐다. 니토리 주식 시가는 4,710엔이었다. 최고가는 4,760엔이고 종가는 4,690엔이었다.

니토리는 당일 니혼케이자이신문日本経済新聞 조간 20면에 전면광고를 냈다.

"고객 여러분 덕분에 니토리가 금일 도쿄증권거래소 1부에 상장될 수 있었습니다."

"니토리는 주거 코디네이트를 제안하고 있습니다. 니토리는 상품 기획부터 원재료 조달, 제조, 물류, 판매까지의 전 과정을 프로듀스 합니다. 니토리는 저렴한 가격으로 적절한 품질의 상품을 판매합니다."

또 글자 크기는 비록 삭았지만 니토리의 야심도 담았다.

"니토리 전국 77개 점포 운영 중! 앞으로도 여러분의 가까운 곳에 출점하겠습니다."

니토리와 노타케는 둘이서 씩씩하게 도쿄 가부토 초兜町에 위치한 도쿄증권거래소로 향했다.

그날 10시부터 상장 세레모니가 시작됐다. 출석한 임원들이 보기에도 좋을 울리는 니토리의 모습이 실로 만족스러워 보였다.

현 상무집행 임원인 가네히라 요시히로金平嘉宏는 니토리와 동행하여 도쿄증권거래소 타종에 입회했다. 그 후 아래로 내려와서 시가가 체결되는 모습을 지켜봤다. 배너가 돌아가고 니토리라는 회사명이 나왔다. 니토리는 가네히라에게 슬쩍 귓속말했다.

"나왔다! 주가는 별로 오르지 않았네."

니토리는 말한 것은 반드시 실행하는 스타일의 톱 리더이다. 가네히라가 입사했을 당시에 40억 엔이던 매출이 25배가 됐다. 상장 현장에 입회했던 것은 가네히라에게도 평생 남을 기억 중의 하나가 됐다.

세레모니 후에도 니토리는 기세가 당당했다.

"도쿄증권거래소에 상장됐으니 당연히 기자회견도 도쿄에서 가져야지!"

두 사람은 도쿄증권거래소의 기자클럽인 '가부토 클럽' 회견장으로 들어갔다. 하지만 어찌 된 일인지 그곳에는 기자는 겨우 둘밖에 없었다. 니토리는 기자가 너무 적은 것을 보고 놀라서 스스로 기자를 불러 모으기 시작했다.

"곧 니토리의 기자회견을 시작하겠습니다! 어서 이리들 오세요!"

호객이 이끌려서 두세 명의 기자가 모였다.

노타케가 나중에 안 사실인데, 니토리는 삿포로에 본사를 둔 회사이기 때문에 니토리 담당자는 삿포로 담당 기자였다고 한다. 그래서 도쿄 기자는 회견장에 오지 않았던 것이다. 또 삿포로 본사 기업이 상장할 경우에는 기자회견을 삿포로에서 하는 것이 통례이기도 했다. 노타케는 통례를 따르지 않는 니토리의 행동력에 다시 한 번 감탄했다.

상장 다음날에는 닛케이신문日経新聞 조간의 주식란 칼럼에 '제2의 유니클로를 찾아라'라는 제목으로 니토리 주식이 유력 종목의 하나로 소개됐다.

상장한 후로 니토리는 증권 회사 등과의 애널리스트 미팅 및 기자회견 등을 하러 삿포로에서 도쿄로 빈번히 날아오게 된다.

2002년 12월에 마루미쓰(현 니토리 퍼니처)의 인도네시아 공장이 노동쟁의 문제로 습격을 받았다. 외곽 단체의 수백 명이 들이닥쳐서 약 10미터의 철문을 부수고 공장을 향해 화염병을 던졌다. 사원들은 소화기를 들고 이리저리로 돌아다니며 불을 껐다. 다른 기업 공장의 사원은 모두 도망쳤다. 하지만 현지 사장인 마쓰쿠라 시게히토는 도망치지 않았다.

"도망치면 끝이야. 공장의 값나가는 물건을 다 훔쳐가고 불을 지를 거야."

니토리는 일본에서 마쓰쿠라에게 지시했다.

"목숨이 위험하니까 공장은 포기해."

하지만 마쓰쿠라는 단호하게 말했다.

"아니, 난 남겠어."

그러자 일본인 사원들도 마쓰쿠라에 동조했다.

"저희도 남겠습니다."

결국 마쓰쿠라와 일본인 사원들은 현지에 남았고, 일본대사관과 수시로 연락을 주고받았다. 또 만일의 사태에 대비해서 근처 항구까지 도망칠 수 있는 여러 루트의 경로를 확인하고, 항구에는 24시간 체제로 배를 대기시켜 놓았다.

또 한 번에 항구까지 도착하지 못할 경우에 대비해 임시 피난 장소로 쓰기 위해서 몇 채의 민가와 비밀리에 계약을 체결했다.

일본인 사원은 폭주 단체의 자택 습격을 피하고자 주거지를 지속해서 바꾸며 매일 공장에 출근했다. 부품 조달 업체가 본국으로 달아난 경우에는 사원이 분담하여 인도네시아인이 경영하는 회사를 방문했다. 생산량은 60~70%로 떨어졌지만 어떻게든 조업은 계속할 수 있었다.

인도네시아 공장은 조업 중지 위기에 빠지지 않았다. 하지만 그 대신 노동조합의 요구에도 타협하지 않았다.

노동조합의 요구에 대해서는 "우리가 받아들일 수 있는 것은 딱 여기까지입니다. 이에 납득할 수 없다면 마음대로 하세요"라는 강경한 태도로 일관하며 비즈니스란 어떤 것인가를 교육하는 훈련에 나섰다.

마쓰쿠라가 보통 사람이었다면 꼬리를 말고 일본으로 도망쳤을 것이다. 하지만 그는 목숨을 걸고 공장을 지켰다.

인도네시아 공장은 착실하게 노하우를 쌓았다. 현재는 약 1,400명이 종업원으로 근무하고 있으며, 책장과 식기 선반 등의 연간 생산량 합계가 약 30만 개에 이르고 있다.

당시 일본 국내 가구의 매상 총이익은 37~40%였는데 인도네시아에서 만들 경우 매상 총이익은 55%로까지 상승했다. 하지만 매가는 누구에게도 지지 않았다.

2003년 12월에 우쓰노미야점宇都宮店을 오픈했다. 니토리에 있어서 기념할만한 100번째 점포였다. 니토리가 반복해서 공언하던 '100점포'를 달성했다는 점에서도 의의가 컸다.

가네히라는 2000년 7월에 사이타마 현 시라오카 초白岡町에 '관동 물류센터'가 설립되고 곧 점포 운영부 제너럴 매니저로 임명됐다. 73개로 늘어난 전국의 점포 운영을 총괄하는 책임자 자리였다.

가네히라는 우쓰노미야점의 오픈 당일 날 저녁에 정면 주차장으로 나와서 점포의 모습을 바라봤다. 그때 니토리가 나타났다. 면접 날 이후로 두 사람은 누가 먼저랄 것도 없이 서로 악수를 여러 번 나누었다.

"사장님, 감사합니다. 거짓말하지 않으셨군요."

100점포와 1,000억 엔이란 목표는 1년의 차이가 있기는 했지만 잇달아서 달성된다.

고미야 쇼신은 2000년 11월에 홈패션 소프트(섬유 계열 상품) 담당 매니저에 취임했다.

이때 고미야가 직면한 것은 과잉 재고 문제였다. 상품이 예상 이상으로 잘 팔리면 품절된다. 하지만 즉시 추가 주문을 하더라도 중국에서 해상운송으로 상품이 도착하려면 약 2개월 가까이 걸렸다. 품절을 방지하기 위해서는 대량으로 상품으로 구매해야만 한다. 하지만 만일 팔리지 않으면 과잉 재고를 안게 된다. 과잉 재고 상태가 되면 니토리에게 엄하게 질타를 받았다.

"과잉 재고는 상당히 위험해!"

고미야는 고민했다.

'어떻게 해야 좋을까?'

이에 연간 판매 계획 시스템을 만들기로 한다. 예를 들어 월튼 카펫은 몇십 종류나 된다.

니토리가 한 메이커에게 제안했다.

"이걸 모두 당신네 공장에서 만들도록 하죠. 대신에 1회 출하량을 한 아이템당 수십 장에서 수백 장씩으로 할게요. 그래도 연간으로 치면 이 만큼의 수량이 돼니까."

그러면 메이커는 기뻐하며 여러 가지 상품을 섞어서 컨테이너로 운반해 주었다.

예를 들어 커피 세트의 경우, 이전에는 커피잔, 커피잔 받침, 스푼, 케이크 접시 등을 각각 메이커별로 따로 주문했었다. 그러면 커피잔 메이커는 1년 분량의 커피잔만을 컨테이너에 쌓아서 출하했기 때문에 한 번에 재고가 늘어났다.

그래서 커피 세트를 모두 같은 메이커에 연간으로 오더하고 매월 정해진 수량만큼 출하하도록 했다. 그러면 니토리의 재고 일수가 줄어든다. 메이커도 연간 물량을 한 번에 제조하지 않고 3개월에 한 번꼴로 제조하면 돼서 생산 조달하기가 좋았다. 또 품질도 어느 정도 안정됐다.

고미야는 중국 메이커의 사장을 모아놓고 열심히 설득했다.

"앞으로는 물류도 중요합니다. 세상에는 '올해는 당신 회사에 오더하겠지만 내년에는 다른 회사에 오더 할 수도 있다'는 회사도 많습니다. 하지만 우리 회사는 그렇지 않아요. 여러분은 우리의 파트너입니다. 올해도, 내년에도, 내후년에도, 여러분 회사에 오더할 겁니다. 그 대신에 연간 판매 계획 시스템을 만들게요. 여러분도 다른 상품을 만들도록 노력해 주세요."

예를 들어 커튼 메이커에는 시트와 쿠션도 만들어 달라고 했다. 또 수건 메이커에는 앞치마와 식탁보을 비롯한 물과 관련된 상품을 만들어 달라고 요청했다. 그러면 하나의 상품을 컨테이너로 운반하지 않고 여러 가지 상품을 동시에 운반할 수 있기 때문에 물류 코스트도 낮아진다.

고미야는 메이커를 설득하기 위해서 니토리의 협조를 구했다. 일 년에 서너 번 니토리와 함께 각 메이커를 돌았다.

"니토리 사장님께서도 바쁘십니다. 하지만 앞으로 여러분들과 파트너를 맺겠다는 결의를 보이기 위해서 이번에 일본에서 날아온 겁니다. 사장님, 그렇지요?"

니토리는 고개를 끄덕였다.

"당연히 그렇습니다."

상대방 입장에서도 니토리 사장이 직접 방문해 주면 기쁘기 마련이다. 진심이 전해지기 때문이다.

이렇게 메이커를 설득함으로써 이윽고 3~40사의 메이커에서 홈패션 계열의 전 상품을 제조하게 됐다.

동시에 고미야가 니토리를 메이커로 데리고 온 데는 또 다른 목적도 있었다. 고미야가 사내 회의에서 아무리 제안해도 쉽게 승인해 주지 않던 상품을 현지에서 확인하고 나면 즉시 태도를 바꾸는 경우가 있기 때문이었다.

"과연! 알았어. 좋아."

니토리는 상품을 보면 피가 들끓었다. 그런 성격을 이용하는 것이었다.

고미야는 홈패션 소프트 담당 매니저에 취임한 지 2년 만에 조명과 글라스, 프라이팬 등의 하드 담당 매니저도 겸임하게 됐다.

그런데 니토리는 고미야에게 지시했다.

"니토리는 가구로 시작했어. 물류도 모두 가구 중심으로 해왔지. 하지만 홈패션은 가구와는 방식이 달라. 물류를 제압하는 자가 제왕이 된다! 지금 가구 창고는 꽉 찼어. 새로운 창고를 만들려면 돈이 드니까 다른 방법을 생각해봐."

고미야는 인간은 '도途', '방方', '실實'의 세 종류로 나뉜다고 생각한다. 앞 길을 내다보고 여러 가지를 생각하여 장래를 예측하고 계획하는 사람이 '도',

계획을 조직하는 사람이 '방', 그리고 조직된 시스템을 실현하는 사람이 '실'이다.

니토리 사장은 '도'이다. 그리고 다른 회사의 사장과 다른 점은 미래를 읽는 힘이 뛰어나다는 점이라고 고미야는 생각한다. 니토리 사장은 방향성을 제시하면 그것으로 충분하다. 그것을 실현할 방법을 생각하는 사람은 시라이와 고미야와 같은 '방'이 할 일이다.

니토리 사장은 끊임없이 미래를 생각한다. 그래서 아랫사람에게는 그 미래가 확실하게 보이지 않을 때도 있다. 자주 방향을 수정하는 것은 갈피를 못 잡아서 아니다. 모두 심사숙고한 후에 내리는 결단이다.

니토리는 보다 싸게 상품을 구매하기 위해서 삿포로 근교에 있는 메이커뿐만 아니라, 관동 지역과 일본 제일의 산지인 규슈 오카와시와의 거래까지도 고려해야 했다. 1990년에는 삿포로DC를 증축하고 규슈DC를 가동했다. 나아가 1995년에는 치바 현 후나바시 시船橋市에 있는 구 관동DC를 가동시켰다. 전국 공급 체제를 확립한 것이다.

1982년에 니토리에 입사한 가네히라 요시히로는 2001년 4월에 전국DC 총괄 매니저에 취임했다. 사이타마현 미나미사이타마군 시라오카초에 '관동물류 센터', 이른바 관동DC 신축에 관한 안건으로 올라왔고 가네히라가 지휘를 맡게 됐다.

관동DC를 신축하는 데는 여러 가지 어려움이 있었다. 처음에 예정했던 것은 800평짜리 점포였다. 효율성이 높은 니토리 점포는 대개 600~700평이었다. 800평은 넓은 부류에 속했다. 당시에는 1,000평짜리 가게가 거의 없었다.

"앞으로 관동 지방에서 점포를 늘려나가자. 평수는 800평!"이란 것이 관동DC 신축에 대한 사내 여론이었다. 설계도 그러한 연장 선상에서 진행했다.

1985년의 플라자 합의 이후, 1997년에는 니토리의 해외 구매 비율이 30%로 급격하게 늘었다. 아이템 수도 급증했다. 병행하여 점포의 슈퍼스토어화도 진행했다. "점포는 넓어야 해"라는 상식이 퍼졌다.

2000년 7월에 관동DC가 완공됐다.

관동DC 완공 1개월 전에는 규슈 다자이후점太宰府店도 완공됐다. 다자이후는 2,600평으로 당시 니토리 점포 중에서는 가장 큰 점포였다.

점포의 대규모화와 아이템 수의 증가는 물류센터의 기능 강화로 직결됐다. 처음에 여유롭게 설계했음에도 점점 여유가 없어졌다.

관동DC의 평수는 사실 2만 3,000평이었다. 혼슈 전체를 커버할 수 있다. DC 안을 걷는 것도 힘들 정도로 유례를 찾아볼 수 없는 대규모의 DC였다. 100억 엔을 투자해서 6만 2,000제곱미터까지 수납되도록 건축했다.

가네히라는 제1기 공사 준공까지 담당하고 점포 운영부로 이동하게 됐다. 그 후 3, 4년으로는 부족해서 2002년에 제2기 공사에 들어갔다. 장소는 똑같은 시라오카였다. 당초부터 증축 계획이 있었다고는 하지만 상당히 진행 속도가 빨랐다.

관동에 센터가 생기면서 관동 도내의 운송비는 1제곱미터당 800~1,000엔으로 충당할 수 있게 됐다. 설비 투자비는 상당히 들었지만 러닝 코스트는 단번에 압축할 수 있었다. 니토리는 단가가 낮게 설정되어 있으므로 운송비가 지니는 의미는 매우 컸다.

거대 창고의 출현은 니토리에게 실로 마음 든든한 것이었다. 운송비가 완전히 달라졌다.

마루미쓰 인도네시아 공장이 설립된 것이 1994년이다. 당시에 국내 운송비는 여전히 비쌌다. 삿포로에서 관동까지 제품을 운반하는데 가구 매가의 8%가 들었다. 그런데 인도네시아에서 가져오면 그 절반으로 충분했다. 물류 원가에서 이 차이는 크다.

자사 개발 제품 및 해외 수입품을 직접 보관·관리·운송했다. 이 물류 기능을 자기 자본으로 직접 할 수 있다는 점이 타사에는 없는 독자적인 강점이 됐다.

현재 니토리 물류센터는 삿포로부터 규슈까지 전국 9개 곳에 있다. 해외 공장에서 수입한 상품을 보관하고 수주 정보를 바탕으로 전국의 약 300점포와 약 80개 배송 센터에 상품을 공급한다.

나아가 한층 원가를 삭감하기 위해서 외부에 위탁하던 사이타마 현 미나미사이타마 군 시라오카 초에 있는 관동DC를 자사화했다.

당시까지의 작업을 재검토하고 물류센터를 보다 효율적으로 개량하기 위해서 정예만 선발한 인재를 관동DC로 모았다.

"출하 능력을 더 올릴 방법은 없나?"

"자사 사원을 교육시키면 이런 걸 할 수 있지 않을까?"

전국에 퍼져 있는 각 니토리 점포로 효율적이며 신속하게 상품을 배송하면서도 동시에 상품 보관 원가를 절감하기 위해서는 물류 센터의 출하 사이클 횟수를 올려야만 한다.

관동DC는 보관 면적이 약 11만 제곱미터(3만 3,270평)로 국내 최대급을 자랑한다.

상품을 보관할 때는 배송된 상품을 지게차를 이용하여 수화 장소에서 상품별로 구분되어 있는 선반으로 옮겨서 보관한다. 선반은 높이가 30미터이고 깊이가 120미터에 달하는 대규모의 선반이다. 거기에 약 10대의 크레인이 붙어서 자동으로 입출하를 한다. 입하 작업 시에는 상품에 바코드가 포함된 라벨을 붙이고 팰릿에도 ID태그를 박는다. 이 정보를 바탕으로 컴퓨터가 관리하는 자동재고확인 시스템과 연동하여 관리 사무소에서 집중적으로 관리함과 동시에 상품의 특성에 따라 에어리어별로 분류한다. 니토리 창고의 장점은 컴퓨터가 관리하는 소터 시스템Sorter System과 자동입체창고라는 점이다.

소터 시스템이란 자동으로 상품을 분류하는 자동운송시스템으로, 사람이 관여하지 않아도 단시간에 대량의 상품을 분류한다. 주로 홈패션 상품은 단수 랙이나 자동입체창고로 옮기고, 사이즈가 큰 가구와 깨지는 물건은 손으로 직접 분류한다.

자동입체창고는 니토리가 1980년에 업계에 처음으로 도입했다. 빌딩식 자동입체창고동으로 상품 출납이 컴퓨터로 관리되어 크레인와 컨베이어로 자동으로 운송된다.

출하할 때는 에어리어별로 수납되어 있는 대량 상품 중에서 각 점포가 오더한 상품을 하나하나 골라낸 다음에 이것들을 모아서 트럭별로 싣는다. 이에 도달하기까지는 상품 특성 및 수납되어 있는 에어리어까지의 거리, 자동창고의 출납처리능력 등의 면에서 한꺼번에 동시에 모을 수가 없다. 아무래도 시간차가 발생한다. 이 시간차가 작업의 애로사항이 되는 것이다.

그래서 배치batch라는 출하작업정보 등을 시간으로 분할하고 정보를 모아서 일을 처리하는 방식을 취하고 있다. 회전속도를 상승시켜 리드타임을 최대한 단축하는 것이 작업 효율화로 이어진다. 지금까지 하루 2회전하던 것을 3회전으로 상승시키면 생산성이 완전히 달라진다.

그래서 회전율을 상승시키기 위해서 방법을 강구했다. 그것은 도저히 바꿀 수 없는 자동창고의 처리능력에 맞추어 인해전술로 대처하는 방법이었다.

얼마나 효율적인 타이밍으로 작업을 끝낼 수 있을 것인가. 리드타임을 최대한 단축하고 생산성을 향상시키기 위해서는 기계와 사람의 작업 동조성을 높여야 한다고 판단했다.

노력한 보람이 있어서 작업 속도를 종래의 2회전에서 3회전으로 상승시키는 데 성공할 수 있었다. 이로써 생산성이 약 30% 상승했다.

관동DC의 개선책이 세워질 때까지는 약 반년의 시간이 소요됐다.

상무집행 임원 스도 후미히로須藤文弘는 대학을 졸업하고 1979년 4월에 가구회사인 시마추島忠에 입사했다. 그리고 2001년 4월 21일에 니토리에 입사했다. 스도는 점포 개발을 담당했는데, 그가 올린 대표적인 실적은 뭐니 뭐니 해도 2006년 4월 29일에 오픈한 아카바네赤羽점이라고 할 수 있다.

니토리는 스도에게 늘 이렇게 말했다.

"역시 본부를 도쿄로 옮기지 않으면 안 되겠어."

스도도 동감했다.

니토리는 본부를 현재의 아카바네로 옮길 때도 아쓰미에게 면밀한 어드바이스를 받았다.

본부를 이전할 결심을 했던 것도 아쓰미의 조언이 있었기 때문이다.

"본부는 물류센터 옆에 있어야 해."

본부가 물류센터 근처에 있으면 재고 및 상품 입하 상황을 바로 확인할 수 있어서 재빠른 대처가 가능하다.

당시에 니토리는 삿포로에 약 400평 규모의 아담한 물류센터를 갖고 있었다. 그 옆에 본부를 설치하고 약 300명의 종업원이서 근무했다. 아쓰미는 물류센터를 방문하고 나서 "상당한 로우 코스트로 잘 만든 본부다"라며 칭찬을 아끼지 않았다.

그래서 니토리는 2000년에 관동으로 본부를 이전하기에 앞서, 사이타마현 시라오카에 토지를 구입하고 3층짜리 물류센터를 세우고 그 건물 꼭대기에 본부동을 설치하기로 했다. 거기에는 사장실도 마련할 수 있었다.

하지만 건물이 완공되어 실제로 전근 이동 프로젝트를 시작하고 보니 도쿄에서 너무 멀리 떨어져 있었다. 외부 손님을 초대하기에도 접근성이 나빴다.

그래서 할 수 없이 시라오카로의 이전을 중지했고 급히 다른 장소를 물색하기 시작했다.

스도는 도쿄 도 기타 구 가미야神谷 3초메三丁目 6번지六番 20호二十号로 목표를 정했다. 하지만 그곳에는 베어링 공장이 가동 중이었다. 무모하다고 해야 할까, 용맹하다고 해야 할까, 스도는 가동 중인 공장 부지를 쟁취하기 위해 나섰다.

본디 스도의 점포 개발 스타일은 일단 목표 지역의 범위 지정부터 시작하는 식이다. A지점부터 B지점까지를 뒤지는 것이다. 아카바네도 그런 조사 수법으로 찾아낸 곳이었다. 하지만 그런 식으로 지정한 범위 내에 반드시 공터가 있는 것은 아니다. 도시에는 오히려 기존에 세워진 건물이 있는 것이 보통이다.

스도는 그때까지도 기설 창고 및 공장과 직접 교섭해서 토지 임대차계약을 맺은 경험이 있었던 만큼 자신이 있었다.

'아카바네도 가능성은 있어.'

스도의 진두지휘로 점포개발부는 아카바네점의 추정 매출 조사에 들어 갔다.

자동차로의 내방이 전제되는 상권 조사는 범위 설정부터 시작한다. 출점 예정지까지의 자동차 이동 시간을 기준으로 5분, 10분, 15분, 20분과 같이 단계별로 상권을 분류한다. 스도는 커버 에어리어를 재검토했다.

'상권은 역시 자동차로 20분까지야.'

20분으로 커버할 수 있는 상권은 기타구를 비롯한 아다치 구足立区, 네리마 구足立区 일부, 이타하시 구板橋区, 가쓰시카 구葛飾区 일부, 사이타마 현의 가와구치 시川口市였다. 인구는 200만 명. 과거 데이터를 통해 1인당 구매액을 알 수 있다. '인구×구매액'으로 최대 매출을 산출했다.

하지만 문제는 경쟁업체의 유무였다. 점포개발조사부는 경쟁업체를 꼼꼼하게 찾아보았다. 그런데 경쟁업체가 전혀 없었다. 타사에서 전혀 출점하지 않은 지역이었다. 어떻게 보면 경쟁업체가 없다는 것은 바람직한 상권이 아니라고도 할 수 있었다. 하지만 앞서 언급한 바와 같이 도쿄 아카바네에는 공터가 없었다. 생각해보면 홈센터는 1970년대에 새롭게 생겨난 것이다. 그 무렵에 아카바네 주변에는 이미 넓은 공터가 남아있지 않았을 것이다.

스도는 니토리를 점포 개발 예정지인 아카바네 토지로 데리고 간 다음에 제안했다.

"본부 기능을 홋카이도에서 이곳으로 옮기시지요! 최적의 장소입니다."

사장이 평소에 입이 닳도록 말하던 본부 기능을 도쿄로 이전하자던 이야기를, 아카바네점 출점과 함께 제안한 것이다. 점포 위층에 본부를 이전하자는 계획이었다.

이때까지도 니토리는 썩 내켜하지 않았다.

"글쎄. 본부 위치는 요코하마쯤이 좋을 것 같은데……. 물류센터를 요코하마에 만들고 그 위에 본부를 설치하는 게 어떨까?"

스도는 즉시 요코하마의 단점에 관해 설명했다.

"요코하마는 지반이 약해요. 지진이라도 발생했다가는 큰일입니다. 아카바네 쪽이 훨씬 지반이 단단합니다. 또 아카바네에 본부를 두면 사원 주거지도 출퇴근이 편한 사이타마나 치바로 할 수 있습니다. 그쪽이 요코하마보다 주거비도 쌉니다. 또 홋카이도 사람의 물가 감각으로는 요코하마의 물가에 적응하기 힘듭니다. 사이타마와 치바의 물가라면 어떻게든 되겠지만요."

JR 아카바네역으로는 사이쿄선埼京線, 우쓰노미야선宇都宮線, 다카사키선高崎線, 쇼난신주쿠라인湘南新宿ライン, 게힌토호쿠선京浜東北線이 지나갔다. 또 도쿄메트로 난보쿠선東京メトロ南北線과 사이타마 고속철도선埼玉高速鉄道線이 다니는 아카바네이와부치역赤羽岩淵駅도 JR 아카바네역에서 도보 20분 거리에 위치했다. 사원이 사이타마와 치바에 살게 되면 전철로 갈아타지 않고 예상보다 짧은 시간에 출퇴근할 수 있다. 후에 본부 사원 대부분은 스도의 예상대로 사이타마와 치바에 살 수 있게 되었다.

스도는 그 후로도 요코히마의 단점과 아카바네의 장점에 대해 계속 설명했다.

그러는 사이에 니토리도 아카바네로 생각이 기울었다."그래. 여기로 하자."

스도는 임원회에 아카바네점을 안건으로 상정했다.

임원에게서는 아카바네 입지에 관한 몇 가지 비판적인 의견도 나왔다.

하지만 점포개발부의 치밀한 조사로 임원의 비판은 모두 물리쳤다.

스도는 사내의 승인을 받아냈다.

물론 두 번의 실패는 용납되지 않는다. 이에 니토리는 재차 아쓰미에게 조언을 구했다.

그리고 조언에 따라 1, 2층은 점포, 3층부터 5층까지는 주차장, 6층과 7층을 본부로 만들었다. 옥상은 정원으로 녹화 작업하여 종업원을 위한 휴식 공간으로 꾸몄다.

그 밖에 광고선전부가 전단지 촬영용으로 사용할 6층과 7층의 스튜디오 공간은 천장 없이 복층으로 했다. 또 종업원을 배려하여 전망 좋은 위치에 식당을 배치하고, 피트니스 센터까지 마련하는 등 아쓰미는 세세한 부분에 대해서까지 조언했다.

아카바네점 상층에 있는 니토리 본부의 레이아웃도 아쓰미의 지시에 따른 것이다. 니토리 본부에 들어갔을 때 누구나 놀라는 점은 방이 없다는 점이다. 사장실과 응접실, 회의실 등 밀담을 나누는 공간 이외에는 모두 오픈되어 있어서 훤히 내다보인다.

니토리 본부의 기초가 된 공간은 아쓰미가 근무하던 요미우리신문이다. 요미우리신문 사내도 사장실 이외에는 모두 오픈되어 있다. 편집국장의 자리는 사무실의 정중앙이다. 사무실별로 구분되어 있지 않아서 아쓰미를 비롯한 젊은 기자에게도 편집국장이 곧잘 말을 걸었다. 경계가 없는 만큼 한 부서에 문제가 발생하면 즉시 전원이 눈치채고 각 섹션별로 협력체제에 들어갈 수 있었다.

오픈이라고는 해도 부서 배치는 모두 철저하게 계산된 것이었다. 상품부처럼 중요한 정보를 가진 부서는 입구에서 가장 멀리 떨어진 안쪽에 배치됐다. 예를 들어 총무부와 인재채용부는 입구 쪽에 배치하고, 재무부와 조직개발부는 외부와 접촉하지 않도록 안쪽에 배치했다. 이는 미국 기업에서, 상품부 바이어 자리에 저널리스트 등의 외부 사람이 절대로 접근하지 못하도록 하고 있는 것에서 힌트를 얻었다.

그리고 중요 부서가 밀집된 공간 옆에는 토론실이 설치했다. 토론실은 군대 참모실처럼 세 방향의 벽과 천장에 모두 이동식 화이트보드를 설치해서 100명이 조직도도 충분히 그릴 수 있도록 꾸몄다. 사장실에는 폭한이 침입하는 등 만일의 사태에 대비하여 탈출 루트를 마련했다.

특징적인 점은 상담실이 좁다는 점이다.

"상담실은 샘플과 데이터를 받는 장소이지, 정보를 얻는 장소가 아니야. 정보는 밖에 나가서 수집해라."

이와 같은 아쓰미의 지도를 니토리는 철저하게 지켰다.

과거에 아쓰미는 요미우리신문사에서 철저하게 해설보도 훈련을 받았었다. 현장조사는 증거를 얼마나 모아야 하는가, 필드 워크란 무엇인가, 그리고 사건에 대해 '무슨 일이 일어났는가'가 아니라 '어떤 의미를 지니는 사건'인가, 5년 후, 10년 후의 일본 사회에 있어서 긍정적인 사건인가 부정적인 사건인가를 해설할 수 있는 시각을 배우고 익혔다. 이 경험이 이후 아쓰미의 기초를 이루었다고 해도 과언이 아니다.

1,500평 본부에 임원들의 방은 없다. 격리된 공간의 존재는 낭비라고 니토리는 생각했다. 집중을 위해 파티션이 있을 뿐이다. 그러면 커뮤니케이션하기도 쉽다.

이전 계획은 약 2년의 준비 기간을 두고 진행됐다. 이전 계획을 입안했을 당시에 몇몇 프로젝트장이 담당했지만 진척이 없어서 당시 사장실장이던 이케다 마사노리가 본부 이전 프로젝트 통괄을 담당하게 됐다. 그때까지 삿포로 본부에서 근무하던 약 300명의 사원이 모두 이전해야 하는 대대적인 이사 작전이었다.

아카바네점은 2006년 4월 29일에 오픈했다.

타사의 점포 개발 담당자는 깜짝 놀랐을 것이다.

"어떻게 거기에 오픈을 했지?!"

본부의 도쿄 이전은 몇 가지 효용을 가져왔다. 최고의 포인트는 인재 확보와 관련된 점이었다. 무엇보다 도쿄에는 인구가 많다. 많은 지원자가 니토리 채용 시험에 응모하게 됐다.

인사를 담당하던 시라이 도시유키는 이때부터 니토리의 인재모집에 지원자가 잘 모이게 됐다고 느낀다. 도쿄증권거래소 1부 상장은 니토리의 지명도를 높였다. 또 본부를 아카바네로 이전하면서 수도권에 사는 많은 대학 졸업 예정자 및 젊은이가 지원했다. 젊고 우수한 인재를 채용하기 쉬워진 것은 앞으로의 니토리 발전을 위해 무척 좋은 일이었다.

또 수도권 일대에는 니토리의 경쟁 업체도 많았기 때문에 업계 정보 수집 및 조사도 빨리할 수 있게 됐다.

나아가 본부의 도쿄 이전은 업무에 대한 사원들의 동기 상승에도 영향을 끼쳤다. 도심에서 근무하며 생활하는 것에 충족감을 느끼는 사원도 많은 듯했다.

현재 아카바네점은 전국 제일의 매출을 자랑할 뿐 아니라 차지권 매수에 따른 저렴한 임대료도 한몫하여 압도적인 이익률을 내고 있다.

6 장

"좋은 물건을 더 싸게!"라는 '공약'과 '사회 공헌'

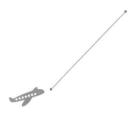

2001년 4월에 스기야마 기요시杉山淸는 중국 광저우 바이윈 국제공항에서 신도쿄 국제공항(현 나리타 국제공항)으로 향하는 비행기에 몸을 실었다. 그 날은 도쿄도 미나토구에 있는 혼다Honda Motor에서 열리는 회의에 출석하기로 되어 있었다. 스기야마는 혼다에서 중국에 사륜차 생산 거점을 구축하는 '광저우 프로젝트'를 성공시킨 주역의 한 사람으로, 동풍혼다東風本田의 총경리(사장)를 맡고 있었다.

지정된 자리는 제일 앞줄, 두 좌석이 나란히 붙어 있는 자리 중에서 통로 쪽 자리였다. 스기야마의 옆자리인 창가 쪽 자리에는 스포츠 웨어를 입은 남성이 이미 자리에 앉아 있었다. 스기야마는 가볍게 눈인사를 하고 자기 자리에 앉았다.

이제 막 이륙하려는 찰나에 스기야마의 귀에 황급한 발걸음 소리가 들려왔다. 발걸음 소리는 자기 좌석의 바로 옆에서 딱 멈춰 섰다. 그와 동시에 위쪽에서 목소리가 떨어져 내렸다.

"사장님!"

그 목소리에 스기야마는 무심코 고개를 들었다.

정장을 차려입은 남자가 서 있었다. 그렇게 덥지도 않은데 서둘러 온 탓인지, 아니면 긴장해서 그런지, 얼굴에서 큰 땀방울이 뿜어져 나와 금방이라도 스기야마에게 떨어질 것만 같았다.

하지만 남성의 시선은 스기야마를 향하지 않았다. 창가 자리에 앉은 남성을 향하고 있었다.

"긴키일본여행사입니다. 일전에 미국 세미나를 진행하셨을 때 약 200명을 담당했던 적이 있습니다."

그렇게 자기소개를 하고 명함을 건넸다. 그리고 지갑과 여권을 창가 측에 앉은 남자에게 전달했다.

긴키일본여행사 직원의 말에 따르면 창가 측에 앉아 있는 남자가 보안 검사를 받고 지갑과 여권을 거기에 두고 갔다고 했다. 하지만 보안 검사 담당 직원은 분실물을 긴키일본여행사 직원에게 건넸다. 여행자의 분실물이라고 생각했던 것이다.

그런데 긴키일본여행사 직원이 확인해보니 니토리 사장인 니토리 아키오의 것이었다. 해당 직원은 전에 니토리의 미국 세미나를 담당했던 적이 있어서 니토리를 잘 알고 있었다.

하지만 스기야마는 창가에 앉은 남성이 니토리 아키오라는 사실을 이 시점에서도 여전히 알지 못했다. 두 사람의 대화에서는 니토리라는 회사명도, 니토리 아키오라는 이름도 거론되지 않았기 때문이다.

'이 사람은 대단한 사람이구나.'

스기야마는 그렇게 생각할 뿐이었다.

긴키일본여행사 직원이 떠난 후에 창가에 앉아 있던 남자가 쑥스러운 듯 웃으면서 스기야마를 쳐다봤다.

"이렇게 매번 잃어버린다니까요."

그의 말은 숨김없이 자신이 얼마나 물건을 잘 잃어버리는지를 솔직하게 드러내고 있었다. 나란한 두 자리의 분위기가 부드러워졌다.

스기야마가 물었다.

"아까 그 사람이 '사장님'이라고 부르던데…….."

"'님'이라고 부를 만한 사람은 아닌데, 사실 '니토리'란 회사의 사장을 하고 있습니다. 오늘은 광저우 교역회에 구매를 하러 갔다 오는 길이에요. 근데 혹시 '니토리'를 아시나요?"

스기야마는 고개를 끄덕였다.

"알다마다요. 쇼핑한 적도 있는 걸요."

니토리는 스기야마의 명함을 건네받고 흥미진진하게 스기야마를 바라봤다.

"광저우 프로젝트에 관여하고 계세요?"

두 사람 모두 비즈니스의 제일선에 있었다. 마음을 터놓는 데까지는 그리 오랜 시간이 걸리지 않았다. 스기야마에게는 나리타 국제공항에 도착할 때까지의 약 5시간이 순식간에 지나간 것처럼 느껴졌다.

니토리가 헤어질 때 말했다.

"다음에 공장을 견학시켜 주세요."

"네, 좋지요! 언제든지 들러 주세요."

그렇게 말하고 헤어졌다.

그로부터 약 3개월 후에 스기야마는 니토리의 비서인 오노 지하루小野千春에게서 전화를 받았다.

"저희 사장님께서 공장을 견학하고 싶다고 하십니다."

니토리는 가을에 열리는 광저우 교역회에 출석할 예정으로, 일정이 맞으면 꼭 한 번 방문하고 싶어 한다고 했다.

스기야마는 놀람과 동시에 니토리란 인물에 관심을 갖게 됐다. 지금까지 많은 비즈니스맨을 만났고 공장을 견학하고 싶다는 말도 여러 번 들었다. 하지만 실제로 견학하러 오겠다고 연락해온 사람은 단 한 명도 없었다. 상대도 진심으로 하는 말이 아니었기 때문에, 니토리에게도 했던 "언제든지 들러 주세요"라는 말은 스기야마에게도 언제부터인가 사교성 인사말이 됐다.

스기야마는 바쁜 스케줄을 조정해 니토리를 맞이했다. 2003년 10월의 일이다.

광저우 공장을 방문한 것은 니토리만이 아니었다. 품질 관리담당 임원들도 데리고 왔다. 공장을 촬영하고 몇 가지 자료를 원한다며 요청하기까지 했다. 그저 구경삼아서 온 것이 아니었다. 상당한 열의였다. 하물며 니토리는 제조에 대해 잘 알고 있었다.

'과연 남다르구나.'

그러나 판매를 전문으로 하는 기업이 아무리 품질 관리에 열을 올린다고 한들 그리 쉽게 이상적인 품질 관리를 실현할 수는 없다. 메이커로서 지금까지 살아남도록 혼다를 지탱해온 스기야마는 다소 우습게 생각했다.

그런데 스기야마가 니토리를 만나고 반년 만에 니토리는 공장을 또다시 방문하러 왔다.

그 뒤로 매년 봄과 가을에 광저우 교역회가 열릴 때마다 니토리는 광저우를 방문했고 공장에도 견학하러 왔다. 데리고 오는 사람도 어떨 때는 생산 관리 담당자, 어떨 때는 물류 담당자로 그때마다 달랐다.

스기야마는 니토리와 만날 때마다 생각했다.

'넘어져도 그냥은 일어나지 않는다는 말은 그야말로 니토리 사장을 두고 하는 말이다!'

그의 늠름한 상인 정신이야말로 니토리를 홋카이도 가구점에서 전국 규모의 기업으로 키워낸 원점임에 틀림이 없었다.

한편으로 스기야마는 '아버지'라 부르며 따랐던 혼다의 창업자 혼다 소이치로本田宗一郎를 떠올렸다. 혼다 소이치로는 1954년에 세계 굴지의 바이크 레이스 '티티레이스The Isle of Man Tourist Trophy'를 시찰하러 갔다. 당시에 일본에는 없던 십자못 등의 부품을 발견하고 구매했다. 하지만 수하물로 가져갈 수 없다고 하자 체인을 몸에 두르고 귀국했다.

외양 따위에 신경 쓰지 않았다. 그리고 밝았고 숨김이 없었다. 니토리와 혼다의 기업 문화를 만든 혼다 소이치로의 모습이 겹쳐 보였다.

또 니토리와 니토리 사원과 반복해서 만나다 보니 니토리는 이제 막 해외 진출을 시작했음에도 불구하고 의외로 이미 국제성을 갖추고 있다는 생각이 들었다.

그도 그럴 것이 니토리가 데려온 사원 중에 중국 국적을 지닌 고미야 쇼신이 있었기 때문이다. 처음에 왔을 때 고미야는 일개 부서의 매니저였다. 그런데 일시 퇴직하고 회사를 세웠고, 나중에 다시 니토리로 돌아왔을 때는 전무이사로 발탁되어 있었다. 인종과 국적에 상관없이 능력 있는 인재를 발탁하는 기업이야말로 해외에서 통용되는 기업임을 경험상 스기야마는 알고 있었다. 혼다 해외현지법인도 마찬가지로 부사장과 부총경리 등 이른바 이

인자에 해당하는 인재는 현지 인재를 등용하고 있었다.

'니토리는 실로 혼다랑 닮은 구석이 있어.'

스기야마 기요시가 니토리와 알고 지낸 지 일 년 반이 됐을 무렵이다. 평소처럼 공장 견학을 끝낸 후에 니토리를 식사에 초대했다.

혼다가 출자하고 있는 기업에 광저우시가 절반 이상 출자하고 있었다. 그래서 민간 기업은 들어갈 수 없는 청 왕조의 접대 장소를 사용할 수 있었다.

그 자리에서 갑자기 니토리가 말을 꺼냈다.

"어때요? 저희 회사로 와 주지 않으실래요?"스기야마가 전혀 예상하지 못했던 제안이었다. 스기야마는 정년 연장 기한인 2년이 지나면 자기 사무소를 차릴 생각이었다. 스기야마는 니토리의 제안에 쉽사리 대답할 수가 없었다. 그래도 니토리는 포기하지 않고 계속 제안했다. 혼다의 정년 연장 기한인 2년이 지나고, 2004년 10월 말에 귀국하자 즉시 연락해왔다.

"긴자銀座에서 기다리고 있어요."

니토리가 초대한 곳은 긴자 7초메에 있는 니토리 단골의 홋카이도 요리점 '요로코비歡'였다. 니토리가 직접 게의 껍데기를 벗겨가며 스기야마를 접대했다.

'이렇게까지 하시는데 거절할 수는 없겠는걸.'

스기야마는 2004년 12월부터 특별고문으로 니토리에 입사했다.

니토리는 스기야마가 니토리에서 약한 제조 부문을 지도해주길 기대했다. 스기야마의 지도를 통해 품질이 향상되고 클레임이 적어지기를 원했다. 일반적으로 가구 소매업은 클레임이 많은 업종이다. 가구는 대개 10% 전후의 수분을 함유하고 있다. 건조되거나 습기가 많아지면 뒤틀림이 발생한다.

가구는 살아있다. 대략 3%에서 4%의 클레임률이 일반적이다. 니토리에서도 3.5%였다. 그런데 스기야마에게 품질 향상을 요청하고 나서 1% 이하로 떨어졌다. 지금은 0.5%로까지 내려갔다.

스기야마가 느낀 니토리의 뛰어난 점은 '사시社是'에 있었다. 당시에 니토리는 매출이 약 1,300억 엔인 기업이면서 사시를 갖고 있었다. 그저 기업 규모를 키워나갈 뿐이 아니었다. 기업 활동을 통해 어떻게 사회에 공헌할 것인가를 분명히 하고 있었다. 스기야마가 아는 한 이 정도 규모의 기업 중에 사시를 내걸고 있는 곳은 적다.

혼다가 니토리와 같은 규모였을 때도, 창업자인 혼다 소이치로가 선도하는 가운데 세계를 똑바로 응시하며 사회에 어떻게 공헌할 것인가에 대해 생각했다. 로망과 비전이 있었다.

니토리는 현 상황에 만족하지 않고 전세계를 목표로 혁신에 혁신을 거듭하고 있다.

스기야마는 니토리와 혼다 소이치로의 닮은 점을 한 가지 더 발견했다. 바로 철저한 코스트 의식이다. 혼다는 투자 코스트, 부품 코스트, 조립 공정 수 중에 줄일 수 있는 것은 줄임으로써 합리화를 도모했다. 니토리도 재료 문제부터, 물류, 애프터서비스를 포함하여 품질을 확실하게 하고 있다.

성격이 급한 것도 두 사람의 공통점이다. 늘 시간과 싸운다.

스기야마가 니토리에게 제일 먼저 들은 말은 품질 개혁이었다. 기업이 살아남기 위해서는 많은 고객에게 지지를 얻는 것이 무엇보다 중요한 선결 사항이다. 이를 위해서는 자신이 만든 제품의 질과 가격으로 차별화를 도모해야 한다. 상품 하나하나의 질을 더욱 높여야 한다. 그러면 클레임이 적어져서 이른바 실패 코스트가 줄어든다. 코스트 절감이 되는 것이다. 불량품이

적으면 고객의 신뢰를 받게 됨으로 반드시 재구매가 증가하게 되어 있다.

그러나 한 마디로 '품질'이라고는 했지만 상품만 보면 되는 것이 아니다. 제작 공정 정밀도를 높이는 것은 물론 상품이 고객의 손에 넘어간 다음까지도 신경을 써야 한다.

스기야마는 니토리가 판매하고 있는 상품을 생산하는 국내외의 주요 거래처를 둘러봤다.

스기야마는 해외 공장 경험이 풍부하다. 공장의 좋고 나쁨은 보면 안다. 예를 들어 베트남, 인도네시아, 태국, 중국과 같은 생산 거점 대부분이 제조업 제품관리에서는 가장 뒤처져 있었다.

'이래서는 안 돼.'

품질 관리란 어떤 것이라는 것을 그야말로 하나부터 가르쳐서 생산 공정 속에서 품질을 완성해가야 한다고 절감했다. 작업표준을 분명하게 정해서 균일하게 품질이 유지되도록 하는 것이다. 이를 위해 가공물을 고정하거나, 절삭공구를 일정한 동작으로 제어하는 지그Jig 등의 설비를 정비했다. 품질을 향상하기 위한 방법으로 로봇 도입도 하나의 수단이 될 수 있다.

하지만 스기야마가 가장 뒤처진다고 느낀 것은 무엇보다 공장 경영자의 자세였다. 사람을 사람으로 보지 않고 마치 도구처럼 다루고 있었다.

공장 경영자는 벤츠를 타고 롤렉스 시계를 차며 온갖 사치를 부렸다. 반면 공장에는 직원을 위한 식당조차 없었다. 식사 시간에는 각자 서서 밥을 먹는 가게에 가서 밥을 사 먹었다.

제조는 철저하게 제품을 만드는 사람 한 명, 한 명의 인간성을 인정하는 것에서부터 시작해야 한다. 그것은 아무리 기계화가 진행되더라도 달라지지 않는다. 그저 벨트 컨베이어로 운반된 재료에 구멍을 뚫고, 부품을 삽입하는 인간이 있으면 그것으로 충분한 것이 아니다. 어떤 부분을 담당하는 작업원이든 지식을 높이고 기능을 발전시켜 나가야 한다. 그리고 일을 공유화한다. 이것이 생산성을 보다 높이는 결과로 이어진다. 진정한 의미에서 경쟁력이 생기게 된다. 공장 경영자는 이를 알아야만 한다. 이는 품질 관리의 영역을 넘는 제작 현장 자체의 개혁이 된다. 비즈니스 컨설턴트의 영역에까지 발을 들이는 것이기도 하다.

스기야마는 느꼈다.

'사장님께서 말씀하신 품질개혁을 본격적으로 하려면 고문이란 직함으로는 불가능하겠는데?'

그저 조언만 하는 존재가 아니라 인사권까지 장악하는 권한까지 가져야 제대로 관철할 수 있을 듯했다.

스기야마는 2005년 6월에 니토리 전무에 취임했다.

2005년 5월에 니토리는 미국을 방문했다. 이때 주택전시장에도 갔다. 주택전시장에서 니토리는 주택 가격을 보고 얼마나 비싸던지 깜짝 놀랐다.

'주택 버블이 틀림없이 터질 거야.'가격 인하 준비를 시작한 것은 그때부터였다. 니토리는 그때 생각했다.

'원가 절감으로 일 년 안에 여유 자금 50억 엔을 확보하자.'

한 번 가격 인하를 하기 위해서는 10억 엔에서 15억 엔의 '군자금'이 필요하나. 제조공장과 물류기능 등의 원가를 재검토했다.

무역에서는 중간업자를 제외하고 선박회사와 직접 거래했다. 20피트 컨테이너로 환산했을 때 연간 12만 번이 넘는 거래량이었다. 직접 거래함으로써 가격 인하 교섭을 할 수 있었다. 그 밖에 광고선전비를 비롯하여 다양한 원가를 재검토했다. 2년간 약 120억 엔의 자금을 모았다. 이만큼 비용을 압축할 수 있었던 것은 원래 원가율이 낮았기 때문이다.

니토리 관련 제조 자회사인 니토리 퍼니처에서는 목재의 95%까지 낭비 없이 제조에 활용하고 있다.

니토리는 사원에게 말한다.

"열심히 자란 나무를 쓰는 거니까 아낌없이 한 그루를 알뜰하게 써줘야지. 그게 나무에게 감사하는 길이 아닐까?"

인도네시아의 저렴한 인건비를 최대한 활용하고 있다. 예를 들어 도료에도 인력을 활용하고 있다. 스프레이로 뿌리는 것보다 손으로 바르는 편이 품은 들더라도 도료 낭비가 적다. 도료비보다 인건비가 싸기 때문에 가능한 일이다.

다만 이는 "원가를 줄여라! 원가를 줄여라!"라고 경영진이 지휘하는 것만으로는 실현되지 않는다. 사원 전체가 한마음일 때 달성할 수 있다.

지난 2004년 4월부터 소비자가 보는 '정가표' 및 '광고' 등에 가격을 표시할 때는 소비세 상당액을 포함한 지불 총액 표시를 의무화하는 '총액 표시 방식'이 시행됐다.

니토리는 그때까지 고객에게 저렴한 인상을 주기 위해 '999엔'으로 가격을 설정했었다. 하지만 소비세를 포함하면 '1,048엔'이 된다. 니토리는 끝까지 '999엔'이라는 총액 표시를 고집했다.

'싼 가격이야말로 니토리의 공약이야. 그걸 깨는 건 우리가 싼 가격을 포기하는 게 된다.'

니토리는 늘 말한다.

"난관은 많은 편이 좋아. 난관은 극복하면 위기가 기회가 돼서 다른 사람은 흉내 낼 수 없는 강점이 되니까."

니토리는 순이익에서 소비세 5%분을 흡수하겠다고 했다. 하지만 가령 매출 1,300억 엔에서 5%면 60수 억 엔이 된다. 사원에게서 반대의 목소리가 쏟아졌다.

"조금 완만하게 하시지요. 증수증익이 끊길 겁니다."

타협안으로 종래의 상품은 외세 방식으로 하고, 4월 1일 이후로 투입하는 상품은 내세 방식으로 하자는 의견도 나왔다. 하지만 사내 의견은 좀처럼 좁혀지지 않았다.

이케다 마사노리는 일본 리테일링 센터의 아쓰미 슌이치에게도 상담했다. 아쓰미는 말했다.

"4월 1일부터 내세 방식을 채용하는 게 좋아. 4월 1일부터 전환할 거면 일주일 정도 전부터 시작하는 게 좋고."

결국 최종 판단은 니토리가 했다.

니토리는 그때까지 18년간 증수증익을 계속해왔다. 소비세를 순이익에 흡수시키면 이익이 줄어서 증수증익 기록도 단절될 거라고 했다.

하지만 니토리는 사원을 설득했다.

"그런 기록은 끊어져도 괜찮아. 그보다는 니토리에 대한 고객님의 이미지가 더 중요해."

총액표시가 시작되기 2개월 전인 2004년 2월에 니토리는 사원에게 선언했다.

"소비세를 추가하지 않고 총액 표시를 그대로 '999엔'으로 하겠다!"

니토리는 내세 방식을 선택했다. 또 시작 일시는 3월 25일부터로 했다. 시작 일시를 앞당긴 것은 니토리의 성수기가 봄이었기 때문이다. 3월 말에 쇼핑한 손님과 4월 이후에 쇼핑한 손님 사이에 불공평이 발생하지 않도록 하기 위한 배려였다. 또 대부분 경쟁업체는 외세 방식을 채택했다.

그 결과 2004년도에도 니토리는 증수증익했다. 그 이유는 실질적으로 일제히 5% 가격 인하를 한 것이 되어 다수의 고객을 불러들였기 때문이다. 또 그해 환율이 엔고가 된 영향도 컸다. 엔-달러 환율이 2003년 전반에는 1달러당 약 120엔이었는데, 2004년 초에는 약 105엔까지 폭등했고, 그 후 일 년간은 약 105엔에서 110엔 사이를 오갔다. 해외 수입이 많은 니토리에 게는 큰 플러스 요인이 됐다. 이케다는 중요한 고비마다 행운까지 니토리의 편을 들어주는 것 같은 느낌이 들었다.

2004년 10월에 마루미쓰 베트남 공장이 가동을 시작했다. 수도 하노이 Hanoi에서 북서쪽으로 약 25킬로미터 떨어진 곳에 위치한다. 4만 8,400평의 광대한 부지에 3만 4,800평의 거대한 공장이 자리 잡았다.

지금까지 인도네시아 공장에서 생산하던 제품을 마루미쓰 베트남 공장 에서 생산하고, 인도네시아 공장에서는 새로운 제품을 생산하기 시작했다.

베트남에는 공산주의적인 성질이 많이 남아있어서 생활면과 환경면에서 일본보다도 안전한 장소라고 할 수 있다.

다만 국토가 1,200킬로미터에 이르는 남북으로 긴 형태를 하고 있어 북 부 · 중부 · 남부에 차이가 있다. 북부에 위치한 하노이의 여름은 남부와 마찬 가지로 강수량이 많다. 습도도 90%를 넘기 때문에 제품의 볼트를 물류센터 에 두면 녹슬어 버린다. 그래서 녹슬지 않는 도금을 개발해서 사용하고 있다.

일본 니토리에서는 2010년 2월기에 과거 최고의 출점을 계획하고 있었 다. 이를 위한 안정적 공급을 위해서는 마루미쓰 베트남 공장의 체제 정비가 시급했다.

마루미쓰 베트남 공장은 생산량을 늘리기 위해서 새로운 시도를 했다. 2교대제 생산체제였다. 지금까지는 오전 7시 반부터 오후 4시 반까지 가동했었는데, 시간대를 오전 5시 반부터 오후 1시 반까지와 오후 1시 40분부터 오후 10시 40분까지로 변경했다. 동일한 기재를 사용했으므로 효율이 좋아졌다. 종업원도 1,000명에서 1,800명으로 늘었다.

월급은 일본 엔으로 환산했을 때 인도네시아가 약 2만 2,000엔이었고, 베트남이 약 1만 9,000엔이다. 두 나라의 임금 차이는 인도네시아의 전체적인 임금 시세 상승에 따른 것이었다. 단 생산성이 약 다섯 배로 상승했다. 전에는 완성까지 약 10시간이 걸리던 것이 기술력의 향상으로 약 2시간 만에 완성할 수 있게 됐다.

베트남 종업원을 훈련시키는 데는 시간이 걸렸다. '차가운 돌 위에도 3년간 앉아있으면 따뜻해진다'는 속담처럼 기술을 익히는데도 3년이 걸렸다.

공장 분위기도 인도네시아와는 전혀 달랐다. 먼저 남녀의 구성비부터 달랐는데, 이슬람 사회이자 남성중심사회인 인도네시아 공장은 남성이 95%를 차지하는데 반해, 베트남 공장은 90%가 여성이었다. 그것도 20세 전후의 젊은 여성이었다.

농가에서 자란 여성이 많아서 그녀들은 일을 잘했다.

베트남에서 여성은 중요한 일꾼으로 농사는 물론 토목공사도 했다. 그런 사회적 배경이 있었기 때문에 마쓰쿠라는 공장이 위치한 지역의 사람을 채용하지 않고, 지방 사람, 그것도 시골의 젊은 여성을 채용하는 것을 방침으로 삼았다. 지방의 젊은 여성은 사랑받으며 자란 남성 및 그 지역 사람과는 달리 진지하게 일했다. 또 베트남 공장에서 30분에서 1시간 정도 떨어진 곳에서 출퇴근하는 사람은 그야말로 목숨을 걸 정도로 열심히 일하지 않으면 안 됐다. 왜냐하면 그 사람에게 가족의 생계가 걸려있었기 때문이었다. 조부모를 포함한 일가 여섯 명의 가족이 일 년간 손에 쥘 수 있는 현금 수입은 600달러 정도가 고작이었다.

그런데 여성 한 명이 공장에서 일하면 연간 2,200달러의 돈을 벌 수 있다. 마쓰쿠라의 공장에서 일하는 여성은 효녀인 것이다.

채용담당자는 입사희망자를 면접할 때 먼저 손을 살펴봤다. 젊은 여성이더라도 상처와 주름이 있는 손을 가진 사람을 선호했다. 열심히 일하며 가사를 도왔다는 증거였기 때문이다.

한편 손이 예쁘다는 것은 일한 적이 없다는 표시였으므로 채용하지 않았다. 그런 여성은 수도 하노이에서 다른 일에 취직하는 편이 낫다.

또 키는 작업대 높이가 있었기 때문에 155센티미터를 기준으로 삼았다. 베트남 여성은 대개 키가 작아서 140센티미터 정도가 절반을 차지했다. 키가 작은 여성을 너무 많이 고용하면 작업대 높이를 비롯하여 기계의 모든 높이를 조정해야 한다.

애초에 가구제조 공장에서 여성종업원만 고용하는 것은 있을 수 없는 일이다.

아무래도 대량으로 가구를 제조하고 장인적인 발상과 기계적인 작업을 주로 해야만 했기 때문에 베트남 공장에서는 안전에 상당히 주의를 기울였다. 기계에 손을 다치는 경우도 있었다. 작업 중에는 무거운 물건을 다룰 기회도 많아진다. 그래서 이 점에 있어서는 개량에 개량을 거듭했다.

해외에서 생산한 제품을 일본 국내로 반입할 때 지금은 일본의 바이어가 현지로 건너가서 절차를 밟는다. 거래처를 찾는 것도 언제, 어디에서, 누가,

어떻게 발주할 것인가를 판단하는 것도 일본 측에서 했다. 하지만 앞으로는 현지에서 하면 된다. 현지 바이어를 키워서 권한을 위양하고 있다. 이것이 가능해지면 현지 사람도 꽤 편해진다.

한편 품질 강화에도 힘을 쏟고 있다. 예를 들어 마루미쓰에서는 가구에 도료를 7번 칠한다. 광택이 나고 마찰에 강하며 오염물도 잘 닦이는 경질 에나멜 도료(UV 도료)도 입힌다. 불량품이 나오지 않도록 상처를 체크하는 전임 담당자도 배치했다. 인건비가 저렴하기 때문에 꼼꼼한 생산과 체크가 가능한 것이다.

코스트 삭감에도 신경 쓰고 있다. 원료가 되는 목재는 물론 가구로 사용할 수 없는 폐자재도 낭비하지 않는다. 다른 동업회사에서는 목재를 50%밖에 사용하지 않지만 니토리에서는 포장 재료 등으로 사용할 방법 등을 연구하여 95%까지 사용한다.

종업원이 사용하는 화장지도 비품으로 화장실에 상비해두면 훔쳐갈 우려가 있었다. 이에 쉬는 시간이 되면 화장지를 배포하는 담당자가 조금씩 자른 휴지를 나눠주었다. 이런 작은 노력이 코스트 삭감으로 이어질 뿐 아니라 코스트를 삭감해야 한다는 의식도 가지게 한다.

그녀들은 주6일 오전 7시 30분부터 오후 4시 30분까지 근무하며 열심히 가구를 만들었다.

하지만 더욱 효율적인 작업체제를 확립하기 위해 노력을 게을리하지 않은 사람이 마쓰쿠라였다. 2008년 8월에 1,800명의 종업원을 고용하고 2교대제를 도입했다.

연간 약 41만 세트를 생산했다. 구체적으로는 서랍을 약 10만 개, 침대 프레임을 약 10만 2,000개, 식기 선반을 약 15만 5,000개, 찬장을 약 5만

3,000개 생산했다.

니토리의 주력상품이 매일 이 공장에서 생산되고 있다.

"베트남의 매력은 무엇보다 인건비가 싸다는 거야."

그렇게 니토리는 말했다.

실질적으로 여전히 공산주의체제인 베트남은 국가가 최저임금을 결정했기 때문에 그렇게 적은 임금을 주는 것으로 충분했다. 그 배경에는 베트남 자체가 외국자본을 빌리지 않고는 유지되지 않는다는 사정이 있다.

일본 신입사원의 월급이 20만 엔이라고 치면 단순하게 계산했을 때 10배 이상의 차이가 난다.

"일본 국내에서 아무리 비용을 절감하고 아웃소싱을 해도 베트남의 싼 가격에는 절대로 못 당해. 인건비가 압도적으로 싸."

니토리는 베트남의 싼 인건비에 매료됐다.

싼 가격을 사명으로 하는 니토리에게 생산원가 절감은 필수적이다. 원가의 대부분을 차지하는 인건비가 가장 싼 나라에서 제조한다. 이것이 니토리가 저렴하게 상품을 판매할 수 있는 길이었다.

인도네시아에서의 성공과 베트남으로의 진출로 마루미쓰도 그리고 니토리도 체질을 강화할 수 있었다.

인도네시아에 진출할 당시에 돌아오지 않을 돈이라고 생각하면서 니토리가 융자했던 20억 엔은 결국 4년 만에 모두 변제할 수 있었다. 덤으로 40억 엔의 운용자금을 갖게 될 정도로 약진했다.

당연히 베트남 하노이 공장의 자금은 인도네시아에서 벌어들인 자금으로 조달한 것이다.

인도네시아와 베트남의 대형 공장은 모두 급격한 성장을 달성하여 2010년에 매출 100억 엔을 돌파했다. 또 2011년에는 그룹 계열사라는 것을 알기 쉽도록 회사명을 마루미쓰에서 니토리 퍼니처로 변경했다. 현재는 니토리 퍼니처도 우수기업으로 군림하고 있다.

마루미쓰는 앞으로 인도네시아와 베트남 이외 해외 지역에 공장을 건설할 것을 시야에 넣고 확대를 노리고 있다. 베트남 공장은 2008년에 2교대제를 도입하면서 생산량에서 인도네시아를 추월했다. 2012년에는 남은 부지에 2층 공장(약 7,700평)을 건축했다. 총바닥면적의 합계가 약 4만 2,400평에 달했다. 1층이 생산라인이고 2층이 제조창고이다. 가구는 성수기의 판매량이 비성수기의 2~3배에 달하기 때문에 성수기용 비축 공간이 반드시 필요하다. 1층 생산라인에서 생산하는 제품은 소파와 침대 매트리스로 종래의 목제 가구와는 전혀 다른 것에 도전하고 있다. 또 소파와 매트리스의 재료인 부직포와 펠트, 인공면 등의 내제화에 도전 중이다. 지금까지의 목제 가구 생산과는 완전히 다른 화학 관련 분야이다. 소파와 매트리스 부문을 포함하여 앞으로 종업원 약 3,000명을 고용할 예정이다. 소파의 하루 생산량이 1,000개, 매트리스의 하루 생산량이 1,000개, 상자 형태 가구의 하루 생산량이 1,600개, 침대 매트리스의 하루 생산량이 800개로, 하루 생산량 합계가 총 4,400개이다.

앞으로 풀어야 할 과제는 인도네시아와 베트남의 인건비 상승이다. 처음에는 두 나라에서 모두 약 3,000엔의 월급으로 시작했는데 경제성장으로 지금은 인도네시아가 7배로, 베트남이 6배로 인건비가 상승했다.

이에 인건비가 싼 캄보디아와 말레이시아 등에도 생산체제를 구축하려고 검토하고 있다.

인건비가 싼 지역을 생산기지로 삼는 것이 저렴한 가격 실현으로 이어진다. 이를 위해 다음번, 그리고 또 그 다음번 생산기지를 찾기 위해서 지속적으로 조사해야 한다. 같은 중국이라도 연안부가 아닌 시골 벽지를 생산기지로 삼을 것인가. 그러면 연안부까지의 운송비는 어떻게 되는가.

진출 타이밍이 빨라도 안 된다. 너무 늦어서도 안 된다. 그러면서도 누구보다 먼저 나가야 한다. 그렇지 않으면 선제 이윤을 획득할 수 없다.

니토리는 2005년 5월에 중국 상하이에 진출해 현지기업을 설립했다.

중국 측이 내건 '수출 구매 센터'로서의 '니토리 채구采購 유한공사'이다.

이른바 구매센터 같은 것이라고나 할까. 노타케는 경리부 제너럴 매니저로서 약관을 만들 준비를 하고 대중 교섭의 창구가 될 미즈호은행みずほ銀行과의 절충에 나섰다.

그때까지 중국은 중국 본토에 다른 나라가 100% 출자한 기업의 설립을 인정하지 않았다. 예를 들어 일본 기업 측에서 49%를 출자하고 중국 측에서 51%를 출자하는 경우가 많았다. 하지만 '니토리 채구 유한공사'는 100% 니토리가 출자한 회사였다.

사실 '100% 출자'가 실현된 이면에는 법규제의 변경이 있다. '수출 구매센터'에 관한 관리 설립 법률이 생긴 것이다.

그 무렵에 노타케 나오키는 거대 은행과 거래하면서 중국 사정에 정통한 은행원을 만나게 됐다. 노타케가 은행원과 중국의 수출 구매 센터에 관해 이야기를 나누다 보니 분위기가 무르익었다.

노타케는 거대 은행의 중국 담당자에게 말했다.

"이걸 하고 싶은데요……."

은행원이 말했다.

"해 볼까요?"

"부탁합니다. 도와주세요."

'변법弁法'이 시행된 후에 일본에서 제1호로 니토리 구매센터인 '니토리 채구 유한공사'가 2004년 3월에 허가를 받았다. 노타케는 새삼 운이 좋았다고 한다.

니토리는 중국에 회사를 설립했기 때문에 가슴을 펴고 정정당당하게 영업 활동을 할 수 있었다. 또 현지 중국인을 정식으로 채용함으로써 구매 이외의 업무에도 착수할 수도 있게 됐다.

덧붙여 2013년 4월 현재, '니토리 채구 유한공사'를 비롯한 해외 상품조달거점의 현지 사원은 약 300명이다. 바이어 등이 신규거래 메이커의 개척 및 상담에 땀을 흘리고 있다. 또 거래 후의 사후관리에도 '니토리 채구 유한공사'를 비롯한 해외거점이 도움이 되고 있다.

오사나이 준이치長内順一는 2000년 20월에 니토리 특별고문에 취임했다. 오사나이는 홋카이가쿠엔대학 출신으로 니토리의 후배였다. 1993년 제40회 총선거에서 처음으로 당선되고 1996년 총선거에서도 당선된 중의원 의원이었다.

오사나이가 정계를 은퇴한다는 소식을 듣고 니토리는 즉시 초빙에 나섰다.

니토리는 인생에서는 스승의 존재가 중요하다고 늘 생각한다. 경외심을 느낄만한 스승이 없으면 인간은 거만해진다. 사장이란 자칫하면 벌거벗은 임금님이 돼서 뭐든 자기가 하는 것이 옳다고 생각하기 쉽다. 니토리는 그렇게 되지 않기 위해서라도 자기에게 기탄없이 의견을 말해줄 책사가 여러 명 있어야 한다고 생각했다. 그런 사람은 사장이 스스로 구해야 한다. 영업과 상품 등 사회적 지식을 지도해줄 사람을 몇 명 골라서 스승으로 삼는 것이다.

오사나이는 취임 당시에 스스로의 역할에 대해 생각해보았다. 사장에게 는 듣기 좋은 '좋은 정보'가 들어온다. 반면 듣기 거북한 이야기는 잘 들어오 지 않는다. 조직이란 그런 것이다. 그럼 철저하게 듣기 거북한 이야기를 사 장에게 전하는 역할을 수행하자. 그것이 사장을 위해서도, 니토리란 회사를 위해서도 필요하다. 그렇게 생각하고 행동에 옮겼다.

오사나이는 그런 생각을 니토리에게 말로 표현한 적은 없었다. 하지만 어느 날 니토리가 말했다.

"오사나이, 우리 서로 하고 싶은 말을 솔직하게 진심으로 이야기하자. 나도 솔직하게 말할 테니까 너도 서슴지 말고 말해줘."

오사나이는 이 말을 듣고 니토리의 도량이 얼마나 넓은지를 느꼈다. 그 리고 물었다.

"둘이 서로 솔직하게 다 털어놓다보면 트러블이 생길 수도 있어요. 제가 이론을 제기하기도 하잖아요? 그래도 괜찮으세요?"

"그럼 물론이지. 그래도 다음 날 아침에 회사에서 만나면 서로 '좋은 아 침!'이라고 인사하자."

그런 대화를 주고받은 후로 오사나이는 마음속에 한 점의 거리낌 없이 진심을 모두 털어놓게 됐다. 밤에 회합을 마치고 둘이서 식사를 할 때면 격 렬한 토론이 벌어지기도 했지만, 두 사람은 다음 날 아침이 되면 인사말을 건네자던 약속을 지켰다.

또 니토리는 오사나이가 심한 말을 직언하고 귀가할 때면 반드시 "오늘

고마웠어!"라고 인사했다. 오사나이는 그런 니토리의 말과 태도에 감동했다. 그리고 어느 틈엔가 자신이 니토리의 인간적 매력에 푹 빠져있다는 사실을 깨달았다.

니토리는 2003년 4월부터 '제2기 30년 계획'에 돌입했다. 계획에 돌입한 지 2개월째가 됐을 때의 일이다. 오사나이는 니토리에게 동행을 부탁하여 둘이서 치바 현 마쿠하리幕張에 있는 이온 그룹의 본사에 오카다 다쿠야岡田卓也 명예회장을 만나러 갔다.

오카다 다쿠야 회장이 말했다.

"니토리 씨, 흔히 기업은 30년이라고 합니다. 30년을 존속시키는 것은 여간해서는 할 수 있는 일이 아니에요. 월마트는 40년 전에는 없었어요. 그러나 지금은 애리조나의 사막 한복판에도 월마트가 있죠. 거꾸로 말해서 우리 이온도 30년 후에는 없을지도 몰라요."

오카다 명예회장은 계속해서 말했다.

"저는 기업이 존속할 수 있는 조건에는 세 가지가 있다고 생각해요. 하나는 환경에 민감한 것. 다른 하나는 컴플라이언스에 민감한 것. 그리고 마지막 하나는 사회 공헌에 민감한 것. 이 세 가지 조건을 충족하는 기업만이 앞으로 오래 살아남을 수 있다고 생각해요."오카다 명예회장은 기업의 사회 공헌에 관한 구체적인 예를 소개했다.

"미국의 미네소타 주에 미니애폴리스Minneapolis란 도시가 있는데, 기기에 데이턴 허드슨Dayton Hudson이라는 지방 백화점이 있었어요. 어느 날 이 백화점이 M&A를 당하게 돼요. 이 때 '데이턴 허드슨을 매수시켜선 안 돼!'라며 일어선 사람들은 지역 주민들이었죠. 왜냐하면 이 백화점은 지역을 위해 전등이 없다면 전등을 정비하고, 신호등이 없다면 신호등을 설치했거든요. 지역 시민들이 일어나서 시작한 '데이턴 허드슨을 사수하라!'는 운동은 이윽고 매입처와 주주를 끌어들였고, 나아가 주의회가 '데이턴 허드슨은 중요한 기업이다. 매수시키지 마라!'라는 결의를 내림으로써 데이턴 허드슨은 결국 매수되지 않게 되지요."

오카다 명예회장의 이야기는 니토리와 오사나이를 깊이 감동시켰다.

이온 본사를 나온 두 사람은 2월의 한파 속에서 마쿠하리 해안역까지 나란히 걸어갔다. 올 때는 지독한 한파에 코트 깃을 세웠던 두 사람이었지만, 돌아갈 때는 마음이 훈훈하여 추위에 신경도 쓰이지 않았다. 걸으며 니토리가 말했다.

"우리도 앞으로 시작될 새로운 30년 동안에 사회공헌을 잔뜩 하자. 오사나이, 여러 가지로 조사해 봐."

그 후에 두 사람은 함께 이야기를 나누며 니토리 사회공헌사업의 골자를 정했고 세 가지의 큰 중심 기둥을 세웠다. 하나는 '사람을 키운다'. 다른 하나는 '나무를 심는다'. 그리고 마지막 하나는 '홋카이도를 지원한다'.

'사람을 키운다'는 것은 구체적으로 '교육'을 의미하고, '나무를 기른다'는 것은 '수목'을 의마한다. 가구를 제조하기 위해서 세계 어딘가에서는 나무를 자른다. 그러므로 세계 어딘가에 나무를 심는 것이다. 가구를 판매하는 기업에 어울리는 사회공헌이라고 생각했다. 마지막으로 '홋카이도를 지원한다'고 정한 것은 홋카이도는 니토리의 원점이기도 하고, 장기 불황으로 침체된 지역 활성화에 공헌하고 싶다고 생각했기 때문이다.

또 니토리는 "지방의 생활을 풍요롭게 하고 싶다"고도 말했다. 니토리는 그때까지 인구가 20만에서 30만 명 이상 되는 도시에만 출점을 진행했다. 점포당 매출 및 이익을 생각했을 때 20만 명 이상의 인구가 거주하는 도시에 출점하는 것이 가장 효과적이고 효율적인 점포 개발이었기 때문이다. 하지만 니토리는 "'지방의 생활을 풍요롭게 하는 것'도 사회공헌이다"고 말하고, 앞으로는 일부러 인구가 적은 도시에도 적극적으로 출점하기로 방침을 정했다.

2004년 봄에 니토리는 '사람을 기르기 위해' 모교인 홋카이가쿠인대학에 기부하고 체인스토어 강좌를 개설했다.

체인스토어 강좌는 실천적인 '살아있는 경영'을 배우는 것을 목적으로 했다. "일본에는 체인스토어 관련 학문이 없어. 일본에는 제조, 물류, 판매를 총체적으로 다루는 학문이 필요해"는 것이 니토리의 지론이었다.

강사 초빙은 오사나이의 일이 됐다. 니토리의 지시를 받고 오사나이는 홋카이도 내는 말할 것도 없고 중앙의 경영 최고 강사를 초빙하기 위해 바쁘게 뛰어다녔다. 삿포로에 본사를 두고 있으며 '순백의 연인白い恋人'으로 유명한 이시야 제과石屋製菓의 이시미즈 이사오石水勲 사장(당시), 마찬가지로 삿포로에 본사를 두고 패밀리 레스토랑 '빗쿠리돈키びっくりドンキ'를 전국에 오픈한 아레후Aleph의 고故 쇼지 아키오庄司昭夫 사장, 동일본 최대급의 홈센터 '호마크'의 마에다 가쓰토시前田勝敏 사장(당시)들이 협력해 주었다. 그들은 어떤 난관이 있었으며 그 난관을 어떻게 뛰어넘었는지를 구체적인 예를 들어가며 강연해주었다.

강좌가 궤도에 오른 후에는 오카다 다쿠야 명예회장에게도 의뢰했고, 그는 기꺼이 홋카이도까지 발걸음으로 해 주었다.

니토리도 교단에 섰다. 니토리의 과거와 미래를 테마로 지금까지의 역사를 소개하고, 여러 갈림길에서 어떤 생각을 했고 어떤 판단을 내렸는가, 그리고 미래의 비전을 위해 어떤 것들에 착수하고 있는가를 구체적인 예를 들며 이야기했다.

2010년도부터는 5년 계약으로 와세다대학早稲田大学 상학부商学部에서 '기부 강좌'를 하고 있다.

매년 '유통 · 서비스 과학'이라는 주제로 가을 학기에 진행하고 있다. 목요일 2교시, 90분 강의이다.

강의에 서는 것은 니토리를 비롯한 쟁쟁한 경영인이다. 이토요카도イトーヨーカ堂의 대표이사 사장 겸 COO 가메이 아쓰시亀井淳, 라이프 코퍼레이션 Life Corporation3의 대표이사 사장 아와사키 다카하루岩崎高治, 이온 리테일Aeon Retail의 대표이사 사장(당시) 무라이 쇼헤이村井正平, 프리모 리서치 재팬プリモリサーチジャパン의 대표 스즈키 다카유키鈴木孝之, 도토루 커피Doutor Coffee의 명예회장 도리바 히로미치鳥羽博道, 전 니혼케이자이신문의 편집위원 이모토 쇼고井本省吾, 다이소 산업Daiso의 대표이사 사장 야노 히로타케矢野博丈, 사이제리야Saizeriya의 대표이사 회장 쇼가키 야스히코正垣泰彦, 라이프 코퍼레이션의 대표이사 회장 겸 CEO 시미즈 노부쓰구清水信次, 니시마쓰야 체인의 대표이사 사장 오오무라 요시후미大村禎史, 사만사 타바사 재팬 리미티드Samantha Thavasa Japan Limited의 대표이사 사장 데라다 가즈마사寺田和正, 아오키 홀딩스AOKI Holdings의 대표이사 회장 스즈키 히로노리青木擴憲, 아루펜Alpen의 대표이사 사장 미즈노 다이조水野泰三, 와타미Watami의 이사 최고고문(당시) 와타나베 미키渡邉美樹, 에디온Edion의 대표이사 사장 구보 마사타카久保允誉 등이다. 대부분 니토리의 요청에 응해주었다.

모집 인수는 약 330명이었지만 살아있는 경영을 배우려는 학생 500명에서 600명이 모였다. 와세다대학에서 니토리 입사를 희망하는 학생은 매년

3,000명에 가깝다. 니토리에 대한 관심이 높다. 강의 마지막 10분 동안으로 설정한 질의응답 시간으로는 도저히 다 대답할 수 없을 정도로 많은 질문이 쇄도한다.

또 응모에 탈락됐음에도 몰래 들어와서 듣는 학생도 있었다. 이렇게까지 열심이었기 때문에 가르칠 수 있네 없네 할 수 있는 상황이 아니었다.

니토리가 2005년부터 시작한 '니토리 홋카이도 응원 기금'도 사회공헌 사업인 홋카이도 지원의 일환이다. 홋카이도 내에서 활약하고 있는 교육, 문화, 농업, 복지 등 다양한 분야의 각종 단체에 활동자금을 제공하여 '건강한 홋카이도를 만드는 것'이 설립 취지였다.

운영방식은 먼저 신문에 일반광고 형태로 공모를 내고 그중에서 선발위원이 지원 단체를 선출하는 식이었다. 선고위원장은 홋카이도 기타미시北見市 출신인 JR 동일본의 마쓰다 마사타케松田昌士 상담위원, 부위원장은 삿포로니시고등학교札幌西高等学校를 졸업한 요미우리読売 그룹의 우치야마 히토시内山斉 일본신문협회 회장(당시), 요미우리신문 그룹의 본사 고문, 그 밖에 전 홋카이도지사인 호리 다쓰야堀達也 삿포로대학 전 이사장, 다카무키 이와오高向巖 호쿠요은행 상담위원 겸 삿포로 상공회의소 회장, 나가누마 오사무長沼修 홋카이도 방송 회장 겸 삿포로돔 사장 등으로 시작했다.

활동자금 총액은 1억 엔이었다. 기금 이름이 있기는 했지만, 실제로는 니토리가 매년 1억 엔씩 제공하고 있다. 덧붙여 2013년에는 109단체를 선발하여 요청에 따라서 금액을 증여했다. 현재까지 선발된 단체에는, 에코카 개발에 매진하고 있는 도마코마이공업고등학교小牧工業高校, 석탄을 캘 때 발생하는 쓰레기와 모래 등의 산업폐기물을 버리는 구시로釧路 쓰레기 매립산에 꽃잔디를 심어 꽃동산으로 바꾸려는 활동을 하고 있는 단체, 홋카이도 도야코 정상회담과 연계하여 어린이 환경 정상회담을 개최한 단체 등이 있다.

2007년에 니토리는 '행복의 벚꽃과 단풍' 유바리 프로젝트에 돌입했다. 3미터에서 4미터 높이의 벚꽃 나무를 유바리 시夕張市의 '석탄 역사촌'과 '꽃과 시네마 드림 라이트 철거지' 주변에 식수하기 시작했다.

처음에는 500억 엔이나 되는 빚을 지고 파탄난 유바리시를 위로할 생각으로 광산에 꽃잔디를 심으려고 했다. 그런데 광산에는 꽃잔디를 심기에 적당한 흙이 없었다. 어떻게 하면 좋을까 하고 생각한 끝에 꽃잔디가 아니라 벚꽃을 심어야겠다고 생각하게 된다.

벚꽃 중에서도 홋카이도 아쓰타무라(현 이시카리시石狩市)가 북쪽 한계점이라는 소메이요시노 벚꽃을 심기로 했다. 소메이요시노 벚꽃은 꽃이 무척 화려하고 아름답지만 추위와 바람에 약해서 유바리에서는 생식하기 어려운 종이다. 하지만 그렇기 때문에 유바리에 피는 소메이요시노 벚꽃에는 더욱 가치가 있다. 유바리가 관광지로서 주목받을 것이기 때문이다. 그러면 사람이 모이고, 사람이 모이면 교류가 생기고, 비즈니스가 생긴다. 가을에도 관광객을 부르기 위해서 단풍이 아름다운 광엽수도 심기로 했다. 그런 의도를 갖고 계획을 세웠다.

소메이요시노 벚꽃의 성공적인 생육을 위해 오사나이는 '벚꽃 수호자(桜守り, 특히 중요하고 유서 깊은 벚나무를 지키고 손질하는 사람. 또는 수목 원예에 종사하는 사람-역자 주)'의 지혜와 경험을 빌렸다. 아쓰타무라의 도다기념묘지공원戶田記念墓地公園에서는 벚꽃을 생육 도중에 한 번 동북 지방으로 옮겨 심어서 겨울을 한 차례 나게 한다고 했다. 그런 다음에 특정 분량만큼 뿌리를 쳐내는 '뿌리돌림'을 한 번 하고 나서 홋카이도로 가지고 온다고 했다.

유바리에서도 동일한 방식을 취해봤지만 겉흙을 파면 그 밑에서 석탄이 섞인 흙이 나왔다. 게다가 그 아래는 점토층이었다. 그래서 직경 2미터 깊이 만큼 구멍을 파고, 그 부분을 토양 개량한 다음에 묘목을 심었다. 하지만 그 묘목도 사슴이 차례로 먹어치웠다. 그 주변에는 사슴이 다수 서식하고 있어 서 사슴 대책에도 골머리를 앓아야 했다.

오사나이는 니토리 친구인 가모리 관광加森観光의 가모리 기미히토加森公人 사장에게 상담했다.

가모리는 아이디어를 주었다.

"사슴의 천적은 불곰이야. 내가 운영하는 노보리베쓰 곰 목장のぼりべつク マ牧場에서 불곰의 똥을 가져다가 그걸 묘목 주변에 뿌리면 사슴도 더는 접근 하지 않을 거야."

실행해보니 확실히 효과가 있었지만, 시간이 흐르자 사슴도 학습을 해서 똥만으로는 무서워하지 않게 됐다. 결국 현재는 묘목으로 식수하는 것을 그 만두고, 어느 정도 생육한 다음에 심는 방식을 취하고 있다.

2007년부터 매년 벚꽃 축제가 열리고 있다.

여기가 관광명소가 되면 유바리 시도 활기가 넘치겠지. 니토리의 친구이 자 노보리베쓰 곰 목장을 운영하는 오자키 다케시尾崎武志도 유바리 마을 부 흥에 한몫하고 있다. 호텔부터 온천, 스키장, 로프웨이 등의 시설을 종합적 으로 운영하고 있다. 겨우 흑자가 났다.

또 2009년도에 홋카이도 응원기금의 일환으로 '고향 홋카이도에 1,000 만 그루 식수하기 계획'을 선언했다. 홋카이도를 녹음과 꽃의 명소로 만들기 위해 벚꽃 외에도 철쭉과 라일락을 심고 있다.

벚꽃은 에조야마자쿠라 벚꽃과 소메이요시노 벚꽃을 교잡한 신종이다. 에조야마자쿠라 벚꽃은 원래 색이 짙은데 개화와 동시에 잎이 나온다. 벚꽃을 좋아하는 니토리가 보기에 잎이 없으면 더 예쁠 것 같았다. 그래서 소메이요시노 벚꽃과 교접했더니 잎이 나오지 않게 됐다. 선명한 핑크색의 꽃만이 피었다. 니토리가 스스로 니토리 벚꽃이라고 명명한 이 벚꽃은 연간 약 2,500그루가 식수되고 있다.

홋카이도 각지에 졸참나무와 들메나무를 연간 40만 그루 식수하고 있다.

2007년도에는 5개 시정촌市町村과 일반 17건에 도합 2만 3,987그루를 심었고, 2008년도에는 48시정촌 일반 21건에 10만 2,693그루를 심었다. '고향 홋카이도에 1,000만 그루 식수하기 계획'을 선언한 2009년도에는 44시정촌과 일반 18건에 42만 9,459그루를, 2010년도에는 47시정촌과 일반 17건에 42만 2,851그루를, 그리고 2011년에는 48시정촌과 일반 17건에 39만 3,777그루를 심었다. 다 합해서 약 137만 그루가 됐다.

유바리에서는 2009년 봄부터 연예인 다나카 요시타케田中義剛가 경영하는 하나바타케 목장花畑牧場의 생 캐러멜 제조공장이 가동을 시작했다. 여기도 유바리의 인기 관광 상품이 된다. 요미우리 그룹의 우치야마 히토시 사장을 통해서, 연간 15만 명의 홋카이도 여행객을 다루는 요미우리 여행사에 유바리도 관광 코스에 넣어달라고 검토 요청을 부탁했다. 모두 니토리와 오사나이의 연출이다.

2004년에 설립한 '니토리 국제 장학 재단'도 니토리의 사회공헌사업의 하나로 니토리의 사업 컨셉 분류 중의 '사람을 기르는' 공헌에 해당한다.

'아시아 사람들에게 은혜를 갚고 싶다'는 니토리의 생각이 계기가 되어 설립됐다. 오사나이는 전무이사로서 운영을 맡고 있다.

니토리의 비즈니스 모델은 원재료 조달부터 상품 기획, 생산, 물류, 판매까지 모두 자체적으로 하는 것이다. 니토리가 직접 가서 손으로 만져보고 눈으로 확인하여 전 세계에서 가장 싸고 품질이 적절한 재료를 찾아온다. 수송에 사용하는 연간 8만 개 컨테이너의 선박 수배도 니토리가 한다. 상사를 끼우지 않기 때문에 원가는 필연적으로 싸진다. 이 흐름 속에서 '생산' 부분을 맡고 있는 것이 인도네시아와 베트남 등에 설립한 니토리 공장에서 일하고 있는 종업원들이다. 즉 니토리의 '고품질·저가격'의 제품 제조를 지탱하고 있는 것은 아시아 사람들인 것이다. 그 나라에서 일본으로 건너온 유학생에게 은혜를 갚는 의미를 담아서 장학금을 주고자 하는 것이 '니토리 국제 장학 재단'의 취지이다.

운영자금은 2009년 여름에 시가 140억 엔이던 니토리 개인이 보유한 주식 2만 주를 담보로 은행에서 융자받은 5억 엔을 원자금으로 했다.

대상 유학생은 현재 중국, 한국, 베트남, 타이완, 인도, 스리랑카 등 20개국에서 온 50명으로 도쿄대학 및 교토대학京都大学을 비롯하여 전국 29개 대학에 다니고 있다. 한 학생당 연간 120만 엔씩을 제공하고 있다. 또 삿포로와 유바리에서 니토리가 진행하고 있는 식수 현장에 초대해서 같이 나무를 심기도 하고, 그날 밤에는 교류회를 열어 맛있는 요리를 먹으며 서로 친목을 도모할 수 있도록 자리를 마련하기도 했다. 아름다운 야경을 바라보며 화려한 식사를 즐길 수 있도록 도쿄만 크루즈로 초대한 적도 있다.

2013년도 현재에는 재단 장학생이 21개국 43대학의 98명이 됐다. 2009년 10월 1일에 공익재단법인이 되어, 에콰도르, 콜롬비아, 케냐, 멕시코 등 세계 각국으로 유학생 지원을 확대하여 진행하고 있다. 장학금으로 졸업한 사람은 총 714명에 이른다. 국가별로는 중국인 유학생이 388명으로 가장 많고, 그다음으로는 베트남 유학생이 91명, 한국이 세 번째로 많은 57명이다. 타이완이 26명, 몽골이 21명, 인도네시아가 14명, 스리랑카가 12명, 방글라데시가 11명이고, 10명으로 캄보디아와 우즈베키스탄이 그 뒤를 잇는다. 나머지는 한 자리 숫자이다. 그중에 3분의 1이 일본에 남았다. 니토리에도 약 27명이 취직했다. 또 동일본대지진 때 피해를 입은 고등학교 1학년생과 중학교 3학년생에게 총액 10억 엔의 장학금을 지급하기 시작했다.

동일본대지진 발생으로부터 약 일 년이 지났을 때 니토리는 지진 발생 당시와 비교해서 봉사활동 및 성금이 급격하게 줄었다는 이야기를 들었다.

니토리는 동일본대지진 발생 당시, 이불을 비롯한 침구류를 9만 점(약 6억 엔 상당), 니토리가 개인적으로 5억 엔, 니토리 그룹 7사에서 4억 엔, 니토리 그룹 종업원이 1억 엔, 중국·베트남·말레이시아·태국의 니토리 해외거래처 약 80사의 신청으로 각국영사관을 통해서 일본정부에 들어온 금액이 약 2억 엔으로 도합 약 18억 엔을 지원했다.

니토리는 오사나이에게 피해지 현황 조사를 지시했다.

오사나이는 즉시 미야기 현宮城県과 후쿠시마 현福島県, 이와테 현岩手県의 피해지 조사에 착수했다.

무시무시한 피해 참상을 목도하게 됐다. 전부터 알고 지내던 닷소 다쿠야達増拓也 이와테 현 지사를 비롯하여 행정 각 서와도 의견을 교환하는 자리를 가졌다.

압도적으로 많았던 요청사항은 각종 시설, 이른바 건물의 건설이었다.

니토리와 오사나이는 치요다 구千代田区 나가타 초永田町를 방문하여 당시

총리대신이던 노다 요시히코野田佳彦와도 민간 피해 지원을 어떻게 할 것인가에 대해 직접 의견을 교환하기도 했다.

니토리가 내린 결론은 역시 '사람'이고 '교육'이었다.

재해 고아를 중심으로 지진 피해의 영향으로 고등학교 진학을 단념할 수밖에 없는 상황에 빠진 중학생에게 장학금을 건넸다.

니토리는 아시아 각국에 운영하고 있는 공장을 방문할 때면 종업원들 속에 들어가서 반드시 직접 자신의 입과 행동으로 감사하는 마음을 전했다.

특별고문인 오사나이 준이치가 니토리와 동행하여 가구를 제조하는 베트남 공장에 갔을 때의 일이다.

공장은 청결하게 정리정돈 되어 있었으며, 전 종업원은 600명으로 90%가 여성이었다. 점심시간이 되면 전 종업원이 널찍한 사원식당으로 모여들었고 밥과 많은 반찬이 세트로 구성된 도시락을 지급받았다. 식사 전에는 현지 사장이 "잘 먹겠습니다."라고 인사를 했고, 다 함께 부드러운 분위기 속에서 밥을 먹기 시작했다.

오사나이는 거대한 식당의 규모에 놀라기는 했지만 당연한 광경이라고 생각했다. 하지만 식사하며 현지 스태프의 이야기를 들어보니 경영자와 종업원이 사원 식당에서 함께, 내용물이 같은 식사를 하는 것은 드문 일이라고 했다.

베트남 공장에서는 니토리도 종업원과 함께 점심식사를 했다. 적당히 식사가 끝났을 즈음에 현지 사장이 니토리를 소개했다.

니토리는 일어나서 "여러분, 안녕하세요?"하고 생글생글 웃으면서 인사를 하기 시작했다. 하지만 말은 오로지 일본어로 했다. 니토리는 해외 경험이 풍부하지만, 지금도 어느 나라에 가든 오직 일본어로만 일관하고 있다.

니토리의 인사를 들은 종업원은 모두 어리둥절한 표정을 지었다.

통역이 이어서 니토리의 말을 전달했다.

"오늘은 니토리 사장이 여러분을 위해서 마술을 선보이겠습니다."

니토리는 가까이에 있던 여자 종업원을 일으켜 세우고, 자신의 목에 두른 끈의 한쪽 끝을 잡아당겨 달라고 제스처를 취했다. 여자는 시키는 대로 끈을 잡아 당했다. 니토리는 괴로운 듯한 표정과 태도를 몸과 목을 흔들며 유머러스하게 표현했다. 니트리는 "어라? 이상하네?"라고 말하고 한 번 더 당겨달라고 표현했다. 여자가 한 번 더 끈을 잡아당기자 이번에는 스르륵 하고 끈이 풀려서 바닥으로 떨어졌다. 그 순간 커다란 식당에 있던 종업원에게서 웃음과 박수가 터져 나왔다.

니토리는 계속해서 숟가락을 귀에 거는 개인기를 뽐냈고, 금속 링과 체인을 이용한 마술을 선보였고, 그때마다 박수갈채가 쏟아졌다.

식당을 나설 때면 모두의 인기를 한몸에 받았다. 달려오는 종업원 한 사람, 한 사람과 악수를 나누었고 웃는 얼굴로 공장을 떠났다.

오사나이는 해외공장설립을 통해 니토리가 해당 국가에 고용창출이란 공헌을 하고 있다고 새삼 느낌과 동시에, 종업원이 기분 좋게 일할 수 있도록 하기 위한 청결한 환경 조성과 사원 식당의 모습의 근저에는, 누구에게나 변함없는 태도로 대하는 니토리의 '평등사상'이 있음을 실감하고 가슴이 뜨거워졌다.

니토리는 해외에서도 사회공헌을 하고 있다.

베트남에서는 '무료 학교' 지원과 고아원에 가구 증여하기를 하고 있다. 세계에는 아직 경제적으로 가난한 나라가 많다. 이런 나라에 물자와 돈을 제공하면 문제가 해결되는가 하면, 그렇지 않다. 제일 시급하게 제공돼야 하는 것은 '교육'이라는 게 니토리와 오사나이 그리고 기업 니토리의 생각이다.

사회공헌활동의 일환으로 니토리 레디스 골프 토너먼트를 개최하고 있다. 2009년부터 3회에 걸쳐 진행됐다. 프로·아마 골프 시합이 종료된 후에는 여자프로골프 선수가 증정한 골프용품 등의 경매를 진행했고, 경매금액은 '사단법인 마음의 양부모회·장학회'에 기부했다.

2004년 10월 23일에 있었던 일이다. 니가타 현 주에쓰 지방에 지진이 발생했다. 진원지는 니가타 현 주에쓰 지방으로 직하형 지진이 강타했다. 진도 6.8의 강력한 지진이었다. 니토리 나가오카長岡점도 큰 피해를 입었고, 상황은 즉시 중국 광저우에 출장 중이던 니토리에게도 보고 됐다. 베개와 시트, 침대 커버 등의 침구류는 괜찮았지만 가구와 같이 중량이 나가는 제품 중에는 쓰러져서 상처가 난 것도 있다고 했다.

나가오카점 점장의 전화로 상황을 전해 들은 니토리는 즉시 지시를 내렸다.

"즉시 매장을 열어. 무엇을 위해 우리가 나가오카에 가게를 냈는가? 그건 나가오카지역 분들을 기쁘게 해드리기 위해서야. 기분 좋게 만들어 드리기 위해서라고. 나가오카 지역 분들이 원하는 것을 원할 때 제공한다! 그게 지금이야. 가게가 피해를 입었다면 길거리에서라도 상관없어. 장사의 원점은 원래 길거리 장사야. '지진에 놀라신 마음을 위로해드립니다'라고 크게 쓴 모조지를 붙이고 원가 이하로 팔아도 상관없으니까 지역 분들께 제공해드려!"

니토리는 그리고 본부로 전화를 걸었다.

"바쁘지 않은 사람은 모두 나가오카점으로 지원 보내."

니토리와 동행 중이던 특별고문 오사나이는 옆에서 전화통화 내용을 모두 들었다.

일본에 지시를 끝내고 니토리는 오사나이에게 물었다.

"피해지에 성금을 보내고 싶은데 얼마 정도가 좋을까? 알아봐 주지 않을래?"

오사나이는 즉시 정보를 모아서 니토리에게 보고했다.

"몇 사가 벌써 성금을 보냈는데, 많이 보낸 곳이 대충 2,000만 엔에서 3,000만 엔인 것 같아요."

니토리는 "그래? 의외로 이럴 때는 기업이 별로 성금을 많이 안 내네"라며 감상을 늘어놓고는 말했다.

"우리는 1억 엔을 내자."

오사나이는 일개 민간기업으로서 1억 엔은 너무 많은 것 같았다. "5,000만 엔으로 충분하지 않을까요?"

하지만 니토리는 말했다.

"아니, 1억 엔으로 하자. 우리 같은 회사에서 1억 엔을 내면 자극이 돼서 분명 기부금 액수가 올라갈 거야."

오사나이는 귀국 비행기 안에서 재고하도록 설득했다.

간사이 공항에 도착하자 니토리는 딱 잘라 말했다.

"오사나이, 후회하기 싫으니까 역시 1억 엔으로 할래."

니토리는 비행기를 갈아타고 혼자서 니가타 공항으로 향했다.

니토리가 기부한 사실이 며칠 뒤에 신문 등에 보도됐다. 큰 반향을 일으켜 니토리의 목적대로 그 후의 기부 건수와 금액이 급격하게 늘었다는 것을 오사나이는 후에 알게 된다.

또 니토리의 지시를 받은 다음 날부터 전국 니토리의 각 매장에서 많은 사원이 토막토막으로 끊긴 도로를 걷고 자전거를 타고 물과 주먹밥을 갖고 나가오카점을 도우러 왔었다는 사실도 오사나이는 나중에야 알게 된다.

나가오카점 점장이 사내 최연소인 28살이었다는 점, 핸드폰을 쓸 수 없어서 광저우에 출장 중인 사장에게 여진으로 흔들리는 가게 안에서 목숨을 걸고 보고 전화를 걸었다는 점, 점원의 가족과 파트타임 종업원의 안부가 무척 걱정됐었다는 점, 많은 사람들이 가게를 방문하여 가구를 구입해 갔다는 사실 등도, 나중에야 보고 회의를 통해 알게 된다.

니가타 현 주에쓰 지진新潟県中越沖地震이 발생한 지 2개월 후인 2004년 12월 26일에 인도네시아 수마트라 섬에서 해상 지진이 발생했다. 진도 9.3으로, 약 22만 7,000명에 달하는 사람이 죽었는데, 대부분은 지진의 영향으로 발생한 쓰나미로 목숨을 잃었다. 이때도 니토리의 제안으로 2억 엔의 기부금을 보냈다.

공장 개설 당시에 니토리는 자주 공장에 다녀서 현장 상황을 잘 알고 있었다.

니토리는 2억 엔을 보내도록 지시했다. 2005년 1월의 일이다. 수마트라 섬의 메단이란 도시에는 니토리의 가구 공장이 있었다. 니토리를 위해 일하고 있는 인도네시아 사람들에게 은혜를 갚고 싶었다.

당시의 주 인도네시아 대사는 이무라 유타카飯村豊였다. 오사나이와는 의원 시절부터 잘 알고 지내는 사이였다. 니토리가 기부금을 보내기로 결정한 후로 오사나이는 여러 번 이무라 대사에게 국제전화를 걸었다. 이무라 대사는 국제지원으로 자금을 제공할 때 제품을 지정하거나, 특정 단체 등의 지정을 조건으로 하는 경우를 경험한 적이 있었다. 그래서 이번 기부금의 부대조건을 알고 싶어 했다. "기부금을 필요한 곳에 써주세요"라고 오사나이는 니토리의 뜻을 전달했다.

나중에 니토리와 오사나이는 인도네시아 수마트라 섬의 메단에 있는 자사공장에 위문차 방문했다. 그때 인도네시아 정부가 대통령부로 초청했다. 당시 부통령이었던 칼라Muhammad Jusuf Kalla와 인도네시아 적십자 총재는 이번 기부금 전달에 대해 진심으로 정중하게 감사의 뜻을 전달했고, 그 후에 동석하고 있던 여성 보건대사가 발언했다.

"니토리 님의 기부금으로 백신을 다량으로 구입할 수 있었습니다. 덕분에 어린이들이 전염병에 거의 감염되지 않을 수 있었습니다. 진심으로 감사합니다."

니토리의 마음이 통했다. 오사나이는 감격하여 그만 눈물을 흘리고 말았다.

그 후에 이무라 대사는 주 프랑스 대사로 전출됐는데, 니토리가 삿포로 주재 프랑스 공화국 명예 영사로 취임하게 되자, 파리에서 급히 날아와서 삿포로에서 행해진 인증식에 참여하여 축사를 통해 당시의 일을 피력했다.

니토리는 2011년에 삿포로 상공회의소 부회장에 취임한다. 공직을 싫어하는 니토리였지만 '고향인 홋카이도 발전에 일조할 수 있다면'이라는 생각으로 받아들였다.

회장인 다카무키 이와오가 니토리의 여러 분야에 걸친 인맥과 비즈니스에 대한 국제적 감각에 주목하여 홋카이도와 도쿄를 중심으로 하는 '중앙'과의 파이프 역할로서 '도쿄 주재'라는 조건부로 설득하여 승낙을 받아낸 것이다.

그런데 취임하자마자 예기치 못한 사태가 발생한다. 정권교체가 일어나면서, 홋카이도의 비원이자 최중요 과제 중의 하나인 '홋카이도 신칸센의 삿포로 연장'을 실현하기 향해서 움직이기 시작한 것이다.

홋카이도 지사를 선두로 홋카이도의 정·재계가 하나가 되어 진정활동을 시작했다. '도쿄 주재'인 니토리가 나설 차례였다. 니토리는 오사나이의 의원 시절 인맥을 총동원했다.

니토리와 오사나이는 뜨거운 태양이 작열하는 여름 날씨에도 나가타 초와 가스미가세키霞が関를 땀이 줄줄 흐르도록 뛰어다니며 정치가 및 관료 관계자와 철저하게 개별면담 했다. 니토리는 꾸밈없이 정면으로 홋카이도와 혼슈, 특히 대지진의 상처가 남아있는 동북 지방을 연계하는 '홋카이도·동북 경제권'의 필요성을 설득했다.

드디어 산이 움직였다. 2012년 6월 29일에 하타 유이치로羽田雄一郎 국토교통대신이 '홋카이도 신칸센의 삿포로 연장'의 착공 결정을 발표했다. 홋카이도 도민들의 뜨거운 염원이 결실을 맺은 순간이었다.

이는 상상도 할 수 없는 사람들의 땀과 눈물의 결정체이다. 니토리도, 오사나이도, 어떤 개별적인 설득의 전략을 썼는지에 대해서는 상세하게 이야기하려고 하지 않았다.

7 장

니토리
조직론

2007년 5월에 예상치 못한 문제가 발각된다.

그해 1월에 홋카이도 삿포로시의 한 매장에서 판매하던 질냄비에서 극히 미량의 납과 카드뮴이 검출된 것이다.

이 질냄비는 거래업자가 구매해온 것이었다. 그런 의미에서는 니토리에게 품질에 대한 책임이 없다고도 할 수 있었다.

하지만 니토리는 검출 당초부터 책임을 인정했다.

"손님은 도매상에게서 제품을 구매한 게 아니야."

니토리는 9,000개를 회수하기로 결정했다.

이른바 '질냄비 시간'이 발생했을 때도 아쓰미 슌이치는 정말로 가족처럼 상담해 주었고 구체적으로 지시해 주었다.

"이런 조사는 해 보았나?"

"이런 것은 확인했나?"

이 같은 리스크 관리도 대단히 중요하다. 이때 아쓰미는 니토리 간부들이 눈치채지 못한 부분까지 수시로 체크하며 대응책을 제시해 주었다.

세이유西友 사장을 역임한 전 니토리 고문 기우치 마사오木内政雄는 이 문제가 발생했을 때 한편으로 니토리의 존재감이 커졌음을 실감했다. 업계에서의 니토리의 지위가 높아지면서 이제는 표준이 되었기 때문에 발생한 문제가 아닐까.

문제가 발생한 지 약 20일이 지났을 때 전체 회의가 열렸다. 기우치는 그 회의에서 믿을 수 없는 광경을 목도하게 된다.

니토리가 점장에게 머리를 숙이고 사과한 것이었다.

"이런 문제를 일으켜서 정말로 송구합니다."

지금은 초기 진압에 힘쓰는 단계라고 니토리는 설명했다. 정리된 형태로 보고할 수는 없지만 점포 스태프에게 폐를 끼쳤고, 회사 신용을 떨어트린 사실에 대해 변명할 여지가 없다며 니토리는 사과했다.

"앞으로 손님께서 클레임과 항의를 하면 무척 힘들 거라고 생각합니다. 한 달간의 유예 기간을 가진 후에 제가 책임지고 여러분께 발표하겠다고 약속합니다."

한 달 후의 회의 석상에서 니토리는 일의 전말을 모두 분명하게 밝혔다. 그런 연후에 재발 방지책을 제시했다. 여기까지의 과정을 지켜보며 기우치는 탄성을 지르고 말았다.

확실히 초기 진압은 어려운 일이다. 사건이 발생한 이상 일단은 사태를 수습하는 것이 최우선인 것은 안다. 하지만 경영에 있어 제일 중요한 것은 상세 보고와 재발 방지책이다. 니토리의 위기관리는 완벽했다.

좀처럼 이렇게는 대응할 수가 없다. 기우치는 자신이 같은 입장이었다면 어떻게 했을까 하고 머릿속으로 시뮬레이션을 해 보았다.

"우리 품질 관리팀은 어떻게 된 거야! 그 부서가 허술한 거 아니야? 바이어는 뭐 했어?"

아마도 그러면서 담당자를 추궁했을 것이다. 그들을 좌천시키는 것으로 그 자리에서 스트레스를 풀고 끝냈을지 모른다. 그런 마음은 누구에게나 있다. 하지만 문책은 아무런 문제도 해결하지 못한다. 문제를 해결하기는커녕 똑같은 문제가 또 발생시킬 수도 있다.

그 점에서 한 달을 들여 원인을 규명하고 재발 방지책을 세운 니토리는 훌륭했다. 게다가 점장들에게 고개 숙여 사죄했다.

고생을 많이 해서 세상 물정을 잘 아는 니토리다운 대처였다. 따뜻한 마음씨가 기우치한테까지 전해졌다. 니토리 스스로는 "그저 컨닝을 잘할 뿐"이라며 장난스럽게 넘겼지만 기우치가 보기에 니토리는 상당한 그릇이었다.

이 사태에 대한 처리도 깔끔했다. 니토리 자신과 전무인 스기야마 기요시 그리고 세 명의 상무, 이렇게 다섯 명을 감봉 처분했다.

언론에 오르내리며 매출도 확실히 줄었다. 사건이 터지고 3개월간은 전체적으로 장사가 안됐다.

스기야마의 말에 따르면 니토리는 이 사건을 계기로 '손님 품질 기능의 구축'을 시작했다고 한다. 2007년 9월에 기술해석실을 만들고 품질 관리에 힘을 쏟았다. 어째서 불량품이 나왔는가. 재현 테스트를 통해 자사검사를 실시했다. 또 이 노하우를 신제품의 기술 평가에 반영하고 있다.

나아가 니토리 담당자가 정기적으로 생산 공장을 방문하여 생산 공정을 검사하고 있다.

일본은 식기 기준이 허술하다. 니토리 고객 중에는 외식업자도 많아서 하루 8시간 이상 조리하더라도 제품이 견딜 수 있어야 한다. 그래서 같은 상황에서 써 본다. 니토리에서는 이를 '괴롭히기 테스트'라고 부른다. 가혹한 조건에서도 견딜 수 있는지를 살펴본다. 가열할 때도 100볼트가 아니라 200볼트 1H로 실험한다. 이른바 손님 품질 기능을 추구하는 것이다.

니토리는 분석기술도 도입했다. 식기의 형광 X선 분석기, 가구 목재에서 VOCs(Volatile Organic Compounds, 휘발성 유기 화합물. '새집 증후군'의 원인으로도 지적되고 있다—편집자 주)가 발생하지는 않는가. 이런 것까지 기계로 측정할 수 있다.

나아가 니토리에서는 제품에 문제가 생겼을 때 즉시 고객의 요구에 대응하도록 하고 있다. 일본 전국에 28개소의 고객 서비스 센터가 있고, 1년과 5년 품질 보증 제도도 있다. 기간 내에는 고장난 곳도 무상으로 수리해 준다.

게다가 EWS(조기 경계 품질 보증 시스템)을 이용한 트러블 내용의 간이입력화를 통해 잠재 트러블 요인의 발견과 해결을 도모하고 있다. 예를 들어 컬러 품질 보증 체제의 결여로 발생한 컬러 오류 클레임은 니토리의 표준 컬러를 통일함으로써 70%까지 줄일 수 있었다.

현재는 상품 설계 사양 및 제조 방법에 대해 개선안을 제안하고 고객 입장에서 생각한 안전품질을 상품 개발 사이클에 도입해 나가는 체제를 구축하고 있다.

이렇게까지 엄격하게 품질을 관리하는 곳은 가구점과 홈패션 매장을 운영하는 기업 중에서도 니토리 정도밖에는 없지 않을까. 이런 노력이 2008년도 제품안전대책 우량기업 경제산업대신 표창 은상과 2011년도 상무 유통심의관상 수상으로 이어졌다.

니토리는 불황 하에서도 추진할 수 있는 PDCA 사이클을 목표로 나아가고 있다. 계획plan, 실행do, 평가check, 개선act의 순서로 실행하는 이 사이클의 기본은 '고객 만족도'를 올리는 것이다. 이를 위해서는 '저가격'이면서 동시에 '적절한 품질 기능'을 지닌 제품을 지속적으로 제공해야만 한다.

현시점에서 니토리가 나아가고 있는 방향에는 틀림이 없다. 그 증거로서 매출이 순조롭게 상승하고 있다. 니토리의 품질에 고객은 어느 정도 안심감을 느끼고 있다. 니토리는 브랜드화로 나아가는 제1단계를 밟고 있는 중이라고 스기야마는 자부한다.

아쓰미 순이치에 따르면 니토리의 교육비와 사원 연수비는 1부 상장 기업 평균의 5배에 이른다고 한다. 이는 교육이 사원의 기술을 향상시킨다는 사고방식에서 기인한다. 좋은 것을 보여주고 좋은 교육을 해서 좋은 문화를 만들어 나가려고 하는 것이다.

다른 회사와 니토리의 가장 큰 차이점은 조사 출장 비용을 아끼지 않는다는 점이다.

현재 니토리 간부는 정기적으로 도쿄 아오야마에 있는 페가수스 클럽에서 정기적으로 카운슬링을 받고 있다. '조직 개발', '교육 제도 만들기' 및 '작업 시스템 구축', '품질 관리'와 '미국에서 구매한 샘플에서부터 상품을 개발하는 순서', '갖춰야 할 계절상품 조사', '판촉 관련 물품의 기준과 지시서', '재고 관리의 13주 단위 철저 조사', 광고제작 및 판매체제, 점포 레이아웃, POP 내용 등 경영 전반에 걸친 문제에 대해 깊고 면밀하게 파 내려가고 있다. 물론 아쓰미에게 상담내용과 결과보고를 서류로 제출할 때는 정해진 형식으로 제출해야 하며, 항목은 내용, 테마, 이유 등으로 세밀하게 정해져 있다. 레포트를 쓰기 위해서는 아쓰미가 생각하는 '논리의 과학적 발전'이 반드시 필요하다.

이는 매니지먼트의 기본이라고도 할 수 있는 관찰·분석·비판·시험이란 순서를 과학적으로 밟는 것이다. '관찰'이란 문제점의 발견, '분석'이란 원인 추정과 인과 관계의 사실 확인을 의미한다. 그리고 '비판'으로서 대응책을 강구한 다음에 제도안을 세운다. 그 후에 '실험', 즉 실제로 한 점포나 세 점포, 열 점포에서의 시행착오를 통해 니토리 나름대로 결론을 내리는 것이다. 아쓰미의 카운슬링에서는 이 일련의 흐름을 늘 의무화하고 있다. 근거가 되는 수치도 필요하다.

아쓰미는 말했다.

"보통 회사의 이사는 이 정도의 서류도 작성하지 못해. 분석이 관찰이 되어 버리지."

철저하게 논리를 발전시키는 것은 쉬운 일이 아니다. 아쓰미가 직접 지도를 했을 때는 상무와 전무 중에서도 도망친 사람이 있었다고 한다.

카운슬링의 절대적인 조건에는 사장 출석도 포함된다. 왜냐하면 대부분 문제는 사장에게 있다고 생각하기 때문이다. 원맨 기업이면 기업일수록 결정권은 사장에게 있다. 하지만 아쓰미의 카운슬링은 사장의 결정에 대한 공격이고 사장의 자기비판을 촉구하는 장이기도 하다. 그렇기 때문에 출석하고 싶지 않아하는 사장이 나오는 것도 당연한 일이다. 하지만 니토리는 결코 거부하지 않고 스스로 자청하여 출석했다. 이는 아쓰미에 대한 절대적인 신뢰와 경의에서 나오는 행동으로, 아쓰미는 일찍이 이렇게 평가했다.

"니토리는 겉으로 보이는 풍채와 분위기하고 실제가 전혀 달라. 자신을 무척 엄격하게 바라보지."

그러한 자세는 간부에게도 계승됐다. 직접적으로 표현하지는 않았지만 분석 항목에 "이에 대한 결정권은 사장이 갖고 있다"라고 아쓰미가 알아볼 수 있는 필체로 작성해서 제출한 간부도 있었다.

'절대로 무슨 말을 해서는 안 되는가'를 잘 아는 것이 출세하는 노하우라고 착각하는 요령 좋은 전무나 상무 레벨의 직원이 있는 기업도 있지만 니토리에는 그런 직원이 없다. 그것은 훌륭한 일이다.

아쓰미는 거짓말과 속임수를 쓰지 않는 니토리의 자세도 높이 평가한다. 니토리에서는 페가수스 클럽에서 발행하는 신입사원용 텍스트를 매년 구입하고 있다. 니토리용으로 특별히 인쇄된 것으로 표지 뒷면에는 니토리가 직접 쓴 꾸밈없는 메시지가 쓰여 있다.

스기야마 기요시가 지향했던 것은 제조 소매업에 대한 발상 전환이었다.

니토리에서는 거래처가 생산한 제품을 검사했지만 검사만으로는 품질이 향상되지 않았다. 생산 공정별 품질 보증이 100%로 품질 좋은 제품의 제작으로 이어진다. 이를 위해 거래처 품질 보증 매뉴얼을 작성했다. 매뉴얼의 핵심은 세 가지였다.

발주자와 생산자가 미리 합의한 '제작 방법'과 '품질 보증'을 철저하게 지키는 하는 'PQCT(공정 품질 관리표)'.

생산현장에서 공정품질 관리가 지켜지는지를 감사하고 기술 지원과 조언을 하는 'QAV(품질 보증 방문)'.

고객의 기대와 요청사항을 수치화하여 생산자가 알 수 있도록 규정한 '니토리 품질 기준'.

예를 들어 QAV으로는 용접공정 로봇의 도입 기술 지원도 하고 있다. 로

봇을 도입하면 그때까지 45초가 소요되던 공정을 20초로 단축할 수 있다. 요원도 16명에서 8명으로 줄일 수 있다. 또한 불량률도 4%이던 것을 8분의 1인 0.5%로 낮출 수 있다.

매뉴얼을 숙지시키고 의식개혁을 도모하기 위해서 품질 관리에 관여하는 전 직원을 불러 모아 연수와 세미나를 개최했다. 그저 강의 형식의 수업으로 이해시키지 않고, 생산 현장에서 직접 익히도록 했다. '현장', '현물', '현실'을 중시하는 '삼현주의'이다.

불량품 유출을 막기 위해 구호도 만들었다.

"(불량을) 내지 말고! 만들지도 말고! 받아주지도 말자!"

스기야마는 국내와 중국, ASEAN과 같은 해외 니토리 거래처에도 발걸음을 했다. 경영자를 대상으로 '의식개혁을 지향한 품질·생산 관리 교육 연수'를 개최했다.

연수 및 세미나에 참가한 사원과 거래처를 대상으로 제대로 이해했는지를 평가했다. 나아가 자격제도도 시행했다. 지도원이 되면 중국에서는 80위안의 수당을 지급하기로 했다. 이것이 연수 및 세미나에 참여할 동기가 되기도 했다.

한편 스기야마는 모인 거래처 경영자들에게 호소했다.

"여러분의 회사는 5년 후에 어떻게 되어 있을까요?"

"10년 후에도 존재할까요?"

"지금의 성공에 만족하고 있지는 않나요?"

"말과 슬로건만으로는 종업원이 이해하지 못합니다."

"목적과 목표를 구체적으로 말할 수 있나요?"

현지 거래처는 지금과 같은 가족경영으로는 규모를 키울 수 있기는커녕 살아남을 수도 없다. 지금까지의 경영자에게는 없는 높은 지식과 경험, 높은 목표를 공유할 수 있는 자질 높은 인재를 채용해야 한다. 이것이 미래까지 살아남을 기업을 만드는 길이다. 그런 의식을 심었다.

첫째 해인 2005년에는 '품질 기초 교육에 특화된 연수 실시'를 연도 방침으로 삼았다.

메인 테마는 '품질 관리의 기초, 다섯 가지 기본 생활(정리, 정돈, 청소, 청결, 예의범절), PDCA 사이클 등의 기본교육에 입각한 선진기업을 방문 등'이었다.

연수 내용은 '품질 관리 기초 연수'와 '선진 기업 시찰', '품질 유지 활동'이었다.

수강자는 총 1,165명이었다. 니토리 사내에서는 일본에서 268명, 중국에서 152명, ASEAN에서 76명으로 총 496명이 수강했다. 거래처에서는 중국에서 421명, ASEAN에서 248명이 참가했다.

다음 해인 2006년도에는 연도방침을 '품질 업무 개선을 위해 "직장의 다섯 가지 기본 생활"과 "소집단 활동" 세미나를 NWC(Nitori World Circle) 전개로 이어나간다'로 삼았다.

2007년도에는 '품질 관리에서 생산관리 · 공정분석수법으로 발전시킨 연수 실시'를 연도 방심으로 삼고, '선진기업에서의 실습 커리큘럼에 덧붙여서 바람직한 제조업의 기본을 국내외를 불문하고 거래처까지 확대하여 SPA로서의 기초교육을 실시'했다.

2008년도는 연도 방침을 '품질기술의 후속자 육성으로서 품질 관리 기술원(기술사 · 기능원)에 의한 품질 관리 전문직 제도의 인프라 구축'으로 하고, '품질 전문직 제도 확립을 위한 품질 스태프의 육성과 레벨업'을 지향했다.

그리고 2009년부터는 '품질 관리의 윤리, 통계적 수법을 실천 활용할 수 있는 제조업 품질 기술자 수준에 도달하기'를 목표로 하고 있다.

2005년부터 2012년도까지 참가한 인원수는 국내외를 합해 총 8,000명에 이른다.

스기야마는 5년 계획으로 목표를 달성할 계획이었다.

그런데 처음에는 가구뿐이었던 제품에 추가적으로 홈패션이란 개념에 준거하는 상품이 늘어났다. 도자기와 냄비와 솥과 같은 일용상품에, 가전제품까지 추가됐다. 가전제품 메이커도 지도하게 됐다. 가전제품을 OEM(주문자 브랜드)으로 발주하는 공장은 니토리가 처음 발주를 시작했을 때의 가구 메이커와 같은 수준이었다. 그때부터 가구 메이커에게 했던 것들을 반복했다. 확실하게 엄수하도록 지도해 나갔다.

스기야마는 품질향상 개혁의 효과를 실감했다. 주임 기사와 주임 기술원까지 탄생했다.

이를 위해서는 실력 있는 지도자도 육성하지 않으면 안 됐다. 혼다 출신자도 9명이 와 있다.

스기야마가 니토리에게 '품질 관리' 임무를 지시받았을 때는 간단히 할 수 있을 것이라고 쉽게 생각했었다. 하지만 오늘날에는 결함이 있는 제품을 출시하면 사람의 목숨을 위태롭게 할 수 있는 자동차를 생산할 때와 같은 진지함이, 가구와 일상용품에서도 요구되고 있음을 충분히 인식하고 있다. 심오함을 실감하고 있다.

니토리 제품 중에 중국 제품이 50%를 차지한다.

스기야마 기요시의 중국에 꽤 높은 품질의 제품을 생산할 수 있는 기술이 있음을 경험을 통해 알고 있다. 혼다의 세계 검증팀 조사에 따르면 혼다가 판매하고 있는 어코드는 일본 공장에서 생산한 것보다도 품질이 높다고 했다.

"어코드를 만들 수 있는 중국에서 일용품을 만들지 못할 리가 없어."

스기야마는 기합을 넣었다.

중국과 마찬가지로 베트남 사람도 우수하다고 인정하고 있었다. 베트남 사람들은 우수해서 이념 공유를 비롯하여 어떤 방향으로 진행하면 좋을지에 대해 지시하기만 하면 확실하게 엄수했다.

스기야마가 경험했던 나라 중에 가장 제조에 적합하지 않다고 생각되는 곳은 이란이었다. 이란에서만큼은 생산을 궤도에 올리지 못했다.

니토리는 매년 수백 명 단위로 사원을 미국 서해안으로 연수를 보낸다. 장소는 로스앤젤레스와 라스베이거스이다. 대상은 입사 3년차 사원과 3년마다 시행하는 선발시험 합격자, 점장, 상품부 스태프이다.

2012년에는 800명을 4회에 걸쳐 파견했다. 그중에 100명은 파트타임 사원이었다.

8박 10일의 미국 연수에는 니토리 자신도 참가했다. 월마트를 비롯한 현지 모델 점포를 둘러보고, 상품과 고객층 변화를 관찰하고, 가격을 조사하고, 팀별로 나눠 실제로 구매했다. 대상 점포에는 동종업인 홈패션뿐 만이 아니라 모든 종류의 소매업과 서비스업 점포가 포함된다. 여유롭게 관광할 여유는 없다.

호텔에 돌아와서는 갖고 돌아온 정보와 구매한 상품을 바탕으로 토론을 한다. 그 후에는 밤늦게까지 리포트를 작성한다. 다음 날 아침에 관찰·분석·비판 리포트를 제출하지 않으면 버스에 태워주지 않는다.

계산에 따르면 니토리의 종업원에 대한 한 사람당 교육 투자 비용은 26

만 엔이라고 한다. 이는 상장 기업 평균의 다섯 배에 해당한다.

니토리는 미국 연수에 갔을 때 사원을 라스베이거스에 데리고 갔다.

"아침까지 하도록 해. 요행으로는 수중에 돈이 남아나질 않아. 너희들이 하는 일이랑 똑같지. 역시 과학적으로 하지 않으면 안 돼."

개중에는 돈을 딴 사원도 있었다.

"5만 엔을 땄어요. 사장님, 요행으로도 돈이 벌리는데요?"

"운이니까 계속 성공하지는 못해. 또 해 봐."

그럼 다음날에는 대부분 돈이 남아있지 않았다. 3일간 연속해서 따는 사원은 한 명도 없었다.

이를 통해 일본인 고유의 '어설픈 정신론'이 아니라, 시종일관 숫자와 논리를 중시하는 과학적 인간 집단을 만들고자 힘썼다.

니토리는 평소에 사원에게 늘 말한다.

"좌우간 숫자와 논리로 생각하는 과학자 집단이 되자. 훈련하면 누구나 과학자가 될 수 있어. 하여튼 숫자가 들어가지 않는 대화는 나누지 마. 과학자 집단이 되면 버는 게 아니라, 저절로 벌리게 되어 있어."

사원을 야단칠 때면 '너무 심한 거 아니야?'라고 생각할 정도로 혹독한 말을 퍼붓는 니토리지만, 아쓰미 슌이치의 가르침에 따라 2년에 한 번은 간부들을 여행에 데리고 간다. 미국에서 VIP로 불리는 경영자들이 즐기는 연어 낚시를 캐나다에서 하기도 하고, 5년 전에는 타히티에서 스노클링과 돌고래와 함께 수영을 즐기기도 했다.

아쓰미도 동행하여 아침저녁으로 회의를 했지만, 기본적으로는 바캉스라고 할 수 있다.

이러한 아쓰미의 제안을 받아들여 실행하고 있는 사람은 니토리뿐이다.

하지만 이 여행도 한 사람당 100만 엔이라고 치면 비용이 족히 2,000만에서 3,000만 엔을 넘는다. 하지만 간부로서는 보통 기업에서는 느낄 수 없는 특별한 대우와 기대를 받고 있음을 실감하는 시간이기도 했다. 이렇게 니토리는 간부를 키워나갔다.

기념식전이 있으면 옷을 잘 차려입은 부인과 함께 동행했고, 직접 부인에게 감사의 말을 하고 악수를 청했다. 때로는 선물을 건네기도 했다. 장기 근속자에게는 사원 앞에서 "30년간 잘 근무해 주었네"라고 감사의 뜻을 표했다. 이 같은 구체적인 행동으로 표현하라고 권한 사람도 아쓰미였다.

니토리에서는 사원에게 자사 주식을 양도하는 스톡옵션 제도를 실시하고 있다.

'자기 힘으로 회사의 업적을 올려서 주가가 올라가면 자기의 수입도 증가'하는 경제적 이득을 직접 획득할 수 있는 기회를 제공하자, 일에 적극적으로 몰두하게 됐다. 사원 한 사람 한 사람이 경영자적 사고방식을 갖게 됐다.

지금은 시가 2억 엔 상당의 주식을 소유하고 있는 사원도 있다.

니토리는 성과주의를 채택하고 있다. '6'부터 '1'까지의 6단계 평가로, 중간적 평가는 없다. 전에는 5단계 평가를 했었는데, 그렇게 평가하자 전체의 75%가 중간에 해당하는 '3'단계 평가를 받았다. 사원의 종합력을 올리기 위해 현재와 같은 6단계 평가로 변경했다.

그리고 일 년을 52주로 나누고 이를 4분기별, 즉 13주별로 숫자와 상태가 변화하는 추이를 살폈다. 상태가 좋아지지 않으면 한 번 담당 영역에서 분리시켰다. 하지만 그대로 방치하지 않고 다음번의 기회도 마련해 주었다.

한편 순조롭게 성장을 지속하고 있는 회사에 그저 매달려 있기만 하는 사원에게는 냉정한 평가를 내렸다. 그것이 본인을 위하는 길이라고 니토리는 생각한다.

니토리는 30명 이상의 부서장을 직할하고 있다. 기업규모가 커지면 커질수록 사장은 구름 위의 존재처럼 떠받들어진다. 들어오는 정보도 제한된다.

사장이 더 원하는 것은 사업규모를 발전시키는 데 도움이 되는 정보다. 그런 의미에서 겉으로 드러나지 않는 사내 문제, 발전의 장해가 될 수 있는 문제 등 꼭 듣기 좋다고는 할 수 없는 정보도 듣기를 원한다. 하지만 그런 정보일수록 좀처럼 안 들린다. 들리더라도 번역돼서 듣기 좋은 정보로 변환된다. 언론에 보도될 정도의 큰 사건도 니토리에게 올라올 때쯤에는 상당히 얌전한 정보로 바뀌는 것도 드문 일이 아니다. 반대의 경우도 있다. 사장이 하고자 하는 일이 좀처럼 아래로 전달되지 않는 경우다.

문제는 사장을 정점으로 하는 피라미드 구조 조직에 있다. 피라미드 구조 조직에서는 사장 아래에 네다섯 명의 부하밖에 없다. 네다섯 명밖에 안 되는 적은 숫자가 방대한 정보를 듣고 사장에게 전달하기도 하고 반대로 사장의 메시지를 아래에 전달한다. 계층이 많아지면 사장 직속의 부하는 말단까지 제대로 메시지가 전달됐는지가 걱정되어 스트레스도 받게 된다.

이 조직체제는 적은 인원에게 가중되는 부담을 경감시킬 뿐 아니라 자신의 뜻을 보다 원만하게 아래에 전달시켜 주는 구조라고 니토리는 생각한다.

한 사람, 한 사람, 세세하게 분업할 수 있어서 여유가 생긴다. 각자의 힘을 잘 발휘할 수 있고 게다가 니토리의 의지가 직접 현장에도 잘 전달된다.

특히 라인 스태프는 니토리의 눈이 되고, 귀가 되고, 발이 된다. 니토리의 대리로서 현장에 발걸음을 옮겨 회의를 한다. 한정된 부분의 지도와 조언, 충고를 한다. 지구상에 몇만 점에 달하는 니토리 점포가 생기더라도 그들이 사장 대신이 되어줄 것이다.

이 조직체제는 매출이 1조 엔으로 상승하고, 10조 엔으로 상승하고, 점포 수가 1만 점으로 늘어나더라도 필요한 조직체제라고 니토리는 생각하고 있다.

니토리의 임원 구성은 니토리를 포함한 여섯 명이 이사이다. 창업 멤버가 두 명이고, 네 명은 스카우트 및 중간채용으로 입사한 이른바 중간채용자이다. 집행 임원 22명 중에 창업 멤버는 8명이다. 아직 외부에서 온 사람들에게 힘을 빌리는 부분이 많다.

니토리가 이상으로 생각하는 것은 창업 멤버 절반과 외부 모집자 절반으로 이루어지는 구성이다.

현재의 니토리 조직론 또한 일반적인 경영의 정석과는 동떨어져 있다. '직속 부하는 다섯 명까지'라는 정석을 무시하고, 니토리는 자기 밑에 30명 이상의 '직할자'라는 부하를 두고 있다. 죽을 때까지 경영을 계속할 생각은 아니지만, 심도 깊은 커뮤니케이션을 나누며 조직을 원만하게 운용하고 있다.

니토리는 지나치게 빡빡한 스케줄로 하루하루를 움직인다. 그럼에도 자진해서 일을 떠맡는 구석이 있다.

예를 들면 품의서의 승인이 그렇다. 니토리는 수많은 품의서를 읽고 승인 도장을 찍어야 한다. 사장실 앞에는 승인 도장을 기다리는 사원이 줄을 서서 기다릴 정도이다. 정해진 시간 안에 품의서를 보려면 아무래도 대충 확인하게 되므로, 비슷한 내용인데도 어떤 것은 승인하고 어떤 것은 승인하지 않는 경우가 발생하게 된다. 그래서 사원들은 종종 권한위임을 요구한다.

하지만 품의서 확인은 니토리가 좋아서 하는 일이다. 사원과의 커뮤니케이션을 즐기는 행위로, 사원을 이해하고 싶기 때문에 하는 일이기도 하다.

여기에 메스를 가해 권한위임을 호소하기보다 사원이 방법을 궁리하며 보고의 효율성을 높이는 등의 다른 방법을 찾는 것이 바람직하겠다.

마감 직전에 "오늘 중으로 결정해 주셔야 합니다"라며 니토리를 재촉하는 것 자체가 잘못된 것이다.

니토리와 원만하게 커뮤니케이션하기 위해서는 요령이 필요하다. 니토리가 화낼 때 사원은 매번 같은 패턴을 반복한다.

니토리는 화가 나면 사원이 "말을 저렇게까지 하냐?"라며 새파랗게 질릴 때까지 심하게 말한다. 하지만 대부분은 그런 말을 듣는 게 당연한 말뿐이다. 설명하는 사원의 말이 불충분하거나, 니토리의 사고방식을 무시하고 업무를 진행하는 경우에 니토리는 화를 낸다.

업무를 진행할 때, 특히 새로운 일을 시작할 때 '최후의 결단'은 니토리 본인이 직접 내리고 싶은 법이다. 아무래도 직접 하고 싶다. 니토리의 이러한 생각이 바뀔 일은 없다. 이 부분을 정확히 파악하고 처음부터 제안하면 오히려 니토리와의 대화를 즐기게 될 것이다. 이 부분은 사원도 어느 정도 달관하지 않으면 안 되는 부분이다.

니토리가 사장으로서 회사를 어디까지 통괄해야 하는가 하는 문제이다. 회사 규모가 커졌기 때문에 처리하지 않으면 안 되는 문제도 많아졌다. 니토리 혼자서 하기에는 버거운 상태이다.

시라이 도시유키는 사원이 니토리에게 판단을 청할 때는 사전에 요점을 정리해서 상담 시간을 단축할 필요가 있다고 생각한다. 한편 모든 사안을 니토리가 결정하지 않고 어느 정도는 간부에게 권한을 위임할 필요도 있다고 생각한다. 실제로 기업 니토리는 사장 니토리가 톱다운으로 사안을 결정하는 듯한 이미지를 강한데, 사원의 의견을 니토리가 수용하는 형태로 결정하는 경우도 많다. 시라이는 니토리가 되도록 사원과 접점을 많이 갖기를 바란다. 하지만 니토리의 부담을 경감시킬 수 있는 구조도 필요하다고 생각한다.

니토리의 체제적 특징은 배치전환 교육에 있다. 니토리는 자신의 인생에 비추어봐서도 경험이 무엇보다 중요하다고 생각한다. 그래서 사원과 종업원이 한 부문 및 한 부서에만 오래 머물지 않고 영업과 경리, 물류 등 다양한 현장을 경험하도록 하고 있다. 영업밖에 모르고, 상품밖에 모르는, 이른바 자기 영역 외에는 문외한인 멍청이는 니토리 전체를 볼 수가 없다. 나아가 고객 입장에서도 볼 수가 없다.

니토리에서는 오히려 장기간 같은 곳에 있으면 사원이 불안해한다.

"빨리 배치전환을 해 주세요."

배치전환이 되지 않는다는 것은 회사에 인정을 못 받고 있는 것이라고 모두가 생각하고 있다.

일반적으로 유통업에서 업적이 나쁜 기업을 보면 지나치게 인사가 고정적이다. 사장부터가 상품 부장, 점포 부장, 물류 부장, 경리 부장 등을 바꾸면 실적이 나빠지지 않을까 하고 두려워한다. 하지만 한 자리에 오래 머물면 개혁안이 나오지 않는 법이다. 관료적이 된다. 이를 막기 위해 현장 사람은 2년에 한 번씩 이동한다. 본부 사람도 5년에 한 번은 현장으로 이동한다. 그것도 자기가 그때까지 담당하던 부서와는 전혀 다른 부서로 이동한다. 5년간 현장을 떠나 있으면, 여러 가지로 달라진 현장을 이해하지 못하게 된다. 과거에는 전표에 써서 발행하던 것을 지금은 컴퓨터로 프린트아웃하고 있다. 매일 변화하는 현장을 보면 자신도 또 활성화된다.

니토리의 손발이 되는 라인 스태프도 마찬가지로 예외 없이 다른 부서로 이동한다.

물론 배치전환 교육은 본부 사원에게도 적용된다. 본부에 있는 사원이 현장에 있는 사람들을 움직이고 있는 것이 아니다. 본부 사원이 현장 사람들에게 부양받고 있는 것이다. 그러므로 본부에 가는 것은 현장을 위해 무언가를 할 수 있는 인재여야 한다.

본부에 있는 니토리 직할 사원은 현장을 위해 존재한다. 배치전환 2년차에는 무언가를 개혁해야 한다는 의무 조항이 있다. 매주 리포트를 제출한다. 원인이 무엇인지를 현장에서 확정하여 개선안과 개혁안을 낸다. 연간 52개의 리포트를 제출한다.

직할자는 확실하게 개혁할 수 있는 인재, 니토리의 말을 빌리자면 외과의사이다. 피가 흐르더라도 암을 직접 잘라내어 건강한 육체로 회복시킨다. 약을 먹이거나 발라주는 의사와는 다르다. 현 상태를 연장하거나 개선하는 자와는 다르다.

하지만 개혁에 개혁을 거듭하더라도, 어설프게 성공한 사람은 자신이 쌓아 올린 것을 개선하려고는 해도 개혁까지는 하려고 하지 않는다. 아무래도 거기에 집착하게 된다. 거기에 오르기까지 필요했던 고생과 노력을 한 번 더 하고 싶지는 않다. 게다가 성공할 수 있을지 어떨지도 모르는 리스크를 감당하고 싶지 않다. 그런 사람이 같은 부서에 5년 이상 있으면 머리가 단단해져서 화석이 된다.

사실 자신이 구축한 것을 파괴하고 다시 새로운 것을 재구축하는 것은 쾌감이다. 니토리는 경험으로 이을 안다. 한 번 그 맛을 보면 그때까지의 자기 실적을 부수는 것은 아무것도 아니다.

니토리가 보기에, 요즘 입사한 사원은 확실히 두뇌명석하고 무척 우수하다. 하지만 그들은 "고객님 입장에서……"라는 말을 금방 안 하게 되는 경향이 있다. 니토리는 이런 모습에서 위기감을 느낀다. "고객님 입장에서……"라는 말의 상실이야말로 대기업병에 걸렸다는 징후이기 때문이다.

그래서 니토리는 대졸 신입사원이든 중간채용자이든 일단 현장으로 보낸다. 본부에 있는 사원도 최소한 5년에 한 번은 현장으로 돌려보낸다. 5년이 지나면 화석이 된다.

예를 들어 니토리가 대규모 금융기관과 대기업의 이야기를 들어보더라도 현장과 경영 측 사이에는 괴리가 있는 듯했다. 예를 들어 컴퓨터로 모든 것을 관리하는 현장에 지시를 내리는 사람은 본부에 있는 컴퓨터를 잘 사용하지 못 하는 구식 인간들이다. 현장에서는 경영진이 이상한 소리를 한다고 생각한다. 5년 전 정보, 10년 전 정보로 명령을 내리기 때문이다. 이것이 불만이 되어 쌓이는 것이다.

이런 현상은 틀림없이 니토리에서도 일어날 것이다.

본부에서 근무한다는 엘리트 의식을 지닌 사원 중에는 현장에 보내는 것을 싫어하는 사람도 있다. 본부 사원에게는 현장에서 근무하더라도 이전과 동일하게 급료를 주겠다고 보장해준다. 그래도 현장을 싫어하는 사람은 싫어한다.

스카우트로 영입한 인재 중에도 본부에서 하는 기획 등의 창조적인 일이야말로 자기의 일이라며 완강하게 현장에 나가기를 거부하는 사람이 있다.

하지만 본부에서 일하던 사람이 새롭게 현장에 대해 알게 될 기회이고, 스카우트로 입사한 인재도 니토리의 현장을 알 기회이다.

현장에서 일하는 것을 싫어하는 사람에게 니토리는 말한다.

"이건 회사를 위하는 일이 아니야. 당신을 위해서 현장 경험은 하지 않으면 안 돼."

현장에 보내는 것은 니토리가 '고객을 위해서' 무엇을 하고 있는지를 몸으로 익히도록 하기 위함이다. 점점 잃어가고 있는 "고객님 입장에서"라는 말의 의미를 생각해보도록 하기 위함이기도 하다.

현장에 가면 니토리의 장점과 단점이 저절로 보이게 된다. '현장'을 기본으로 생각하는 사고방식은 앞으로도 바뀌지 않을 것이다. 니토리의 현장주의를 이해하지 못하는 인재는 니토리에서 떠나보낸다. 해고하기 아까운 인재도 없는 것은 아니다. 하지만 원칙을 깬 전례를 만들 수는 없다. 니토리에 꼭 있어 주길 바라는 인재일지라도 '현장'을 기본으로 생각하는 니토리의 문화를 깨지 않기 위해서 니토리는 "니토리에 있어 주게"라는 진심은 가슴 속에 묻는다.

니토리가 생각하는 방침이 각 부서의 이익에 맞지 않는 경우도 있다. 니토리가 무언가를 제안하면 반대하는 목소리도 나온다. 하지만 니토리랑 가까워질수록 니토리의 편에 서게 된다.

현재 니토리는 3,500억 엔의 매출을 올릴 정도로까지 성장했다. 사원 수도 거의 3,800명이 된다.

니토리의 취직 인기기업 순위는 매년 상승하고 있다. 『닛케이비즈니스日経ビジネス』에서는 전년도에 23위였는데, 2014년 3월 졸업자 대상으로 실시한 조사에서는 17위로 올라갔다. 『프레지던트President』 조사에서는 전년도보다 3포인트 상승 28위로 나타났다. 『주간 다이아몬드週刊ダイヤモンド』에서는 재작년에 68위였는데, 작년에 55위가 됐다가, 2013년 2월 조사에서는 42위로까지 올라갔다. 유통업계에서는 단연코 넘버원이다.

인터넷을 통한 지원자 수는 평균 10만 명에 가깝다. 대학별로 살펴보면, 사립대학 중에서는 와세다대학이 2,900명으로 가장 많이 지원했다. 이어서 니혼대학日本大学이 2,100명, 도시샤대학同志社大学이 2,000명, 리쓰메이칸대학立命館大学이 1,800명, 메이지대학明治大学과 간사이대학関西大学이 똑같이 1,600명이었다. 여기까지가 상위의 여섯 대학으로, 계속해서 게이오대학慶応大学이 1,500명, 간세가쿠인대학3関西学院大学이 1,300명, 릿쿄대학立教大学과 아오야마가쿠인대학青山学院大学이 100명이었다. 니토리의 출신교인 홋카이가쿠인대학에서는 730명이 지원했다.

국립대학 중에서는 교토대학에서 780명, 고베대학神戸大学에서 740명, 홋카이도대학北海道大学에서 660명, 도쿄대학에서 550명이 지원했다. 도호쿠대학東北大学과 규슈대학九州大学도 단골 대학이다.

니토리 창업으로부터 45년, 대졸자 채용을 시작한 지로부터 38년, 입사 제1기생이 정년을 앞두고 있다.

창업 당시에는 이렇게 우수한 인재를 채용할 수 있게 되리라고는 생각지도 못했다. 그때는 주변 시선도 차가웠다. 1기생으로 들어왔던 사원의 부모들도 반대했었다.

"대학까지 나와서 왜 가구점 같은 데를 들어가니?"

그래도 입사하겠다면 부모 자식 간의 연을 끊겠다는 기세에 퇴사자가 속출했었다. 유통업은 다른 업종에 비해 낮게 평가되는데 그중에서도 가구점이 가장 낮게 평가된다.

토목건축업을 운영하던 니토리 아버지도 무슨 일이 있을 때마다 말했다.

"첫 대졸자 사원은 삼류 대학 출신자라도 상관없어. 그래도 언젠가는 이류와 일류 대학졸업자도 지원하는 회사로 키우거라."

니토리는 마음속으로 맹세했었다.

"반드시 들어가고 싶어도 못 들어가는 회사로 만들고 말겠어!"

취직희망자는 먼저 인터넷상으로 간단한 테스트를 받아야 한다. 테스트를 통해 전체 응시자의 5분의 1인 2만 명으로 규모를 축소한 다음에 도쿄와 삿포로 등에서 설명회를 개최한다.

설명회는 오전과 오후에 2회 실시한다. 1회에 대략 500명의 지망자가 출석하는데, 총 40회 정도를 실시한다.

니토리는 거의 모든 설명회에 참석해 약 1시간에 걸쳐 로망과 비전에 관해 이야기한다. 다른 기업에서는 대개 채용 매니저, 기껏해야 채용담당자가 하는 역할이다. 회사조직을 통괄하는 사장이 하는 말에 비하면 당연히 설득력이 떨어진다.

사람들이 니토리에 호감을 갖는 이유에는 '교육연수를 열심히 한다', '세미나와 설명회 때 설명을 상세하게 해줘서 이해하기 쉬웠다' 등이 있다. 두 항목 모두 공동 2위로 높은 평가를 받았다. 창업자 니토리가 직접 지망자에게 말을 건넨다는 것도 영향이 크다.

2만 명은 채용담당자가 진행하는 제1차와 제2차 면접을 본다. 제3차 면접에서는 채용 매니저가 인원수를 줄인다.

그 사이에 지능의 명석함을 검사하는 한편 '성격 검사'도 실시한다. 니토리에서는 YG검사를 지표의 하나로 도입하고 있다. 질문형식으로 된 성격검사의 일종으로 피험자는 120개에 달하는 질문에 '예', '아니오', '해당 사항 없음'의 세 가지 중에서 하나를 선택한다. 그 결과에 따라서 크게 '평균형', '불안정 적극형', '안정 소극형', '안정 적극형', '불안정 소극형'의 다섯 가지 타입으로 분류된다. 조직 안에서 평가하자면 '안정 적극형'이 좋고, 지도자

타입으로서는 더욱 높이 평가된다.

하지만 요즘에는 '평균형'이 많아졌다. 정서가 안정하지도, 불안정하지도 않다. 남녀 모두 외동이라서 장남 기질과 장녀 기질이 강해졌기 때문이다. 그런 가정 상황이 반영된 결과인지도 모르겠다.

어쨌든 제아무리 엘리트고 지능이 높더라도 적성검사 결과가 바람직한 '형'에서 심하게 벗어나 있으면 다음 단계로 넘어갈 수 없다. 니토리도 이 성격검사를 받은 적이 있다. 회사에 다니더라도 간부는 될 수 없다고 결과가 나왔다. 지능 지수 판정도 낮았다. 하지만 창업자로서는 높은 평가 결과가 나왔다.

현재 니토리에 재직하는 사원 중에는 교토대학 출신자가 28명 있고, 도쿄대학 출신자가 27명 있다. 모두 우수한 인재로 두뇌명석하고 행동력도 뛰어나다.

우수한 대학에 들어가기 위해서는 그에 걸맞는 방법과 절차와 지혜를 써야 한다. 그들은 이를 사회인이 돼서도 일에 응용할 것이다.

이른바 엘리트 사원이 니토리에 들어온 데는 다양한 이유가 있다. 일류기업의 선두집단 경쟁에서 패배한 사람, 반항적이라서 조직에서 배척된 사람, 은행 및 상사에서는 고객과 직접 마주할 일이 없어 아쉽게 느껴졌다는 사람 등 다양하다.

니토리는 무조건 일류대학 출신자가 최고라고 생각하지는 않는다.

대학원 졸업생도 약 200명을 채용했고, 이공·건축 등의 이공계 출신자도 약 750명을 채용했다. 연구자 기질을 지닌 사람도 많다. 그래서 기업 기질과 맞지 않아 그만두는 사람도 있다. 지금은 대학원 졸업생 채용 비율을 10% 이하로 제한하고 있다.

그중에서 니토리를 짊어질 리더가 나타날 것이다. 단, 니토리에서는 최소한 현장에서 10년 이상 일하며 우수한 업적을 쌓은 인재를 본부에 부른다. 현장 근무의 핵심은 경험교육이다. 경험교육이 차지하는 비율은 전체의 80%로, 지식교육은 20%에 지나지 않는다.

게다가 사내 경쟁 원리도 있다. 사내 경쟁에서 승리하지 못하는 사원이 세계 경쟁에서 승리할 리 없다. 실력으로 기어 올라갈 수밖에는 없다.

니토리는 2012년도에 대졸 신입사원 350명, 중간채용자 100명을 채용했다. 시라이는 30대부터 50대까지의 인재를 넉넉하게 모으는 것이 중요하다고 생각한다. 니토리는 급격하게 확대를 지속했기 때문에 아무래도 40대 이상이 적다. 그 부분을 중간채용으로 보충하지 않으면 장차 한 걸음 더 나아간 성장을 기대하기 어렵다. 또 이 업종에서 배양한 경험을 니토리에 받아들이는 것도 중요한 일이라고 생각한다.

본사를 도쿄 아카바네로 옮기고 나서 니토리에 토지를 빌려주고 있는 지주들의 모임인 '오너회'라는 것도 만들었다.

'오너회'에서는 오너들이 회식과 연극 구경 등을 즐기며 니토리와 함께 하루를 보낸다. 그때까지는 오너끼리 교류가 별로 없었다.

그 모임에서 니토리의 혼슈 진출 제1호점인 가쓰타점의 오너가 오미를 발견하고 다가갔다. 가쓰타점 오너가 홋카이도 하코다테점을 방문했을 때 오미는 니토리가 얼마나 훌륭한지를 선전했었다.

"이거, 오미 씨, 오랜만이네요. 여러 가지로 신세를 겼습니다."

2007년 12월에 니토리는 창업 사장이 조직한 '달마회'에 입회했다. 신사

복 '아오키AOKI'의 창업자인 아오키 히로노리가 가입을 권했다.

정원이 8명인데, 현역을 은퇴한 창업자가 있어 공석이 생겼다고 했다.

달마회에는 '도토루 커피' 창업자인 도리바 히로미치, 게임 메이커 '캡콤 CAPCOM'의 창업자인 쓰지모토 겐조辻本憲三, 부동산업 '스타츠Starts'의 창업자인 무라이시 히사지村石久二, 화장품 메이커 '판클FANCL'의 창업자인 이케모리 겐지池森賢二 등이 출석하고 있었다.

창업 사장이란 사람은 관점이 다른 사람들과는 다르다. 그런 사람들과 이야기할 수 있는 것은 즐거운 일이다.

니토리는 사원 앞에서 자신의 능력에 대해 항상 말한다.

"나는 머리가 나빠."

하지만 니토리는 비즈니스의 '핵심'을 이해하고 있다. 이를 모르는 경영자는 기회만 있으면 "사원 만족도 조사를 하겠다", "사원교육을 하겠다"라고 한다. 하지만 니토리는 그런 것을 하지 않아도 애초부터 사람이 무엇을 해주면 좋아하는지를 제대로 이해하고 있다.

게다가 니토리만의 '사람을 바라보는 관점'이 있는 듯하다.

니토리는 아웃소싱을 했던 적이 없다. 아무것도 없는 밑바닥에서부터 사업을 시작한 니토리는 '자기 일은 자기가 직접 하는 것이 최고'임을 머리와 이론이 아닌 몸으로 이해하고 있다.

그래서 니토리에서는 직접 가구를 조달하고, 직접 디자인하고, 직접 판로를 개척하고 있다.

무역도 상사를 통해 진행하던 것을 그만두고 직접 통관하고, 인보이스(송장)을 발부하고, 선박회사와도 직접 교섭한다.

점포 개발도 부동산 업자에게 의뢰하지 않고 점포개발부 스태프가 시장조사와 상권조사, 인구통계 등의 자료를 바탕으로 장소를 결정하고 있다.

무역과 점포 개발, 이 두 가지 부문만으로도 원가가 상당히 많이 삭감된다.

니토리가 경영학을 열심히 공부해서 논리와 이치로 도출한 결론이 아니다. 모두 처음부터 니토리에게 잠재되어 있던 비즈니스 센스가 이루어낸 일이다. 직접 하기 때문에 개선도 할 수 있다.

니토리의 입버릇은 "개선, 개혁, 현 상태 부정!"이었다.

'그러기 위해서는 현 상태를 분명하게 이해하고 분석해야 해. 이해하고 분석하다 보면 무엇을 해야 할지는 저절로 알아질 거야.'

주식회사 아스쿠르Askul에서 IRInvestor Relations을 담당하던 마에다 가쓰미前田克己는 50세를 맞이한 2006년 7월에 니토리에 입사했다. 마에다는 중간채용으로 입사한 사람으로, 지금까지의 기업에서는 창업 멤버와의 알력을 느낀 적도 많았고 그들과 싸우며 일해야만 했다. 하지만 니토리에서는 그런 것이 전혀 느껴지지 않았다.

알력이 없는 만큼 역량만 있으면 중간채용자라도 일하기 편하다.

"다른 방법은 없나?"

"더 좋은 아이디어는 없어?"라는 뉘앙스로 니토리가 일부로 삐딱하게 묻는 경우가 있는데 마에다에게는 좋은 자극이 됐다.

그래서 제안할 때는 반드시 세 가지 안을 제출해서 니토리에게 선택하도록 했다. 그런데 본인이 최적이라고 생각하는 아이디어가 선택되지 않는 경우가 많다. 순서를 바꿔보기도 했지만, 설명이 불충분한 부분이 있으면 "별로 생각을 안 했는데?"라며 추궁했다. 매출과 전년대비 퍼센티지까지 상세하게 기억하는 니토리의 예리한 수치 감각에 마에다는 혀를 내두른다.

최종판단은 니토리가 하더라도 제안은 얼마든지 할 수 있다. 니토리 사내에서는 매년 4번 코미트먼트 평가회를 열고 있다. 상무 이상급 사원과 사장이 모여서 마에다를 비롯한 여러 사람이 제출한 제안 사항과 과제에 대해 검토하는 회의이다. 이 회의에서는 어떤 제안이든 진지하게 검토하고 대답을 해준다. 이 회의에서 통과되어 방향성이 결정되면 각 담당부서에 이야기를 진행할 수 있다.

일찍이 경리부의 수장으로 일했던 마에다 가쓰미는 환예약도 담당했었다. 니토리처럼 해외에서 제품을 제작할 경우에는 수입이 중심이 되기 때문에 대금 지불을 위해 달러를 준비할 필요가 있다. 이때 환율이 어떻게 됐을 때 달러를 일본 엔과 환전할 것인가를 미리 계약해 두는 것이 환예약이다. 실제로 외화를 수수하기 전에 엔고 등 자신에게 이익이 될 만한 환율이 됐을 때 환전하겠다고 예약하는 것이다. 즉 장래 발생될 환율로 계약(예약)을 하는 것이다. 선물환예약, 또는 선물외환거래라고도 하며 환율 변동에 따른 리스크를 회피하거나 줄이기 위해 이용하는 경우가 많다. 상품수입을 매월 수천만 달러, 일본 엔으로 수백억씩 거래하는 니토리에 있어서는 중요한 정책이다. 마에다는 담당자로서 전액의 몇 %를 상한으로 환예약을 했다. 그때까지의 예약은 다행히 원만하게 진행됐다. 하지만 판단을 잘못하면 크게 손해를 본다. 취급액이 큰 만큼 전문가에게 맡기는 것이 보통이지만, 니토리는 단순한 외환 전문가가 아니라 회사 실태를 잘 이해하고 있는 사람에게 맡기고 싶다는 생각이 강했다. 그리고 마에다도 그 마음을 이해했다. 또 니토리 자신이 외환에 대해 지론을 갖고 있었기 때문에 마에다로서는 일하기가 쉬웠다.

그리고 니토리의 외환에 대한 날카로운 육감이 성공으로 이어진 경우도 적지 않다. 예를 들어 2008년 9월에 105엔 전후이던 외환을 2008년 세계 금융위기 직후에 예약했다. 순식간에 엔고가 됐고, 이제 슬슬 멈출지 모르겠다는 생각으로 10월 하순에 외환을 예약했더니 한 번 더 엔의 가치가 상승했다. 덕분에 2009년 상반기 환율을 안정시킬 수 있었다. 하지만 법칙성과 방정식이 있는 것이 아니기 때문에 어려운 일이란 사실에는 변함이 없다. 예약의 기준이 되는 일정 범위를 정해둘 필요도 있다. 강한 심리적 압박을 동반하는 작업인 만큼 마에다는 자주 위가 아팠다. 그리고 불안할 때는 솔직하게 걱정되는 부분에 대해 니토리에게 말했다. 무슨 일이 있으면 즉시 니토리의 휴대폰으로 직접 연락을 했다.

니토리는 사원이 직접 전화를 걸면 즉시 받는다. 결코 싫어하지 않는다. 긴급을 요하는 안건에 대해서는 서로 직접 통화한다. 그래서 니토리가 OK 할 때도 있다. 물론 반대인 경우도 있다. 휴대폰으로 니토리가 호통칠 때도 있다.

"왜 안 되어 있어?!"

대답 속도에도 민감하다. 마에다가 자동차를 운전하고 있는데 니토리에게서 전화가 걸려왔다. 차를 세우고 마에다가 다시 니토리에게 전화를 걸자 "왜 이렇게 늦게 받아!"라며 꾸짖은 적도 있었다. 그리고 신경 쓰이는 게 있으면 어디서 뭘 하든 몇 시든 즉시 마에다에게 전화를 걸었다. 마에다는 니토리의 진중함에도 놀랐다.

'이렇게까지 사원과 긴밀한 경영자는 적어. 정말 대단한 사람이다.'

도쿄도 기타구에 있는 도쿄본부에서는 약 1,000명의 종업원이 일한다. 본부 직원의 휴일은 기본적으로 토요일과 일요일이다. 공휴일에는 쉬지 않는다. 단 여름에는 11일간 쉴 수 있고, 겨울에는 8일간 쉴 수 있다.

니토리는 다만 간부를 제외한 일반 사원에게는 이렇게 말했다.

"야근하지 마."

책임 있는 사람은 더 일찍 나와서 더 늦게까지 있어야 한다. 책임이 없는 30살 전후의 사원은 업무 시간 5분 전에 출근해서, 업무 종료 후 5분 이내로 귀가한다. 책임이 있는 사람들에게는 빨리 귀가하고 싶거든 빨리 부하를 귀가시키라고 한다.

마에다 가쓰미도 체력적으로 힘든 부분이 있지만 이는 이미 각오한 바이다. 니토리에 입사하고 후회한 적은 한 번도 없다. 같은 간부끼리도 바쁜 와중에 필요할 때는 휴대폰으로 수시로 연락을 주고받는다.

입사한 지 7년이 흘렀다. 여러 기업의 내부를 보아온 마에다는 새삼 생각한다.

'이 회사에는 간부 간에 서로 헐뜯거나 방해하는 게 없어. 파벌조차 존재하지 않아. 모든 업무를 직할로 관리하는 니토리 사장의 존재 때문일까? 사원들의 의식은 니토리를 성장시키는 데 집중되어 있어. 역시 니토리 사장은 걸출한 경영자야.'

고故 시바타 쇼이치로가 이즈미에서 6년간 재직하고 그 후에 일본유통산업주식회사日本流通産業株式会社로 옮긴지 3년이 됐을 때였다. 2005년에 들어서 니토리로부터 시바타에게 전화가 걸려왔다.

"좀 만났으면 해."

때마침 그때 홋카이도의 광고회사인 퍼블릭 센터Public Center가 경영 파탄에 빠졌다. 니토리는 퍼블릭 센터를 인수해야 하나 말아야 하나 하고 망설이고 있었다.

2004년 11월에 경영 파탄에 빠진 퍼블릭 센터는 원래 홋카이도의 큰 광고회사로, 니토리는 그곳의 큰 거래처 가운데 하나였다.

시바타는 니토리를 만나자마자 일갈했다.

"무슨 바보 같은 생각을 하시는 겁니까?! 그런 건 안 하시는 게 나아요. 자기 본업을 하는 것만으로도 벅찰뿐더러, 무엇보다 본업을 위한 인재밖에는 없지 않나요?"

"역시 그렇지? 거절할게."

그렇게 말하고 니토리는 홋카이도로 돌아갔다.

하지만 홋카이도 재계도 부탁했고, 본인 스스로도 흥미가 있어 니토리는 거절하지 못했다.

약 2개월 후에 니토리가 시바타에게 부탁했다.

"그 회사는 아무래도 인수할 수밖에 없겠어. 시바타가 해주면 안 될까?"

"지금 하는 일도 있어서 그런 일은 못 합니다."

당시에 아직 일본유통산업의 책임자였던 시바타는 거절했다. 시바타를 설득하지 못한 니토리는 할 수 없이 직접 퍼블릭 센터의 사장이 됐다.

3월 1일에 니토리는 주식회사 퍼블릭 센터에서 영업양도를 받아 주식회사 니토리 퍼블릭Nitori Public이란 이름으로 광고대리점 사업을 시작했다. 자본금 1억 5,000만 엔을 전액 출자하여 니토리 퍼블릭을 설립했다. 퍼블릭 센터의 종업원 약 90명과 영업기반을 인계받고 영업을 시작했다.

6월에 들어 시바타가 니토리는 만나자 다시 한 번 간청했다.

"정말이지 큰일 났어. 시바타, 맡아줘."

"알겠어요. 어떻게든 후임자를 찾을 때까지 기다려 주세요."

시바타는 후임자를 찾은 후에 니토리 퍼블릭 사장에 취임했다.

시바타는 광고보다도 기업 재생에 흥미가 있었다. 니토리 퍼블릭의 규모는 스태프 80명에 매출 90억 엔이었다. 시바타는 회사를 궤도에 올리는 일에 집중했다.

처음에 니토리 퍼블릭은 니토리의 광고를 50% 비율로 하고, 일반 광고를 늘려나갈 생각이었는데, 현재는 니토리의 광고가 70%를 점유하고 있다. 회사는 안정됐지만 니토리의 족쇄가 됐다고 시바타는 생각하고 있다.

'어느 정도 수준에 오른 기업의 광고는 제대로 된 프로가 찍지 않으면 족쇄가 돼. 어설픈 것으로는 일류가 될 수 없어.'

그래서 2008년에 외국계 광고회사에서 톱클래스 인재를 스카우트해 니토리 퍼블릭 사장으로 취임시켰다. 2년 반 동안 사장으로 동분서주한 시바타 자신은 회장의 자리에 올랐고, 동시에 니토리의 이사로도 취임했다.

니토리는 상품보증에도 힘을 쏟고 있다.

니토리에서는 2009년 9월부터 니토리 멤버스 카드를 발행하고 있다. 구매 금액 100엔당 2포인트가 적립되며, 포인트를 이용해 100포인트 단위로 쇼핑할 수 있다. 지금은 무려 회원 수만도 약 2,000만 명에 달한다.

멤버스 카드가 있으면 포인트가 적립됨과 동시에 카드 회원 특전으로서 상품을 구입하는 것만으로 상품 품질 보증 절차가 자동으로 진행되는 것이다. 상품 품질 보증 기간은 섬유 관련 상품은 1년, 가구 관련 상품은 5년이다.

규정범위 내에서는 어떤 문제에 대해서든 상품을 보증한다. 교환 혹은 반품, 환불 등 고객의 요구에 맞추어 대응한다. 도입 당시에는 사내에 우려의 목소리도 당연히 많았다. 불량 상품을 처리하기 위해 인수하고 폐기하는 데만도 가구 한 대당 1만 엔의 비용이 소요된다.

그래도 니토리는 더욱 보증기간의 도입을 밀어붙였다. 고객 서비스의 향상! 그런 생각으로 사원의 사기를 북돋웠다.

"5년 만에 품질에 문제가 생길만한 상품을 만들지 마."

사원의 기술 향상! 이 서비스의 실질적 목적은 거기에 있었다.

약 2,000만 명의 니토리 멤버스 카드 데이터는 그 자체로 큰 힘이 된다. 가족 구성부터 어느 지역에 살고 무엇을 필요로 하고 있는가 등을 분석한 자료는 판매 전략을 세울 때 기초가 된다. 또 만약에 제품 불량으로 리콜을 해야 하는 사태가 발생했을 때 리콜 대상 제품을 구매한 고객에게 연락을 할 수도 있다. 한시라도 빨리 회수할 수 있는 것이다.

8 장

타이완 진출!
어떻게
성공할 것인가?

2007년 초, 타이완의 제2도시인 가오슝 시高雄市에 건설된 거대 쇼핑몰 '꿈시대구물중심夢時代購物中心(드림몰)'에서 세입자를 모집한다는 이야기가 니토리의 귀로 날아들었다.

쇼핑몰을 운영하는 데는 타이완의 식품·유통 그룹인 '통일기업統一企業 그룹'이었다. 통일그룹은 세븐일레븐, 무인양품, 기코만Kikkoman, 미스터 도넛, 까르푸Carrefour, 라쿠텐시장樂天市場 등, 일본 계열을 중심으로 외국자본의 노하우를 받아들이며 성장한 거대기업이다. 그러한 통일그룹의 '통정개발統正開發'이 처음으로 쇼핑몰을 운용할 지역으로 가오슝시를 선택한 것이다.

기업이 해외 진출을 할 때는 먼저 인구가 많은 수도에 출점해 지명도를 올린 다음에 지방 도시에 출점하는 것이 일반적인 방식이다. 타이완의 경우 수도 타이베이는 북부에 위치한 반면, 가오슝 시는 수도에서 가장 멀리 떨어진 최남단에 위치한다.

하지만 니토리는 이 소식을 듣고 해외에 진출할 기회라고 판단했다. 선호하는 상품의 색상과 패턴, 습관, 기후 등이 일본과 다르고 소득이 안정적인 가오슝 시는, 앞으로 세계 출점을 앞두고 실험해볼 최적지였다.

2007년 5월에 첫 해외 매장인 '가오슝꿈시대점高雄夢時代店'을 오픈했다.

가제하루 유이치風晴雄一에게 현지 경영자들은 하나같이 입을 모아 말했다.

"타이완에서 장사에 성공하려면 부자를 상대로 장사하지 않아선 안 돼."

하지만 이제 와서 노선을 변경해 부자를 상대로 장사할 수는 없었다. 역시 타깃은 저소득자층과, 아직 타이완에는 별로 없는 중산층이었다.

타이완에 진출한 주요 기업은 판매가를 일본에서보다도 고가로 책정하고 있었다. 그들은 "일본에서부터의 수입 코스트가 든다", "땅값이 비싸서 임대료가 비싸다"라고 주장했다.

하지만 니토리는 이와 반대로 일본 판매가보다도 가격을 낮게 책정했다. 그렇게 하지 않으면 타깃 고객층이 살 수 없기 때문이었다. 그만큼 스스로 더 노력해서 원가절감을 할 수밖에 없었다.

니토리 가오슝꿈시대점은 5만 평에 이르는 거대 쇼핑센터의 지하 2층에 임차하여 입점했다. 매장 면적은 1,500평이다.

하지만 가오슝꿈시대점의 연 매출은 일본 엔 기준 4억 엔대로 좀 저조했다. 원인 조사를 해보니, 일단 오픈 당시의 상품 구성에 문제가 있었다. 준비 기간이 짧았던 탓에 일본에서 가져간 제품이 대부분이었는데, 많은 제품이 타이완의 주거환경에 맞지 않았던 것이다.

가장 달랐던 것은 침대와 매트리스 사이즈였다. 이불과 요를 기준으로 하는 일본의 더블 침대 매트리스 사이즈는 폭이 140센티미터이고 길이가

195센티미터이다. 한편 미국 기준에 가까운 타이완의 매트리스는 폭이 152센티미터이고 길이가 188센티미터로, 일본보다 폭은 넓고 길이는 짧았다. 그래서 타이완 사람이 니토리 침구를 구매하기 위해서는 지금까지 사용하던 것을 모두 처분해야 했다. 또 한 번 구매하면 시트와 매트리스 등을 앞으로도 니토리에서 계속 구매하지 않으면 안 됐다. 그것은 구매자 입장에서는 리스크이기 때문에 어지간히 니토리의 상품이 마음이 들던가, 금전적으로 여유가 있는 사람이 아니고서는 구매하기 어려웠던 것이다.

또 일본의 커튼 사이즈는 다소 차이가 있기는 하지만 어느 정도 정해진 규격으로 통일되어 있다. 반면 타이완의 커튼 사이즈는 제각각이었다. 그래서 일정한 사이즈의 커튼을 판매하는 것이 대단히 어려워 주문제작 커튼의 점유율이 50% 이상을 차지했다.

저소득자층 중에는 커튼을 달지 않는 사람도 있었고, 집안 내부가 보이지 않도록 창문을 불투명 유리로 하는 사람도 있었다. 가려지기만 하면 된다는 생각으로 사이즈가 전혀 맞지 않는 커튼을 아무렇지 않게 달고 사는 사람도 있었다.

또 타이완의 식탁 높이는 75센티미터로 일본에 비해 약 5센티미터에서 10센티미터가 높았다. 이는 식사예절의 차이에서 오는 것이었다. 일본인에서는 팔꿈치를 괴고 식사하는 것은 식사예절에서 어긋난다. 그래서 일본인은 한 손으로 밥그릇을 들고 식사한다. 하지만 타이완에서는 팔꿈치를 괴고 식사한다. 이런 차이가 식탁 높이로 나타난 것이다.

나아가 타이완의 대부분 아파트에는 가구가 옵션으로 포함되어 있었다. 방을 임차하는 사람이 개인적으로 가구를 구매할 일이 일본에 비해 훨씬 적다.

타이완에 진출할 때 현지 회사를 합병하는 것도 한 방법이었다. 하지만 역시 니토리는 모든 사업을 니토리가 하는 것을 기본으로 하고 있다. 그래서 가구 사이즈 같은 기본적인 정보조차 사전에 얻지 못한 것이다.

이 교훈은 제2, 제3의 매장을 해외에 출점할 때 크게 도움이 될 것이다. 하지만 이를 감안하더라도 가오슝꿈시대점의 매출은 바람직하지 못했다.

하지만 가오슝꿈시대점은 입지조건이 무척 나빴기 때문에 타이완 시장의 좋고 나쁨을 판단하기에는 데이터가 부족했다. 때문에 타이완에도 프리스탠딩 매장을 오픈해 상황을 지켜보기로 했다. 프리스탠딩 매장이란 간선도로 옆에 직접 세운 독립점포라는 의미로, 니토리가 곧잘 채용하는 점포 형태이다.

그래서 2008년 11월에 타이완 서남부의 타이난台南에 '타이난딩메이점台南頂美店'을, 마찬가지로 그해 12월에 북서부의 타오위안桃園 현내에 있는 공업 도시 쭝리中壢에 '쭝리점中壢店'을 각각 오픈했다. 매장 면적은 타이난딩메이점이 1,400평이고, 쭝리점이 1,500평이다.

두 점포 모두 일본과 동일한 규모의 프리스탠딩 매장으로 만들었다. 하지만 대단히 효율이 나쁘다는 사실이 판명됐다.

타이완은 일본만큼 시장규모가 크지 않아서 넓은 매장 면적이 남아돌았던 것이다.

그래서 니토리 타이완 책임자 가제하루는 니토리에게 이해를 구했다.

"프리스탠딩 매장은 아무래도 효율이 나쁩니다. 출점 코스트도 들고요. 아무쪼록 임대해서 입점하는 출점 형태로 재고해 주십시오. 그럼 출점 코스트도 8분의 1로 줄어듭니다."

2009년 1월 16일에 네 번째 점포인 '중허환구점中和環球店'을 오픈했다. 장소는 타이베이에서 그리 멀지 않은 중허 시中和市 '환구구물중심環球購物中心

(글로벌 몰)'의 지하 2층이었다. 캐치프레이즈는 '일본의 품질! 상품은 가격 그 이상!'이었다. 상품은 약 4,000종류로, 아시아인의 체형에 맞는 작은 가구와 주문제작 커튼의 4분의 1에서 5분의 1 가격으로 살 수 있는 기성제품 등도 준비했다.

중허환구점에는 오픈 첫날부터 3일 동안 총 1만 명 이상의 사람이 방문했다. 일본에서 점포를 오픈할 때보다도 훨씬 반응이 좋았다. 그런데 오픈 시기에는 마치 축제처럼 사람들이 우르르 밀려들었는데, 그 후로는 '그 많던 사람이 다 어디로 사라졌지?' 하는 생각이 들 정도로 손님의 발걸음이 딱 끊겼다. 이는 다른 점포에서도 나타났던 똑같은 현상이었다. 일본에서는 오픈 기간의 매출이 연간 매출의 3.5%에서 4%를 차지한다. 그래서 오픈 날로부터 한 달이 지나면 해당 점포의 연간 매출을 대략 예측할 수 있었다. 그런데 타이완에서는 그 방정식이 적용되지 않았다.

가제하루는 실감했다.

'타이완 사람은 매장 오픈에 상당히 민감하게 반응하는구나.'

결국 기대했던 것만큼 니토리 상품은 잘 팔리지는 않았다.

타이완인에게 익숙한 구미 규격의 가구는 실제 타이완의 체형과 생활 습관과는 맞지 않았기 때문에 타이완의 체형에 맞는 가구의 판매로 차별화를 꾀할 생각이었다.

프리스탠딩 매장인 '타이난딩메이점'과 '쭝리점'은 그대로 영업을 계속하기로 했지만, 세입자를 모집해 불필요한 공간은 임대를 주기로 했다. 현재, 면적의 약 3분의 1을 임대하고 있지만 1,000평도 여전히 넓다. 가제하루는 경험을 통해 점포 당 매장 면적은 400평에서 500평이 가장 적합하다는 것을 배웠다.

2009년 4월에 일본으로 일시 귀국한 가제하루는 상무회와 이사회 석상에서 니토리에게 질문을 받았다.

"타이완 점포는 앞으로 어떻게 할 생각이야?"

가제하루는 그 질문에는 무어라고 대답할 수가 없었다. 가제하루가 주재하기 이전에 출점한 가오슝꿈시대점을 제외한 타이난, 쭝리, 중허타이탕의 각 점포는 오픈한 지 아직 몇 개월밖에 지나지 않았다. 또 가제하루 혼자서 상품을 다루고 있어 가구 규격 통일을 한 번에 할 수 없는 상황이었다. 가제하루는 조금 더 시간을 달라고 니토리에게 양해를 구했다.

일본처럼 중류층이 압도적으로 많은 나라는 드물다. 일본은 전 세계적으로도 특수한 사례라고 할 수 있다. 다른 나라는 평균적으로 5~10%의 부유층과 대다수의 저소득자층이 이층구조를 이루며 중간층은 적다. 타이완도 마찬가지이다. 평균 소득은 일본의 약 절반 수준으로, 일본인도 놀랄 정도의 자본가와 공장 등에서 일하는 저소득자층의 양극으로 나뉘어져 있다. 수많은 일본 기업이 타이완에 진출하지만 성공하지 못하는 데는 중간층이 적은 것에 가장 큰 원인으로 작용하고 있다.

그래서 타이완의 가구점에는 두 종류가 있다. 니토리의 두 배의 가격을 붙인 고소득자층을 겨냥한 가구점과, 니토리 가격보다도 싼 상품을 취급하는 저소득차층을 상대로 하는 가구점이다.

저소득자층을 겨냥한 상품은 가격이 상당히 싸다. 당연히 '싼 게 비지떡'이라고 품질은 좋지 않다. 품질이 나쁘다는 사실은 소비자도 충분히 알고 있었지만 '망가지면 어쩔 수 없지'라고 생각했다. 부유층과 저소득자층이 같은 가게에서 쇼핑을 하는 일 자체가 애당초 없다.

니토리는 '세상 사람들의 생활을 풍요롭게 하고 싶다'는 것을 이념으로 삼고 있다. 그러면 타이완에서의 타깃은 역시 저소득자층이 된다.

또 타이완 사람이 선호하는 색상이 각 지방에 따라 다르다는 점도 새로운 발견이었다. 타이완 중앙부를 북회귀선이 통과해 북회귀선 위쪽은 아열대기후이고 아래쪽은 열대기후이다. 그래서 북부인 타이베이과 남부인 가오슝 사이에는 5도에서 10도 정도의 온도차가 난다. 타이베이의 겨울은 의외로 추워서 코트를 입어야겠다는 생각이 드는 날도 있지만, 남부에서는 일 년 내내 반팔로 지낼 수 있다. 더운 지역에서는 원색을 선호하는 경향이 있다. 소파 컬러도 타이베이에서는 아이보리를 선호하는데, 남부에서는 빨간색이나 노란색과 같은 원색을 선호한다. 또 땅값이 싼 남부지방에서는 비교적 집이 넓어 큰 가구가 잘 팔린 반면, 카펫이나 담요와 같은 겨울용 제품을 판매할 수 없다는 난점이 있었다.

니토리에서는 타이완에 제1호점을 출점할 때 지역별 온도차를 조사하지 않고 남부에 위치한 가오슝을 선택했다. 출점 지역으로는 남부보다는 추운 계절이 있으며, 서구화가 진행되어 일본인과 비슷한 감각을 지닌 사람들이 사는 수도 타이베이 쪽이 더 적합했다고 할 수 있다. 하지만 니토리가 생각하고 있는 바와 같이, 전국 각지에 출점하게 되면 결국 언젠가는 타이완의 국내 상품을 통일해야 한다. 같은 타이완 내에서 상품 구성이 다르면 체인점으로서의 이점이 없어지고 여러 가지 문제도 발생한다. 점포 공용 팸플릿을 만들 수 없고, 전 점포에 납입 할 만큼의 수량을 발주하지 않으면 거래해 주지 않겠다는 메이커도 있다.

전 점포 공통으로 판매할 수 있는 상품을 새롭게 개발해 상품 구성을 변경할 필요가 있었다.

가제하루는 매일 시행착오를 반복했다.

'어떤 상품으로 타이완 사람의 마음을 사로잡을 수 있을까? 어떻게 하면 타이완 사람에게 맞는 상품 구성을 할 수 있을까……?'

니토리는 결국 상품으로 승부할 수밖에 없다. 어떤 상품을 어느 정도 가격으로 판매할 것인가. 그것을 간파해내야만 고객의 지지를 얻을 수 있다. 이를 적정선으로 정하는 것이 어려웠다.

타이완에 아직 점포를 네 개밖에 출점하지 않았을 때는 타이완에서 제조하는 상품이 전체의 약 30%를 차지했다. 니토리에서 자체 제작한 가구를 아직 제작하고 판매하는 단계에 이르지 않은 상태였다. 가제하루가 공장을 방문해 선정한 상품을 타이완의 니토리에서 판매하는 방식을 취했다. 다른 가게에서 파는 상품과 완전히 똑같은 것을 팔 수 없었기 때문에 재봉 라인을 바꾸거나 테이블 및 의자의 다리 디자인을 변경하는 등, 생산에 영향을 끼치지 않는 범위 내에서 방법을 강구했다. 이는 일본 니토리에서도 자주 쓰는 방법이다. 일본에서도 기성품을 살짝 수정한 상품을 상당수 판매하고 있다.

이는 니토리의 "사람은 '식의주'의 순서로 돈을 쓴다"는 말과도 관련이 있다. 타이완은 '식'과 '의'가 어느 정도 충족되어 이제 겨우 '주'의 시대로 돌입하기 시작했다. 일본으로 말하자면 1970년대 초중반에 해당한다. 반대로 생각하면 '주'와 관련된 비즈니스는 이제부터가 기회라고 할 수 있다.

점포가 네 개로 늘어났음에도 '니토리는 일본 회사'라는 사실이 좀처럼 타이완에 알려지지 않았다. 가제하루는 현지 스태프에게 여러 가지로 의견을 물어보았다. 그랬더니 "가타카나(일본어에서 사용하는 음절 문자 중 하나-역자 주)로 쓰여 있으면 일본 가게란 것을 금방 알아요"라고 했다.

타이완에서는 니토리 점포명을 '이도리가거宜得利家居'라고 쓴다. 니토리의 음차인 '이도리宜得利'와 가구와 주거를 연상시키는 신조어 '가거家居(자쥬)'를 합성해 만들었다. 그때까지는 로마자로 'NITORI'라고 병기했었는데, 알파벳은 유럽 및 미국의 기업 등도 사용하므로 역시 이것으로는 일본 기업이란 사실을 알리기 어려웠다.

이에 로고와 간판을 변경해 가타카나로 '니토리=トリ'라고 표기하기로 했다.

2009년 11월 27일에 '타이중타이탕점台中台糖店'을 현지 양판점인 '타이탕台糖' 2층에 오픈했다. 간판에는 가타카나로 '니토리'라고 크게 쓰고 그 밑에 '이도리가거'라고 썼다. 또 '일본 최고의 가구·주거 체인점'이라고 설명을 덧붙였다.

2010년 2월에는 니토리 해외 제1호점인 '가오슝꿈시대점'을 폐점했다. 그리고 2개월 후인 4월에 가오슝 시내에 위치한 대형 쇼핑몰 '대락구물중심大楽購物中心(다라즈)'내에 '가오슝대락점高雄大楽店'을 오픈했다. 매장 면적 축소가 이전의 가장 큰 목적이었다.

해외 국가의 사정이란 것은 설령 출장을 몇백 번 가더라도 알 수 없는 것이 있다. 니토리의 타이완 책임자인 가제하루도 현지에 주재하고 나서야 사람들의 생활습관이 보이기 시작했다.

타이완은 중국과 마찬가지로 음력으로 신년을 축하하기 때문에 정월에 해당하는 날이 매년 바뀐다. 그래서 연말과 신춘 세일 시기를 잘 가늠해서 진행해야 한다. 아이들의 졸업식이 6월이고 입학식이 9월로 책상이 잘 팔리는 시기도 일본과는 많이 다르다. 설령 졸업·입학 시즌이 되더라도 일본처럼 아이에게 돈을 쓸 수 있는 가정이 많지 않기 때문에 예상보다 매출이 크게 오르지 않았다.

또 작은 섬나라인 탓에 전근하는 사람의 수가 대단히 적다는 사실도 판명됐다. 일본처럼 진학과 취직, 전근에 다른 이사, 타지에서 집을 빌려 새로운 생활을 시작하는 것에 따른 수요는 기대할 수 없었다.

광고 시장의 사정도 달랐다. TV 광고는 신문 광고에 비해 단가가 무척 비쌌다. 게다가 케이블TV와 위성TV 등을 합하면 채널이 100개가 넘어서 시청률이 가장 높은 프로그램이 2%에서 3%로 효율이 나빴다.

또 타이완에는 신문을 배달해주는 서비스가 없어 편의점에 가서 직접 사서 봤다. 일본처럼 신문 사이에 전단지를 끼워 넣을 수 없어서 미국과 마찬가지로 신문에 광고를 직접 인쇄하는 형태를 취했다.

타이완 전국에 뿌리자면 코스트가 많이 들었기 때문에, 가제하루는 출점한 지역에 한정하여 융단폭격하듯 신문에 광고를 게재하기로 했다. 다행히 전국지일지라도 "이 지역에만 광고를 인쇄해 주세요"라고 요청할 수 있었다. 우표를 붙여 개인에게 발송하는 다이렉트메일도 있었지만 신문 광고보다 훨씬 비싸서 정기적으로 신문 광고를 내는 것으로 결론을 내렸다.

니토리 타이완에서 취급하는 상품은 점점 바뀌었다.

초반에는 타이완 사정을 전혀 몰라 일본 및 여타 국가로부터의 수입에 의존했다. 니토리의 상품 개발 능력을 이용하여 니토리 퍼니처 베트남과 인도네시아, 그 밖에 말레이시아와 태국, 중국에서 직접 컨테이너로 수입하는 방법으로 이익률을 올렸다. 단, 체인스토어이므로, 점포별로 특색을 두지 않고 동일 상품 취급과 가격 통일을 대원칙으로 했다. 당연히 지역에 따라서 팔리는 상품과 팔리지 않는 상품에는 차이가 있었다. 소득에 따른 차이도 있었지만 가장 큰 것은 역시 기후 차이였다.

팔리지 않는 상품은 곧 구매를 중단했다. 그리고 니토리와 마찬가지로 타이완에서 생활 잡화를 판매하고 있는 경쟁업체를 조사하여 잘 팔리는 상품은 새롭게 추가했다.

　타이완인의 취향에 맞는 상품을 추구한 결과, 개점 당시의 상품 구성과는 약 80%가 달라졌다.

　2010년 3월 26일, 타이완의 수도 타이베이의 제1호점이 될 '타이베이뚠화점台北敦北店'을 '왕조대주점王朝大酒店(선월드 다이너스티 호텔)' 지하 1층에 오픈했다.

　'타이베이뚠화점'은 스웨덴의 거대 가구 체인 'IKEA 뚠화점'의 옆에 위치했다. 하지만 니토리와는 상품 구성이 다르므로 매출을 걱정할 필요는 없겠다고 판단했다. IKEA는 구미인을 겨냥한 대형 조립 가구가 많았다. 반면 니토리는 아시아인의 생활양식에 맞는 가구를 두루 갖추고 있었으며, 이미 조립이 끝난 완제품으로 편리하고 가격도 싸다는 장점이 있었다.

　점포 면적은 380평으로 넓지는 않았지만, 일본에서 판매하는 상품과의 '시차가 제로'라는 점을 소비자에게 어필했다.

　2010년 10월에 타이베이 시내에 오픈하는 두 번째 점포 '타이베이네이후점台北內湖店'을 '네이후 까르푸' 4층에 오픈했다. 니토리 점포의 옆에는 일본의 전기 브랜드 '베스트덴키'가 자리 잡고 있다. 네이후는 타이베이시의 외곽에 위치하는 지역으로, 자동차로 쇼핑하기 편한 '코스트코' 등의 대형점포가 여기저기에 자리 잡고 있다.

　2011년 5월에 타이중시台中市에 '타이중신시대점台中新時代店'을 오픈했다.

　이전까지는 신규 점포를 오픈할 때는 매번 일본의 지원을 받았다. 일본에서 파견된 열 명 안팎의 스태프가 오픈까지 약 3주간 도와주었다. 그 비용만으로도 300만 엔에서 400만 엔이 들었다

　하지만 '타이중신시대점'은 타이완 사원만의 힘으로 오픈하는 데 성공한

첫 번째 매장이다. 타이완에 있는 기존의 8개 점포에 각각 한 명에서 두 명의 지원 스태프를 요청해 상품 진열 등을 도와달라고 했다.

가제하루는 감회가 깊었다.

'현지에서 사람도 회사도 성장했구나……'

대폭적인 코스트의 삭감에도 성공했다. 일본에서 오던 지원 스태프의 인건비를 줄였을 뿐 아니라, 모든 부서에 계약 상황을 재검토하라고 하여 더 싼 사업자로 거래처를 변경하기도 했다. 그 결과 프리스탠딩 매장을 오픈할 때의 절반의 비용으로 신규 매장을 오픈할 수 있었다.

자력으로 출점할 수 있게 된 2011년은 니토리 타이완의 역사에 있어 하나의 경계선이 됐다. 같은 해 11월에는 가오슝 시에 '난쯔타이탕점楠梓台糖店'을 개점하고, 12월에는 타이베이시에 '타이베이시먼띵점台北西門店'을 개점했다.

타이베이 시내에 점포를 오픈하면서 상품 구성이 더욱 다양해졌다. 타이완에서도 가을과 겨울 상품이 팔린다는 것을 알게 됐다.

'타이베이시먼띵점의 개점에 맞추어 타이완을 방문한 니토리는 현지 책임자인 가제하루에게 조언했다.

"타이완에서는 그 어느 가게에서도 일본의 전기탁상난로를 팔지 않네. 타이베이 매장에서 팔아보면 어때?"

타이베이는 아열대 지역에 속하지만 분지 지형의 영향으로 겨울에는 곧잘 날씨가 나빠지고 기온이 10도 이하로 떨어지기도 한다. 한편 여름의 최고 기온은 38도에서 40도까지도 올라가기 때문에 온도차로 인해 겨울의 체감 온도는 마치 일본의 한겨울처럼 춥게 느껴진다.

가제하루는 니토리의 조언에 따라서 시험 삼아 타이베이점에 전기탁상난로를 전시했다. 그랬더니 매장에 내놓는 족족 팔렸다. 일본인 주재원과 장기체류자도 타깃에 포함됐기 때문에 앞으로 판매량 증가와 그 밖의 가을 및 겨울 상품의 매출 증가도 기대할 수 있을 듯했다.

니토리 타이완이 가장 힘들었던 것은 1달러 75엔대의 지독한 엔고가 계속된 2011년 후반이었다. 일본의 니토리는 엔고의 은혜를 입었지만 타이완은 현지법인이었다. 당시에는 일본에서 수입한 상품에 일본 엔으로 대금을 지불했기 때문에 원가가 점점 올라갔다. 또 일본 모회사에서 조달했던 자금에 대한 변제도 일본 엔으로 했기 때문에 부채액이 늘어났다.

이때 괴로운 경험을 한 후로 외환 리스크는 본사에 맡기기로 한다. 또 일본에서 조달하는 상품이 당시에는 약 40%에 달했지만 점점 줄여나가면서 20%대로까지 비율을 낮추는 데 성공했다.

현재의 상품 구매처는 일본이 20%이고, 현지 조달이 30%, 해외공장으로부터의 직접 컨테이너 수입이 50%이다.

2012년 4월에 '타이완의 실리콘밸리'로 불리는 신주 시新竹市에 타이베이 최고의 거대 쇼핑몰 '신주거성구물중심新竹巨城大楽(신주 빅 시티)'이 오픈했다. 이에 니토리도 지하 1층에 '신주거성점新竹巨城店'을 출점했다. 이 쇼핑몰에는 유니클로와 무인양품, 다이소 등 일본의 주요 브랜드가 줄줄이 출점해 화제를 모았다.

신주거성점는 니토리 타이완의 11번째 매장이었다. 경영 컨설턴트 아쓰미 슌이치가 말한 "11점포 이상이 아니면 체인스토어라고 할 수 없다"라는 정의를 이번 매장으로 달성한 셈이었다.

아쓰미가 이렇게 주장하는 이유는 본부 경비와 물류 경비, 판촉 경비는 한 점포든 열 점포든 똑같이 들기 때문이다. 11점포째가 손익분기점으로,

이 단계에서 겨우 이러한 경비 코스트를 줄일 수 있기 때문이다.

이 해에는 신베이 시新北市에 '린커우점林口店', 타이중시에 '따마이쨔베이툰점大買家北屯店'도 오픈했다. 점포 수가 늘어남에 따라 니토리의 지명도도 올라갔다.

니토리 타이완 점포가 늘어남에 따라 일본인 주재원의 수도 늘어났다. 정점을 찍었던 2009년 1월에는 13명이 주재했다. 하지만 현지 스태프의 능력 상승을 꾀함과 동시에 주재원 수를 서서히 줄이는 데도 성공하여, 현재 일본인은 다섯 명뿐이다. 점포가 16개나 되지만, 일본인 점장은 한 명도 없다. 모두 현지 책임자에게 맡기고 있다.

일본인 스태프에 비해 현지 스태프는 회사에 대한 귀속의식이 높지 않다. 개인의 기술과 능력을 향상시키기 위한 한 단계로서 지금은 니토리에서 일한다는 식이었다. 기회만 있으면 보다 조건이 좋은 회사로 쉽게 전직해 버렸다. 이는 중국인과 타이완인이 보이는 공통적인 특징이다.

일본 기업의 경우에는 회사에 이익이 나면 경영자가 보너스나 승급의 형태로 어느 정도 종업원에게 환원한다. 하지만 중화계열 기업의 경우에는 설령 회사가 이익을 많이 보더라도 오너 일족이 독점하고 종업원에게는 거의 환원하지 않는다. 그래서 대개 중국인과 타이완인은 회사원으로 오래 일하지 않고 설령 작더라도 한 가게의 주인이 되려고 한다. 이것이 회사 귀속의식의 저하로 나타나는 것이다.

하루가제는 현지 스태프에게 항상 말했다.

"니토리는 일본 회사입니다. 오너 일족만 이익을 보면 된다고 생각하지 않아요. 일본 기업의 방식으로 불공평하지 않게 사원을 대하고 있습니다. 열심히 일하는 사람은 니토리 그룹의 일원으로서 앞으로 일본에서 일할 수도 있고, 영어를 잘하면 앞으로 진출할 미국 니토리에서 일할 수도 있습니다. 회사이 성장하면 여러분도 함께 성장할 수 있습니다!"

급여 체계를 공개하고 회사 손익도 매월 점장 회의 및 영업 회의를 통해 일반 사원에까지 알리고 있다.

또 니토리 타이완은 2016년을 목표로 자사 물류센터를 만들려고 한다는 것, 그리고 2020년에는 타이완에서만 50점포를 운영하는 것이 목표라는 것을 분명하게 밝혔다.

가제하루가 회사의 꿈을 실현 가능한 목표로서 말할 수 있게 된 것은 타이베이 시내에 세 번째 점포를 출점한 2010년 후반부터였다. 현지 스태프가 "회사는 거짓말하고 있지 않아. 정말로 말한 대로 진행되고 있어"라며 실감할 수 있게 된 것도 이 무렵부터이다. 열심히 하면 보스가 말한 대로 된다. 그렇게 믿어주기 시작했다. 실제로 간부 클래스의 이직은 거의 없어졌다.

2013년 1월 25일에 니토리 타이완은 니토리를 초청해 현지의 간부 사원 약 60명을 대상으로 내년도 니토리 그룹 전체의 방침설명회를 열었다.

현지책임자 가제하루는 감회가 깊었다.

'이렇게 니토리 사장님께서 직접 방문해 내년도 계획을 말씀해 주실 정도로 회사가 성장했구나······.'

지금까지 고생한 만큼 가속도가 붙어 앞으로는 더욱 발전하겠지.

하루가제는 그렇게 생각했다.

'니토리 타이완 창립 10주년에는 근속표창도 하자.'

타이완에서는 1월 1일부터 12월 31일까지를 일 년도로 본다(일본 회계연도에서는 4월 1일부터 3월 31일까지로 일 년도로 본다-역자 주). 2013년 1월에 전년도인

2012년도가 단년도 흑자가 나면서 적자 체제에서 탈출한 것으로 밝혀졌다.

하나하나가 실험이었다. 가제하루는 점포를 늘리면서 조금씩 답을 찾아나갔다. 그렇게 찾은 수많은 해답이 모아진 결과로 단년도 흑자를 달성한 것이다.

신규 점포는 차례로 늘어났다. 2012년 12월에는 신베이 시에 '신좡점新莊店'을, 4월에는 타이중 시에 '타이중원신台中文心店'과 신베이 시에 '타이베이단수이台北淡水店'을 오픈했다.

신베이 시는 타이완 북부에 위치한 타이완 최대의 행정구로 인구수는 약 394만 명이다. 수도 타이베이 시의 위성도시로 타이베이 시의 근교를 둘러싸고 있다. 시내의 싼즈 구三芝区는 리덩후이李登輝 전 총통의 출신지이다. 옛 칭호는 타이베이 현으로 2007년 10월 이후로 재정상 '준직할시'로 취급되다가 2010년 12월 25일을 기준으로 직할시로 승격되면서 신베이 시로 개칭되었다.

2013년 4월 현재, 니토리 타이완은 타이베이 시내에 3개, 중허 시에 1개, 쭝리 시에 1개, 신주 시에 1개, 타이중 시에 4개, 타이난에 1개, 가오슝 시에 2개, 신베이 시에 3개로, 모두 합쳐 총 16개 점포를 운영하고 있다.

출점지는 신칸센과 고속도로가 달리는 서쪽에 집중되어 있다. 태평양 측인 동쪽은 산간지역으로 인구가 적은 반면 서쪽에는 인구가 밀집된 지방 도시가 여기저기에 있기 때문이다.

중국과 달리 타이완에는 반일 감정이 거의 없었다. 장제스蔣介石 총통 시절에는 반일 교육을 했지만 이미 20년도 전의 이야기로, 요즘은 오히려 일본인의 사고방식을 이해해주는 사람도 많고, 일본이란 나라를 무척 친밀하게 생각하고 있었다.

거리를 둘러보면 지금도 일본 통치 시절에 세워진 역과 우체국 등의 건물이 도처에 남아있어 건재하게 지금도 이용되고 있다. '타이완의 발전에 일본인이 공헌해 주었다'는 생각이 타이완인에게 있는 것이 분명하다.

장래의 목표는 60점포이다.

타이완을 발판으로 중국 본토에도 진출하고 싶다. 내년이나 내후년에는 그 첫걸음을 내디딜 것이다.

9장

30년 앞을 늘 생각하며

일 년, 일 년을 살핀다.

고바야시 히데토시小林秀利가 상품부 머천다이징 매니저(현 제너럴 매니저)를 맡게 된 것은 2007년 2월이다. 고바야시의 부임과 동시에 상품부 조직은 새롭게 개편된다. 이전에 가구와 홈패션으로 분리되어 있던 상품부를 통일한 것이다.

개편 목적은 코디네이션 능력의 향상이었다. 이전처럼 분리된 상태로는 가구와 인테리어 잡화, 패브릭 쿠션 및 카펫을 통일감 있게 코디네이트 하는 데 한계가 있었다.

부서 간의 횡적 연결성을 높여 코디네이션을 전면에 내세우는 새로운 니토리를 만들기 위해서 통일상품부를 발족한 것이다. 새로운 조직의 통괄 매니저로서 많은 사람 가운데서 고바야시가 뽑혔다.

고바야시에게 섬유는 완벽한 미지의 영역이었다. 아직도 잘 모르는 분야라는 생각에 맹렬하게 지속적으로 공부했다.

고바야시가 니토리로 이직하기 직전에 근무했던 실버세이코シルバー精工에서는 섬유 기계를 만들었다. 그런 의미에서는 완전히 낯선 분야도 아니었다. 기계의 퍼포먼스만 알면 어떻게 완성될지 예상할 수 있다. 다만 색상과 패턴처럼 '우뇌적'인 요소에는 한 마디로 자신이 없었다.

이에 상품부 내에 새로운 부서를 만들기로 한다. 지금까지는 바이어(계획자), 머천다이저(제작자), 배송의 세 팀으로 구성되어 있었다. 거기에 코디네이트 상품 기획 부서를 새롭게 추가했다. 코디네이션을 결정하는 사무국 같은 활동을 하는 부서이다. 실내에는 디자인을 그리는 팀과 완성된 상품을 매장에 어떻게 디스플레이할 것인가를 프레젠테이션하는 팀이 함께 일하고 있다.

머천다이저와 바이어 그룹은 가구와 홈패션에 각각 세 명씩 있다. 총 여섯 명의 매니저와 코디네이트 상품 기획 매니저가 하나가 되어 내년도 코디네이션을 결정해 나간다. 디자인 및 품종, 품목 수, 사용 가능한 컬러 등 모든 요소를 여기에서 일원하여 관리한다. 매니저 그룹의 관리 하에 각 부서의 매니저가 부하에게 기한을 하달하여 상품을 만든다. 이것이 큰 흐름이다.

색상과 관련해서는 전문 컬러담당자를 두고 있다. 연도별로 니토리 상품에 사용할 색상을 선정하여 5~6가지의 니토리 컬러를 매년 제안하는 것이 사명이다. 컬러 및 배색은 매년 재설정하는 것이 규정이다. 컬러 담당자가 제안한 색상은 니토리를 포함한 간부 전원의 심사를 거쳐 최종 결정이 난다.

니토리도 선호하는 컬러가 있다. 예를 들어 로즈와 블루를 좋아하고, 노란빛이 감도는 초록색은 싫어한다. 니토리는 컬러와 패턴에 대한 섬세한 센스로 사람들을 놀라게 하는 경우도 많다. 경험에 근거한 직감력은 사내에서 타의 추종을 불허한다. 니토리 컬러의 심의와 배색 결정은 시종일관 니토리가 주도하는 형태로 진행되고 있다.

니토리도 참관하러 다니고 있는 매년 1월에 개최되는 하임텍스틸
(Heimtextil, 독일 프랑크푸르트에서 개최되는 세계 최대의 국제 홈 텍스타일 및 콘트랙트 섬유 전
시회—편집자 주)에서는 그 해의 컬러를 선보이는데, 이 컬러는 2~3년 후에 정
말로 핫Hot한 컬러가 되며 거의 빗나가는 일이 없었다.

컬러가 대략적으로 결정되면 니토리에게 프레젠테이션을 한다. 핫한 컬
러를 계절적으로 이용했거나 악센트 컬러로 이용한 경우에는 재검토하라고
하는 경우가 많다. 핫한 컬러가 없으면 손님은 금방 질린다. 단 핫한 컬러는
너무 많이 쓰지는 않는다.

니토리에서는 그린과 로즈, 브라운 등의 니토리 컬러는 일 년 내내 일관
되게 사용한다. 다만 이 컬러를 품종과 품목에 어떤 조합으로 쓸 것인지는
개별적으로 설정하는 방식을 취하고 있다. 번거로운 작업이지만 이렇게 하
지 않으면 매장 내부에 여러 가지 컬러가 뒤섞여서 컨트롤할 수 없게 된다.

통일감을 유지하는 것이 코디네이션이다. 그 중요한 역할을 코디네이트
상품 기획이 맡고 있는 것이다. 거기에서 내린 방침에 따라 바이어는 상품
구성을 결정하고 머천다이저는 상품을 개발한다.

같은 배색의 상품이 다섯 개 있다. 어느 것과 어느 것을 조합해도 스타
일은 같지만 분위기는 달라진다. '니토리 매장에서 아무 생각 없이 좋아하
는 색상의 제품을 사 모으다 보니, 어느새 집이 이상적으로 코디네이션까지
되었잖아?!' 고바야시가 바라는 것은 바로 이것이다. 아직 갈 길은 멀었지만
조금씩이라도 앞으로 전진하고 있다는 실감은 느껴진다.

니토리의 평가는 여전히 냉정하다.

"아직 어설퍼. 더 어려운 배색에 도전해봐."

'한 가지 컬러로 농담과 그라데이션을 표현하면 다른 회사에서 쉽게 따라 할 수 있다. 의류처럼 2배색, 3배색으로 해봐. 예를 들어 로즈와 블루가 조합된 패턴 디자인은 어때?' 라고 니토리는 말하고 싶은 것이다. 해가 갈수록 경쟁이 치열해지고 있지 않은가. 고바야시는 때때로 그런 생각에 사로잡혔다. 하지만 머리를 싸매는 것도 잠시. 고바야시는 금방 뛰어나갔다.

니토리에는 아직도 해결해야 할 과제가 많다고 고바야시는 말한다. 다 열거할 수 없을 정도이다. 한 번에 손을 대는 것이 불가능한 이상 어쩔 수 없는 일이기도 하다.

이온에서 코디네이션 분야를 담당하며, GMS종합소매업에서 사카모토 개미라고 불렸던 고故 사카모토 요시키阪本美樹가 2005년 8월에 니토리로 이직했다. 그리고 2008년 5월에 이사로 취임하기 전까지는 고문으로 있었는데, 당시에는 임원회가 없었기 때문에 한 달에 두세 번 회사에 나와서 지금까지 경험한 이야기를 해줬다. 일 년에 몇 번은 한두 시간에 걸쳐 영업 회의 때 간부들 앞에서 이야기하기도 했다.

니토리에 들어오고 나서 사카모토는 사장 니토리에게 에도시대부터 지속되어온 상법 구조를 깨고 구조 개혁을 해낸 대단한 면모가 있다고 느꼈다. 자사 공장을 설립하고, 할 수 있는 것은 직접 하는 소매 메이커가 됐다. 니토리는 이를 규모가 작을 때부터 실천하고 있다.

니토리는 그 점에서 달인이고, 현 유통업계에서는 니토리 외에는 없다. 개구쟁이가 그대로 어른이 된 듯한 인물로 싹싹하고 애교가 있으며 잘난 척하지 않는 사람이다. 남의 험담도 하지 않는다. 그래서 모두가 따라온다. 잘난 척하면 아무도 따라오지 않는다. 오히려 지나치게 가벼운 구석이 있어서 조금은 무거울 필요가 있을 정도이다.

구조개혁의 선견성과 중심성, 이것이 니토리의 재능이라고 할 수 있다.

사카모토는 그런 니토리를 한 개의 '관'과 두 개의 '감'이 발달한 인물이라고 말한다. 첫 번째는 관광의 관觀으로 글로벌을 뜻한다. 두 번째는 감성의 감感으로 코디네이션을 의미한다. 그리고 세 번째는 감勘으로 미래를 읽는 능력을 말한다. 감은 맞지 않는다. 맞는다고 해도 확률이 낮다. 그런데 그런 감을 살린다. 니토리는 그런 의미에서 상재가 뛰어나다.

사카모토 눈에 이온의 명예회장 오카다 다쿠야와 니토리는 무척이나 닮아 보인다. 감勘과 관觀이 뛰어난 점이 닮았다. 하지만 삼박자를 모두 갖춘 사람은 그리 많지 않다.

니토리는 문화면에서도 사회공헌 활동을 하고 있다. 이집트 고고학의 일인자로 유명한 전 사이버 대학학장이자 와세다대학 명예교수인 요시무라 사쿠지吉村作治 박사를 중심으로 진행하고 있는 '제2의 태양선Solar Boat 발굴 및 복원 프로젝트'에 대한 지원이다.

이집트 나일강 부근 기자Giza에 쿠푸Khufu왕의 피라미드가 있다. 기원전 2650년에서 2180년경, 제4왕조시대에 건축된 고대 이집트 최대 규모의 피라미드로 147미터(현재 137미터)의 높이를 자랑한다. '태양선'이란 쿠푸왕 피라미드의 외연부 땅속에 잠들어 있는 대형목조선을 말한다. 이 배가 어떤 역할을 하는가에 대해서는 여러 가지 설이 있다. 그중에 하나가 '태양신 라가 천공을 항행할 때에 썼던 성스러운 배'라는 것이다. 1954년에 '제1의 태양선'이 발굴 및 복원됐고, 이와 짝을 이룬다고 생각되는 것이 '제2의 태양선'이다. 1987년에 요시무라 발굴팀이 전자파 지중 레이더 장치를 갖고 가서 쿠푸왕의 피라미드 주변을 조사했다. 그 결과 제1 태양선의 서쪽에서 제2 태양선이 묻혀있는 암반의 음각이 발견됐다.

요시무라는 발굴 경비로 총 7억 엔이 필요할 것으로 예상한다. 그중에 5,000만 엔을 문부과학성에서 지원받게 됐고, 전람회 수입으로 5,000만 엔, 기타 수입으로 1억 엔으로 총 2억 엔을 확보했다. 요시무라는 나머지 5억 엔을 지원해 주면 좋겠다며 니토리에게 요청했다.

사실 요시무라와 니토리를 연결한 사람은 특별고문인 오사나이 준이치였다. 오사나이는 요시무라와 의원 시절부터 알고 지내는 사이이다.

오사나이는 요시무라가 이집트 고고학에 거는 남다른 열정에 압도되어 그를 응원하고 있다.

니토리는 처음부터 5억 엔이 든다고 들었다. 금액의 규모가 커서 출자를 해야 하나 말아야 하나 좀처럼 판단이 서지 않았다. 달리 출자하겠다는 사람이 있으면 자기가 나설 상황이 아니라는 생각이 들었다.

하지만 출자 기한이 다가와도 아무도 나서는 사람이 없었다.

니토리는 니혼케이자이신문이 매주 토요일에 싣는 앙케이트 코너에서 여행에 관한 조사 결과를 본 적이 있다. 몇천 명을 대상으로 앙케이트 한 결과, 해외여행 부문에서 이집트가 다른 나라에 비해 월등하게 인기가 많았다. 5,000년 역사를 지닌 이집트를 일본인이 신비롭게 느끼고 있다는 사실도 알게 됐다.

이렇게 일본인이 많은 관심을 갖고 있는 이집트에서 발굴한 '태양선'을 다른 나라에 빼앗기는 것은 견딜 수 없는 일이었다.

게다가 니토리가 큰소리로 외치고 있는 '로망과 비전'은, 요시무라 사쿠지가 몸과 마음을 다 바쳐 애쓰고 있는 역사 재생 작업과도 통하는 것 같았다. 두 사람 모두 죽을 때까지 해도 성공할 수 있을지 없을지 모르는 일에 몰두하고 있다. 자신이 찾기를 갈망하는 것이 땅속에서 나타날 때까지 그야말로 리스크의 연속이다. 400개나 되는 무덤 중에 '여기다!'라는 확신이 드는 무덤을 1,000만 엔을 들여 파도 텅 비어있는 경우도 있다. 그래도 또다시 다음 무덤을 발굴한다.

발굴권리 소유권인 2008년 4월이 반년 앞으로 다가왔을 무렵, 니토리와 오사나이는 요시무라를 만났다. 술잔을 주고받으며 이야기를 나누었다.

요시무라의 표정에는 구름이 드리워 있었다.

"이대로 있다간 미국 조사단에 '제2의 태양선'을 빼앗길 거예요."

니토리가 말했다.

"정말로 출자자가 없어요?"

"네. 이제 틀린 것 같아요."

그리고 요시무라가 말을 이었다.

"사실 '이집트 고고학자 순위'라는 게 있는데 저는 10위 안에 들어요. 대개 7위에서 8위 정도를 하죠. '태양선'을 찾아내면 3위로 올라가요. 저는 1위를 하고 싶어요."

요시무라의 말에 니토리는 몸을 떨었다. 그야말로 요시무라의 목표는 "첫 번째 30년 동안에 일본 최고가 되고, 다음의 30년 동안에 세계 최고가 되겠다!"는 니토리의 최고주의와 일맥상통했다.

그리고 요시무라는 니토리에게 영국의 고고학자 하워드 카터Howard Carter와 카나본 경George Edward Stanhope Molyneux Herbert, 5th Earl of Carnarvon의 관계에 관한 이야기를 들려주었다. 카나본 경은 카터의 경제적 지원을 했다. 그 결과 카터는 1922년에 투탕카멘Tutankhamun 왕의 무덤을 발견했다. 두 사람은 성공하여 많은 칭송을 받았고, 둘의 이름은 역사에 새겨졌다.

　만일 자기가 경제적으로 지원해 결과적으로 요시무라가 '제2의 태양선'을 발굴한다면 요시무라와 니토리의 이름이 반영구적으로 남게 될 것이다. 선전비라고 생각하면 5억 엔은 비싼 금액이 아니었다. 이름을 남기는 것으로 일본인의 기상을 드러낼 수도 있다.

　지금까지 인생길을 걸어오면서 니토리는 여러 사람에게 구원받았다. 이번에는 니토리가 구하는 쪽에 설 수 있다.

　니토리는 결단을 내렸다.

　"그럼 미흡하나마 제가 힘이 되도록 하겠습니다."

　"감사합니다."

　하지만 요시무라의 표정은 크게 달라지지 않았다. 니토리는 더 크게 기뻐할 거라고 생각했기 때문에 맥이 좀 빠졌다. 사실 요시무라는 술자리에서 한 이야기였기 때문에 크게 믿지 않았던 것이다.

　"그때는 술자리였잖아."

　"술김에 해본 말이야."

　나중에 그런 말을 들었던 게 몇 번인지 모른다. 며칠 후에 다시금 정식으로 승낙하겠다고 이야기하자 무척 기뻐했다.

　2008년 1월에 임원회에서 발표할 때는 요시무라도 동석했다. 그때 니토리가 요시무라에게 말했다.

　"신묘한 얼굴을 하고 돌아와 주십시오."

　니토리의 이익은 임원과 사원, 종업원들이 흘린 땀의 결정체라고 할 수 있다. 임원 중에는 '그만한 돈이 있으면 다른 용도로 사용할 것이지'라고 생각하는 사람도 있을지 모른다. 니토리는 그러한 사람의 마음에도 신경을 쓰고 있다.

니토리는 '태양선'뿐 아니라 다양한 기부 활동을 하고 있다. 니토리의 기부금은 연간 5억 엔으로 잡혀 있다. 이를 '홋카이도 응원기금', '유바리 행복의 벚꽃과 단풍' 프로젝트 등에 배분하고 있다. '태양선'도 5년 계획으로 예산을 편성했다.

니토리는 기업의 기부금이 좀 더 인정되어야 한다고 생각한다. 세금의 형태로 국가에 납입된 돈이 배분될 때보다 기부 행위를 통해 이루어지는 것이 많다. 또 그러는 편이 사회공헌에 기여하고 있다고 실감할 수 있고, 사원도 납득하기 쉽기 때문이다.

니토리는 2008년 1월에 아시아 학생을 지원하는 니토리 국제장학재단에서 보유하던 달러 대부분을 엔으로 교환했다. 1달러가 106엔이었다. 그리고 엔고가 되기 전에 처분했다. 덕분에 엔고가 됐을 때 수십 억 엔의 손실을 입은 기업처럼 화상을 입지 않았다.

니토리는 30년 앞을 늘 생각하며 일 년, 일 년을 살핀다. 이를 위해 니혼케이자이신문과 이코노미스트The Economist, 도요케이자이東洋経済 등의 경제전문신문과 잡지를 구석구석까지 읽는다. 경제적 중심지인 미국에도 직접 가서 의식주 관련 상품을 사보기도 하고, 주택을 방문 조사하기도 했다. 이를 바탕으로 자기 나름대로 미래 예측을 세워본다. 외환도 시대와 함께 요소가 변화한다. 과거의 전례에 딱 들어맞지 않는다. 오히려 데이터가 많으면 더 모르게 된다. 니토리는 무수한 데이터를 보지 않고 자신이 정한 지수를 갖고 그것을 우선적으로 보며 외환을 판단한다.

2008년 3월부터 5월까지의 일사분기 결산에서는 경악할만한 수치가 나왔다. 기존 매장의 매출 및 내방객수가 감소한 것이다. 창업 후 41년 동안 여러 가지 고난을 극복했다. 소비세가 3%에서 5%로 인상됐던 때를 비롯하여 여러 힘든 시기들이 있지만 그 어떤 때보다도 긴박했다.

니토리는 이번의 감소에 대해 생각했다.

'손님은 니토리에 어떤 불만을 갖고 있는 걸까……?'

나온 결론은 역시 '가격'이었다.

'좋은 것을 싸게!'라는 니토리의 원점으로 돌아가기로 했다.

하지만 현장에서는 니토리에게 호소했다.

"다른 기업도 가격을 인하하고 있는데 지금 상황에서 따라 해도 소용없지 않을까요?"

그래도 니토리는 저렴한 '가격'을 추구하는 길을 선택했다. 독자적으로 공장에서 상품을 생산하는 것도, 독자적인 물류 루트를 개발했던 것도 저렴한 가격을 위해서이다.

니토리는 5월 30일에 발표했다.

"니토리는 계속 판매 상품 중에서 선정한 소파와 테이블, 커튼 등 266품목에 대해 평균 10%의 '가격 인하'를 실시하겠습니다."

"앞으로 1년 동안 3개월마다 대상 품목을 추가·확대하겠습니다."

"한 번 가격을 인하한 제품의 가격은 예전 가격으로 되돌리지 않고 인하된 가격을 유지하겠습니다."

이른바 '가격 인하 선언'이었다.

사실 니토리에게 '가격 인하 선언'에 대한 승산은 전혀라고 해도 좋을 정도로 없었다.

'좌우간 이익이 줄더라도 고객이 기뻐해 주신다면 그걸로 충분해.'

막상 뚜껑을 열어보니 니토리의 매출은 상승했다. 고객 수도 늘었다.

그해 2월부터 전년 동월을 밑돌던 기존 매장의 매출과 내점객 수가 '가격 인하 선언'을 하기 시작한 6월부로 반전됐다. 회사의 전체 매출도 크게 신장됐다.

가구와 생활 잡화의 원재료 가격이 상승하는 한편 엔고 기조가 지속됐다. 엔화로 표시하는 동남아시아로부터의 구매 가격이 내려갔다. 이것이 니토리의 의도를 뒷받침해 주었다. 매장에 진열한 상품의 원가가 동종업자보다 훨씬 낮았기에 판매 가격을 30%에서 40%까지 저렴하게 설정해도 충분히 이익을 확보할 수 있겠다는 전망이 섰다. 2008년 봄에는 한층 원가를 절감하기 위해 인도에서 테이블 매트 등을 생산하기 시작했다. 제품은 담당 바이어가 2년 반에 걸쳐 100개 이상의 인도 기업을 방문한 끝에 최종적으로 제조위탁처로 선정한 다섯 개 기업에서 생산됐다. 제조 원가가 중국에서 생산할 때보다 10% 낮아졌다.

니토리는 엔고와 기업의 노력으로 소비자를 되찾을 수 있었다.

상무집행 임원 스도 후미히로는 니토리가 약진하는 비결 중에 하나로 니토리의 청개구리 같은 발상을 꼽는다. 니토리는 임원 모두가 '가격 인상'이라고 말할 때 '가격 인하'를 한다. 모두가 '반대'라고 할 때 '찬성' 측에 선다.

니토리는 스도에게 늘 말한다.

"앞을 향해 나가다가 정강이에 상처가 나는 건 괜찮아. 하지만 등에는 상처를 내지 마."

한 마디로 '적극적으로 임하다가 생긴 상처는 책망하지 않겠다. 도전하다가 실패하는 것은 용서하겠다'는 말이다.

니토리는 일반적으로 제조소매업으로 분류된다. 제조소매업은 자사 공장 혹은 제휴 공장에서 자체 상표 상품을 만든다. 하지만 니토리는 여기에 그치지 않고 국내외에 물류센터와 배송거점을 만들고, 생산한 상품은 직접 컨테이너 선박을 수배해서 수송하고 있다. 제조소매업의 미래를 선도하는 제조 물류 소매업이다.

이런 제체를 구축하고 있기 때문에 '가격 인하 선언'을 지속할 수 있는 것이다.

2008년 8월 1일에 '제2차 가격 인하 선언'을 했다. 품목 수는 371품목, 가격은 평균 15%를 인하했다.

2008년 9월 15일, 실적 부진에 빠진 미국의 거대 증권회사 리먼브라더스Lehman Brothers가 자력 재건을 단념하고 연방파산법 11조에 근거한 회사 갱생절차 적용을 신청한다고 발표했다. 부채 총액 6,130억 달러(약 64조 엔)를 끌어안은 리먼브라더스의 파산을 계기로 세계적 금융위기가 발생했다. 주가 급락이 소비자의 심리를 위축시켰고 기업의 수익은 악화 일로를 걸었으며 이로 인해 주가는 더욱 떨어졌다. 악순환이 악순환을 낳았고, 그 영향으로 금융기관의 대출 심사 강화 및 고용 환경의 악화 등이 나타났다.

니토리는 위기감을 높였다.

"아무래도 전후 최대의 불황이 되겠어."

다른 한편으로는 생각했다.

'이거야말로 기회야.'

11월 1일에 '제3차 가격 인하'에 들어갔다. 추가적으로 360품목을 가격 인하했으며 가격 인하율은 20.5%로 가격 인하한 상품은 약 8,000품목 중에 12%에 해당하는 1,000품목에 달했다.

가격 인하 선언을 한 번 할 때마다 10억 엔에서 15억 엔의 원자금이 든다. 이는 선박이용료를 합리화하고 물류거점의 창고 작업을 직접 하는 등, 방법을 강구하여 외주에 맡길 때보다 운영비를 절반으로 낮춤으로써 해결했다.

생산부터 수송, 관리, 판매까지를 모두 내부화하는 것으로 원가를 절감하고 동시에 외주비를 줄였다. 내부화를 통해 원가 구조를 분명히 알게 되어 외주할 때도 거래처의 원가 구조가 훤히 보였다. 금액 교섭을 하기가 더 쉬워졌다. 즉 철저한 직접주의를 통해 손익분기점을 낮출 수 있었다. 이것이 '가격 인하 선언'으로도 이어져서 경쟁업체를 크게 앞지르고 있다.

저가격 전략이 멋지게 성공을 거두었다. 2008년도 2월기 연결결산에서 22기 연속 증수증익을 기록했다.

2009년 1월, 1달러가 거의 89엔 수준일 때 니토리는 이전에 달러에서 엔으로 교환했던 금액의 30%를 달러 표시로 외화예금했다. 2008년 8월에는 93엔으로 가격이 내려가서 약 4엔의 환차익이 발생했다. 1엔이 엔고로 기울 때마다 이익으로 9억 엔의 환차익이 났다. 그래서 환율에 대해서는 사장인 니토리 본인이 직접 판단을 내린다.

"어째서 100%를 외화예금하지 않으셨을까?"

100%를 외화예금 했더라면 환차익이 더 컸을 거라고 사원들은 말했다. 니토리는 사원들의 심정이 충분히 이해갔다. 하지만 그렇기 때문에 30%만을 외화예금으로 돌린 것이다.

남은 70%를 외화예금하면 그 차익은 막대할 것이다. 하지만 그만큼 사원들은 안심하게 된다. 그 안심감이 사실 니토리를 정체시킨다. 오히려 사원

한 명 한 명에게 다소 위기감이 있는 편이 머리가 더 잘 돌아간다. 니토리는 조금이라도 사원들의 도전정신을 자극하는 결과로 이어지기를 바라고 있다.

니토리는 2009년 2월 21일부터 제4차 가격 인하를 단행했다. 가구 및 생활용품을 비롯한 300품목을 가격 인하했다. 3만 9,900엔 하던 소파가 2만 9,900엔이 되고, 3,990엔 하던 커튼이 2,990엔이 되는 등 10%에서 30%까지 가격이 내려갔다.

니토리는 자신만만하게 단언했다.

"다른 기업이 출점을 자제하는 불경기는 오히려 기회야. 좋은 상품을 저렴한 가격으로 제공하면 소비자에게 이익이 되지. 어려운 경제 상황에서도 지지받을 수 있도록 올해도 여러 번에 걸쳐서 가격 인하를 하자."

그 말 그대로 니토리는 5월 30일부터 제5차 가격 인하로 소파와 커튼 등의 가구와 생활용품 총 400품목을 최소 15%에서 최대 40%까지 가격 인하했다. 전년도 6월부터 총 1,700품목을 가격 인하한 것이다. 이번의 추가 가격 인하는 니토리의 기세를 더욱 끌어올렸다.

당시 다양한 업종에서 가격 인하 경쟁을 시작했었다. 너무 과열된 것이 아닌가 하고 의문시하는 목소리도 있었다. 하지만 니토리는 가격 인하를 크게 환영했다. 그 후로도 지속적으로 가격을 인하하여 현재까지 총 12회, 합계 5,130품목의 가격 인하를 실시했다.

시라이 도시유키가 인사부 근무를 통해 느꼈던 것은 회사조직은 어떠해야 하는가, 어떠한 인재가 요구되고 있는가 등을 항상 앞을 내다보며 생각해야 한다는 것이었다. 그렇지 않으면 조직의 성장이 환경 변화를 쫓아가지 못한다.

다행히 사라이가 인사부에서 근무했을 때 니토리는 증수증익을 계속했다. 하지만 시라이는 그로 인해 사원들 사이에 낙관적인 분위기가 퍼지고 있는 게 아닌가 하고 우려했었다. 시라이가 좋아하는 단어에 체인지change, 챌린지challenge, 컴피티션competition이란 C로 시작하는 세 단어가 있다. 시라이는 회사가 순조로워 기회가 있을 때야말로 위기감을 갖고 도전하는 자세가 필요하다고 생각한다.

2009년 정월, 니토리의 임원이 모였던 신년회 석상에서 있었던 일이다. 주르륵 늘어선 직책을 가진 임원들이 차례로 올해의 포부를 말했다. 전 고문인 기우치 마사오가 주목한 것은 전무 시라이 도시유키의 말이었다.

"니토리는 확실히 창업했을 당시에는 고생을 했을지 몰라도, 지금까지 수십 년간은 증수증익增收增益을 계속했습니다. 오르막길을 계속 올라온 셈이죠. 우리의 약점은 좌절을 모른다는 것 아닐까요? 아니, 단순한 약점이 아닙니다. 이건 큰 약점입니다. 전 그렇게 생각합니다."

시라이의 말을 듣고 기우치는 깊이 감동했다. 사장이 이런 발언을 했다면 이해를 했을 것이다. 드문 일도 아니다.

하지만 사장이 아닌 그 밑에 있는 임원이 이렇게 말한 것이다. 니토리에 훌륭한 인재가 얼마나 많은지가 여기에서 드러난다. 니토리가 부하와 심복을 키우기 위해 진지하게 노력한 결과 중에 하나이다.

시라이는 니토리의 다음번 성장을 위한 비즈니스 모델을 완성하는 것이 다음 세대를 위해 자신들이 해야 할 역할이라고 생각한다. 시장 환경이 변화하는 속도는 빠르다. 늘 10년 후, 20년 후를 내다보며 환경에 대응할 수 있는 조직을 만들지 않으면 즉시 동종기업에 추월당하고 만다. 이는 시라이가 인사부 근무를 통해 절감한 것이기도 하다. 구체적으로는 말하자면, 품질 관리 부문은 어느 정도 독립시켜 전문지식을 지닌 인재로 육성해야 한다고 생각한다. 제품의 안심·안전에 대한 손님의 눈이 무척 까다로워졌기 때문이다.

반면 그 밖의 부문은 되도록 배치전환으로 다양한 경험을 하도록 하는 니토리의 전통을 지켜야 한다고 생각한다. 그렇지 않으면 조직이 경직화돼서 새로운 아이디어가 나오지 않기 때문이다.

시라이도 이미 50대 후반을 넘겼다. 다음 세대에게 회사조직을 바톤터치하는 것이 자기 세대의 책임이다. 니토리에서의 남은 시간은 현재의 20대와 30대 사원이 활약할 수 있는 회사조직의 기초를 만드는데 할애하고 싶다고 생각한다.

사장비서 오노 지하루가 스케줄을 관리하며 매번 감탄하는 것은 니토리의 체력이다. 용케도 매일 이렇게 많은 사람을 만나고 별로 친하지도 않은 사람과도 이야기를 나누는구나. 놀라지 않을 수 없다. 니토리가 기본적으로 사람을 좋아하기 때문에 할 수 있는 일이다. 사람과 자주 만나려고 스스로를 독려하는 경영자는 니토리 외에도 있다. 하지만 사람 만나는 것을 스트레스로 느끼는 타입에게는 괴로운 일이다. 어딘가에 무리가 축적되기 때문이다. 그 점에서 사람 만나는 것을 전혀 괴롭게 생각하지 않는 니토리는 기업 우두머리로서 빼놓을 수 없는 중요한 자질을 갖추고 있다고 할 수 있다.

원래 스트레스에 내성이 강한 편이다. 일단 잠을 못 자는 일이 없다. 기껏해야 시차가 극단적으로 다른 지역에 해외 출장을 갔을 때 정도이다.

니토리가 본사에 모습을 보이는 것은 일주일에 3일 전후이다. 다른 시간에는 외부 스케줄에 쫓긴다. 신규 점포 오픈에는 반드시 참석하여 손님의 동향을 직접 눈으로 확인한다. 해외 자회사에도 방문한다. 수첩에 다 기재할 수 없을 정도로 많은 스케줄이 두꺼운 두루마리 용지에 반년 후까지 빽빽하게 적혀있다. 스케줄을 잡는 것도 쉬운 일이 아니다.

집행 임원이자 전 경리부 제너럴 매니저(현 내부통제실장)였던 마에다 가쓰미는 생각한다.

'조금만 더 본사에 나와 주셨으면……. 하루만 더 나와 주셔도 상당히 달라질 텐데…….'

하지만 니토리는 웃으며 말한다.

"난 피곤해. 그 자리에서 판단하지 않으면 안 되니까."

마에다를 포함한 모두가 니토리의 체력에 감탄한다. 매일같은 회식, 왕성한 서비스 정신, 게다가 싹싹한 애교.

'니토리 사장의 어두운 얼굴은 본 적이 없어. 저건 천성적으로 갖고 태어난 에너지인가? 무리하는 거면 지쳐서 나가떨어질 텐데. 정말로 일이 좋은가 봐.'

시라이 도시유키가 니토리에게 바라는 것은 해가 저문 후의 교제를 자제하고 건강에 신경을 썼으면 좋겠다는 것이다. 또 외부 사람과의 교제를 조금 줄이고 회사에 있을 시간을 확보해 주었으면 한다.

하지만 시라이도 외부 사람과 교제하는 것이 사장으로서의 중요한 일임을 안다. 니토리를 회사에 잡아둘 수도 없다.

니토리는 곧잘 사원을 야단친다. 시라이에 따르면 이는 진지하게 경영을 생각하기 때문이라고 한다. 사원도 그 사실을 알고 있다. 그래서 니토리가 주의를 주면 순순히 받아들인다. 하지만 니토리도 "너무 심하게 말했나?" 하고 생각할 때가 있다. 심하게 꾸짖은 다음에 은근슬쩍 격려하려고 할 때가 있다. 니토리는 심하게 꾸짖은 것에 대한 위로임을 눈치채지 못하게 슬며시 그 사원에게 말을 건다. 하지만 다른 사원들 보기에는 의도가 빤히 들여다보인다. 니토리 본인은 본심을 감추려고 해도 전혀 감춰지지 않는다. 그런 니토리를 두고 사원들은 "포용력이 있고 사람을 편안하게 해주는 성격"이라고 말한다. 이것도 니토리의 인간다운 매력의 일면이다.

삿포로다나카병원의 이사장 다나카 료지에 따르면 니토리는 두뇌 회전이 빠르고 늘 앞으로 앞으로 돌진하는 타입이라고 한다. 언뜻 보기에는 그리 생각이 깊어 보이지 않는다.

하지만 니토리에게는 분명한 판단력이 있어 위험을 능숙하게 피한다. 이는 다나카의 눈에 니토리의 능력이라기보다는 본디 가지고 태어난 천성으로 보였다. 적어도 니토리가 다나카를 찾아와서 "안정제나 수면제 좀 줘"라고 했던 적은 단 한 번도 없다.

하지만 니토리도 사람이다. 실패도 하고, 마음속에는 역시 걱정과 불안도 있기 마련이다. 이를 겉으로 드러내지 않을 뿐이다.

니토리는 녹초가 됐을 때 좋아하는 마사지를 받는 습관이 있다. 다나카는 니토리가 마사지를 받는다는 것을 알고 생각했다.

'아아, 힘든가 보구나.'

니토리는 말한다.

"돈을 벌어야겠다고 생각하면 손님은 도망가요. 가게가 '돈을 벌어야지!' 하고 폼을 잡고 있으면 손님은 다가오지도 않아요. 반대로 쇼핑을 통해 손님이 '이득 봤다!'고 생각할 수 있어야 해요. 그러니까 먼저 마음에서 '돈을 많이 벌고 싶다'는 생각을 내려놓지 않으면 안 돼요."

니토리의 총자본 경상이익률을 보면 1990년부터 실적이 증가해서 2012

년도에는 약 21.8%가 됐다. 총자본 경상이익률이란 경영에 투하된 자본이 얼마만큼 효율적으로 운용되어 이익을 획득했는가를 나타내는 지수이다. 일본의 평균은 5% 전후로, 10%를 넘으면 우량기업이라고 부른다. 일본형 슈퍼스토어는 11사 평균이 겨우 2.5%에 불과하다. 슈퍼마켓도 6%로 낮다.

연간 매출을 평수로 나눈 매장매출효율을 보면 일본형 슈퍼스토어가 122만 엔, 슈퍼마켓이 2배를 상회하는 280만 엔으로 효율에 차이를 보인다. 니토리는 88.5만 엔이다.

또 이윤분배율을 보면 일본형 슈퍼스토어가 9.1%이다. 이는 총이익 중에 90.9%가 경비임을 나타낸다. 즉 경비를 너무 많이 썼다는 뜻이다. 니토리의 이윤분배율은 2012년도에 31.9%였다.

경영효율이 좋아졌을 뿐 아니라 니토리는 점포 수도 꾸준히 증가하여 현재는 300점포를 넘어섰다. 점포 수도 급격하게 증가시키지 않고 서서히 시간을 들여서 증가시켰다. 이는 맨파워의 향상을 의미한다. 니토리는 필사적으로 인재를 육성했다. 그것이 사원의식의 일관성으로 이어졌다.

10점포나 20점포는 육체적인 노력만으로 어떻게든 할 수 있다. 25점포부터 어떻게 늘려나갈 것인가가 문제이다. 그런 관점에서 니토리의 점포 수는 확실히 꾸준하게 증가했다. 이것이 기업으로서 신뢰할 수 있는 측면이다.

기업을 성장시킬 수 있는가 없는가는 부하의 육성을 얼마나 잘할 수 있는가에 달려있다고 아쓰미 슌이치는 생각한다. 인재 육성 문제에는 먼저 신입 사원을 어떻게 키울 것인가 하는 문제가 하나 있다. 그리고 빠른 성장을 위해 중간채용을 늘리는 것도 조직과 관계되는 중요한 문제이다. 정말로 무언가를 이루려고 하면 혼자서는 할 수 없는 일이 나오기 마련이다. 이를 위해서 조직 분업을 할 수 있는 간부가 필요하다. 그것도 건방진 말, 화가 날

만한 말을 할 수 있는 간부를 많이 채용하는 것이 좋다.

이런 관점에서 니토리는 잘했다고 할 수 있다. 최종결정권자는 니토리일 지 몰라도 실제 기업행동은 간부들과의 논의를 통해 결정하고 있다. 일종의 대단한 연극이다. 간부를 거기까지 키워낸 것은 니토리가 한 연극의 성과이 기도 하다.

일본 유통업에서는 우수한 중간채용자를 점포 개발 부문에 인사 배치하 는 경우가 많다. 점포 개발 담당자에게는 본래 다른 부문의 사람들보다도 체 인스토어에 관한 이론교육이 더욱 심도 깊게 이루어져야 한다. 하지만 대규 모 유통업체의 대부분이 중간채용자에게는 이론교육을 전혀 시키지 않기 때 문에 아마추어가 만든 듯한 이상한 점포가 의외로 많이 생기는 것이다.

하지만 니토리는 다르다. 중간채용자는 니토리에서 먼저 기초적인 이론 교육(Off the job Training)을 받는다. 40대만으로도 연간 100명 이상을 중간채 용 하는데, 그들 전원에게 페가수스의 중견 육성 세미나를 수강시킨다.

세미나를 통해 정확한 용어의 사용 방법을 익히고 이론을 이해하도록 한 다. 그리고 경영자의 로망을 공유할 것이 요구된다.

관찰 · 분석 · 판단 · 실험의 4단계 절차에 따른 리포트 지도도 받는다. 중간채용자 대부분이 처음에는 이론적으로 작성하지 못하지만 훈련을 받는 사이에 금방 능숙해진다.

그리고 현장에서 모순점을 관찰 · 분석 · 판단하고, 이를 얼마나 과학적 으로 그리고 수치적으로 기록할 수 있는가 하는 점에서 2년차의 인사 배치 가 결정된다. 직위도, 계층도, 이것으로 정해진다. 실력은 리포트 작성 능력 으로 판단한다. 니토리의 간부는 전직의 직함이 아니라 실력으로 인정받은 인재이다.

현장에 나가는 것도 절대조건이다. 규모가 커지자 헤드헌팅 전문 회사에서 니토리에 인재 자료를 들고 왔다. 그리고 "처음부터 상무로", "연봉은 이 금액으로"라고 제시했다. 하지만 아쓰미는 이를 일축했다.

"당치도 않아. 일 년 동안은 절대로 요구를 들어주지 마. 일 년간 녀석들을 테스트해야 해. 매장이 고객과 접촉할 수 있는 유일한 장소이야. 매장에 나가지 않고 본부에 있어본들 문제점은 알 수가 없어."

상품 판매는 물론 후방 작업과 육체 작업이 중심이 된다. 몸으로 직접 하지 않으면 무엇이 무겁고, 무엇에 손이 많이 가며, 무엇이 사고를 자주 일으키는지를 알 수 없기 때문이다.

일반 기업에서는 중도채용자를 현장에 보내봐야 기껏 1개월이지만, 니토리에서는 1년 이상 내보내는 것을 철저하게 고수하고 있다. 원래 1,000만 엔 이상 연봉을 받던 고액소득실력자는 현장에서 1, 2개월만 일하는 경우도 있지만, 제대로 관찰·분석·판단 리포트를 제출하지 못하면 본부로 이동하지 못한다. 어떤 순서로 어느 직장에 배속할 것인가를 한 명씩 결정하는 것이 이론교육이라고 한다면, 단 1개월을 근무하더라도 제대로 된 리포트를 제출하면 더 손이 많이 가는 점포로 즉시 발령을 보내는 것이 실무교육(On the Job Training)이다.

현재의 니토리처럼 교육제도를 섬세하게 갖추고 있는 기업은 달리 찾아볼 수 없다. 소위 원맨 경영을 하는 오너는 쿵하면 짝하는 사이가 아무래도 편한 점이 많으므로, 어지간하면 간부를 10년, 15년 넘게 같은 직위에 두려고 한다.

하지만 니토리는 변화를 두려워하지 않는다.

니토리에서는 사원들에게 매주 리포트를 제출하도록 요구한다. 자기 주변에서 문제점을 찾고 그 문제가 왜 일어났는가를 분석한다. 나아가 어떻게 개선하면 좋을까를 보고하도록 한다. '관찰', '분석', '판단'을 철저하게 한다. 이것이야말로 성장을 뒷받침해온 니토리의 기업 문화이다.

항상 '왜?', '왜?'하고 파고들었던 니토리처럼, 리포트 속에서 '왜?' 하고 파고드는 사원도 있다. 하지만 안타깝게도 대개 탁상공론으로 결론을 내는 경우가 많다. 대개 잘못되어 있다.

니토리 매장에 가면 눈앞에 상품을 원하는 고객이 있고, 고객과 상품과 직접 접촉하는 현장의 사원이 있다. 그들의 목소리를 듣고 그들이 원하는 바를 보면 저절로 현실에 입각한 답이 나오게 되어 있다.

본부는 매주 전국의 사원이 제출하는 문제점과 원인, 개선안을 쓴 보고서를 분석한다. 그리고 현장의 목소리를 바탕으로 시스템을 보다 합리적으로 개량한다. 현장에서 의견을 보내도 본부가 움직이지 않는다면 현장은 무기력해질 뿐이다.

한 곳에서 정체되지 않도록 인사 배치 교육시스템도 도입해 활용하고 있다. 제조부터 물류까지 모두 다루고 있는 니토리에는 다양한 분야가 있다. 그래서 몇 년마다 '크리에이티브 라인', '서비스', '스태프', '오퍼레이션 라인', '라인 스태프'의 다섯 가지 직능에 속하는 30개 이상의 부서 중의 한 곳으로 새롭게 인사 배치한다.

조직 구조에서 제일 중요한 것은 라인 스태프라는 직능이다. 라인 스태프는 해외 사업부, 품질 업무 개혁실, 광고선전부, 정보 시스템 개혁실, 점포 개발부, 무역 개혁실, 영업 기획실, 고객 상담실, 점포 레이아웃실, 업무 시스템실로 구성되는데, 이 직능이 있기 때문에 만 개에 달하는 상품을 만들고 판매할 수 있는 것이다. 이곳 스태프들은 비록 적지만 책임 권한이 있어 지도와 조언과 권고를 할 수 있다. 사장에게도 수시로 보고하고, 사장의 지시를 받아 현장을 움직인다.

또 니토리에서 특징적인 것은 서비스 직능에 속하는 인사이다. '교육연수부', '인사노무부', '인재채용부'의 셋으로 나뉘어져 있다. 하나로 통합하면 인재 발굴, 교육, 채용 중에서 반드시 어느 하나로 비중이 쏠리게 되어 있다. 다른 것은 소홀히 하게 된다. 그래서 셋으로 나눈 것이다.

니토리에서는 개혁하는 기술을 지닌 인재를 육성하고 있다. 20대부터 30대까지를 스페셜리스트가 되기 위한 준비 기간으로 본다. 20대에는 작업을 마스터하고 관련 이론을 공부한다. 이를 통해 '나는 이 작업을 완벽하게 할 수 있다', '채용될만한 제안을 할 수 있다'는 수준에 이르게 된다.

이 시기를 거친 30대를 '개선의 시대'라고 부른다. 과제에 도전하기 위해 조사와 실험을 반복한다. 이때 필요한 기술 중의 하나가 '컨트롤'이다. 숫자와 상태가 일치되도록 오차율을 최소화하여 계획을 세우는 기술이다. 이 기술을 습득함으로써 '작업으로 번역할 수 있다', '숫자로 변환할 수 있다'는 수준으로 성장하게 된다. '매니지먼트'도 필요한 기술로 이를 통해 '작업 할당을 할 수 있다', '교육을 할 수 있다'를 습득하게 된다.

담당 상품이 팔리지 않으면 왜 팔리지 않았는지를 규명하는 리포트를 매주 제출함으로써 52주간 계속 변화하게 된다.

니토리는 부하를 3개월 단위로 살핀다. 하나를 보면 열을 안다고, 3개월간의 활동도 이와 다를 것이 없다. 1년이 흐르고 2년이 흘러도 그 부하에 대한 평가가 바뀌는 일은 거의 없다. 만일 3개월간 니토리의 지적을 순순히 받아들이고 개선했다면 3개월을 더 지켜본다. 1년 후에는 반드시 성장해 있을 것이다. 앞으로 1년 후의 계획을 세울 수 있게 된다.

한편 20대부터 30대까지의 사원은 1,000가지의 성공 사례를 학습한다. 20대는 귀납법적인 사고, 30대는 연역법적인 사고를 배운다. 하버드대학과 콜롬비아대학에서도 하고 있는 실제의 사회사례집을 사용한 교육이다.

그다음의 40대부터는 '스페셜리스트로서 활약'하는 시기이다. 이를 위해 40대 때는 '매니지먼트' 기술을 체득한다. 숫자를 좋은 방향으로 변화시킴으로써 '창조할 수 있다(구조를 만들 수 있다)', '수치를 책임질 수 있다'는 수준에까지 도달한다.

50대 때부터는 장래대책, 즉 '5년 후, 10년 후의 바람직한 회사상에 근거하여 현재를 판단할 수 있다', '전사적인 효과라는 측면에서 생각할 수 있다'라는 경영기술을 드디어 익혀나가기 시작한다.

그리고 60대부터 80대에는 지식과 경험, 배양해온 기술을 세상을 위해 그리고 남을 위해 쓴다. 사회 공헌을 한다. 이를 삶의 보람으로 여긴다.

니토리는 강조한다.

"'물건'과 '재물'은 남지 않지만, '사람' 즉 사원의 기술은 영원히 남는다!"

니토리는 사원에게 투자한다. 교육 투자로 체득한 기술이 니토리의 한 걸음 더 나아간 발전으로 이어진다.

본부의 기능과 현장이 연결되어 있다는 것이 니토리의 강점이다. 니토리 사원의 평균 연령은 31세로 다른 회사에 비해 젊다. 평균 연령이 40세가 넘는 회사는 급료가 높은 데다 보수적이다. 풋풋한 니토리에는 아직 유연성이 있다.

대개 조직은 사장을 정점으로 그 아래에 먼저 전무와 상무 같은 임원, 그 아래에 부장, 차장, 과장, 계장, 주임, 담당자, 파트타이머 등 7~8단계 계층으로 구성된다. 소위 말하는 피라미드형 구조이다. 하위 계층 사람에게 상위 계층 사람은 그야말로 '구름 위의 존재'이다.

니토리에는 3~4단계밖에 없다. 그 대신 저변이 넓고, 저변의 사원과 사장과의 거리는 좁다. 이른바 완만한 산 모양의 구조이다.

사원과의 거리를 한층 좁히기 위해 일주일에 한 번 도쿄본부에서 '니토리 커뮤니케이션 클럽'을 개최하고 있다. 임원부터 파트타이머까지 누구나 무료로 입장할 수 있는 교류회이다. 안주와 함께 술을 마시며 교류를 즐긴다.

48권의 저서를 집필한 아쓰미가 33살 때 처음으로 출간한 책이 《실제 사례 해설—돈이 되는 상점 경영》이란 책이다. 돈을 버는 노하우가 쓰여 있는가 하면 그렇지 않다. 머리말에서부터 '돈을 벌고자 노력해도 소용없다. 돈이 벌리는 구조를 만들 수 있는가의 문제이다'라는 지론을 펼치고 있다. '팔려는 노력을 하지 마라. 팔리는 구조를 만들어라.' 하지만 이 책이 출판됐을 당시에는 일본의 지식인은 물론 대부분의 대형 유통기업이 "매출이 오르지 않는 것은 불경기로 소비구매력이 나빠졌기 때문이다. 그러므로 어떻게든 매출을 올리기 위해서는 특별한 뭔가를 할 필요가 있다"고 입을 모았다.

그런 시대적 분위기 속에서, 점포 수가 27~8개가 됐을 때부터 니토리는 아쓰미의 생각을 이해하고, 팔려는 노력이 아니라 팔리는 구조를 만들기 위한 노력을 했다. 주변 매출지상주의지의 말에 니토리는 이렇게 말했다.

"매출은 아무래도 상관없어. 중요한 건 점포와 고객의 수야."

기업이 점포 수를 늘려가는 동안 진척이 잘 안 되는 시기가 두 번 찾아온다. 첫 번째 고비는 15점포에서 50점포 사이이다. 그리고 두 번째 고비는 100점포를 넘기 직전이다. 이는 그야말로 업무 시스템 문제라고 아쓰미는 지적한다.

"원맨 경영으로는 50점포를 돌파할 수 없어. 그래서 이를 돌파할 새로운 시스템이 필요해지지. 그리고 100점포를 돌파하기 위해서는 말단까지 원만하게 연결하고 컨트롤할 수 있는 능력이 반드시 필요해. 점포 수를 늘린다는 것은 업무 구조를 얼마만큼 표준화할 수 있는가 하는 것이니까."

이미 1,000점포, 2,000점포를 운영하고 있는 기업, 세븐일레븐처럼 1만 5,000점을 넘긴 기업도 있다. 하지만 그들은 결코 자기 슬로건에 '표준화'라는 단어를 쓰지 않는다. 아쓰미가 그 이유를 묻자 "남에게 사실을 말할 필요는 없다"라고 모두가 대답했다. 이는 일본의 관습이다. 그만큼 구조 표준화는 조직 확대에 빼놓을 수 없는 기본적인 요건인 것이다.

아쓰미에게 가르침을 받은 니토리의 첫 번째 염원이 이뤄지는 날이 찾아왔다. 2009년 10월에 니토리는 200점포를 달성했다.

이를 기념해 개최한 파티의 인사 석상에서 아쓰미는 니토리를 애정 어린 말로 표현했다.

"여러분, 칭찬하지 말아 주세요."

아쓰미는 축하 자리에서 니토리를 지도했다.

"이제 겨우 반 사람의 몫을 하게 됐습니다. 이제부터가 시작이에요. 여러분, 아낌없는 격려와 질타를 부탁합니다. 아직 부족하니까 더 열심히 하라고 말씀해 주세요."

200점포까지 확장한 것을 축하하는 자리에서 인사말을 할 때는 일반적으로 칭송하고 그동안의 고생을 위로하는 것이 보통이라고 생각한다.

그런데 아쓰미는 니토리를 '이제 겨우 반 사람의 몫을 하게 됐다'라고 표현하고, 이제부터가 시작이라며 실타와 격려를 해달라고 했다.

이 말은 니토리에게도, 아내인 모모요에게도 애정 어린 말로서 마음 깊이 새겨졌다.

그리고 니토리는 아쓰미의 이 조언을 순수하게 받아들이고 300점포를 목표로 분발하여 2013년 2월에 이를 달성했다.

그리고 니토리는 가격면에서도 도전을 계속했다. 매출에서 원가를 뺀 매출총이익 데이터를 보면 니토리는 55%로 다른 회사와 비교해보더라도 높은 편인데, 이 이익이 상품 개발의 경비로 쓰인다. 물가가 불과 1.5% 떨어졌을 때 니혼케이자이신문 편집부원이 쓴 '디플레이션은 바람직하지 않다. 이대로 계속 하락한다면 모두의 상황이 더 나빠질 것이다. 다 같이 망하게 된다'라는 내용의 논문을 읽고 아쓰미는 생각했다.

"어처구니가 없군. 일본의 가격은 미국보다 세 배나 비싸다고."

구미에서는 상품 생산에서부터 배에 선적하기까지 든 코스트의 3.5배로 제품을 판매하는 데 반해, 일본에서는 10배의 가격을 붙인다. 구미에 비해 판매할 때까지의 단계가 많아 코스트가 쓸데없이 많이 들기 때문이다.

다만 중요한 것은 싸기만 해서는 안 된다는 것이다. 재료 단계에서부터 착수해 품질도 안정시키고 원재료비도 낮추어야 한다. 제품가공은 5단계에서부터 약 20단계까지 세밀하게 나뉘어져있다. 가구는 원재료를 취급하는 철강도매상을 통해 움직이기 때문에 가공작업별로 도매상을 중개해야 하므로 제품 메이커에서 일체화할 수 없다. 이래서는 아무리 소매업 체인이 노매상과 흥정을 하더라도 그리 쉽사리 싸게 해주지 않는다. 이것이 18세기부터 굳어온 체인점의 존재 방식이다.

그래서 니토리는 원재료 단계에서부터 손을 대서 인도네시아와 중국, 베트남에서 위탁 가공을 했다. 니토리가 독자적으로 소유하고 있는 공장은 상자형 가구와 소파, 침대, 매트리스를 생산하는 공장뿐이다. 그 이외에는 정말로 실용성 있는 것을 개발하고 재료를 확보해서 가공을 위탁한다. 이렇게 하면 불필요한 코스트를 절감할 수 있어 가격이 낮아지기 때문에 매출총이익이 10%나 높아진다. 다른 가구 메이커도 매출총이익은 50%이지만 니토리보다 2, 3배 높은 가격으로 판매한다. 즉 원가 코스트가 높은 만큼 가격을 올려서 매출총이익을 유지하는 것이다. 당연히 가격을 낮추면 이익이 준다. 하지만 쓸데없는 코스트를 쓰지 않는 니토리는 저가격 경쟁에서 충분히 버틸 수 있는 여유를 갖고 싸울 수 있다.

유통기업의 성장 과정 속에서 사원의 마음 변화를 꿰뚫어보듯이 간파한 아쓰미는 니토리에게 이런 이야기를 들려주었다.

"중견 간부가 자사에 대해 현 상태 비판을 할 때는 반드시 최고책임자 본인이 직접 들어야 해. 이때는 '절대로 해야 하는 것'과 '절대로 해서는 안 되는 것'만은 명확하게 표현해. 반대로 말하자면 거의 대부분의 기업에서 끊임없이 말하는 '되도록 하는 게 좋은 것'과 '되도록 하지 않는 게 좋은 것'에 관해 최고책임자는 절대 말해서는 안 된다는 말이야."

이것이 아쓰미가 가르치는 매니지먼트 비법 중의 하나이다.

다른 기업에 비하면 니토리가 말참견하는 일이 적지만, 그래도 아쓰미가 보기에는 여전히 비논리적인 말참견이 많다.

'누구에게 말은 못 해도 화가 날 때도 있겠지. 니토리가 술을 마시고 싶어 하는 날이 그런 날인지 몰라.'

하지만 아쓰미는 니토리를 충분히 높이 평가하고 있다. 경영자에는 '중요한 일은 직접 결정하겠다'면서 쓸데없는 것까지 직접 결정하려는 타입과, '정말로 중요한 일은 최고책임자인 내가 직접 결정한다'는, 비슷하지만 전혀 다른 두 가지 타입이 있다. 니토리는 후자로 핵심적인 것을 직접 결정한다. 하지만 그 외의 일에 있어서는 새로운 기술 문제더라도 사원의 발전적인 주장을 수용하는 자세로 일관하고 있다. 대개 경영자의 나이가 50세, 60세, 65세가 됐을 때가 사원의 의견을 완벽하게 거부하는 때이다. 니토리에게는 의외로 그런 시기가 없었다.

경영 기반인 인사와 상품의 두 가지에 대해서는 절대적인 자신감을 갖고 있다. 젊었을 때부터 생산 현장에서 일 한 것이 자신감과 근성으로 이어진 듯하다.

아쓰미는 니토리에게 자주 이런 말을 했다.

"'쌉니다, 싸요!'라고 말하지 마. 손님도 이미 충분히 아니까."

가격 인하를 약간 한 경우에는 이쪽에서 "쌉니다!"라고 어필하지 않으면 눈치 채지 못하는 소비자도 있을 수 있다. 하지만 반값 이하로 떨어지면 말하지 않아도 안다. 그보다는 니토리 상품이 얼마나 실용적인지를 어필하는 것이 중요하다고 가르쳐 주었다.

예를 들어 니토리의 상자형 가구의 가장 큰 특징은 서랍이 놀랄 정도로 가벼워서 편하게 여닫을 수 있다는 점이다. 이는 니토리에서 발명한 레일로 실용성을 높였기 때문이다. 하지만 니토리는 이 점을 어필하고 있지 않다. 아쓰미는 상품부와 점포 운영이 제대로 연계가 안 되고 있기 때문이라고 지적했다.

"뭘 하는 거야! 상품이 얼마나 편리한지에 대한 내용을 추가해서 카달로그를 다시 제작해!"

아쓰미가 계속 말하기도 해서 니토리는 3년에 걸쳐 겨우 카달로그를 새롭게 만들었다.

니토리는 상품의 편리성을 소비자에게 소개하는 홍보 능력이 부족하다. 아직 실력을 충분히 발휘하지 못하고 있다. 이제부터가 시작이다.

아쓰미는 니토리에게 기대감을 담아서 말했다.

"으스대며 체인스토어를 통해 전 세계에 공헌하고 싶다는 말을 할 것 같으면 국내에 1,000점을 오픈해. 오픈하지 못하면 자네 능력을 인정해주지 않겠어."

현재 니토리의 상권 인구는 20만 명이다. 상권이란 구매 고객이 사는 범위를 가리킨다. 숫자가 클수록 집객 범위가 넓음을 의미하는데 이는 동시에 내점 빈도가 적음을 나타낸다. 또 상권 인구가 작아질수록 상품의 중심가격대는 낮아진다. 왜냐하면 내점 빈도가 증가하기 때문이다. 니토리의 상권 인구로 추정하자면 현재의 내점 빈도는 한두 달에 한 번꼴이다. 또 니토리의 점포 규모는 1,000평과 1,500평, 2,000평이 기본이다. 하지만 1,000평을 넘어서면 손님이 걸어 다니기 힘들어진다고 아쓰미는 지적했다. 정말로 걷기 편한 것은 300평에서 700평이다. 이는 이미 40년 전에 과학적으로 밝혀진 사실이다.

아쓰미는 니토리에게 말했다.

"소상권이 아니면 내점 빈도와 점포 수를 늘릴 수 없어. 1,000점을 오픈하면 한 점포당 상권 인구가 7만 명이야. 2,000점을 오픈하면 5만 명이지. 개념을 바꿔야 해. 니토리는 이대로 점포 수를 늘려봐야 적자가 날 뿐이야. 점포 규모를 300평에서 600평으로 줄이면 내점 빈도를 높일 수 있어. 그만큼 상품도 바꿔나가지 않으면 안 돼. 보통 일이 아니지. 점포 오픈보다 중요한 것은 상품의 제조야. 주력상품을 더 싸면서 구매 빈도가 높은 실용품으로 전환하도록 해. 고객이 '가구란 10년은 써야지'라고 생각하는 한 가구만으로는 가망이 없어."

니토리는 순조로운 실적을 배경으로 점포 오픈을 가속하고 있었다.

점포는 인구 10만 명에서 15만 명 규모의 지방 도시가 중심이었지만, 앞으로는 인구가 적은 도심부에도 출점할 예정이다. 연간 40점포 속도로 출점해서 2017년에 500점포 체제를 갖추는 것이 목표이다.

매월 구입하는 주거 용품을 해외에서는 홈패션이라고 부른다. 이는 커튼과 시트, 타월, 식기, 생활 잡화 등의 실내 장식 전반을 지칭한다. 예를 들어 '시트'라는 단어를 들었을 때 떠오르는 것은 아무런 특징도 없는 하얀색 시트이다. 하얀색 시트의 구매 빈도는 결코 높지 않다. 하지만 저렴하게 판매하는 각양각색의 다양한 패턴이 들어간 시트가 주르륵 진열되어 있다면 '오늘은 어제와 다른 시트로 분위기를 바꿔보자'라는 생각도 할 수 있을 것이다. 시트의 가격은 500엔에서 1,000엔 사이가 이상적이다.

아쓰미는 단언한다.

"홈패션이란 매일을 더욱 즐겁게 만들어주는 상품이어야 해."

소상권 포맷으로 홈패션과 베이직 의류산업을 먼저 국내에서 개척해야 한다. 그리고 진정한 체인스토어 기업이 되기 위해서 앞으로 5년에서 10년에 걸쳐 얼마나 공부 모임과 인재 육성에 힘을 쏟을 수 있을 것인가가 니토리의 최대의 숙제가 될 것이라고 했다.

니토리는 2022년에 1,000점포를 운영하는 것이 목표이다. 하지만 니토리의 현재 업태로는 일본 전국에 기껏 출섬해봐야 500점포가 한계라고 한다. 하물며 10년 안에 500점포를 달성해야 한다. 국내에서 그 이상을 오픈하기 위해서는 현재의 니토리로서는 못 하고 있는 작은 홈패션의 업태를 만들 필요가 있다. 기존 점포와 홈패션의 소규모 점포를 합하면 1,000점포도 가능할 것이라고 한다. 1,000점포가 되면 유통업계도 지역 사회를 바꿀 수 있다. 그것을 위한 1,000점포이다.

니토리의 말에 따르면, 니토리에서는 약 15년 정도 전에 주름이 지지 않는 면을 연구·개발했었다고 한다. 면은 신제품일 때는 말쑥하고 깨끗하지만 시간이 흐르면 낡고 쭈글쭈글해진다. 직접 다림질을 하면 20분에서 30분이 소요된다. 그렇다고 세탁소에 맡기면 500엔이나 든다. 그래서 언제까지고 처음 샀을 때와 같은 상태로 유지되는 소재를 개발했다. 날실을 면으로 하고 씨실에 폴리에스테르를 섞어 원단이 항상 쫙 펴진 상태로 유지되도록 했다. 단, 현 단계에서는 면 45%에 폴리에스테르 55%를 섞지 않으면 주름이 잡힌다.

면과 폴리에스테르의 비율 문제가 아직 남아있었지만 니토리는 새로운 원단을 개발했다. 지금은 모든 원단 메이커에서 링클프리 와이셔츠를 생산하고 있는데, 그 선두에 있었던 것이 니토리라고 하겠다.

하지만 안타깝게도 면과 폴리에스테르를 혼합한 원단은 특허를 따지 못한다.

일본의 경우 '좋은 품질'에 대한 생각이 많이 잘못되어 있다. 니토리는 진정으로 품질이 좋은 제품을 제공하기 위해서 새로운 것을 만들어낸다. '면이 좋네', '울이 최고네' 하는 신화를 파괴해 왔다. 그런 의미에서는 겨우 미국과 비슷한 수준이 됐다고 니토리는 본다.

다만 경기가 요즘 같은 시기에 기존의 방식으로 소파를 팔아본들 고객의 구매 의욕은 좀처럼 자극되지 않는다. 이탈리안 디자인이라서 멋있다든가, 앉았을 때 느낌이 무척 편하다는 이유만으로는 사겠다는 결단을 끌어내지 못 한다. 그래서 니토리가 팔기 시작한 것이 전동식 리클라이너 소파로, 자동으로 각도 조절이 되면서 자신에게 맞는 편안한 자세로 앉을 수 있는 소파이다. 이 제품을 5만 9,900엔에 팔고 있고, 상당한 기세로 팔리고 있다.

　니토리는 대규모 합성섬유기업 데이진帝人과 합작으로 공동 프로젝트 '신 "기능 상품" 개발 프로젝트'를 추진하고 있다. 니토리의 상품 개발력과 데이진의 기술력을 바탕으로 양사 일관 체제로 소재 개발에서부터 상품 기획, 판매까지 진행하고 있다. 제1탄은 '개구쟁이 팀'으로 6년간 쓸 수 있는 튼튼하고 가볍고 사용하기 편한 란도셀(일본 초등학생용 책가방–역자 주)이었다.
　제2탄은 일반가정용 방염제품 시리즈 'N가드~불에 잘 타지 않는 시리즈', 제3탄은 '먼지가 잘 나지 않는 침구 시리즈'로 개발 · 판매하고 있다.

10 장

멈추지 않는 니토리, 앞으로의 신규 사업

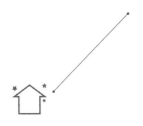

'**미**국과 유럽 수준의 풍요로운 주거를 전 세계 사람에게 제공한다!' 이 로망과 비전을 실현하기 위해 도전을 계속하고 있는 니토리는 신규 사업으로 리폼 사업을 본격적으로 시작했다.

니토리는 애초에는 2007년 10월에 시스템키친의 판매를 개시했었다. 이때에는 아직 리폼 사업을 할 생각이 없었다. 주택 메이커 관계자를 대상으로 하는 사업으로, 신축이 타깃이었고 규모면에서도 아직 작았다.

일본 주택 시장은 2007년의 건축기준법 개정이 계기가 되어 2008년도에 주택착공 건수가 100만 9,214호로 줄어들었다. 게다가 그해 9월에 발생한 세계 금융위기의 영향으로, 버블 붕괴 이래 처음으로 100만 호 밑으로까지 줄어들었고 신축 주택에 대한 수요는 계속 하락했다.

또 저출산으로 앞으로 신축 주택이 늘어날 가능성이 지극히 적어지면서 기존 주택의 스톡을 유효하게 활용하려는 리폼 사업에 주목이 집중됐다.

2010년 9월에 법인사업부 집행 임원으로 모리와키 후미마로森脇文麻呂가 이동했다.

니토리는 모리와키에게 지시했다.

"리폼 사업을 해보자. 매장에서 하지 않는 분야를 해보는 거야. 앞으로 가능성이 무척 많은 분야야."

니토리가 그렇게 말하기는 했지만, 모리와키를 비롯한 니토리 법인사업부 사람들에게 리폼은 미지의 세계였다. 이래저래 논의하면서 조금씩 준비해나갈 수밖에 없었다.

본격적으로 리폼 사업에 뛰어들기 위해서는 새롭게 연구해야 하는 수많은 분야가 있고 또 새로운 상기商機도 있다는 것을 알게 됐다.

기존에는 매장에서 시스템키친을 판매한 다음에 시공업자에게 설치를 위탁했다. 이래서는 시스템키친을 판매한 매상밖에는 올릴 수 없다. 시공대금은 시공업자와 상품을 구매한 고객 간에 오고 간다.

하지만 니토리가 본격적으로 리폼 사업에 뛰어들게 되면 이야기는 달라진다. 시스템키친을 판매한 매상은 물론 시공대금까지도 니토리의 매상으로 올릴 수 있다.

게다가 새로운 고객을 개척할 가능성이 잠재되어 있다는 점도 리폼 사업의 매력이었다.

집을 리폼하고 싶어도 어느 리폼회사에 의뢰하면 좋을지 알 수가 없다. 그래서 중요한 것이 입소문이다. 고객이 니토리 시스템키친을 선택했을 때 고객이 만족하도록 리폼하면 이것이 입소문으로 퍼져 다음 고객 획득으로 이어진다.

또 주택 리폼은 한 영역으로 끝나지 않는다. 처음에는 주방만 리폼하더라도 변기와 욕조, 외벽, 지붕, 내장 등 개축하고 싶은 부분은 계속 나오게 되어 있다. 기존에는 시스템키친을 니토리에서 구매하더라도 고객의 기억에 남는 것은 시공업자뿐이었다. 다음에 리폼을 의뢰할 때는 다이렉트로 시공업자에게 의뢰하려고 하는 것이 고객의 심리이다. 이래서는 모처럼 수요가 발생하더라도 빤히 보면서 놓치는 꼴이다.

이 모든 리폼 수요를 니토리가 모조리 껴안을 수 있다면 니토리의 리폼 사업은 쭉쭉 확대될 것이다.

한편 리폼에는 아무래도 악평이 따라붙기 마련이다. 처음 견적과 마지막 견적이 일치하지 않는 게 당연하다는 풍조가 만연한 리폼업계를 신용하지 못하는 사람도 많은 것이 현실이고, 트러블도 끊이지 않고 있다. 이 점도 개선할 여지가 있다.

리폼업계를 조사해보니 상품 개발부터 판매, 시공까지 전 과정을 모두 하는 곳이 거의 없었다.

고객 입장에서 생각해보면 상품 구입부터 설치까지 하나의 창구를 통해서 상담할 수 있으면 안심감도 신뢰도도 당연히 높아질 것이다. 하나하나의 작업은 각각 다른 사람이 담당하더라도 해당 현장을 관리하는 사람이 니토리 사원이면 고객도 번거롭지 않고 작업 흐름도 자연스럽게 진행된다.

이런 식으로 고객의 불안감을 하나씩 해소해나가는 것도 앞으로는 틀림없이 중요해질 것이다. 이에 니토리에서는 견적을 명확히하여 투명한 형태로 고객에게 전달하기로 했다. 일반적으로는 현장 조사비, 상품 본체, 설치 공사 비용 모두를 하나로 묶은 가격이 고객에게 제시되었다. 하지만 니토리는 이를 항목별로 기재했다.

예를 들어 시스템키친의 본체 가격과 옵션으로 추가한 상품 각각의 가격, 키친 기본 공사비, 옵션 공사비, 운송비와 같이 내역을 상세하게 표시했다. 만일 공사를 시작하고 나서 갑자기 변경하지 않으면 안 되는 사태가 발생하더라도 그 부분에 얼마의 추가 비용이 발생했는가를 고객에게 명확하게 제시할 수 있고 납득이 가도록 설명도 할 수 있다. 하여튼 그때까지 불투명했던 부분을 명확하게 하면 고객은 안심하고 리폼을 할 수 있다.

이렇게 지금까지 없던 새로운 리폼 형태를 니토리가 현실화하기로 했다.

2011년 3월에 처음으로 도쿄의 미나미스나점南砂店과 요코하마의 고호쿠뉴타운점의 내부에 약 60평의 리폼 쇼룸을 실험적으로 설치했다. 고객의 반응이 꽤 좋았다.

그 후 2011년도에 10개소에 설치하고, 2012년도에 13개소에 설치하고, 2013년도에 8개소에 추가 설치함으로써 31개소로까지 확대하기로 했다.

단 리폼 사업은 특수하여 다른 사업보다 상권이 광역이기 때문에 1,500평을 넘는 매장으로 설치가 한정된다. 그러므로 현재의 니토리 점포 중에서는 약 3분의 1의 점포에만 리폼을 취급할 전망이 선다.

니토리가 리폼 사업을 한다는 사실이 아직 많은 사람들에게 알려지지 않은 상태이다. 그래도 수도권에는 입소문이 퍼져서 도쿄와 가나가와 리폼 사업소에 의뢰가 꽤 많이 들어오고 있다. 매출도 매년 증가하고 있다.

단 리폼 사업은 고객이 가구와 인테리어 잡화를 구입하는 것과는 달리, 고객의 점포 방문부터 실제로 상품의 설치 작업이 완료될 때까지 빨라도 약 1개월의 시간이 소요된다.

매장을 방문한 고객은 일단 카탈로그를 받아서 집으로 돌아간다. 그 후

2, 3일 후에 미팅을 하고, 현지조사를 하기까지 2주가 소요된다. 현지를 방문해 사이즈를 측정한 다음에 견적서를 고객에게 전달한다. 고객은 견적서를 받은 다음에 리폼 진행 여부를 판단하게 되는데 고객으로부터 답변을 듣기까지 일주일이 걸린다. 그 후에 상품을 수배하고 시공 스케줄을 짜고 공사가 완료되기까지 일주일이 소요되어, 총 4주를 고려하지 않으면 안 된다.

하지만 공사 시작 후에는 빠르게 진행한다. 고객이 생활하는 공간에서 공사가 진행되므로 조금이라도 부담을 줄이기 노력하고 있다. 그래서 시스템키친의 경우 최장으로는 이틀이 걸리고, 최단으로는 아침 8시에서 저녁 8시 사이에 작업을 끝내기도 한다. 욕실은 최대 나흘 정도가 걸린다.

공사 속도도 고객에게는 중요한 최종 결정의 구성 요소이다. 이렇게 공사 속도를 조절할 수 있는 것도 모든 공정을 '니토리'가 담당하기 때문에 가능한 것이다.

또 니토리는 타사의 리폼과 차별화하기 위해 리폼에 코디네이트를 도입했다. 리폼이라고 하면 주방, 화장실, 욕실과 같이 부분적으로 하는 것이라고 생각하는 경향이 있는데, 해당 공간의 스타일과 색상에 맞춘 가구와 인테리어를 융합한 '토탈 리폼 서비스'를 제공함으로써 독자적인 스타일을 선보이고 있다. 이는 가구제조 물류소매업을 하는 '니토리'이기 때문에 가능한 서비스이다.

이렇게 수도와 관련된 부분부터 실내 리폼은 물론 가구와 인테리어 잡화까지 토탈 코디네이트 함으로써 고객의 희망을 최대한으로 실현했다. 타사와의 차별화를 도모하는 데 성공한 것이다.

또 '토탈'이란 말에는 다른 의미도 포함된다. 문의 단계에서부터 현장조사, 애프터서비스, 코디네이트에 이르는 처음부터 마지막까지의 서비스를 모두 니토리에서 제공한다는 의미이기도 하다.

'토탈 리폼 서비스'는 이런 두 가지 의미가 담고 있다.

니토리가 이렇게까지 뛰어들 수 있는 데에는 이유가 있다. 바로 완벽한 제로에서부터 리폼 사업을 시작했기 때문이다.

주택 리폼에 대해 대충은 알았지만 자세한 지식과 개념이 없었기 때문에 사업 시작 초기에는 어디까지를 자기네가 해야 하는지조차 몰랐다. 이것이 거꾸로 기존의 리폼 사업의 형식에 얽매이지 않고, 새로운 시각으로 발상하도록 만들어 주었다.

니토리에는 오랜 시간에 걸쳐 뭐든 스스로 직접 하자는 '스스로 정신'이 뿌리내렸다.

당연하게 이 정신에 따라 스스로 할 수 있는 것은 스스로 한다는 전제로 생각하고 행동한 결과가 토탈 리폼 서비스였다.

종래의 수도 관련 주택 설비 업계에는 색다른 구석이 있다.

이 업태에서는 개발하고 제조한 상품을 전국의 메이커 대리점에 도매를 하고 있다. 그런데 대리점별로 매입량이 달라서 이익률도 다르다. 지역별 매입량이 다르기 때문에 지역에 따라서 판매 가격에도 비싸고 싼 차이가 발생하는 것이 당연시되었다.

그런데 니토리는 장사를 그렇게는 못 한다. 지역별로 가격을 달리 설정하는 것은 있어서는 안 되는 일이다.

지금까지도 니토리는 전국 일률 가격으로 장사해왔고, 앞으로도 변경할 계획은 없다.

이에 상품유통의 흐름을 바꾸기로 했다. 니토리는 대리점을 통하지 않는 메이커와 직접 거래하는 것을 기본으로 한다. 이에 내셔널 브랜드를 취급하는 몇몇 메이커과 교섭을 반복해 2013년부터 전국에서 일률적인 가격으로 매입할 수 있게 됐다. 이로서 니토리도 상품을 싼 가격에 판매할 수 있게 됐다.

또 니토리가 독자적으로 시스템키친을 개발한 것처럼 화장실과 유닛 배스, 세면 화장대도 자체상품을 개발해, 최종적으로 니토리 컬러를 전면에 내세울 수 있도록 해나갈 생각이다.

니토리는 새로운 사업 전개를 계획하고 있다.

지금까지는 B to C(Business to Customer), 소위 개인 고객을 대상으로 하는 비즈니스만 했지만, 앞으로는 지금까지 힘을 쏟지 않았던 B to B (Business to Business)의 법인고객을 대상으로 하는 비즈니스의 규모를 확대할 계획이다. 사실 여기에 큰 시장이 잠재되어 있다.

원래 니토리에는 법인사업부의 전신인 홈Home부라는 부서가 있었다. 다만 홈부가 담당하는 고객은 하우스메이커로 신축 주택만을 타깃으로 했다.

특히 초기에는 홋카이도의 하우스 메이커와 제휴를 맺고 그곳의 모델 룸 내장을 담당했었다. 니토리의 독자적인 코디네이트 실력을 살려 하우스 메이커 측의 모던시크, 내츄럴, 엘레강스, 아방가르드, 모던 젠 등의 공간 연출 의뢰를 받아서, 커튼과 조명부터 가구와 잡화 연출까지 총체적으로 코디네이트 해 납품했다. 만약 주택을 주문한 고객이 모델 룸의 내장도 마음에 들어 그대로 구입하고 싶다고 하면 그 상품을 하우스 메이커에 판매했다. 그런 사업 형태로 진행했었다.

거기에 리폼영업이란 생각을 새롭게 도입해 법인 영업의 타깃 범위를 하우스 메이커로 한정하지 않고 더 넓혀나가기로 한 것이다.

2010년 10월부터 시작된 홋카이도 니혼햄 파이터즈北海道日本ハムファイタ
ーズ의 삿포로 돔 내부에 있는 클럽하우스 개장 공사에 동반하여 내장을 포함
한 인테리어를 니토리가 담당하고 기획하게 됐다. 얼마나 잘할 수 있을지 확
신하지 못한 채 모색하는 단계에서부터 시작했지만, 선수 라커룸은 "미국 메
이저 리그 같은 공간으로" 연출해달라는 요청이 있었기 때문에, 나뭇결이 살
아있는 고급스러운 소재를 넉넉하게 사용해 선수들이 편히 쉴 수 있도록 배
려했다.

참고로 2011년부터 니토리가 홋카이도 니혼햄 파이터즈의 유니폼을 스
폰서하기 시작하면서 유니폼에도 로고가 들어가게 됐다.

법인을 타깃으로 하는 사업부에서는 조직을 재검토하고 사업내용을 '오
피스 사업', '상업시설 및 교육시설 사업', '의료 및 복지시설 사업', '숙박시설
및 거주환경 사업', '모델 룸 사업'의 다섯 가지 분야로 세분화하고 오피스와
상업시설 및 복지시설 등을 대상으로 제안에 힘을 쏟고 있다.

납품까지의 단계는 다음과 같다. 먼저 문의가 들어오면 전문 스태프가
해당 시설을 방문해 요청사항을 들으며 미팅을 한다. 그 후 미팅 내용을 바
탕으로 레이아웃과 인테리어 디자인 등을 기획하고, 구체적인 계획 도면을
입체화한 것과 실제 가격을 제안한다. 한 걸음 더 고객이 구상하고 있는 이
미지에 가까이 접근하기 위해서 미팅을 반복한다. 그리고 최종적으로 니토
리에 의뢰하기로 결정이 나면 스케줄을 작성해 납품한다.

하지만 여기에서 니토리는 끝내지 않는다. 사후 관리와 비품 추가, 레이
아웃 갱신 등, 이후의 서비스도 게을리하지 않고 있다.

노력한 보람이 있어 수많은 납품 실적을 올리게 됐다.

예를 들어 복지시설은 입주자가 가정집에서 지내는 듯한 분위기 속에서 생활할 수 있도록 나무의 따스함을 살린 가구를 제안하고, 우아하고 차분한 분위기로 연출한다.

또 최첨단 예방의료시설은 모던&시크한 인테리어에 다크브라운 원목을 베이스로 하는 고급스러운 가구를 배치해 안정감이 느껴지는 공간으로 연출한다.

상업시설은 고객이 선뜻 들어와서 편하게 둘러 볼 수 있는 쇼룸을 꾸밈과 동시에 안심하고 상담할 수 있도록 레이아웃을 배려하고 릴랙스 할 수 있도록 공간을 표현한다.

특히 혼다 카즈Honda Cars의 쇼룸에서는 여성을 타깃으로 이상적인 쇼룸을 추구했다. 왜냐하면 남성은 쇼룸을 방문하기 전에 이미 구매 결정을 하고 오는 경우가 많아 쇼룸의 공간 형태에 크게 신경을 쓰지 않기 때문이다.

이와는 반대로 여성은 매장을 방문해 실제로 차를 살펴보고 구매 여부를 결정한다. 그래서 구매할 때까지 쇼룸 공간에서 보내는 시간이 구매에 영향을 끼친다. 화장실에는 화장을 고치거나 옷을 갈아입을 수 있는 공간을 마련하고, 아이를 데리고 안심하고 방문할 수 있도록 어린이 코너를 마련하는 것도 포인트이다. 또 의자의 경우에도 앉았을 때의 편안함을 고려하여 등받이 각도와 의자 다리 높이 등을 설계하고, 의자를 끌 때 편하게 끌 수 있도록 등받이에 손잡이를 다는 등 여러 가지를 신경 써서 고안했다. 또 흡연 코너는 완전히 배제시켰다. 여성은 흔히 담배를 꺼리기 때문이다.

이처럼 니토리의 독자적인 시점으로 쇼룸의 코디네이트를 제안한 결과 2012년에는 혼다 카즈의 쇼룸 150점포를 의뢰받았다.

리폼과 법인 영업은 니토리가 착수한 신규 비즈니스이다. 나날이 변화하는 리폼업계에 뛰어든 것도 니토리에게는 새로운 도전이다.

새롭게 힘을 쏟고 있는 리폼과 법인 영업은 미개척 분야인 만큼 니토리에게 큰 기회이기도 하다.

2010년 6월에 니토리를 퇴사하고 중국 상하이에서 사업을 시작했던 고미야 쇼신은 4년 만에 니토리로 돌아왔다.

고미야는 자기 회사를 접었고 직원들도 모두 니토리에서 일하게 됐다. 고미야의 대우는 대표전무집행 임원으로, 이듬해인 2011년 5월 중순에 열린 총회에서 승인이 났다.

옛 보금자리로 돌아온 고미야는 생각했다.

'니토리가 꽤 커졌구나……'

고미야가 떠나 있던 불과 약 4년 사이에 니토리는 타이완에 진출해 착실하게 점포 수를 늘렸으며, 일본 국내에서도 업계 최초로 전국 도도부현(都道府縣. 일본의 광역 자치 단체의 총칭. 총 47개 도도부현이 있다-역자 주) 출점 달성을 눈앞에 두고 있었다. 고미야가 근무하던 시절에는 시행착오를 반복했고 변화도 많았는데, 지금은 듬직한 대기업으로 성장한 상태였다.

그랬기 때문인지 니토리의 성격이 상당히 둥글어진 듯 했다. 무턱대고 화내지도 않고 남의 말에도 차분히 귀를 기울였다. 물론 니토리는 원래 남의 말을 잘 듣는 타입이었지만 전보다 그 경향이 더욱 짙어졌다.

온화한 분위기가 감도는 니토리는 대단히 인상이 좋았다. 하지만 이 회사는 니토리 아키오라는 인물이 혼자서 이룩한 왕국이다. 지금까지 계속 니토리 사장의 박력이 니토리라는 기업의 커다란 성장 원동력으로 작용했다.

고미야는 생각했다.

'역시 사장님은 좀 더 박력이 있어야 될 것 같아.'

고미야의 직무은 니토리와 계약을 체결하고 있는 중국 메이커의 운영 관리와 니토리 퍼블릭의 서포트이다.

중국에는 매입처가 약 500사 있다. 그중에 고미야가 담당하게 된 곳은 홈패션을 제조하는 약 340사이다. 고미야가 니토리를 떠나 있는 동안 이사 전무집행 임원 스기야마 기요시가 확실하게 지도를 하고 있었다. 덕분에 중국 메이커도 한 단계 더 성장했다.

중국에는 철물, 면화, 목재 등의 원재료도 풍부하다. 니토리는 여러 번 현지에 자사공장을 세울 계획을 세웠었다. 하지만 고미야가 거기에 제동을 걸었다.

"중국에 공장을 세우면 중국으로부터의 매입이 메인이 될 겁니다. 과연 그게 진짜 최선의 방법일까요?"

타사와 경쟁해 기술력과 서비스 수준을 높이고, 보다 품질이 좋고 가격이 싼 곳에서 매입한다. 수백 사를 관리하는 것은 힘든 일이지만 그러는 편이 니토리에게 이점이 많다. 최종적으로 니토리는 고미야의 의견에 동의하고 종래의 방식을 지속하기로 했다.

중·일 관계는 요 몇 년간 험악한 분위기가 계속되고 있다. 하지만 고미야가 일하면서 그런 분위기를 느꼈던 적은 단 한 번도 없다고 해도 좋다.

일본과 마찬가지로 중국의 서민도 자신의 삶을 지키는 것만으로도 벅차서 중일간의 정치 문제에 크게 관심을 기울이는 사람은 없었다. 또 니토리의 중국 거래처는 니토리와 함께 성장한 기업이 대부분이다. 니토리도 중국에 대한 편견이 전혀 없다.

니토리가 고미야에게 말했다.

"우리가 조금이나마 중국의 발전에 공헌했어."

니토리가 중국에서 상품을 생산하기 시작하자 일본의 경쟁사도 하나같이 중국에서 제조하기 시작했다. 그 결과 중국의 일상용품 생산 능력이 눈부시게 향상됐다.

한편 중국의 인건비 및 기타 코스트는 최근 10년 사이에 다섯 배 이상 올랐다. 상품면에 있어서는 부가가치가 낮은 이른바 '싸구려'의 경쟁력은 저하됐지만, 반대로 가전제품과 주방용품처럼 부가가치가 높은 상품을 제조하는 기술력은 높아졌다. 앞으로 중국은 부가가치가 낮은 상품보다 높은 상품을 생산해나갈 것으로 예상된다.

니토리가 고미야에게 말했다.

"중국 다음은 아프리카야. 아프리카의 싼 인건비와 재료비를 쓰면 이번엔 아프리카의 발전에도 공헌할 수 있을 거야. 고미야, 어서 아프리카로 가서 조사해봐."

고미야는 즉시 여섯 명의 아프리카 팀을 구성해, 다른 업무를 진행하는 짬짬이 약 1년 반에 걸쳐 동아프리카의 여러 나라를 둘러봤다.

아프리카는 면화를 비롯한 니토리의 주요 원재료가 풍부하게 생산되고 있다. 하지만 중국 및 타이완과는 달리 같은 아시아인이라는 친근감이 없어 아시아에서만큼 정보 입수가 쉽지 않았다. 거리도 멀고, 일본을 오가는 직행편도 없다. 게다가 도로, 전기, 수도 등의 인프라 정비도 상당히 뒤쳐져 있다.

단순히 재료를 수입하는 것만으로는 물류비가 많이 들기 때문에 인도네시아과 베트남과 마찬가지로 현지에 자사 공장을 건설해 완제품을 컨테이너로 수입하는 것이 필수적이다. 그런데 과연 정말로 아프리카를 생산 거점으로 할 수 있을까. 직원 교육도 힘들 것이다. 힘들기 때문에 다른 회사도 아프리카까지는 진출하지 않은 것이다.

고미야는 흥분으로 몸이 떨렸다.

'아무것도 없는 상황에서 시작했던 건 인도네시아도, 베트남도 마찬가지였잖아? 역시 여기에는 도전할만한 가치가 있어. 우리가 선수 쳐서 개척을 하더라도, 아프리카라면 타사는 그리 쉽게 진출하지 못해.'

일본 국내 및 타이완에서 가구와 인테리어 숍을 운영하고 있는 니토리 상품의 80%는 원재료 조달부터 제조까지 니토리 그룹이 기획하고 개발한 상품으로 해외에서 조달하고 있다.

그런데 압도적인 저가격을 실현하기 위해서는 해외에서 생산한 상품을 국내에 수입할 때의 코스트 삭감이 중요한 포인트가 된다.

이를 서포트 하는 것이 NTI(니토리 인터너셔널)로 니토리의 해외현지법인 그룹이다. 중국, 말레이시아, 태국, 인도 현지법인을 중심으로 하는 7개국 12개소의 사무소와 2개소의 DC로, 상품 개발과 상품품질 관리, 물류 관리를 담당하고 있다.

니토리는 중국 광둥성에 위치한 후이저우惠州와 상하이의 2개소에 물류 거점이 있다.

2007년 5월에는 후이저우 물류센터, 2009년 12월에는 상하이 프로세스 센터를 가동하기 시작하여 물류 효율 강화를 도모함과 동시에 아시아 각국에 사무소를 개설해 일본 국내에 대한 무역 서포트를 하고 있다.

아시아 각국의 공장에서 생산한 상품은 후이저우 DC와 상하이 PC에 일단 모은 다음에, 주로 40피트 컨테이너에 실어 선박 편으로 일본에 운반한다. 일본 항구에 입항한 배에서 하역된 컨테이너는 일단 컨테이너 야드에 보관되며, 세관의 수입 허가 절차를 거치게 된다. 그 후에 니토리 국내 물류거점으로 운반되어 거기에서 배송센터, 매장을 거쳐 고객의 가정으로 도착하게 된다.

사실 상하이와 후이저우에 물류거점이 있지만 풀가동하고 있다고는 할 수 없다. 더 효율적으로 돌릴 수 있는 부분이 많다는 것을 안다. 니토리는 해외의 물류 프로세스를 최적화하기로 하고 먼저 상하이와 후이저우 물류거점의 현 실태 재확인에 들어갔다.

일단 상품제조업자와 교섭해 어떤 상품을 어느 타이밍에 납입할 것인가 하는 시스템을 만들기로 했다. 시스템을 만들기 위해서는 한 곳만 수정하면 되는 것이 아니다. 일련의 흐름과 관련된 업자와 각 부서 사람 모두의 협력 없이는 불가능하다.

예를 들어 지금까지 국내에서 하던 작업을 해외에 맡기게 되면, 국내 측의 작업은 줄어 그만큼 경비가 감소한다. 하지만 반면 작업을 맡게 된 해외 측에는 새로운 경비가 발생해 원가가 상승하게 된다. 원가를 어떻게 하면 줄일 수 있을까를 밤낮으로 고민하는 사람에게는 그야말로 거꾸로 가는 상황이 돼버리는 것이다.

하지만 해외 작업으로 변경하면 일본에 도착한 이후의 작업량이 줄어 물류 경비와 판매관리비 등이 삭감되어, 결과적으로 영업이익을 기준으로 봤을 때 플러스가 된다. 이런 사실을 이해해 주지 않으면 이야기가 진행되지 않는다.

그래서 이해가 가도록 사내를 돌며 설득한다. 설득한 보람이 있어 사내적 합의를 이끌어내기에 이르렀다.

또 이전에는 해외에서 상품제조업자가 한 가지 상품만을 컨테이너에 집적했었는데, 이를 여러 가지 상품을 하나의 컨테이너에 혼합하여 싣는 방식으로 변경했다.

예를 들어 가구 같은 대형 상품은 수입할 때 컨테이너에 집적할 수 있는 개수가 얼마 안 되기 때문에 일본에서 재고가 잘 발생하지 않는다. 반면 접시 같은 작은 물건은 컨테이너에 집적할 수 있는 개수도 상당하기 때문에, 한 컨테이너로 수입한 상품이 다 소진될 때까지는 반년 이상이 걸리기도 한다.

상품별로 발생하는 이러한 시차를 없애기 위해서 컨테이터에 다양한 상품을 섞어 싣기로 한 것이다.

이로 인해 간단한 형태로 끝나던 수출입 절차를 복잡한 작업으로 변경해야 했고, 절차 정비도 하지 않으면 안 됐다. 갖가지 정비를 다 할 때까지는 시간이 상당히 필요했다.

하지만 효과는 눈에 띌 정도였다. 이제 상하이 물류센터는 풀가동되고 있다. 상하이로 작업을 전환함으로써 인건비가 일본의 5분의 1에서 최대 10분의 1까지 내려갔고, 니토리의 물류경비도 수천만 엔까지 원가를 절감할 수 있었다.

일본에서 하던 작업을 해외로 옮기기 위해서는 현지 작업원을 교육하는 것이 중요한데, 니토리에서는 일본인 주재원을 배치해 꼼꼼하게 교육함으로써 일본에도 뒤지지 않는 작업 결과를 실현해냈다.

이렇게 해외 물류 프로세스에 대한 재검토가 일단락되자, 이번에는 일본 물류 센터 전체를 재검토하기 시작했다.

니토리는 일본 전국에 9개의 물류센터를 갖고 있는데, 지역별로 관할하는 점포 수에 차이가 있으면 매출도 달라지게 된다. 그 결과 각 물류센터별

출하 상품량에도 차이가 발생하게 된다.

그런데 일본으로 입항하는 컨테이너는 크기 규격이 ISO(국제표준화기구)에 의해 국제적으로 통일된 '국제 해상 화물용 컨테이너'로 정해져 있다. 적재된 상품 수는 삿포로든 관동이든 균일하다.

지역에 따라서 팔리는 상품과 팔리지 않는 상품도 다르기 때문에 물류센터 재고에도 편차가 발생하게 되어 있다. 그러면 일단 일본의 국내 창고에 보관되어 있는 상품을, 그 상품을 필요로 하는 창고로 도로운송한다. 컨테이너가 도착한 지역 창고로부터의 이차적 운송이 되는 것이다. 상품이 이동하는 동안 매출이 발생하지 않기 때문에 경비만 늘어날 뿐인 낭비 수송이라고 할 수 있다.

이러한 낭비 수송을 줄이기 위해 방법을 강구하기로 했다.

이를 위해서는 상품을 '필요할 때' '필요한 곳에' '필요한 개수만큼' 공급할 수 있는 시스템을 구축할 필요가 있었다.

그래서 각 점포의 수주 정보를 집약하고 각각이 관할하고 있는 물류센터의 재고 일수의 일주일에서 이주일 분량을 기준으로 해외 물류거점에 발주하여 그 분량만큼 해외로부터 출하 받기로 했다.

이를 통해 재고 최적화와 원가 삭감을 꾀할 수 있었다.

그 밖에 일본에 들어온 컨테이너에 드는 비용에 대해서도 재검토를 했다.

배에서 내려진 컨테이너는 통관 절차가 끝날 때까지 일시적으로 컨테이너 야드에 보관하게 된다. 컨테이너 야드에는 정해진 일정 기간 동안은 무료로 둘 수 있지만 그 기간이 지나면 보관료를 지불해야 한다.

만일 컨테이너를 적정 수만큼 일본에 반입하지 못하면 점점 물류센터 창고가 가득 차서 결국 몇 주일씩 컨테이너 야드에 그대로 두어야 하는 상황이 발생하게 된다. 그 보관료도 삭감하지 않으면 안 된다.

적정량을 적정 위치의 항구로 수입해 이를 필요한 물류센터에 배송할 수 만 있으면 이 보관료는 발생하지 않는다.

니토리에서는 이 같은 해외 오퍼레이션 개선에 몰두하고 있다.

또 니토리에는 '2032년에 전 세계 3,000점포와 3조 엔 매출을 달성한 다!'는 비전이 있다.

그 첫 번째 행보로 2013년에 미국 로스앤젤레스에 제1호점을 오픈할 예 정(2013년 10월에 'AKi-HOME'이라는 브랜드명으로 2개의 매장을 오픈했다—편집자 주)이다.

니토리는 글로벌 기업으로서 해외 진출을 더욱 가속할 생각이다. 다양한 국가에 진출하게 되면 그만큼 상품을 조달할 산지와 나라, 거점이 늘어나 각 양각색의 상품을 취급할 수 있게 된다.

그래서 현재는 일본과 아시아 간의 물류뿐이지만, 장래에는 일본과 아시 아, 일본과 미국, 아시아와 미국…… 등 점점 복잡하게 물류 형태가 달라질 것이다. 현재 이에 대비한 준비도 착실하게 진행하고 있다.

니토리는 국내 최대급 제조 물류 소매업이기 때문에 실현할 수 있는 안 심 물류 네트워크라는 특징을 갖고 있다.

상품을 생산하는 해외공장에서 일본 국내에 있는 점포, 그리고 고객으로 이어지는 독자적인 물류 네트워크를 갖고 있다는 것이 최대의 강점이다.

일본 국내에 9개의 물류센터를 소유하고 있으며, 약 80개의 배송센터가 전국에 배치되어 있다.

여기에서 각 점포로 상품이 배송되어 매장에 전시되고 진열된다.

국내 물류의 메인은 물류센터에서 점포로 상품을 운송해 상품을 보충하는 것인데, 손님이 들고 갈 수 없는 대형 상품 배송도 니토리에서 맡고 있다. 대부분의 업체에서는 배송 서비스를 외부에 업무위탁 했는데, 니토리에서는 이 또한 자사화했다.

가구 배송의 경우, 세금을 포함한 상품 한 개당 가격이 1만 9,900엔 이상인 가구는 어느 점포에서 구매하든 전국에 무료배송하고 있다. 이런 서비스를 제공할 수 있는 것도 전국에 점포를 갖고 있는 니토리이기 때문이다.

대형 가구는 택배와는 달라서 2인 1조로 배송해야 하며 고객의 소중한 가구를 집안으로 옮긴 다음에 조립·설치하고 폐가구를 회수하는 등의 서비스도 하게 된다. 또한 고객이 안심할 수 있도록 배송하는 배송 차량 운전자로서의 기술도 동시에 필요한 분야이다.

배송 작업은 전문 운송업자에게 의뢰하고 있는데 배송 계획 및 배송 시의 납품 방법 등을 니토리에서 관리하므로 니토리 상품을 담당하기 위한 트레이닝을 반드시 받아야 한다.

또 니토리는 전국에 약 80개 거점을 둔 배송망을 살려 외판 하주에 대한 영업도 시작했다.

예를 들어 규슈에서 가구 메이커의 배송 업무를 하는 물류기업은, 출하지에서부터 전국 각지로 운송할 수 있는 운송망을 갖고 있지 않다. 소비자에게 납품하고 설치할 2인 1조의 배송 네트워크 문제도 과제가 된다. 그런 물류기업의 배송을 니토리가 맡는 것이다.

니토리에는 출하지에서 전국으로 한 번에 배송할 수 있는 네트워크가 있다. 그룹 물류를 통해 육성된 대형가구 2인 1조의 배송 기술도 있다.

대도시에는 물류가 밀집되어 있지만, 지방의 경우에는 매일 배송하면 도리어 경비가 너무 많이 발생하게 되는 지역도 있다. 그런 지역에 타사의 화물을 인수해 같이 배송하면 운임도 들어오고 효율도 좋아진다.

공동 배송함으로써 니토리에는 낮은 원가로도 운영할 수 있다는 이점이 생긴다. 물류 원가삭감에도 크게 기여할 수 있게 되는 것이다. 게다가 배송의 사각지역이었던격곳에도 배송할 수 있다.

외판 하주는 2012년부터 실험적으로 시작했던 사업이었지만, 전국 규모로 사업을 전개하기로 결정하고 앞으로 더욱 힘을 쏟기로 했다.

물류면에서도, 인터넷 통판 매출이 매년 상승하고 있으므로 통판 물류도 2012년부터 자사화 했다. 통판용 니토리 발송 센터를 설치하고 규모를 확대할 준비를 하고 있다.

단 점포 물류와 달리 인터넷 통판 물류는 작업이 까다롭다. 수건 1장, 슬리퍼 1세트, 접시 1장 등 고객별로 주문에 맞추어 하나씩 상품을 모아, 이를 상자에 포장한 다음에 발송 수배해야 한다. 일종의 쇼핑 대행 같은 작업이다.

인터넷 통판 물류에는 배송시간을 최소화해달라는 고객의 요구가 있다. 또 5,000엔 이상 구매하면 무료 배송하는 서비스도 제공하고 있다. 신속하고 저렴한 배송이 요구되므로 얼마나 경비를 줄일 수 있는가가 중요해진다.

이 분야는 대단히 난이도가 높은 물류 분야로 매장을 대상으로 대량 출하하는 오퍼레이션과는 전혀 다르다. 인터넷 통판 물류센터 내부의 운영을 직접 하는 곳은 적다. 대개는 외부에 위탁한다. 하지만 니토리는 그 노하우를 자기 것으로 만들기 위해 직접하고 있다. 직접 함으로써 저렴하게 제공할 수 있는 체제를 만들고 싶다는 일념으로 과감하게 외부위탁에서 자사화로 전환했다. 이처럼 니토리의 물류는 점점 자사화가 진화되고 있고, 가속되고 있다.

외부에 위탁하는 것이 일반적인 물류업무를 모두 니토리가 직접 하는 것에 대해 이론이 있는 것도 안다. 전문업자에게 맡기는 편이 싸게 먹힌다는 사람도 있다.

하지만 니토리는 상품 기획부터 원재료 매입, 현지 생산, 수입, 판매, 상품 배송에 이르는 거의 모든 것을 직접 하고 물류센터와 배송거점까지도 자사 보유하는 제조 물류 소매업을 고집해왔다.

도매상과 상사가 하는 중간유통을 직접 함으로써 여분의 코스트를 잘라내고 제품 원가를 줄일 수 있다. 비효율적인 운송을 하면 그만큼 경비가 들지만, 효율적으로 운송하면 그만큼 경비를 줄일 수도 있다. 스스로 끌어안더라도 자기 노력 여하에 따라 좋게도 나쁘게도 할 수 있다. 모두 본인 나름인 것이다.

니토리에는 스스로 하자는 문화가 있다. 이것이 사장 니토리의 사고방식이다. 스스로 하면 스스로를 단련할 수도 있고 노하우도 축적된다. 상품 기획과 원재료 조달부터 제조 · 물류 · 판매에 이르는 일련의 모든 과정을 직접 함으로써 중간 코스트를 삭감할 수 있다.

그리고 그 결과 상품을 보다 저렴하고 보다 좋은 서비스로 제공할 수 있는 시스템이 형성된다.

하나하나 노력을 쌓아나감으로써, 고객의 얼굴에 웃음이 피어나고, 주거의 풍요로움을 제공할 수 있게 되는 것이다.

니토리가 실천하는 '제조 물류 소매업'이란 비즈니스 모델에 대해 구체적으로 말하면, 원재료 조달에서부터 시작되는 '상품 기획 · 제조' 과정, 해외에서 일본에 도착하기까지의 물류 공정인 '무역 · 수입' 과정, 전국의 물류센터에 수송 · 보관하는 '물류' 과정, 제품과 제조 품질을 유지하고 향상시키는

'품질 관리' 과정, 점포를 중심으로 고객이 쾌적하고 즐겁게 쇼핑할 수 있도록 환경을 조성하는 '판매' 과정, 그리고 상품을 배달하는 '배송' 과정으로 나뉜다.

일반적으로 외부에 위탁운영을 많이 하는 수입·통관 업무와, 보관부터 유통 등의 물류 업무, 광고·선전을 위한 전단지 제작, 컴퓨터 시스템 기획부터 설계·개발 등을 니토리 홀딩스 산하에 있는 각 회사에서 모두 한다. 제조는 니토리 퍼니처 베트남과 니토리 퍼니처 인도네시아, 수입 대행은 '니토리 인터내셔널' 외 기타, 광고·선전은 '니토리 퍼블릭'아 담당한다. 물론 점포 운영은 '니토리'에서 한다. 물류회사인 '홈 로지스틱스Home logistics'도 설립했다. 그 밖에 해외 판매회사 '니토리 타이완', 메인터넌스·보험 대리를 담당하는 '니토리 퍼실리티Nitori Facility'가 있다. 또 베트남에서는 식기 선반과 서랍장 같은 상자형 가구만 제조했었는데 소파와 침대 매트리스도 제조하기 시작했다.

니토리는 더 싸게 좋은 제품을 생산할 수 있다면 개발도상국인 아프리카에 진출하더라도 상관없다고까지 생각하고 있다.

해외 생산을 주로 하는 니토리에게는 상품 수량의 관리 정밀도를 높이는 것이 무엇보다 중요하다. 발주하면 일본에 도착까지는 3개월의 시간이 소요된다. 그때까지 과연 해당 상품이 얼마나 팔릴 것인가. 해외에서 생산하는 제품을 수입할 때는 특히 주의를 기울여야 한다. 니토리가 보기에 해외의 타사에서 생산된 제품 중에 90%는 일본에서는 팔리지 않는다. 잘 팔리는 상품을 어떻게 찾아낼 것인가. 취사선택한다. 과잉 재고를 끌어안게 되면 수천만 엔을 넘어, 억 단위로 손실이 날 수 있다. 반대로 잘 팔리는 상품인데 매입을 너무 적게 하면 이익을 날리게 된다. 이는 니토리에 한정되지 않고 해외에 생산 거점을 둔 기업이라면 반드시 고민하게 되는 문제이다. 한 번의 판단 미스가 적자로 이어졌고, 자금 융통을 못 해서 끝내 손을 뗀 기업을 니토리는 보아왔다. 컴퓨터만으로 산출할 수 있는 수치가 아니다. 경험치에 바탕을 둔 '감'에 크게 의지하게 되는 부분이다.

판매 현장인 점포 내에도 여전히 비효율적인 면이 있다. 먼저 고객이 원하는 물건을 원할 때 원하는 양만큼 갖고 있는 점포로 만들어야 한다. 상품을 목적과 용도별로 한쪽에 모아두면 좋겠지만, 이것도 좀처럼 통제가 안 된다. 상품 진열도 어떤 직원은 상품 선반 중앙에 진열하는가 하면, 다른 직원은 다른 곳에 진열해보기도 하는 등 일관성이 없다. 혹은 한쪽 부문은 바쁘게 일하고 있는데, 다른 부문은 쉬고 있다. 일주일에 한 번 하는 것으로 충분한 확인을 두 번 한다.

전체 사원 수의 절반 이상을 차지하는 파트타이머에게는 경험과 능력에 따라 업무를 맡기고 있다. 그런데 밸런스가 맞지 않게 배치되는 경우가 있다.

현장을 점장과 프로 매니저에게만 맡기지 않고, 본사 입장에서 조망하여 조정 및 합리화했다.

현장뿐 아니라 본부 기능도 합리화를 추구했다.

니토리는 1,000명이 넘는 사원을 50%로 축소하고 싶다고, 즉 500명을 줄일 방법이 없겠느냐고 질문을 던졌다.

"아무래도 그건 어렵겠는데요."

임원들이 대답했다.

하지만 니토리는 포기하지 않았다. 더욱 과감하게 제안했다.

"컴퓨터를 절반으로 줄여!"

본사 직원에서는 한 사람당 한 대의 컴퓨터가 지급된다. 1,000대가 작동하다 보면 작업이 중복되기도 한다. 그래서 원하는 수치 및 통계를 한 곳에서 가공하도록 했다. 그러면 컴퓨터 작업을 하는 인원을 줄일 수 있다. 연간 100억 엔이 코스트 삭감된다. 이를 위해 사장 직할의 '정보 시스템 개혁실'을 설립해 새롭게 재편했다.

동시에 페이퍼리스 체제를 더욱 강화해나갔다. 전에는 별다른 제한이 없던 인쇄물에도 제한을 가했다. 먼저 매니저 이상의 허가 없이는 절대로 컬러 인쇄를 할 수 없다. 사내 배포물은 반드시 흑백으로 출력하며, 기본적으로 연락으로 충분한 경우에는 인쇄하지 않도록 했다.

회의 참석을 위해 일부러 각지에서 본부로 발걸음하지 않아도 되도록 TV 회의 시스템을 도입했다.

사내의 온갖 낭비 요소를 찾아서 제거했다. 기업규모가 커지면 커질수록 줄기에 비해 나뭇잎이 무성해지기 마련이다. 이를 하나하나 쳐냈다. 혹은 타 부서와 합쳐 정리·통합하여 철저한 슬림화를 추구했다.

니토리의 목적은 3조 엔에 달하는 높은 매출이 아니다. 점포 수다. 2009년 10월에 200점포를 달성하고, 2013년 2월에 300점포를 달성했다. 이케아는 현재 약 26개국에 약 300개의 직영 매장을 운영하고 있다. 니토리는 이케아의 점포 수와 어깨를 나란히 하고, 나아가서는 그 수를 뛰어넘고자 한다.

점포 수가 많아지면 그 지역의 생활을 향상시키는 결과로 이어진다. 그것도 대기업이 출점하지 않는 인구 20만 명이 사는 지방 도시의 생활을 풍요롭게 하는 편이 더 의의가 있다. 그런 의미에서 매출 3조 엔보다 3,000점포에 더 가치가 있다.

2013년 3월 29일, 니토리 홀딩스는 결산설명회에서 2013년 2월기에 300점포가 된 점포 수를 10년 안에 1,000점포, 20년 안에 3,000점포, 그리고 매출을 3조 엔으로 늘리겠다는 중장기 경영계획을 공표했다. 해외 점포 전개의 가속과 국내 소형 점포의 출점이 중심이 된다.

니토리는 2022년까지 1,000점포와 매출 1조 엔, 2031년까지 3,000점포와 매출 3조 엔을 목표로 잡고 있다.

10년 전에 1,000억 엔을 넘었다. 그렇게 생각하면 3조 엔은 30배에 불과하다.

한편 상품의 80%를 수입하는 니토리는 엔저의 역풍을 맞고 있고, 2014년 4월부터 시작될 소비세 인상도 앞두고 있었다.

중국을 담당하는 고미야 쇼신은 생각했다.

'현지 거래처에 여러 가지 형태로 협력을 요청해서 함께 극복해나갈 수밖에 없어.'

중국 거래처는 단순한 비즈니스상 관계자가 아니다. 문제를 함께 해결해나가는 파트너이다.

또 고미야에게는 중국 출점을 어떻게 할 것인가라는 과제도 있다.

니토리는 2013년 4월부터 TV도쿄에서 방영할 '인테리어하기 좋은 날'을 스폰서하기로 했다. 5분짜리 방송으로 매주 금요일에 방송된다. 일반 가정을 방문해 거실, 주방, 침실 등 신경 쓰이는 곳을 코디네이트 해주는 프로그램이다. 한 집의 코디네이트는 3회에 걸쳐 방영한다. 비포 · 애프터의 비교를 통해 인테리어 코디네이트로 생활이 얼마나 쾌적하고 아름다워질 수 있는지를 계몽할 것이다.

한편 현재까지 니토리를 방문하는 고객층은 56%에서 거의 70%가 여성이다. 연령층으로 보면 30대가 가장 많고 40대가 그 뒤를 이었다. 그리고 그 다음이 20대였다. 그때까지는 30대부터 40대까지를 메인 타깃으로 삼았었다.

그런데 50대로까지 확장됐다. 40대와 달리 양육에서 해방된 세대이다. 아이가 있을 때는 좀 상처가 나도 괜찮은 가구를 집에 두지만, 아이가 없어지면 그때까지와는 달리 중후함이 느껴지는 가구를 찾게 된다. 그런 고객을 위한 상품 개발도 추진하고 있다.

니토리는 2013년도에 한층 더 글로벌 버티컬 머천다이징을 추진할 거라고 한다. 즉 세계 규모로 재료를 찾는 것에서부터 시작할 것이다. 면이라면 면을 만드는 나라에 가서 몇만 헥타르의 토지에서 면을 재배해서 직접 공장에서 제품을 생산하는 것이다. 아쓰미 슌이치가 제창한 궁극의 체인스토어의 모습이다. 지금까지 일본 기업에서는 한 번도 시도한 적이 없다. 말하자면 인소싱이다.

직접 하면 니토리 사원의 기술이 향상될 뿐만 아니라 코스트도 대폭으로 줄일 수 있다. 코스트 삭감 방법의 하나인 아웃소싱에는 한계가 있다. 니토리에서도 인소싱을 시작한 초반에는 모두가 초짜라서 실패를 반복했다. 추가 비용도 발생했다. 하지만 한 번 노하우를 습득하면 사원이 실력을 갈고닦아 세미프로급이 되고, 나아가 달인이 된다. 이를 통해 품질을 높일 수 있고 또 같은 상품이라도 각 메이커별로 다른 기준을 통일할 수 있다. 그러면 각각의 메이커는 기껏해야 1만 대를 제조하더라도 니토리는 그 10배인 10만 대를 판매할 수 있다. 그러면 가격을 20%~30%까지 낮출 수 있다.

작업공정도 재검토한다. 이는 공정 하나하나가 필요한지 불필요한지 구분하는 것에서부터 시작해야 하는 작업이기 때문에 시간이 걸린다.

하지만 니토리의 지시는 다르다.

"뭔가를 버리라고 해도 쉽게 버려지지가 않아. 그러니까 절대로 없어서는 안 되는 공정만 남겨!"

현상 부정하고 생산 공정에서 없어서는 안 되는 공정 외에는 모두 버리겠다.

그런 각오로 임했다.

니토리는 현재 매출을 무려 3,500억 엔이다. 니토리는 매출을 3배인 1조 엔으로 비약시키기 위해서는 해외 전략을 빼놓을 수 없다고 한다. 소위 교외형 점포라고 하는 매장을 오픈하려면 자동차 보급률이 높은 지역에 오픈하는 것이 효율적이다. 적어도 보급률이 60% 이상은 돼야 한다. 그런 의미에서 역시 미국이 아니겠는가. 인구가 3억 명으로 일본의 2.5배이다. 미국은 의식주에 소비하는 지출 비율이 일본보다 높다. 시장은 넓고 기회는 많다. 경쟁 상대는 세계적으로 진출하고 있는 이케아, 그리고 약 2,200개의 홈 패션 매장을 운영하며 매출 1조 엔을 올리고 있는 베드 바쓰&비욘드이다.

일본이 2배로 비싸던 미국과의 가격 차이도 지금은 일본이 약 30% 비싼 수준이 됐다. 확실히 줄어들었다.

역시 미국의 체인 전개 방식은 일본과는 다르다. 규모가 크다. 니토리도 2009년 9월에 라라포트 신미사토점lalaport新三鄉店을 출점하고 창업 42년 만에 200점포를 실현했다. 그리고 불과 3년 만에 300점포를 달성했다. 가구 유통업에서는 니토리의 점포 수가 타사를 압도한다. 타사는 많아 봐야 20점포 수준이다. 그래서는 가격을 낮출 수 없다.

체인스토어는 100점포마다 표준화를 할 수 있다는 점에서 이점이 나온다. 점포가 300개가 됐으므로 이제 상품을 더 싸게 만들 수 있다. 니토리는 품질과 기능성을 고려한 독자적인 상품을 발주하고 생산할 수 있다. 토탈 코디네이션도 가능하다.

미국은 상품이 저렴할 뿐만 아니라 디자인과 스타일을 비롯한 품질면과 기능면에서도 앞서있다. 공장 설비도 발달되어 있다. 남미에도 생산기지를 갖고 있다.

니토리와 미국 유통업을 스모에 비유하자면, 니토리는 이제 막 주료(十両, 중간 레벨의 스모 선수)에서 마쿠우치(幕内, 스모 상위 5계급의 총칭)로 승격된 수준이라고 할 수 있다. 하지만 요코즈나(横綱, 스모의 일인자)를 상대할 수 있는 레벨에는 아직 도달하지 못했다.

그래도 니토리가 앞으로 계속 출점을 한다면 가격도 내려갈 것이다. 이케아의 상권은 100만 명에서 150만 명인데 반해 니토리의 상권은 20만 명에서 30만 명이다. 계속 경쟁한다면 니토리가 더 많은 점포를 오픈해서 분명 매출을 더 올릴 수 있을 것이다. 남은 것은 미국인 취향에 맞는 상품 구성과 코디네이트 제안을 할 수 있느냐 없느냐이다.

고미야는 니토리의 성격이 온화해졌다고 생각했다. 하지만 역시 니토리는 니토리였다. 차례차례로 큰 목표를 세웠고 고미야에게 통보했다.

"미국에 진출해서 1,000점포의 목표를 달성하자. 미국에서 성공하면 그 다음은 유럽 진출이야!"

고미야는 미국 진출 프로젝트의 리더를 맡게 됐다.

미국은 체인스토어의 본고장이다. 고미야는 생각했다.

'미국은 대단히 경쟁이 치열한 나라야. 그리고 일본에서 판매하는 상품

이 미국에서도 통용될까도 문제야.'

역시 현지인의 생활에 맞는 상품을 새롭게 개발하고 생산하지 않으면 안 된다. 생산지는 역시 코스트가 싼 중국이 상당한 부분을 차지하게 될 것이다. 간판과 인쇄물도 중국이 저렴하므로 중국에서 만들어 미국으로 수출하기로 했다.

어쨌든 미국은 소매선진국으로 타이완하고는 사정이 아주 다르다. 고미야는 생각했다.

'니토리는 무척 단순한 회사야. 그게 큰 매력이지만, 반대로 말하자면 과도한 경쟁에 치여본 적이 없다는 의미이기도 해.'

고미야는 미국 진출이 몹시 치열한 싸움이 되리라고 예상했다. 그래도 할 수밖에 없다.

과거에 니토리가 혼슈에 진출할 때도 사내에서는 강한 반대 의견이 나왔었다.

"홋카이도에 있는 경쟁업체에도 못 이기고 있는데, 왜 경쟁업체가 많은 혼슈로 뛰어들려는 겁니까?"

지당한 의견이다. 하지만 니토리는 혼슈에서 경쟁하는 가운데 강해지려고 했다. 그때랑 마찬가지이다.

조직이 커진 상태에서 기존과는 전혀 다른 새로운 방식을 도입하려고 하면, 내부의 인간 전원을 적으로 돌리게 된다. 어지간한 힘이 아니고서는 이미 완성되어 있는 것을 그리 쉽게 바꿀 수 없다. 최고의 적은 안락한 포지션에 만족해버리고 싶은 자기 자신과 새로운 방식에 반발하는 동료이다.

해외를 날아다니는 고미야는 본사조직과 별로 관계가 없기 때문에 알력을 느낄 일 없이 자유롭게 일을 할 수 있다. 스트레스는 거의 없다. 오히려

하고 싶은 방향으로 마음껏 진행하도록 존중받고 있음을 실감한다.

단 리스크도 크다. 미국에 가면 무슨 일이 일어날지 알 수 없다. 하지만 리스크를 감수하지 않고는 아무것도 얻을 수 없다.

고미야는 생각한다.

'내게는 이런 방식이 맞아.'

니토리를 떠나 자기 회사를 경영해 보고서야 비로소 니토리가 무심하게 했던 말의 의미를 하나씩 깊이 이해하게 됐다. 고미야는 니토리와 같은 경영자의 눈으로 니토리의 장래를 생각하고 있다.

고미야는 늘 도전정신을 잊지 않는 니토리의 밑에서 일하고 있다는 사실에 새삼 보람을 느꼈다.

'니토리에 돌아오길 정말 잘했어.'

고미야는 독립해서 충분히 해낼 만한 상재를 갖고 있다. 하지만 니토리에 있으면 항상 더 큰 가능성을 추구할 수 있고 계속 도전할 수 있다. 고미야는 여기에서 사는 보람까지 느끼게 됐다.

2012년 1월, 미국 진출을 향해 프로젝트를 발족했다.

프로젝트 리더는 이사전무집행 임원인 고미야 쇼신이었다. 제일 먼저 멤버로 선발된 집행 임원 구몬 데쓰오久門哲雄는 2012년 8월부터 로스앤젤레스로 파견을 가게 됐다.

목표는 2013년 가을에 첫 번째 매장을 오픈하는 것이다. 타이완에 출점했던 경험을 살려 프리스탠딩 매장이 아니라 제1호점부터 쇼핑센터 내에 입점하는 형태로 점포를 오픈할 예정이다. 점포 규모는 500평에서 1,000평 범위 내에서 검토하기 시작했다.

상품은 일본 매장과 마찬가지로 가구 및 홈패션으로 불리는 생활 잡화를 취급한다. 미국은 경쟁이 대단히 치열한 나라이므로, 할인점의 대표격인 '월마트'의 가격과, 미국 소매업계에서 매출 7위를 차지하고 있는 '타깃 코퍼레이션Target Corporation'의 상품 구성과 가격대를 참고했다.

1962년에 창업한 월마트는 미국 아칸소 주Arkansas 벤턴빌Bentonville에 본사를 둔 세계 최대의 할인체인점으로, 매출액에서도 전체 산업에서 세계 최고인 기업이다.

EDLPEvery Day Low Price라는 슬로건 하에 싼 가격, 물류 관리, 코스트 삭감 등을 추진했고 급속하게 성장하여 세계 최고의 매출을 자랑하는 기업이 됐다.

월마트는 온갖 고객층을 공략하기 위해서 압도적으로 많은 상품 구성으로 승부를 하고 있다. 또 지역에 따라 전면에 내세우는 주력 상품에 차이를 두는 방법을 채택하고 있다. 이에 반해 니토리는 2013년도에 3개 점포를 출점할 계획이기 때문에 처음에는 타깃층과 상품을 어느 정도 좁혀서 공략할 계획이다

1902년에 창업한 타깃 코페레이션은 할인점 '타깃'을 중심으로 2012년 12월 현재 1,778개의 소매점을 운영하고 있다.

타깃은 가구와 생활용품을 코디네이트 해서 전시하는 수법에 많은 힘을 쏟고 있다. 일본 니토리에서도 테마별로 코디네이트 해서 상품을 세트로 구매하도록 방법을 강구하고 있다. 그런 점에서 타깃에서 배울 부분이 많다.

니토리가 출점을 예정하고 있는 지역에는 월마트보다 타깃이 점포 수가 많다. 월마트는 가격면에서 타사를 압도하는 반면, 타깃은 가격과 품질의 밸런스가 좋다는 점으로 지지를 모으고 있다.

두 회사 모두 전 세계에서 저렴한 상품을 수입해 체인스토어를 운영한다
는 점에서 니토리와 장사 기법이 비슷하다. 하지만 역시 규모가 전혀 다르기
때문에 현 단계에서는 니토리의 가격 인하에 한계가 있다.

미국인은 체격이 좋기 때문에 테이블 높이도, 침대 사이즈도 아시아하고
는 규격하고는 전혀 다르다. 가구뿐 아니라 침대 시트 등도 미국용 사이즈를
준비해야 한다.

또 생활 스타일에도 차이가 있다. 예를 들어 프라이팬도 일본에서 일반
적으로 사용하는 것보다 훨씬 무겁다. 이유는 사용 방법의 차이에 있다. 미
국에서는 요리를 할 때 프라이팬을 들고 음식물을 뒤집지 않는다. 레인지 위
에 올려놓은 채 조리한다. 이런 차이를 세세한 부분까지 충분히 조사한 다음
에 상품을 개발하지 않으면 안 된다.

일본 니토리에서 판매하는 상품도 일부 판매하겠지만 새롭게 개발해야
할 상품도 상당하다. 중국과 인도네시아, 베트남 등에 있는 자사 공장과 거
래처에서 제조하고 수입해서 코스트가 알맞은 것은 미국에서도 판매할 계획
이다.

미국에서도 일본제품은 자동차와 일렉트로닉스전자공학를 비롯한 다양한
분야에서 높이 평가받고 있다. 니토리도 일본 회사이므로 높은 품질의 상품
을 저렴하게 판매하는 가게라는 이미지 전략을 펼 것이다.

니토리의 타깃은 일본과 마찬가지로 중간 연령대인데, 미국은 이민으로
성립된 이민국가이고 소득 격차도 크다. 또 지역 특성도 뚜렷해서 저소득자
층과 고소득자층이 지역별로 분명하게 구분되어 있는 경우가 많다.

니토리가 첫 출점할 로스앤젤레스에는 히스패닉계가 48.5%로 가장 많
고, 백인은 28.7%로 적다.

민족과 지역에 따라 취향과 가격대도 달라지므로 일본처럼 전 국민을 대상으로 상품을 구성할 수는 없다. 처음에는 역시 일본에서 건너온 아시아 기업으로서 아시아인을 대상으로 지명도를 높일 생각이다. 점포 수를 늘리면서 최대한 폭넓은 고객층을 확보하는 것이 목표이다.

처음에는 서해안에서부터 서서히 점포를 전개해 워싱턴과 뉴욕이 있는 동해안, 시카고와 텍사스가 있는 중앙으로도 공략해 들어갈 것이다.

커다란 이 목표를 달성하기 위해서는 먼저 로스앤젤레스 매장을 궤도에 올려야 한다. 그렇지 않고서는 점포 수를 늘릴 수 없다. 니토리는 체인스토어이기 때문에, 점포 수를 늘림으로써 오퍼레이션 코스트를 전체적으로 낮춰 그 결과로 상품 가격도 낮추는 것을 비즈니스 모델로 삼고 있다. 되도록 빨리 체인스토어라고 할 만한 규모에 도달하기 위해서 점포 수를 늘리는 것이 당면 과제이다.

현재 미국 본부에서 채용하고 있는 미국인 스태프는 열 명으로 모두 이쪽 방면의 스페셜리스트이다. 과연 프런티어 스피릿개척자 정신의 나라답게 니토리의 도전 정신을 높이 평가해줬다. 그들의 보수는 일본인 책임자 클래스와 동급이다. 전문가를 영입하기 위해서는 역시 그 나름의 보수를 지불하지 않으면 안 된다.

구몬은 생각했다.

'저들에게 동기를 부여하면서 사업을 추진해 나가야 해.'

미국인은 권리 의식이 대단히 높다고 한다. 하지만 거꾸로 생각했을 때, 규칙만 확실하게 정하고 그 규칙만 따르면 그 다음은 일본인을 상대로 일하는 것과 다를 것이 없는 셈이다.

광고 · 선전은 처음에는 신문 광고와 전단지, 웹 관련에 집중할 계획이다. 미국은 특히 웹마케팅이 발달해 있으므로 높은 효과를 기대할 수 있다. 대대적인 선전은 어느 정도 매출과 브랜드 이미지가 형성된 다음이다.

미국은 아마도 세계에서 경쟁이 가장 치열한 시장일 것이다.

지금까지 일본의 여러 소매기업이 미국에 진출했다. 하지만 역시 어느 매장할 것 없이 고전을 면치 못하고 있다. 이 시점에 니토리가 꼭 앞장서서 시장을 개척하고 싶다.

현지에서 배우면서 싸워나가는 경쟁이다. 물론 정신적 압박감도 있지만 구몬인 이 일에서 큰 보람을 느끼고 있다.

'미국에서 살아남는다면, 분명 전 세계에서도 통할 거야.'

니토리의 장점은 제조부터 물류, 판매, 품질 관리, 그 밖의 자잘한 것까지 모두 일관되게 자사에서 한다는 점이다. 구석구석까지 눈길이 두루 미친다는 장점을 잘 활용하면 가격과 품질을 모두 능숙하게 컨트롤 할 수 있을 것이다.

니토리의 미국 진출을 향한 카운트다운은 이미 시작됐다. 2013년 가을에 제1호점이 캘리포니아에서 신호탄을 올리자마자, 바로 3개월 내에 같은 캘리포니아에 제2호점과 제3호점을 출점할 것이다. 약 800평 규모의 입점 매장에 일본 니토리와 마찬가지로 가구와 인테리어 상품을 진열할 계획이다. 단 일본인과는 체형도, 생활양식도 전혀 다른 미국인이 고객이다. 노하우를 흡수하면서 확장해 나가야 한다. 궤도에 오를 때까지는 매년 수억 엔의 손실이 난다. 하지만 니토리는 620억 엔이나 이익을 내고 있다. 100억 엔의 손실이 나도 끄떡없다.

니토리는 궤도에 오르면 체인스토어의 강점을 충분히 발휘할 수 있다고 말한다. 뉴욕, 워싱턴, 시카고를 비롯한 동부에도 출점할 수 있다. 시장을 둘러싼 싸움이 그야말로 세계 최고로 격렬한 곳이다. 하지만 승리한다면 전 세계 3,000점포의 실현도 꿈이 아니다. 또한 미국에서의 성공은 독일과 프랑스, 영국, 이탈리아 등 유럽 각국에서의 오픈으로도 이어질 것이다.

종장

중학 시절의
'열등생'에서
'선망의 대상'이 되다.

니토리는 1972년에 미국에 연수를 다녀온 후로 60년 계획을 세우고 추진해왔다. 이제 꼭 40년이 지났다.

'제1기 30년 계획'인 전반 30년간의 목표를 '100점포와 매출 1,000억 엔'으로 설정하고, 로컬 체인에서 리저널 체인으로, 그리고 내셔널 체인으로 규모를 키우기로 했다. 1982년까지의 10년 동안 점포 수를 2개에서 10개로 늘렸다.

이와 동시에 1억 6,000만 엔이던 매출도 무려 54억 엔으로 증가했다. 그 후로 10년 후인 1992년에는 점포 수가 21개, 매출이 3배 이상인 177억 엔이 됐다. 또 10년 후인 2002년에는 점포 수가 4배인 82개, 매출이 882억 엔으로까지 증가했다. 그 사이에 삿포로 증권거래소에 상장했고, 단숨에 도쿄증권거래소 1부에도 상장을 달성한다. '제1기 30년 계획'으로 확실하게 내셔널 체인으로 성장한 것이다.

'제2기 30년 계획'의 난관은 타업종과의 진정한 경쟁이었다. 게다가 지난 1997년 11월은 니토리에게 있어서 전에도 없었고 앞으로도 없을 고난과 역경의 시기였다. 주거래은행인 홋카이도다쿠쇼쿠은행이 파탄났고, 그로부터 2주 후에는 주간사 증권회사인 야마이치증권이 폐업을 발표했다.

이 사건을 계기로 어떤 긴급사태에 빠지더라도 기둥이 흔들리지 않도록 회사를 고수익 체질로 만들기 시작한다. 이제 니토리는 투자도 자기자금으로 할 수 있을 정도가 됐다.

한편 제조 물류 소매업에 도전해 가격 인하 선언을 함과 동시에 '일시적으로 손해 보더라도 최종적으로 이익을 얻는 시스템'을 만들었다. 하지만 각각의 시스템에는 코스트가 든다. '전국 지정 지역 배송료 무료'가 88억 엔, '소비세 총액 표시제 도입 당시에 시행했던 전 상품 실질 5% 인하'가 150억 엔, '품질 업무 개혁실 · 품질 기술 서비스부CSC 설립'에 따른 검사 기기와 인건비로 14억 엔, '인터넷 통신 판매(니토리넷)'로 2.2억 엔, '고객 상담실 설립'으로 2.8억 엔, '1년 · 5년 품질 보증'으로 2.2억 엔이 들었다. 또 '가격 인하 선언 연간 4회(누계 12회 실시)'에서 일 회당 약 10억 엔으로 40억 엔, '무료 트럭 렌탈'이 5,000만 엔, '니토리 멤버스 카드 도입'으로 30억 엔이 들었다. 코스트 합계가 총 330억 엔이다.

이를 각 부서의 업무 개혁으로 코스트 삭감했다. 무역 개혁실, 업무 시스템실, 광고선전부 등을 중심으로 전 부서에서 삭감한 코스트 합계가 119억 엔에 이른다.

2012년도로 '제2기 30년 계획' 가운데 10년이 끝났다. 점포 수는 계속 늘어났다. 니토리가 점포를 100개 전개하기까지 36년이 걸렸다. 그런데 그

다음 100점포까지는 그로부터 6년, 또 그다음 100점포까지는 겨우 3년밖에 걸리지 않는다. 체인스토어는 기술과 이론, 실천을 합하면 놀랄 정도의 전개 능력을 발휘할 수 있다. 앞으로는 100점포를 2년 혹은 1년 만에 달성하게 될지도 모른다.

2017년에 500점포, 2022년에는 1,000점포를 달성할 것이다. 매출도 1조 엔을 넘어설 것이다. 그 후 10년은 60년의 마무리 기간이다. 2032년의 목표는 3,000점포와 매출 3조 엔이다.

해외 진출이란 점에서도, 10년 후에는 미국을 추월할 정도로 유망한 소비지대가 될 인도를 비롯한 아시아 제국에도 진출해 있을 것이다.

원래 홋카이도와 도호쿠 지방, 관동 지방에서 홈센터를 경영하던 호마크의 전 사장 마에다 가쓰토시는 2007년에 니토리의 고문이 됐다.

마에다의 말에 따르면 니토리는 유통업계에서 1.5세대에 속한다고 한다. 제1세대와 제2세대의 중간이란 말이다. 오카다 다쿠야 이온 명예회장과 이토 마사토시를 비롯한 이토요카도 그룹의 명예회장인 1세대의 기준에서는 니토리가 약 10살 연하이다. 제2세대인 50대는 로손의 니나미 다케시新浪剛史 사장을 필두로 하는 집단이다. 1.5세대는 선배와 후배 양쪽에게서 배울 수 있다. 어느 사이에 두 세대에게 니토리는 가장 '만나보고 싶은 사람', '이야기를 들어보고 싶은 사람'이 됐다. 물론 본인이 원하는지, 원하지 않는지는 분명치 않지만.

경제교류회 파티에는 정재계의 쟁쟁한 인물들이 모이는 것으로 유명하다. 이 모임에서 주목할 만한 점은 니토리의 무방비함이다. 무방비함에는 두 가지 종류가 있다. 하나는 정말로 경계를 하지 않는 것, 다른 하나는 상대에게 신뢰감을 주는 무방비함이다. 니토리는 완전히 후자에 속한다. 어떤 사람을 만나든 늘 같은 모습으로 일관되게 행동한다. 누구에게나 똑같이 대한다.

매년 2월에는 경영 방침 설명회가 열린다. 회장에 있던 마에다는 거기에 모인 니토리 군단 800명을 보고 저도 모르게 이렇게 말했다.

"이거, 당분간 이 회사를 이길 곳은 안 나오겠는 걸?"

30대 중반 이상의 인재를 이렇게 많이 키워낸 시간과 돈, 이는 일본의 어느 기업에도 이제는 없다. 미국에서 진행되는 아쓰미 슌이치의 미국 연수와 배치전환 교육을 통해 이 만큼 두터운 인재층을 형성할 수 있었다. 배치전환 하나만 보더라도 현장의 노력이 이만저만 필요한 것이 아니다. 하지만 니토리는 필요하다고 생각되면 실행한다. 철저한 자가 승리하는 법이다.

또 코스트 의식도 대단히 높다. 관료화된 조직은 하여튼 금방 호사를 부리려고 한다. 임원이 되면 개인실을 주고, 부사장이 되면 수행 운전기사가 딸린 자가용을 준다. 니토리에는 이런 문화가 일절 없다.

일반사원이든 임원이든 '~씨さん'라고 부르는 것이 특징 중 하나이다. 이는 유통업에서는 드문 일도 아니다. 하지만 임원까지 '~씨'라고 부르는 곳은 많지 않다.

적극적인 중간채용도 타사에서는 볼 수 없는 문화이다. 다만 비율적으로 보자면 애초에 니토리로 입사한 사원이 너무 많다. 처음부터 니토리로 입사한 이 사원들도 보통내기들이 아니다. 시간과 비용을 들여 제대로 키워낸 인재들이다. 거기에 소수의 정예 전문가를 외부에서 한 명씩, 한 명씩 영입했다. 전투 능력으로 표현하자면 현재의 진용은 니토리 역사상 최강에 가깝다고 할 수 있다.

경제평론가이자 작가인 사카이야 다이치堺屋太一는 니토리 아키오를 경영자치고는 흔치 않은 존재로 본다.

니토리가를 창업한 지 얼마 안 됐을 무렵에 경영 상황이 기울었던 적이 있다. 그때 니토리는 너무 좌절해 자살만을 생각했었다. 그런 경영자는 별로 없다. 어떤 힘든 상황에 처하더라도 동요하지 않으며 낙관적이라는 일반적인 경영자 인물상에서 벗어나 있다. 이런 점으로 미루어 봤을 때 니토리라는 경영자는 지극히 자기 책임감이 강한 인물이라고 사카이야는 생각했다. '자기중심적'이란 말은 일반적으로 사용되는 나쁜 이미지를 내포한 의미와는 개념이 좀 다르다. 자기가 시작한 일은 모두 자기가 책임질 각오를 한다는 뜻이다. 무슨 일이 발생하더라도 "모든 책임은 내가 지겠다!"는 말을 가볍게 입에 담는 자기 책임감이 적은 경영자와는 다르다. 또 "저 녀석 때문이야"라거나 "저 인간에게 문제가 있어"라며 책임을 전가하는 월급사장과는 대조적이다.

도매상을 거치지 않고 직접 메이커와 거래할 수 있었던 것도 니토리가 '자기 책임감'에 바탕을 둔 정의와 신념의 소유자이기 때문일 것이다. 그렇다고 독선적으로 굴지 않는다. '자기 책임감'은 니토리가 가진 가장 근사한 면이라고 사카이야는 생각한다.

"윤리관은 주관적이고, 지식은 객관적이어야 한다."

이는 몽골의 초대 황제인 칭기즈칸이 한 말이다. 일반적인 사람은 이 말과는 달리 윤리관이 객관적이다. 자기 행동의 규범을 밖에서 찾는다. 그래서 월급사장 같은 사람은 "모두 사장님을 대단하다고 생각하고 있습니다. 굉장하십니다!"라며 치켜세우면 기분 좋아한다.

하지만 성공하기 위해서는 자기 신념에 따라 행동해야 한다. "이걸 할 거야! 이걸 선택하겠어!"라며 주변의 평가를 쫓아낼 기세로 움직여야 한다.

또 그만큼 지식적인 면도 객관적으로 냉정하게 볼 수 있어야 한다. 이를 제대로 분간하지 못하면 무턱대고 돌진해 엉뚱한 방향으로 나아가게 된다.

니토리는 '윤리관은 객관적이고 지식은 객관적'이어야 한다는 사실을 본능적으로 알고 있다.

카리스마적 창업자인 니토리의 후계자가 누가 될지는 다음번 경영의 중추가 무엇이냐에 따라 결정될 것이다.

니토리와 마찬가지로 카리스마적 존재로 불리고 있는 다이에의 창업자 나카우치 이사오의 경우에는, 나카우치가 구축한 경영 컨셉 자체가 경제 성장을 계속하지 않는 한 성장할 수 없는 것이었다. 본디 거기에 근본 원인이 있었다.

큰 조직을 죽음으로 이끄는 병에는 세 가지밖에 없다.

첫 번째는 기능 조직의 공동체화이다. 회사와 관청은 거기에 속해 있는 사람 특유의 공동체를 형성한다. 관청이라면 관료 공동체를, 기업이라면 사원 공동체를 형성한다. 그 단체에서만 통용되는 상식으로 똘똘 뭉친다. 이것이 조직을 죽음으로 이끄는 가장 무서운 원인이다.

두 번째는 환경에 대한 과잉적응이다.

세 번째는 성공 체험에의 매몰이다. 성공했었던 사실에 집착하는 것이다.

일찍이 한신·아와지 대지진이 일어나기 전에 사카이야가 나카우치에게 말했던 적이 있다.

"당신네 회사는 세 가지 병에 다 걸려 있어요."

사카이야가 들은 바에 따르면 나카우치는 이 말을 듣고 곧 사원을 불러 모았다고 한다. 그리고 경직된 조직을 어떻게 부술 것인가에 대해 말했다.

이때 무대 위에 상자를 쌓고 나카우치가 직접 짓밟아 부숴버리는 퍼포먼스를 했다고 한다. 하지만 조직을 부수어야 한다는 자각은 있었지만, 나카우치는 끝내 자신의 힘으로 어찌하지 못했다.

사카이야는 니토리가 계속 성장해 나가리라고 보고 있다. 문제는 다음 단계이다. 현재 니토리는 약 3,500억 엔의 매출을 올리고 있다. 여기에서 5,000억 엔으로 매출을 올리는 것이 다음의 단계이다.

사카이야가 곧잘 예로 드는 것이 도요토미 히데요시豊臣秀吉의 출세담을 다룬『태합기太閣記』라는 책이다. 처음에 도요토미 히데요시는 혼자였다. 그러다가 그의 곁에 동생과 처남이 모여들면서 경영체로서 가내수공업이라고 할 만한 경영체 형태를 띠게 된다. 그 후 히데요시는 하급 무사의 우두머리가 되어 영세기업 수준이 됐다가, 나가하마 성長浜城을 축성함으로써 소위 중소기업으로 스태프을 밟아 올라간다.

이후 히데요시는 오다 노부나가織田信長에게 추고쿠中国 지방의 정벌을 명받음으로써 중견기업으로까지 성장한다.

그러다 갑자기 사장에 해당하는 오다 노부나가가 죽자 오다 가문을 집어삼키고 천하를 장악한다. 일본 최대의 거대기업이 된 것이다. 혼자 몸에서 천하의 대기업으로 성장하기까지 히데요시가 수하로 부린 인재는 그때그때 달랐다.

히데요시가 차례로 측근을 교체했던 것처럼 니토리도 그때그때의 상황에 맞추어 인재를 교체하지 않으면 안 된다. 그러면 3,500억 엔에서 1조 엔으로 매출을 늘릴 수 있다.

흔히 쓰는 인재 교체 방식 중에 은행 임원을 채용해서 중역에 앉히는 방식이 있다. 금융 전문가를 영입하여 재정을 기반으로 삼는 것이 무엇보다 중요하다는 것이 분명 경영자의 의도이고 발상이었을 것이다.

하지만 사카이야는 조직을 위해 특히 중요한 것은 조직 관리라고 생각한다. 니토리를 도요토미 히데요시에 비유하자면, 도요토미 밑에서 실무를 담당했던 다섯 명의 정치가를 어떻게 키울 것인가, 그러니까 사법담당 아사노 나가마사浅野長政, 기획담당 이시다 미쓰나리石田三成, 총무담당 마시타 나가모리増田長盛, 재정담당 나쓰카 마사이에長束正家, 해외광고담당 마에다 겐이前田玄以 중에 특히 이시다 마쓰나리에 해당하는 인재를 어떻게 육성할 것인가. 즉 중추 관리 기구를 어떻게 만들 것인가. 이것이 앞으로 니토리가 풀어야 할 과제이며 이는 후계자 문제와도 직결되는 문제이다. 사카이야는 그렇게 보고 있다.

몇 년 전 어느 날, 니토리 아키오 앞으로 한 통의 편지가 도착했다.

편지를 읽어보니 거기에는 그리운 옛이야기가 적혀있었다.

'저는 니토리 사장님께서 초등학생이셨을 때 담임이었던 여선생님의 자식입니다.

어머니께서는 곧잘 이렇게 말씀하셨어요.

"그 아이가 이렇게 큰 회사의 사장이 되다니, 신기하기도 하고 꼭 꿈만 같아."

어머니께서는 "니토리가 초등학교 때는 자기 이름을 한문으로 못 썼어. 그래서 여러 번 가르쳐 줬는데 그래도 못 쓰더라. 그래서 히라가나로 가르쳐 줬지. 그만큼 공부를 못 했기 때문에 사장이 되리라고는 생각도 못 했어."

이 이야기를 죽을 때까지 하셨어요.

어머니 유품 중에서 사진이 나왔는데, TV로 니토리 사장님의 얼굴을 뵈

었는데도 누군지 모르겠어요. 그래서 사진을 보냅니다.'

사진을 보니 옛날 생각이 났다.

사진에는 정말 좋아했던 구마사카熊坂 선생님이 찍혀 있었다.

초등학교 시절에 니토리는 가난한 소년이었다. 그래서 따돌림도 당했다. 반 아이들에게 괴롭힘 당하는 니토리를 당시의 선생님들도 차별할 정도였지만, 구마사카 선생님만큼은 차별하지 않고 따뜻하게 대해주었다.

동봉된 사진은 구마모토 선생님이 입원했을 때 반 아이들이 다 같이 문병을 가서 찍은 사진이었다.

그 사진에 찍힌 니토리는 현재의 모습으로는 상상할 수 없을 정도로 초라한 모습을 하고 있었다. 소심하게 어깨를 축 늘어트린 소년은 존재감이 없었다. 반면 나름 괜찮은 생활을 영위하던 아이들은 말쑥한 옷을 입고 있었고 씩씩해 보였다.

니토리만 삐쩍 마른 채 볼품없는 옷을 입고 구석에 쓸쓸하게 찍혀있었다.

니토리는 즉시 감사하다고 답장을 보냈다.

그랬더니 다시 니토리에게 편지가 왔다.

"이렇게 빨리 답장을 보내 주시다니……. 이럴 줄 알았으면 어머니께서 좀 더 일찍 연락했으면 좋았을 걸 그랬어요."

'정말로 일찍 연락을 해주셨다면 좋았을 텐데' 하고 생각했다. 그랬다면 좋아하는 구마사카 선생님과 재회할 수 있었을 것이다.

니토리는 지금도 그 사진을 볼 때마다 그리움으로 가슴이 가득 찬다.

그랬던 니토리가 지금은 열등생의 빛, 낙오자의 빛이라고까지 할 만한 존재로 성장했다.

니토리의 중학교 동급생인 게이라 유키오의 말에 따르면 니토리는 학업 성적이 형편없었다고 한다. 장난으로 모두의 주목을 모으기는 했어도, 이렇게 성공할 줄은 생각지도 못했다는 것이다. 정말이지 인생이란 아무도 모르는 법이다. 중학교 시절의 니토리를 보고 지금처럼 성공하리라고 어느 누가 상상했겠는가.

게이라와 니토리의 동급생 중에 다카다 히로야高田洋也라는 사람이 있다. 다카다는 대학교를 졸업하고 정년까지 중학교 교사로 근무했다. 다카다가 교사로 재직하는 동안 담임을 맡게 되면 반 아이들에게 꼭 하는 이야기가 있었다.

지금은 홋카이도의 유수 기업인 니토리의 사장이 중학교 때는 열등생이었다는 이야기이다. 인간은 머리의 좋고 나쁨만으로 규정할 수 없다. 이 말을 그야말로 그대로 보여주고 있는 사람이 니토리일 것이다. 열등생이던 니토리도 지금은 아이들에게 이야기로 들려줄 만한 존경스러운 인물이 됐다.

다카다는 니토리의 이야기를 들려주고 노력하면 훌륭하게 성공할 수 있다고 아이들에게 가르쳤다. 아이들도 흥미롭게 다카다의 이야기를 열심히 들었다. 정년퇴직할 때까지 다카다는 매번 이 이야기로 학생들의 용기를 북돋았다.

2009년 7월 10일에 게이라와 니토리와 다카다가 다녔던 중학교의 동급생 졸업 50주년 동창회가 열렸다. 게이라도, 니토리도, 다카다도 참석했다. 총 100명 가량이 참석해서 동창회는 무척 떠들썩했다.

그 가운데 모두의 주목을 모은 사람은 역시 가장 출세한 니토리였다. 모두 니토리가 성공한 사실을 알고 있었다. 모두 TV와 잡지에 니토리가 나오면 동급생이었다며 자랑스럽게 이야기하는 듯했다. 그 정도로 니토리의 존재를 동급생 모두가 자랑스럽게 생각했다.

동시에 열등생이던 니토리가 어떻게 훌륭하게 성공할 수 있었는지에도 모두 관심이 있는 게 아닐까 하고 게이라는 생각했다. 세월이 50년이나 지났는데 졸업생이 100명이나 한자리에 모인 데에는 니토리를 한번 보고 싶어서 참여한 사람도 있는 탓이 클 것이다.

물론 그때까지도 동창회는 있었다. 하지만 주로 반별 모임이었다. 같은 학년이었던 사람이 동시에 모이는 것은 오랜만이다. 더없이 바쁜 중에 동창회에 참석한 니토리는 평소 때와 같은 사교적인 모습이었다. 조금도 잘난 척하지 않으며 중학교 때랑 똑같이 싱글벙글, 싱글벙글하고 끊임없이 웃는 소년 니토리의 모습이 거기에는 있었다.

동급생들은 게이라에게 입을 모아 말했다.

"와아, 잘난 척도 안 하고 역시 굉장하네. 우리보다 더 겸손해. 저렇게 성공했는데 하나도 안 변했어."

그런 광경을 지켜보며 게이라는 니토리와 함께 일한 날들을 되돌아봤다.

현재 도큐 퍼실리티 서비스 주식회사의 고문인 니시야마 가쓰히코는 니토리 모임에서 가끔 개회 인사나 폐회 인사를 한다.

그때 종종 인용하는 이야기 중에 '1대 안에 회사를 상장시키는 사장의 다섯 가지 조건'이란 것이 있다. 다섯 가지 조건은 바로 '고집', '순수', '급한 성격', '인색', '호색'이다.

고집과 순수는 말할 것도 없다. 니시야마가 보기에 니토리는 역시 성격이 급하다. 가만히 있지를 못한다. 지금은 최선을 다해 스스로 그런 성격을 억누르고 있는 듯하다. 하지만 예전에는 뭐든 직접 하려고 했다. 큰 골프 시합에서도 표창식은 물론 하나부터 열까지 직접 하겠다고 나설 정도였다.

또 니시야마는는 니토리가 얼마나 인색한지도 잘 알고 있다. 한 번은 니시야마가 쟁쟁한 사람들이 다니는 파이브 헌드레드 클럽Five Hundred Club이나 세븐 헌드레드 클럽Seven Hundred Club 같은 최고급 법인 회원제 골프클럽의 회원이 되라고 권한 적이 있다.

"너라면 내가 소개해 줄 테니까 들어가."

그런 초일류 경영자들의 사교장에는 소개자 없이는 입회할 수 없다. 니시야마가 니토리의 소개자가 되겠다며 자처했다. 하지만 당사자인 니토리는 골프클럽에 들어가지 않았다. 회비가 비쌌기 때문이다. 니시야마는 그 모습을 보고 긍정적인 의미로 니토리는 구두쇠라고 평가했다.

마지막 호색은 겉으로 봐서는 알 수 없는 부분이다. 하지만 정작 니토리는 니시야마가 말한 '다섯 가지의 조건' 중에서도 호색이라는 대목이 상당히 마음에 들었는지 회사 조례에서도 이에 대해 말하기를 꺼려하지 않았다고 한다.

어느 날은 니토리 조례에서 니토리가 '다섯 가지의 조건'에 대해 말했는데 어쩐 일인지 마지막 대목인 호색을 생략했다.

"한 가지가 더 있는데, 이건 다음번 조례 때 이야기하겠습니다."

그도 그럴 것이 그날은 NHK에서 회사를 취재하러 나와서 호색하다는 것을 자랑할 수 없었던 것이다. 나중에 삿포로에 있던 니토리가 이 에피소드를 니시야마에게 전화로 이야기했다.

"……그래서 할 수 없이 호색에 관한 이야기는 자제했어."

니토리가 호색한인지 아닌지는 제쳐두고, 니시야마는 니토리의 인기를 삿포로 클럽에서 여러 번 실감했다. 클럽 호스티스 중에는 니토리와 같은 학교 졸업생도 있어서 그를 제대로 치켜세웠다.

"니토리 씨는 우리의 신이에요!"

그러면 니토리는 씨익 웃으며 매우 좋아했다.

'다섯 가지의 조건'을 그대로 삶에서 실천하는 니토리이기 때문에 기업 니토리를 성공시킬 수 있었던 것이다.

니토리 아키오는 2013년 7월에 마침내 테이치쿠 엔터테인먼트Teichiku Entertainment를 통해 가수 데뷔함으로써 젊은 시절의 비원을 이룬다. 데뷔곡은 '부부 벚꽃めおと桜'으로, 다테이시 하지메建石一가 작사하고 겐 데쓰야弦哲也가 작곡, 마에다 도시아키前田俊明가 편집했다. 가와나카 미유키川中美幸와의 듀엣곡이다. 니토리와 모모요의 이인삼각 인생을 되돌아보는 듯한 노래이다.

> 【남자】 하나와 하나가 서로에게 기대는
> 【여자】 신비로운 부부의 인연, 부부의 꽃
> 【함께】 폭풍우 속에서도 세월은 흐르네
> 【여자】 당신의 꿈을 향해 따라가겠어요
> 【함께】 행복 찾아 걷는 두 사람의 길

다른 한 곡은 고향 삿포로를 배경으로 한 '블루 레이니 삿포로ブルー・レイニー札幌'라는 곡이다.

요시오카 오사무吉岡治가 작사하고, 겐 데쓰야가 곡을 붙이고, 가와무라 에이지川村栄二가 편곡을 맡았다.

이 세상에서 가장 사랑하니까

원하는 거라면 뭐든 주었지

한 번의 겨울을 넘기지 못하고

나 홀로 옷을 입는

블루, 블루, 블루 레이니

영화 속 이야기 같은 첫 만남

나쁜 꿈이라도 꾸는 것만 같아

뒤돌아보니 장난감 같은 거리

젖고 젖은 삿포로, 또 내리는 비

과거에 니토리는 마이너스를 플러스로 바꾸는 천성적 발상으로, 불경기라는 마이너스 상황을 역으로 활용해 상품 가격 인하를 어디보다도 먼저 실시했고, 니토리라는 이름을 세상에 널리 알렸다. 그리고 세상에 가격 인하 선풍을 일으켰다.

이런 니토리의 발상에 대해서는 아내 모모요도 높이 평가하고 있다. 모모요는 니토리를 칭찬해 주었다.

"일본에 가격 인하 붐을 일으킨 사람이 바로 당신이야. 굉장해!"

그렇게 니토리를 칭찬하는 모모요도, 주변 사람들에게는 니토리가 현재와 같은 경영자가 될 수 있었던 것은 모모요의 덕이라고 평가받고 있다.

때때로 사람들은 모모요에게 물었다.

"부인께선 어떤 내조를 하신 거예요?"

옛날의 니토리를 아는 사람들 눈에는 그 게으름뱅이 남편을 유능한 일꾼으로 변신시킨 장본인이 모모요로 밖에 생각되지 않았기 때문이다.

모모요는 이렇게 대답한다.

"아무런 내조도 안 했어요. 그저 자유롭게 내버려뒀을 뿐이에요. 매일 술 마시러 가서 돈을 얼마를 쓰고 오든, 아침 몇 시에 들어오든, 난 정말로 뭐라고 한 적이 없어요. 그래서 결국 당뇨병에 걸렸지만요……. 잔소리를 안 했어요. 그뿐이에요."

모모요는 잔소리를 들을 남편의 모습을 상상하면 가여운 생각이 들었다.

'지금 들어가면 집사람이 화내겠지……?'

남편이 그런 생각을 하게 도저히 만들고 싶지 않았다.

그런 모모요의 방임주의 덕분인지, 니토리도 니토리여서 놀 때는 확실하게 놀았다. 그 대신 일할 때는 확실하게 일에 집중하게 됐다.

특히 미국 시찰을 갔다 온 후로 니토리는 일하는 시간과 노는 시간을 더욱 철저하게 구분했다.

'저 사람의 일하는 시간과 노는 시간의 온·오프는 천하제일이야.'

모모요도 감탄할 정도였지만 한편으로 놀기 모드에 돌입한 니토리의 모습을 보고 이렇게도 생각했다.

'바보 아냐……?'

그만큼 니토리는 사람을 웃기는 것을 좋아했다.

특히 노래를 좋아해서 배우러 다닐 정도였다. 하지만 그것이 니토리에게는 행운이었다고 모모요는 생각한다.

'설마 노래방이 이렇게 일반화될 줄이야. 노래 강습을 받은 덕분에 지금은 사람들에게 잘 부른다고 칭찬을 받을 정도가 됐으니 말이야…….'

니토리는 부모에게 영어를 배우러 갔다 오겠다고 거짓말하고 노래를 배우러 다녔다. 설령 정말로 영어를 배우러 다녔다고 해도 헛수고였을 것이라고 모모요는 생각한다. 왜냐하면 이렇게 해외에 자주 가는데 전혀 공부할 생각이 없기 때문이다.

'영어는 통역사를 고용하면 돼. 하지만 노래는 저 사람만의 재능이야.'

프로 가수가 될 정도의 재능은 없었지만 그것은 또 그것대로 행운이었다.

지금보다 사람들이 니토리의 노래를 더 많이 칭찬했더라면 니토리는 가수가 되겠다는 생각에 열중했을 것이고, 지금도 작은 니토리 가구점 하나를 자질구레하게 모모요가 경영했을지 모르는 일이기 때문이다.

가구점을 차릴 생각을 했던 것도 광고회사에 입사했던 니토리가 계약을 한 건도 못 딸 정도로 영업을 못 해서 잘린 덕분이다.

그런 니토리의 인생을 보고 있자면 모모요는 고개를 갸우뚱하게 됐다.

'신기한 사람이야……'

다른 사람이 하지 않는 일을 퍼뜩 떠올리고는 즉시 행동에 옮긴다. 오늘 실행했다 내일 그만두는 한이 있어도 꼭 한 번은 해본다.

때론 엉뚱한 일을 저지르기도 했다.

어느 날 모모요는 간사이 지방 사람에게 이런 말을 들었다.

"사모님, 사장님은 촐랑이いらち죠?"

모모요는 '촐랑이'가 무슨 뜻인지 몰랐다.

"촐랑이가 뭐예요?"

그렇게 물은 모모요에게 간사이 지방 사람이 가르쳐 주었다.

"뭐든 당장 하지 않으면 못 견딘다고나 할까요? 뭐 좀 덜렁거린다는 그런 말이에요."

확실히 니토리에게는 그런 구석도 있었다.

그렇게 바쁘게 돌아다니는 니토리의 모습이 모모요 눈에는 재미있었다.

하지만 그렇게 자유롭게 돌아다닐 수 있었던 것은 니토리가 뭘 하든 한마디로 하지 않고 지켜보는 모모요가 있었기 때문이기도 하다. 이 남자에게 이 여자를 내어주면 이 남자가 얼마나 확 바뀔지를 신이 꿰뚫어보고 있었다고밖에는 생각할 수 없는 멋진 조합이다.

세간의 눈으로 봤을 때 니토리는 큰 성공을 거둔 남자이고, 모모요는 그런 니토리를 뒷받침한 아내이다.

하지만 모모요에게 니토리는 옛날 그대로의 변함없는 니토리이다. 설마 니토리가 어엿한 인물이 될 거라고는 한 번도 생각한 적이 없었고, 지금도 어엿한 인물이 됐다고 생각하지 않는다.

놀 때 니토리는 능청꾼으로 변신한다. 옛날 사무라이의 헤어스타일을 흉내 냈답시고 구두를 머리 위에 올려놓고 '칼에 베인 소나무 복도刀傷松の廊下'를 부른다. 그런 니토리의 모습을 볼 때마다 좀 실망하기도 한다.

'조금만 멋있게 굴면 안 되나······.'

모모요에게 니토리는 인간적으로 좋은 사람이지만 바보 흉내는 좀 적당히 냈으면 좋겠다는 것이 진심이다.

그렇게 모모요에게는 때때로 능청꾼으로 변신하는 무엇 하나 바뀌지 않은 니토리지만, 니토리 기업을 책임지는 사장으로 군림하고 있는 것도 역시 니토리이다.

사내적으로도, 대외적으로도 니토리는 너무나도 비범한 인물이 됐다.

그래서 모모요는 니토리의 앞날이 걱정된다.

'남의 말은 안 듣는 사람이 되지는 않을까······?'

영원히 니토리가 니토리 기업의 사장으로 있을 수 있는 게 아니다. 슬슬 사장 자리에서 물러날 나이이다.

'바톤터치를 잘 하면 좋겠다.'

이것이 모모요의 바람이다.

혼다 소이치로의 참모로서 혼다를 세계적 기업으로 성장시킨 것으로 유명한 후지사와 다케오藤沢武夫 같은 존재가 니토리에게도 있었으면 좋겠다고 모모요는 생각할 때가 있다.

혼다가 66살, 후지사와가 62살로 기업의 최고 자리에 위치한 사람치고는 한참 젊은 나이였지만 깨끗하게 은퇴했다.

후계자 육성 상황을 확인하고 후지사와가 결단을 내렸다. 혼다는 그런 후지사와의 결단을 듣고 후지사와의 뜻을 헤아렸고, 후지사와 덕분에 자신이 존재했던 것이므로 은퇴를 결심했다고 한다.

또 후지사와는 파벌 형성을 막고 기업을 활성화시키기 위해 사장실을 만들지 않았으며, 사장이든 임원이든 파티션으로 공간을 구분하지 않고 원 플로어로 했다. 임원의 자녀는 입사시키지 않는 등 독자적인 규칙을 만들어 혼다의 문화 기반을 확립한 것으로도 유명하다.

니토리는 아직도 자신이 계속 제일선에서 일할 수 있다고 생각하는 것 같지만, 모모요는 세대교체를 진지하게 생각할 필요성도 있다고 생각한다.

'우리 남편한테 "사장님, 이제 물러납시다!"라고 말해주는 사람이 있으면 얼마나 안심되고 좋을까…….'

그런 바람을 품기도 한다.

니토리와 모모요에게는 1남 1녀가 있다. 하지만 니토리도 그렇고, 모모요도 그렇고, 자신의 피를 물려받은 아이가 니토리를 물려받았으면 좋겠다고 생각지 않는다.

모모요는 후계자에 대해 진지한 얼굴로 니토리에게 말했다.

"당신 씨하고 내 밭은 좋지가 않아. 씨는 유전자가 나쁘고 땅은 비옥하지가 않으니까. 우리 둘 사이에서 태어날 아이가 훌륭한 아이일 리 없어. 여보, 후계자가 필요하거든 밖에서 만들어와. 남자는 밖에 나가면 일곱 명의 적이 있다잖아. 그러니까 마찬가지로 일곱 명의 여자를 만들어."

그런 지식을 어느 책에선가 읽은 모양이었다. 성공한 사람은 많은 여자를 상대해 후계자를 만들었다고 한다.

아들은 현재 니토리 퍼블릭에 종사하고 있다.

모모요가 가장 걱정하는 것은 니토리의 건강이다. 현재 니토리는 당뇨병을 앓고 있어 아침에는 채소만 섭취하려고 신경 쓰고 약도 복용해서 혈압을 억제하고 있다. 하지만 회사에서 일에 집중하다 보면 사원에게 호통을 치게 된다. 버럭버럭 화를 내면 혈압도 쭉쭉 올라갈 것이 뻔하다. 한 번 니토리의 분노 도화선에 불이 붙으면 상상을 초월할 정도로 심한 말을 한다.

모모요조차 놀랄 정도의 말이 니토리의 입에서 나온다.

'저렇게까지 말을 해야 하나 싶을 정도로 저 사람은 말을 하니까.'

그리고 화낸 후에는 혼자 멋대로 산뜻해진 기분으로 아무 일도 없었던 것처럼 행동한다. 지난 일은 깔끔하게 잊어버리는 것도 니토리의 천성적인 능력이다. 두고두고 질질 끌며 마음에 담아두지 않는다.

오히려 화낸 것을 반성하고 상대의 기분을 풀어주려고 할 정도로 세심하기도 하다.

"나 같은 사원은 한 명도 없어."

어느 날 모모요는 니토리가 그렇게 말하는 것을 들었다.

니토리는 매력적인 남자이다. 그런 귀염성이 없었다면 어떤 사원이든 니토리 곁을 떠나버렸을 것이다.

증수증익을 계속하며 일본 국내뿐 아니라 해외로도 진출하며 점점 확대를 지속하는 한편으로 니토리의 책임과 중압감도 헤아릴 수 없을 정도로 커졌다.

일반적인 경영자들은 짓눌릴 것 같은 압박감으로부터 도망가기 위해 정신안정제에 의존한다고 한다. 하지만 니토리는 일절 약물에 기댄 적이 없다.

모모요는 약물에 의존하지 않고 버틸 수 있는 것은 스위치 전환을 잘하기 때문이라고 생각한다. 일할 때와 놀 때의 온·오프도 훌륭할 정도로 잘 전환하지만, 고민에 대한 온·오프도 순식간에 전환하는 것이 니토리이다.

"아무리 고민하고 괴로워해 봤자 될 대로 되게 되어 있으니까 어쩔 수 없어."

이것이 옛날부터 니토리의 입버릇이다.

젊었을 때는 그런 생각으로도 괜찮을 수 있다. 하지만 지금은 그런 생각으로는 해결되지 않을지 모른다.

그래도 고민이 있어도 그것은 그것대로 내버려두고, 놀기 버튼을 온으로 누른다. 노래방에서 노래를 부르며 실컷 떠들고 집으로 돌아와서 푹 잔다. 그것이 정신 위안에 긍정적으로 작용해서 다음 날 아침이 되면 업무 모드에 돌입할 수 있게 된다.

잠도 굉장히 잘 잔다. 하지만 나이를 먹은 뒤로는 아침에 눈이 일찍 떠진다. 옛날에는 점심때까지도 잘 수 있었는데, 역시 나이 앞에는 장사가 없다.

니토리는 뭐든 하겠다고 결심한 것은 100% 시도해본다.

그래서 모모요는 니토리에게 이런 말을 들어본 적이 없다.

"이렇게 했으면 좋았을걸. 저렇게 했으면 좋았을걸."

"그거는 해볼 걸 그랬어."

무언가를 하지 않았던 것에 대한 후회의 말은 한 번도 니토리의 입에서 나왔던 적이 없다.

대기업 사장이니까 니토리가 보통 사람보다 훨씬 스트레스를 많이 받을까봐 걱정되기는 하지만, "했더라면 좋았을 걸"이란 후회가 없는 만큼 니토리는 강하다고 생각한다.

물론 실패도 남보다 곱절은 많이 경험하고 있다. 하지만 실패를 통해 남보다 곱절로 배웠다. 이것이 니토리의 강점이기도 하다.

니토리는 현상 유지하려고 수비 태세에 들어갔던 적이 없다. 앞으로도 그럴 일은 없다.

'도전해야 그게 내 남편이지.'

모모요는 그런 생각으로 계속 니토리를 지켜본다.

모모요는 결혼하고 45년이 흐르고 나서야 남편의 성격을 알게 됐다.

'내 남편은 머리는 차갑고, 마음은 따뜻한 사람이야.'

의외로 니토리에게 냉정한 일면이 있다는 것을 그제야 알게 된 것이다.

모모요도 모모요여서 니토리가 이렇게까지 거물이 될 줄은 상상도 못 했다.

점점 성장하는 니토리를 보며 새삼스럽게 두 번째 반하고, 또 세 번째로 반하는 일은 일절 없었다.

현장에서 열심히 땀 흘리며 고민하고 웃던 시절이 그리울 정도이다. 오히려 반대로 니토리라는 기업이 커지면 커질수록 인간 니토리의 싫은 면모를 보게 되는 깃 같기도 했다.

하지만 지금도 원점은 처음에 창업했던 니토리 가구점 때랑 같다.

사원이 정말이지 사랑스럽다.

"니토리에서 일한 덕분에 좋은 노후를 맞이하게 됐습니다."

"니토리에서 일한 덕분에 급료를 잘 받았습니다."

"니토리에서 일한 덕분에……."

차례로 사원이 기뻐해 주는 모습이 니토리와 모모요의 기쁨이 되고 있다.

사원의 급료를 줄여 자기네 생활을 더 좋게 하고 싶다는 생각은 해본 적도 없다.

지금도 사치하지 않고 아파트에 살며 평범하게 생활하고 있다. 자기네 생활보다도, 먼저 사원의 생활을 풍요롭게 하고 싶다는 마음이 크다.

창업 당시부터 일한 사원들이 보유하고 있는 니토리 주식은 이제는 막대한 금액이 됐다. 사원들이 적은 급료에서 돈을 마련해서 한 주당 500엔 하는 주식을 사주었다. 그 주가가 지금은 8,000엔대로 올랐다. 지금까지 분할하고 있기 때문에 정확한 수치라고는 할 수 없지만, 버블시대였던 1989년 9월에 삿포로 증권거래소에 상장했던 주식은 16배 이상으로 뛰었다. 일본 주식이 점점 떨어지는 가운데 니토리의 주식만은 달랐다.

주식이 상승했을 때 모모요는 생각했다.

'자지 않으면서 열심히 일해 준 우리 니토리 직원들이 기뻐해 준다면 그걸로 충분해……. 정말로 다행이야.'

현재 니토리에서는 60세 정년퇴직제를 실시하고 있다. 하지만 60살이 되고도 니토리에 남고 싶다고 하는 사원에게는 남으라고 한다.

니토리는 사원에게 70세, 80세까지 인생 계획을 세우라고 한다. 하지만 그것은 회사와 사장을 위해서가 아니다. 고객과 자기 자신을 위한 계획을 생각해 보라는 것이다.

죽을 때까지 자신을 위해 노력해야 한다.

회사나 사장을 위해 일할 필요는 없다. 손님과 자기 자신을 위해 일하는 것이 중요하다고 항상 강조한다.

일하는 보람과 삶의 보람이 있다면 정년 따위는 없다.

만약 니토리에서 일하고 싶다고 하면 기쁜 마음으로 받아들일 뿐이다.

"사장님, 니토리에 더 있어도 될까요?"

그렇게 물으면 이렇게 대답한다.

"죽을 때까지 일해도 돼. 단 지팡이를 짚더라도 일어서서 걸을 수 있을 것! 손님 상담과 사원 지도가 가능할 것!"

현재 니토리에는 최고 연령 81세의 사원이 있다.

니토리의 가장 큰 기쁨도, 모모요의 가장 큰 기쁨도, 사원이 니토리에서 일하길 잘했다는 생각이 드는 인생을 살아주는 것이다.

니토리가 무엇보다 후계자에게 바라는 것은, 일할 때 가능한 모든 방법을 총동원하는 것은 물론, 설령 사원 모두가 반대하더라도 무슨 일이 있어도 고객을 위해 몸과 마음을 다 바치고자 하는 자세이다.

니토리는 자신이 걸어온 길을 뒤돌아봤다. 35세에 찾아온 인생관의 전환 덕분에 자신의 인생이 트였다. 자신을 위해 장사하던 자기 자신을 버렸다. 그 대신 고객을 위해, 사회에 공헌하기 위해 장사하겠다고 생각을 고쳐먹었다.

고객을 위해서라면 나는 망해도 돼. 그만한 책임감이라고 할까, 담력이라고 할까, 결단력이라고 할까. 그것이 절대로 흔들리지 않는 마음가짐이 바로 니토리 후계자로서의 절대조건이다. 그런 마음은 청렴결백하고 공정하며 사심이 없다.

몇 번이고 현상을 부정하고 개선하고 개혁한다.

"이루어 낸 것을 파괴하고, 다시 만든다."

이를 반복한다. 늘 존재하는 리스크를 감당할 각오야말로 사장과 임원에게 필요한 마음가짐이다.

두 번째 조건은 10년 후, 30년 후를 내다보고 30년 계획을 세울 수 있는 선견지명이다. 경영자는 미래의 모습으로부터 역산해서 지금 어떻게 지휘해야 할지를 판단해야 한다. 5년 후를 내다보는 것은 직책을 가진 임원의 일이다. 사장은 적어도 30년 후는 못 보더라도 10년 후는 어렴풋하게라도 볼 수 있어야 한다. 그리고 5년 후에는 무엇을 한 것인가. 10년 후에는 무엇을 할 것인가. 그것을 몰라서는 안 된다. 다만 그것이 가능하려면 사심이 없어야 한다. 세상 사람들을 위해서 살고자 해야 한다. 사심이 있으면 반드시 그릇된 형태를 띠게 된다.

니토리는 세습할 생각이 없다. 자식이나 친족에게 계승치 않고, 자신이 키운 인재에게 물려줄 생각이다. 주식을 상장하지 않았다면 모를까, 상장 기업인 니토리는 이미 공적인 존재이다. 많은 주주가 있다. 설령 창업자라고 해도 개인의 소유물로 다루어서는 안 된다.

게다가 니토리가 살아온 냉엄한 인생을 아이들은 경험하지 않았다. 니토리는 환경적으로도 가난해서 그날그날 먹을 것조차 어찌 될지 알 수 없었다. 그런 가정에서 자란 자신을 업신여기며 괴롭힌 사람이 얼마나 많았고 그런 짓을 당하는 것이 얼마나 괴로운 일이었는가. 그런 경험이 있었기 때문에 지금의 자신이 있다고 니토리는 생각한다.

아들과 딸을 응석받이로 키웠다고는 니토리는 생각지 않는다. 원하는 대로 명품을 안겨주며 키우지도 않았다. 비싼 차를 사준 적도 없다. 평범한 회사원과 평범한 회사원의 아내로 살아갈 수 있도록 해줘야겠다고 밖에는 생각하지 않았다. 그래도 자식들의 인생은 너무나도 다르다. 어렸을 때의 경험이 그 사람의 인생을 결정한다. 니토리는 그렇게 생각한다.

창업 사장은 이른 시기에 결단을 내릴 줄 알고 큰 결단도 할 수 있는 사람이다. 설령 대기업이 되더라도 창업정신을 잊어서는 안 된다. 창업 정신을 가진 사람을 몇 백명, 몇천 명 중에서 어떻게 찾아낼 것인가. 그것이 니토리에게 주어진 과제이다.

아쓰미 슌이치는 니토리에 있어 커다란 문제 가운데 하나가 후계자 문제라고 했다.

아쓰미는 니토리를 50년 넘도록 존속시키고 싶으면 혈연관계를 떠나 적합한 인물을 선택해야 한다고 했다. 니토리는 3,000점포를 만들기 위해 누구에게 어떤 권한을 줄 것인가에 생각을 집중하면 된다.

아쓰미에게는 후계자 문제와 관련된 괴로운 기억이 있다. 일찍이 다이에의 나카우치 이사오와 아쓰미는 '100년간 이어져갈 것을 만들자'라는 구호 아래 협동 관계를 맺고 있었다. 필드워크를 중심으로 하는 상업학의 혁명지를 목표로 유통과학대학을 설립했다. 나카우치는 150억 엔의 사재를 투자했다. 하지만 65세를 맞이하자 나카우치는 돌변했다. 다이에를 자식에게 물려주고 싶다며 원맨 경영으로 전환했고 다이에의 경영은 순식간에 기울었다.

기업 니토리에 있어 중요한 것은 인간 니토리가 인생의 의의를 어디에서 찾을 것인가 하는 것이다.

만일 그것이 사회공헌이라면 월마트처럼 자식을 대주주로서 주주대표로 삼고, 경영관리자의 감독역에 종사시켜야 할 것이다.

니토리가 이렇게까지 된 것에 동급생들은 놀란다.

"옛날의 그 니토리가 니토리를 경영하는 건가?"

동급생은 물론이고 아내 모모요도 놀라고 있다.

"결점 있음을 기뻐하고, 장점 없음을 슬퍼하라"는 말이 있다. 니토리는 처음에 입사한 광고대리점에서 자신이 얼마나 영업에 재능이 없는지를 절감한다. 처음에는 침울했지만 단념했다. 그 결론이 가구점을 운영할 각오를 하게 만들었다. 그것이 니토리를 전국적으로 운영할 정도로 발전시키는 결과를 낳았다.

만일 니토리에게 영업능력이 있었다면 팔고, 팔고, 또 파는 일에만 집중하느라 점포를 늘릴 생각은 못 했을 것이다. 기껏 출점하더라도 한 개나 두 개였을 것임에 틀림없다.

심하게 못 했기 때문에 다른 사람에게 맡길 수 있었던 것이다. 영어도 주변 사람이 웃을 정도로 발음이 이상하다. 아는 영어 단어라고는 '가격을 깎다'는 뜻의 '디스카운트'를 비롯한 10단어 정도뿐이다. 중국어도 '안녕하세요?'라는 뜻의 '니 하오'를 포함한 몇 개밖에는 모른다. 복잡한 이야기를 할 때는 통역사를 통해서 이야기한다.

재능이 불충함을 알기 때문에 주변 사람들에게 보완을 요청한다. 재능이 뛰어나지 않기 때문에 아쓰미의 이야기를 듣고 주변 사람을 가르치는 것이 아니라 부하들을 데리고 가서 같이 듣는 것이다.

니토리는 사람을 만나면 자기가 얼마나 재능이 없고 결점이 많은지에 대해 이야기한다. 의도한 바는 아니지만 본인으로서도 편하다. 자신이 못하는 것을 숨기고 교제하면 무슨 일이 일어날 때마다 자신의 결점을 들키게 된다. 그때마다 추가적으로 마이너스 평가를 받게 된다. 서로의 관계가 나빠진다. 그래서 단점까지 포함해서 있는 그대로 자신을 드러낸다. 그러면 자그마한 장점에도 "이런 좋은 면이 있었네!"라며 크게 평가해준다.

상대방을 신경 쓰지 않고 스스로 즐긴다. 예를 들어 여자가 있는 술집에 가더라도 스스로 즐기는 것이다.

"날 어떻게 생각할까?"

"멋진 척해야겠다."

다른 사람의 평가를 신경 쓰는 잡념은 떨쳐버리는 것이 좋다. 있는 그대로의 자기 모습을 보이면 된다. 그러면 상대도 갑옷을 벗고 진심을 보인다.

흔히 사회적 지위가 높아지거나 나이가 많아지면 좀처럼 그렇게 하기가 어렵다고 한다. 하지만 니토리는 스스로 잘났다고 생각한 적이 한 번도 없다.

니토리는 최고의 장점은 솔직함이라고 생각한다. 지금까지와 다른 방향이더라도 그쪽이 옳다고 생각하면 즉시 올바른 쪽으로 태도와 행동을 바꾼다. 학력은 대졸이지만, 그것은 뒤로 수작을 부리거나 컨닝을 해서 어떻게든 다닌 것뿐으로 실질적으로는 중졸이라고 생각한다. 자기 능력에 자신이 없는 만큼 자신의 사고방식도 고집하지 않는다.

아마도 니토리가 우수하고 자신감이 넘치는 사람이었다면 이렇게 되지 않았을 것이다. 머리가 좋고 자신감이 있는 사람일수록 자기 사고방식을 고집하는 경향이 있다고 니토리는 생각한다. 그리고 주변과 융화되지 못해서 인망도 두텁지 못하다. 니토리가 니토리를 체인 전개할 수 있게 된 것도 다행히 말주변이 없고 판매 능력에도 자신이 없었기 때문이다. 상품 매입 업무를 담당했기 때문이다.

자신이 없기 때문에 모든 것을 드러내는 것이다.

자신이 못 하는 것을 주변에 드러내는 편이 으스대며 '능력 있는 남자'인 척하는 것보다 편하다. 게다가 마이너스 평가에서부터 시작됐을 때 뭔가 할 수 있는 것을 보이면 주변의 평가가 달라진다.

"오오! 의외로 괜찮은데?"

플러스 평가로 바뀐다.

현재 니토리의 주된 업무는 장기적으로 사안을 보고 전략을 짜는 일이다. 재무와 경리를 비롯한 자신 없는 분야는 능력 있는 인재에게 맡기고 있다. 니토리는 로망과 비전을 바탕으로 5년 후와 10년 후의 전략을 짠다.

창업으로부터 46년. 니토리는 무시무시한 전쟁 끝에 26년 연속 증수증익이란 일본 최고의 기록을 세우고 있다. 현재에 자만하지 않고, 과거에 성공했던 경험도 떨쳐버리고, 정말로 필요한 것만으로 남기겠다. 그런 각오로 미래를 향해 계속 도전할 것이다.

50년 후, 100년 후를 내다보는 눈을 지닌 아쓰미 슌이치가 한 말이다.

"확실히 니토리는 그리스 신화에 나오는 하늘을 달리는 말 '페가수스'처럼 비상하기 시작했다!"

니토리 경영분투기

초판 1쇄 인쇄 2016년 12월 20일
초판 1쇄 발행 2016년 12월 25일

저자 : 오시타 에이지
번역 : 김진희

펴낸이 : 이동섭
편집 : 이민규, 오세찬, 서찬웅
디자인 : 조세연, 백승주
영업·마케팅 : 송정환
e-BOOK : 홍인표, 안진우, 김영빈
관리 : 이윤미

㈜에이케이커뮤니케이션즈
등록 1996년 7월 9일(제302-1996-00026호)
주소 : 04002 서울 마포구 동교로 17안길 28, 2층
TEL : 02-702-7963~5 FAX : 02-702-7988
http://www.amusementkorea.co.kr

ISBN 979-11-274-0377-5 03320

OCHIKOBOREDEMO SEIKOUDEKIRU NITORI NO KEIEISENKI
© EIJI OOSHITA 2013
All rights reserved.
Original Japanese edition published by TOKUMA SHOTEN PUBLISHING CO.,LTD.,Tokyo.
Korean translation rights arranged with TOKUMA SHOTEN PUBLISHING CO.,LTD.

이 도서의 국립중앙도서관 출판예정도서목록(CIP)은 서지정보유통지원시스템 홈페이지
(http://seoji.nl.go.kr)와 국가자료공동목록시스템(http://www.nl.go.kr/kolisnet)에서 이용하
실 수 있습니다. (CIP제어번호 : CIP2016027924)

*잘못된 책은 구입한 곳에서 무료로 바꿔드립니다.